Franz M. Bogner

Das Neue PR-Denken

- Strategien
- Konzepte
- Aktivitäten

UEBERREUTER

Die Deutsche Bibliothek – CIP-Einheitsaufnahme

Bogner, Franz M.:
Das neue PR-Denken : Strategien, Konzepte, Aktivitäten / Franz M. Bogner. –
3., aktualisierte und erw. Aufl. – Wien : Wirtschaftsverlag Ueberreuter, 1999
(Manager-Magazin-Edition)
ISBN 3-7064-0575-X

Unsere Web-Adressen:
http://www.ueberreuter.at
http://www.ueberreuter.de

S 0489   1 2 3 / 2001 2000 1999

Alle Rechte vorbehalten
Umschlag: INIT, Büro für Gestaltung
unter Verwendung eines Bildes der Bildagentur Tony Stone
Copyright © 1999 by Wirtschaftsverlag Carl Ueberreuter, Wien/Frankfurt
Druck: Ueberreuter Print

Inhalt

Teil 1. Kommunikation und Public Relations	11
PR macht jeder – bloß wie?	13
Vom Wesen der Kommunikation	17
Gefährliches Schweigen	19
Zuhören können ist Gold	20
Die diffuse Kommunikationsbranche	21
Die Fehler des Marketing	22
Wie andere Public Relations sehen	26
70 Prozent »Wollen«, 30 Prozent »Tun«	27
Die Sache mit der Ethik	31
Corporate Identity	32
Neue Strömungen – Vernetztes Kommunikationsmanagement	35
Teil 2. Grundlagen der Public Relations	39
PR sind nicht delegierbar	41
Die 10 Gebote für wirksame Öffentlichkeitsarbeit	42
Die 10 Todsünden wider die PR	43
Die Hauptfunktionen der PR	45
Die wesentlichen Tätigkeitsbereiche der PR-Fachleute	46
Stationen auf dem Weg zur Professionalisierung	48
Entwicklungsstufen der PR	51
PR-Modelle	53
Abgrenzungs- und Vernetzungsprobleme	54
Teil 3. Konflikte und Ziele	61
Konfliktmanagement in Unternehmen und anderen Institutionen	63
Sensible Branchen	66
Die Institution im Spannungsfeld der Interessen	68
Die Zielhierarchie in Institutionen	69
10 Grundsätze für PR-Zielsetzungen	72
Teil 4. Organisation der Public Relations	73
Wie organisiere ich meine PR?	75
Aus welchem Holz PR-Spezialisten geschnitzt sein sollen	79

Möglichkeiten der Aus- und Weiterbildung 81
Public Relations Verband Austria und pr group austria 98
Nationale und internationale PR-Vereinigungen 102
PR-Abteilung oder PR-Agentur? 104
Was kann gute PR-Beratung leisten? 106
Der Vertrag mit Agentur und Berater 109

Teil 5. Die PR-Konzeption **119**
Maßnahmen brauchen Ziele, Strategien und Konzepte 121
Öffentlichkeit und öffentliche Meinung 124
Die Dialoggruppen (Teilöffentlichkeiten) 126
Image und Imageanalyse 129
Die Meinungsforschung im Dienste der PR 136

Teil 6. Methoden und Maßnahmen der PR **145**

Online-PR und Neue Medien **147**
Internet und Online-Dienste 147

Interne Kommunikation **151**
Gute Öffentlichkeitsarbeit beginnt im eigenen Haus 151
10 Thesen zur internen Kommunikation 158
Beispiele für Medien der internen Kommunikation 159
Online-Mitarbeiterkommunikation 161
Alt, aber gut: Informationstafel und Mitarbeiterzeitung 162

Medienarbeit **169**
Die Massenmedien 169
Die österreichische Medienlandschaft 170
Spezialfall Nachrichtenagentur 173
Die redaktionelle Gliederung 176
Journalisten sind Menschen wie du und ich 178
Sind Journalisten korrumpierbar? 181
Bad news are good news – stimmt das wirklich? 183
Was tun gegen journalistische Fehlleistungen
    und Falschmeldungen? 185
Die Medienanfrage 186
Vier Fragen vor Abfassung einer Medienbotschaft 187

Journalistische Darstellungsarten 189
10 Regeln für die Abfassung von PR-Botschaften 191

Die Instrumente der Medienarbeit 192
Das Medienreferat (Pressestelle) im Internet 194
Das Internet als Medienverteiler 195
Pressefahrt 196
Pressekonferenz und Pressegespräch 197
Kamingespräch 224
Einzelgespräch (Interview) 224
Presseaussendung 228
Pressedienst 237
Pressefoto 237
Kreative Medienarbeit 238

Sorgenkind Verteiler 244
Elf Techniken effizienter Medienarbeit 247
Von Schleichwerbung und zahnlosen Vorschriften 250

PR-Instrumentarium für verschiedene Teilöffentlichkeiten 254
Jubiläen, Ehrungen, Messen, Symposien, Roadshows,
   Tage der offenen Tür und andere Lustbarkeiten 257
PR-Instrumente Sozialbilanz und Sozialbericht 259
PR-Kampagne, PR-Aktion, PR-Event 260
Achtung: Urheberrecht 261
Impressum und Offenlegung 263
Zulieferer und Kooperationspartner für PR 265

Die Vernetzung des PR-Instrumentariums 271

Spezialdisziplinen der PR 273
Lobbying 275
Sponsoring 279
Investor Relations 282
Aktionismus, Event-PR, Show-PR 284
Öko-PR 286
Produkt-PR 287
Personen-PR 291
Intermediate Writing (Interwriting) 295

Krisenfeuerwehr PR? 295
Issue Management 304
PR für Kleinbetriebe und Freiberufler 305
Verbands-PR 308
PR für Non-profit-Organisationen, Staat und Behörden 310

Teil 7. Kosten und Effizienzkontrolle der PR **313**
Wieviel darf Öffentlichkeitsarbeit kosten? 315
Wieviel darf seriöse PR-Beratung kosten? 317
Schwachstelle der PR: die Effizienzkontrolle 318

Teil 8. Die Zukunft der PR **329**

ANHANG **337**

Teil 9. Fallbeispiele **337**
Projekt »Sura za Afrika Festival 1996 –
  Die Gesichter Afrikas« 339
»Konsument«-Leser-Lobby 346
Eine neue Währung für Europa 352
Öffentlichkeitsarbeit für das Donaukraftwerk
  Freudenau 1987 bis 1998 366
cross culture bei den Bregenzer Festspielen 372
Ein kommunikativer Turnaround –
  Investor Relations der Böhler-Uddeholm AG 376

Teil 10. Service **385**
Der Athener Kodex (Code d'Athenes) 387
90 Thesen zu Grundfragen der Public Relations 389
Fallbeispiel einer Unternehmensphilosophie: Johnson Wax –
  Was wir glauben 409
Für eilige Leser: Kleines Medien-Einmaleins 415
Checkliste für Besprechungen, Tagungen
  und Schulungsmaßnahmen (Siemens) 421
Personalbericht und Sozialbericht 1998 der BASF AG 434

Muster einer Stellenbeschreibung
   für den/die Leiter/in einer Pressestelle 436
Honorarsätze der PRVA-Agenturen 440
Kleine Einführung ins »Fachchinesisch« von Typographie,
   Satz- und Drucktechnik 442
Die Korrekturzeichen 448
PR-Fachzeitschriften 450
Basisliteratur 451
Literaturverzeichnis 453
Stichwortverzeichnis 465

Statt eines Vorwortes drei Zitate:

In der Übereinstimmung mit der Öffentlichkeit kann nichts fehlgehen, ohne diese nichts erfolgreich sein.

Abraham Lincoln

Stil ist die Physiognomie des Geistes

Arthur Schopenhauer

So wird die Zukunft auch der Banken als eines Teils der freien Wirtschaft nicht allein davon abhängen, daß sie ihre Leistungsfähigkeit beständig nachweisen. Es wird auch darauf ankommen, daß sie ihre Leistung verständlich machen.

Jürgen Ponto

Teil 1
Kommunikation und Public Relations

PR macht jeder – bloß wie?

Es war, als Moses auf der Flucht vor den Ägyptern ans Rote Meer kam – vor ihm das Wasser, hinter ihm die Verfolger. Da gibt ihm sein PR-Berater den Rat, die Arme zu heben und die Fluten zu teilen. Moses frägt zweifelnd: »Du meinst, das wird funktionieren?« »Falls es funktioniert«, so die Antwort des Experten, »gibt das mindestens eine Seite Abdruck im Alten Testament.«

Dieser modifizierte Witz, erzählt bei einer PR-Veranstaltung von einem danach zum Minister aufgestiegenen Politiker, veranschaulicht sehr deutlich die Problematik herkömmlichen PR-Verständnisses.

Wer freilich Öffentlichkeitsarbeit in seiner gesellschaftspolitischen Dimension begreifen und sich in dieses »Neue PR-Denken« vertiefen will, der möge sich zuallererst drei Fragen stellen:

1. Ist das Image meines Unternehmens bzw. meiner Institution so wie ich es mir erträume?
2. Pflege ich regelmäßigen Umgang mit Journalisten?
3. Habe ich ein geschäftspolitisches Konzept, in dem das Verhalten gegenüber der Öffentlichkeit einen hohen Stellenwert einnimmt?

Wenn Ihre Antworten eher »nein« lauten, dann lohnt es sich auf jeden Fall, die folgenden Seiten zu lesen. Was aber keineswegs bedeuten muß, daß Sie und Ihr Haus nichts von Public Relations verstehen. Im Gegenteil: Wer behauptet »Ich mache keine Öffentlichkeitsarbeit« oder »Ich brauche keine Öffentlichkeitsarbeit«, der liegt falsch.

Denn Public Relations macht jeder, ob er will oder nicht.

Vielleicht nicht professionell und systematisch, aber zumindest in Ansätzen. Denn Public Relations sind Kommunikation, sind Dialog in den verschiedensten Formen: beim Gespräch mit den Mitarbeitern, bei der schriftlichen Mitteilung über die neue Geschäftseröffnung, beim Jubiläumsempfang für Kunden und Geschäftsfreunde.

Worum es bei moderner, systematischer Öffentlichkeitsarbeit geht: um geplantes, langfristig wirksames und mit dem entsprechenden Know-how ausgestattetes kommunikatives Vorgehen. Schließlich haben schon die diversen Religionsgründer eine Art Public Relations betrieben: Sie haben mit Menschen kommuniziert, deren Vertrauen gewonnen, Konflikte mit ihnen ausgetragen, sie überzeugt und sich selbst in die Gemeinschaft integriert.

Wollen der moderne Manager, das fortschrittliche Unternehmen, das kundennahe Amt nicht genau dasselbe? Nämlich Vertrauen in der Umwelt, Anerkennung und Verbündete rundum gewinnen?

Um das zu erreichen, genügt es heute freilich nicht mehr, gute Produkte oder Dienstleistungen anzubieten und beinhartes Marketing zu betreiben. Was wir alle brauchen – die Manager, die Politiker, die Beamten, die Wissenschaftler und die Kulturleute –, ist *Glaubwürdigkeit*.

Diese zu erarbeiten, zu festigen und zu erhalten, erfordert eine seriöse PR-Gesinnung und fundierte PR-Technik.

Wer mit Öffentlichkeitsarbeit bloß den Verkauf ankurbeln oder seine Umweltsünden kaschieren will, der hat auf das falsche Pferd gesetzt. Denn zwei der Hauptvoraussetzungen für erfolgreiche Öffentlichkeitsarbeit lauten: Wahrheit und Ehrlichkeit.

Eine Strategie der Lüge und des Vertuschens mag mit modernen Kommunikationsinstrumenten über kurze Zeit im Sinne des Erfinders funktionieren – mit seriöser Öffentlichkeitsarbeit, wie wir sie heute einsetzen, hat das aber nichts zu tun.

Professionelle Public Relations setzen im Wirtschaftsumfeld, im öffentlichen Leben und wo immer sonst sie praktiziert werden, jene Eigenschaften voraus, die wir im Privatleben von einem anständigen Menschen erwarten:

- Akzeptanz des anderen und anderer Meinungen
- Bereitschaft zum Dialog
- Halten von Versprechen
- partnerschaftliches Geben und Nehmen von Information
- Offenheit und Vertrauen

Kurzum, demokratisches Verhalten. Nicht umsonst lautet eine Kurzdefinition für PR: Öffentlichkeitsarbeit ist demokratisches Verhalten nach innen und nach außen.

Sie meinen, das klinge ja alles sehr schön, die rauhe Wirklichkeit aber sehe ganz anders aus und verlange nach »realistischen« Vorgaben?

Damit haben Sie nicht unrecht, und in der täglichen Praxis der PR wird man oft gezwungen sein, Kompromisse zu schließen und Optimierungen herbeizuführen. Bloß: Wer schon zu Beginn Wasser in den Wein gießt, der wird später in der beinharten Realität nur mehr ein laues, ungenießbares Gesöff vorfinden.

Sprachlose Unternehmer und Manager

Ganz offen gefragt: Warum haben die Unternehmer und das gesamte marktwirtschaftliche System in der breiten Öffentlichkeit ein so miserables Image, obwohl sie – und das ist ja unbestreitbar – nach dem Zweiten Weltkrieg ungeheure materielle Leistungen für die Gesellschaft erbracht haben?

Nur weil ihnen die Nicht-Unternehmer ihre Erfolge neiden? Oder bloß weil Systemkritiker aus politischen Gründen ihre Leistungen madig machen?

Bestimmt nicht. Die Unternehmer und die Marktwirtschaft des »Westens« haben vielmehr zwei ganz gravierende Fehler gemacht:

1. Sie haben die Grundideale des Systems der »sozialen Marktwirtschaft« nicht verwirklicht, ja zum Teil sogar konterkariert. Ausgleich der Interessen, Rücksichtnahme auf die Schwachen, vernünftiges Umgehen mit den Ressourcen, kein brutales Ausnützen der Marktmacht – alle diese Selbstbeschränkungen hat sich die Privatwirtschaft nicht wirklich auferlegt. Und damit Vertrauen und Akzeptanz verspielt. Denn wer sich nicht gewissen ethischen und moralischen Spielregeln unterwirft, der kann nicht erwarten, daß ihn sein Gegenüber lobt und anerkennt. Auch dann nicht, wenn insgesamt der Wohlstand steigt und es allen besser geht.

2. Sie haben es nie wirklich verstanden, ihre Leistungen und ihre Anliegen verständlich zu machen. Die Unternehmer haben – Ausnahmen bestätigen die Regel – bislang sprachlos agiert. Sie sind zwar da und dort perfekt in der Kommunikation, wenn es um die Anpreisung eines neuen Produktes oder die Präsentation einer neuen Zweigstelle geht. Sie sind aber oft mundtot, wenn es um soziale Auseinandersetzungen, Umweltfragen, Kritik an Geschäftspraktiken, kurzum um die Sorgen der Menschen geht.

Noch immer glauben viele Unternehmer und Manager, sie hätten ihre Aufgabe voll erfüllt, wenn sie ihre primären Unternehmensziele erreicht haben: Gewinnmaximierung mit guten Produkten und durch erstklassige Organisation. Das gilt in ähnlicher Weise auch für andere Institutionen unserer Gesellschaft.

Gefragt sind Akzeptanz und Glaubwürdigkeit

Hervorragende Produkte, ein funktionierendes Marketing klassischer Prägung, perfekte Verwaltung – diese Elemente waren bislang Garanten für wirtschaftlichen Erfolg. In unserer neu formierten Gesellschaft mit ihrer geänderten Werteskala gelten andere Gesetze. Immer mehr kristallisiert sich heraus, daß Erfolg anders definiert und anders errungen werden muß:
Durch Schaffung von *Akzeptanz und Glaubwürdigkeit*.

Wer heutzutage bloß fleißig arbeitet und gute Produkte auf den Markt bringt, wird nicht mehr automatisch erfolgreich sein.

Über den Erfolg entscheidet letztlich die öffentliche Meinung. Und diese hängt nicht primär von der Qualität der Produkte oder Dienstleistungen ab, sondern vom gesamtheitlichen Verhalten der Institution in der Gesellschaft.

Wir sind also quasi mit einer Umkehrung der Werte konfrontiert. Die Leute fragen nicht mehr ausschließlich: Wie gut und wie teuer ist das Produkt?

Sie fragen vielmehr:
- Wie geht dieses Unternehmen mit seinen Mitarbeitern um?
- Wie geht diese Institution mit der Umwelt um?
- Wie geht dieses Unternehmen mit seinen Anrainern um?
- Wie geht dieses Unternehmen mit dem Staat um? Wie zahlt es seine Steuern, wie transferiert es seine Gewinne?
- Wie geht das Unternehmen mit den Kunden, aber auch mit den Nicht-Kunden um?
- Wie geht die Institution mit der Politik um?

Freilich werden diese Fragen in erster Linie nicht vom einzelnen Bürger, sondern meist von den Medien oder der Politik gestellt. Aber die Eindrücke, Vorurteile und Images, die sich daraus bilden, bestimmen die öffentliche Meinung.

Zwar hat schon Abraham Lincoln gesagt, daß mit der öffentlichen Meinung alles, ohne diese aber nichts geht. Wirklich relevant wird dieses Faktum aber erst in der aufgeklärten, informierten Gesellschaft, wie es sie heute gibt und wie sie sich in den nächsten Jahren noch weiterentwickeln wird.

Der 5. Produktionsfaktor: die öffentliche Meinung

Wir müssen daher auch am klassischen betriebswirtschaftlichen Ansatz eine wesentliche Korrektur vornehmen. Galten bislang als klassische Produktionsfaktoren Grund und Boden, Kapital und Arbeit, zu denen sich später das Management bzw. die Organisation hinzugesellte, so müssen wir dieses System nunmehr um einen wesentlichen Faktor erweitern: die öffentliche Meinung.

Gegen die öffentliche Meinung lassen sich heute Projekte kaum mehr durchsetzen. Eine erfolgreich arbeitende Institution bedarf im Gegenteil einer öffentlichen Meinung, die ihr positiv oder zumindest indifferent gegenübersteht.

Beispiel Elektrizitätswirtschaft: Kaum jemand zweifelt an der Qualität des Produkts, dem elektrischen Strom, und alle – auch die Umweltbeschützer – konsumieren dieses Produkt täglich. Trotzdem aber kann dieser Wirtschaftszweig seinem primären Unternehmensziel, nämlich der Erzeugung von Strom, nur mehr bedingt nachkommen. Warum? Weil die öffentliche Meinung sehr oft dagegen ist. Es kann hier nicht untersucht werden, ob zu Recht oder zu Unrecht. Faktum ist: Es können kaum mehr neue Kraftwerke gebaut werden.

Mit Public Relations hat das sehr viel zu tun, denn: Entweder ist es der E-Wirtschaft nicht gelungen, ihre Argumente an den Mann zu bringen; oder man hat den Wertewandel und sich ändernde Trends in der öffentlichen Meinung falsch eingeschätzt und daher nicht richtig geplant.

Mit dem zur Verfügung stehenden Instrumentarium der Public Relations ist es sowohl möglich, die Reaktionen der Öffentlichkeit auf bestimmte Maßnahmen im voraus zu untersuchen, als auch die eigenen, legitimen Standpunkte über die Rampe zu bringen und sich so Vertrauen und Verständnis zu erwerben.

Vom Wesen der Kommunikation

Im Gegensatz zu der mit einer Einbahnstraße vergleichbaren »Information« kann »Kommunikation« als Fahrbahn mit Gegenverkehr gesehen werden. Einer Information in die eine Richtung folgt eine andere in der entgegengesetzten Richtung *(feed-back)*. Der Absender der Information wird dabei als *Kommunikator,* der Empfänger als *Rezipient* bezeichnet.

Kommunikation bedeutet also gegenseitige Informationsvermittlung mit dem Ziel der Verständigung. Diese Verständigung erfolgt nun mittels Zeichenvorrat (z. B. Wörter, Gesten, Töne) und Code (z. B. Sprache) sowie den daraus gebildeten Signalen (Botschaften). Der Kommunikator enkodiert seine Zeichen zu einer Botschaft und übermittelt diese über Signalisierung oder ein Medium (z. B. Meinungsbildner, Massenmedium) an den Rezipienten. Dieser dekodiert die Botschaft und interpretiert sie mittels seines Zeichenvorrates.

Daraus wird ersichtlich, wo überall Verständigungsprobleme liegen können: im unterschiedlichen Zeichenvorrat, im verschiedenartigen Code und auf dem Übermittlungsweg, wo die Botschaft verfälscht oder verstümmelt werden kann.

Wie oft hört man die Klage: »Dieser Mensch spricht eine andere Sprache als ich« – obwohl beide deutsch sprechen. Wenn hingegen Zeichenvorrat und Code zwischen zwei Bezugspersonen übereinstimmen, dann sagt man: »Die haben die gleiche Wellenlänge.«

Voraussetzung für eine funktionierende Kommunikation ist also das Wissen um die Kommunikationsvoraussetzungen des Dialogpartners. In der Praxis werden für die Zusammensetzung des »Zeichenvorrates« Bildung, sozialer Background, Erfahrung, Einstellungen, Intellekt und manches andere eine Rolle spielen. Wer mit anderen erfolgreich kommunizieren will, ist gut beraten, diese Voraussetzungen zu eruieren, um nachher nicht böse Überraschungen zu erleben.

In der Öffentlichkeitsarbeit bedienen wir uns sowohl der interpersonalen Kommunikation (Mensch-zu-Mensch-Kommunikation verbal bzw. non-verbal) als auch der Massenkommunikation (mittels Massenmedien).

Wer nicht bereit ist, sich auf die Möglichkeiten und Erwartungshaltungen seines Gegenübers einzustellen, der wird auch nicht jene Worte finden, die der andere verstehen kann. »Ich weiß erst dann, was ich gesagt habe, wenn ich die Antwort meines Gegenübers gehört habe«, hat einmal ein kluger Mann das Kommunikationsproblem treffend charakterisiert.

Werden diese Zusammenhänge nicht beherzigt, dann kann einem folgendes passieren:

Der Gesprächspartner versteht immer nur »Bahnhof«.

Der Bericht in der Zeitung vom nächsten Tag hat mit den eigenen Aussagen im Interview nicht das geringste gemein.
Die Mitarbeiter tun genau das Gegenteil von dem, was ihnen angeschafft worden ist.

Gefährliches Schweigen

Dem Verlangen der Gesellschaft nach Öffnung und Transparenz versuchen manche – zum Teil noch immer erfolgreiche – Unternehmen die Taktik des »Sich-unsichtbar-Machens« entgegenzusetzen. Frei nach dem Motto »Über eine anständige Frau spricht man nicht« stecken sie nach Vogel-Strauß-Manier den Kopf in den Sand oder huldigen nach wie vor der Hausherrenmentalität, die da meint, Privateigentum gehe niemanden etwas an.

Durchaus möglich, daß diese Flucht vor der Öffentlichkeit über Jahrzehnte gutgeht. Aber spätestens dann, wenn ein Malheur passiert – sei es ein Brand, eine Entführung oder ganz triviale wirtschaftliche Schwierigkeiten –, rächt sich dieses Versteckspiel.

Denn um gehört zu werden, braucht man Zuhörer. Und um verstanden zu werden, muß man sich verständlich machen. Vertrauen kann man nicht von heute auf morgen erringen.

Im Grunde geht es bei einem Unternehmen oder irgendeiner anderen Institution ähnlich zu wie im Privatleben: Einzelgänger und Menschenverächter haben kaum Freunde. Sie merken dies schmerzlich erst dann, wenn sie in Not geraten. Wer jedoch anerkannt sein und gute Freunde haben will, der muß regelmäßige Kontakte pflegen, die Leute ernst nehmen, offen und ehrlich zu ihnen sein und ihnen auch dann und wann mit Rat und Hilfe zur Seite stehen. Wer seine Freunde bloß dann aufsucht, wenn er von ihnen etwas braucht, der wird sich keiner besonderen Beliebtheit erfreuen.

Seltsam, daß dieses Muster menschlichen Zusammenlebens von Unternehmern und Führungskräften im Privatleben voll akzeptiert wird, im Geschäftsleben aber nur bedingt. Dort haben Offenheit und Transparenz nicht jenen hohen Stellenwert. Mit Journalisten oder anderen Meinungsbildnern wird nur geredet, wenn man von ihnen etwas braucht.

Und dann wundern sich diese Leitfiguren, wenn das Image zu

wünschen übrig läßt, die Medien bei der erstbesten Gelegenheit über die Firma herziehen oder Behörden und Politiker auf beiden Ohren taub sind, wenn man von ihnen etwas will.

Kurzum, in einer Zeit der fortschreitenden Demokratisierung innerhalb und außerhalb der Unternehmen, der zunehmenden Macht der Verbraucherseite und des steigenden Interesses großer Bevölkerungskreise für gesellschafts- und wirtschaftspolitische Zusammenhänge kommt die Flucht vor der Öffentlichkeit einem unternehmenspolitischen Harakiri gleich.

Tatsächlich: Schweigen ist heute eine gefährliche Unterlassung.

Freilich verlangt diese Feststellung nach einer Fußnote: Niemand garantiert dafür, daß offener, ehrlicher und systematisch geführter Dialog nicht irgendwann Probleme bringen kann. Wer auf die PR-Lokomotive aufspringt, ist nicht gefeit davor, daß ihm der Fahrtwind die Haare zerzaust. Wer seriöse PR betreibt, muß für Rückschläge gewappnet sein und den einen oder anderen Tiefschlag einstecken können. Auch professionelle Öffentlichkeitsarbeit ist kein Garantieschein für ein klagloses Verhältnis zur öffentlichen Meinung.

Nur: Es gibt keine erfolgversprechende Alternative dazu. Wichtig ist, was unterm Strich herauskommt: mehr Akzeptanz, mehr Glaubwürdigkeit, mehr Vertrauen – und, langfristig gesehen, auch größerer wirtschaftlicher Erfolg.

Zuhören können ist Gold

Folgt man den Autoren Parkinson/Rowe, dann ist Schweigen Schwäche. Und sie haben recht damit.

Denn in Zeiten des Konsumerismus, des öffentlichen Hinterfragens und der Partizipation in allen Lebensbereichen geraten alle jene, die sich nicht verständlich machen, die sich nicht artikulieren können, ins Hintertreffen. Im schlimmsten Fall verschwinden sie von der Bildfläche, weil andere ihre Rolle übernehmen. Oder weil die Informationen ohnehin anderweitig beschafft werden.

Bekanntheit und Image bedeuten heutzutage Macht und Erfolg – und beides erreicht man nicht durch Schweigen. Mit einer Ausnahme: Schweigen ist unverzichtbarer Teil der Kommunikation, wenn es ums Zuhören geht.

Gute Zuhörer sind bisweilen erstklassige und erfolgreiche Kommunikatoren. Wer nicht – auch – zuhören kann, dem wird seine gesamte Ausdruckskraft in Wort, Schrift und Bild nicht viel nützen. Leute, die andere mit Informationen zuschütten, aber nicht willens sind, Informationen entgegenzunehmen, verlieren an Sympathie.

Also: Zuhören ist Teil der Public Relations.

Es ist kein Zufall, daß ein amerikanischer Konzern »to listen« zu seiner Unternehmensphilosophie erkoren hat, so wie andere sagen: »Wir sind die Ersten«, oder: »Uns ist kein Problem zu klein«. Zuhören können, dem anderen mental entgegenkommen, sich für das Gegenüber interessieren, den Gesprächspartner ernst nehmen, ihn reden und sich ausdrücken lassen – diese Grundhaltung sollte jeder schlaue Kommunikator akzeptieren und praktizieren. Schließlich zeugt Zuhören von Akzeptanz der anderen Meinung und von Demokratieverständnis, vor allem auch auf der politischen Ebene.

Wenn Sie also darangehen, sich ein professionelles PR-Konzept zuzulegen, dann vergessen Sie bei allen Aktivitäten eines nicht: zuhören können.

Die diffuse Kommunikationsbranche

Kaum ein anderes Gebiet ist so von Veränderung geprägt wie das der Kommunikation. Dies gilt sowohl für den Bereich der institutionellen Kommunikation – also der Kommunikation einer Institution, etwa eines Unternehmens, mit seiner Umwelt – als auch für den technologischen Bereich der Kommunikation, der Informatik. Wobei letztere Sparte nur so weit Gegenstand dieses Buches ist, als die neuen Technologien und Verfahren für die Öffentlichkeitsarbeit von Belang sind.

Dies ist auch der Grund für die babylonische Sprachverwirrung in diesem Bereich, was weder zum Verständnis unter den Praktikern noch zum gefestigten Image der Kommunikationsbranche beiträgt. Offenbar gilt auch für die Kommunikationsfachleute der Spruch vom Schuster, der sich keine schönen Schuhe leisten kann.

Derzeit geistern in der Szene gut ein paar Dutzend Begriffe herum, die allesamt Kommunikationsbereiche oder -disziplinen betreffen, aber in Wissenschaft und Praxis sehr unterschiedlich definiert und eingesetzt werden. Die geläufigsten unter ihnen, die auch bereits in die tägliche Realität eingegangen sind, sind neben *Public Relations* (Öffentlichkeitsarbeit) *Marketing, Werbung* und *Corporate Identity,* ferner *Corporate Culture* (Unternehmenskultur) oder *Corporate Communications* (bzw. Informations- oder Kommunikationsmanagement).

Begriffe wie *Financial Relations, Investor Relations, Industrial Relations, Governmental Relations, Human Relations* oder *Internal Relations, Lobbying, Product Placement, Promotions, Public Affairs* und viele andere bezeichnen zum Teil Spezialbereiche der obengenannten Disziplinen oder werden für einzelne Sparten synonym verwendet. Wer sich für diese Feinheiten besonders interessiert, der findet solche – selbst in Fachkreisen teilweise umstrittene – Differenzierungen in Teil 6.

Die Fehler des Marketing

Um es vorwegzunehmen: Das klassische Marketing, wie es aus den USA nach Europa importiert und hier adaptiert worden ist, hat wesentlich zum »Wirtschaftswunder« nach dem Zweiten Weltkrieg und zur Überwindung materieller Mängel beigetragen. Das Marketingdenken hat uns nicht nur eine betriebswirtschaftliche Revolution, sondern auch allgemeinen Wohlstand beschert. Das steht außer Zweifel.

Da aber jede Medaille zwei Seiten hat, steht ebenfalls außer Zweifel, daß die klassische Marketingphilosophie, wie sie hierzulande praktiziert wurde und wird, ein gerüttelt Maß an Mitschuld an jenem Zustand hat, den wir heute mit Systemkritik, Konsumverweigerung, Verteufelung der Marktwirtschaft, Aussteigertum usw. umschreiben.

Die Erklärung dafür lautet: Das Marketing versteht es ausgezeichnet, mit seinem Instrumentarium Bedürfnisse aufzuspüren und zu befriedigen, immer neue Produkte und Dienstleistungen anzubieten und solcherart im Verein mit Automatisierung und Organisation den Konsum und den persönlichen Wohlstand zu erhöhen. Den Marketingstrategen ist es gelungen, die materiellen Bedürfnisse der Menschen ausgezeichnet zu befriedigen. Wo es jedoch um immaterielle Fragen geht – ausreichende Information, Umwelt, Soziales –, dort haben die Marketingleute versagt.

Sie haben es geschafft, den Bauch anzusprechen, nicht aber das Herz.

Wäre es sonst möglich, daß in der Bevölkerung so wenig Verständnis für die Probleme der Unternehmen und soviel Kritik an der Technik, der Produktion, den Umweltbelastungen und der Produktflut besteht?

Nun mögen gestandene Marketingprofis entgegnen, daß die moderne Marketingtheorie mit Begriffen wie Öko-Marketing, Beziehungs-Marketing oder Meta-Marketing sehr wohl auf die gesellschaftlichen Herausforderungen und auf die emotionalen Bedürfnisse der Menschen Rücksicht nimmt. Tatsache aber ist, daß nach wie vor unter dem Schlagwort des Marketing »hard selling« betrieben und bei dieser Eindimensionalität das Image der Marktwirtschaft und des Unternehmertums untergraben wird.

Es bedarf also zweifellos einer Humanisierung der gängigen Marketingpraxis in jene Richtung, die von den Public Relations schon seit langem aufgezeigt wird. Doch darüber mehr in Teil 2.

Geht man vom klassischen Marketingbegriff aus, so wird darunter eine weitgehende Umkehr zum früher geübten Grundsatz »Produzieren und Verkaufen« verstanden. So vertreten die Marketingstrategen die Meinung, daß sich alles betriebliche Handeln an den Wünschen und Bedürfnissen der Konsumenten zu orientieren habe. Weshalb sich unter den Tausenden Definitionen von Marketing vereinfacht herausschälen läßt: Marketing ist die Ausrichtung einer Institution und ihrer Aktivitäten auf den Markt.

Verkürzt ausgedrückt, erfolgt im klassischen Marketing-Mix die Umsetzung dieses Grundsatzes durch die Funktionen:

- Marktforschung,
- Produktgestaltung,
- Preis- und Konditionenpolitik,
- Vertriebspolitik,
- Kommunikationspolitik (Werbung und PR),
- Verkaufsförderung.

In diesem Marketing-Gebäude gibt es zwei springende Punkte:

1. Was wird unter Markt verstanden?
Versteht man darunter primär den Absatzmarkt, wie es ja der herrschenden Praxis entspricht, dann bedeutet dies, daß sich sämtliche

Aktivitäten des Unternehmens in erster Linie auf diesen Absatzmarkt, also Kunden und potentielle Kunden, ausrichten.

Was dabei durch den Rost fällt, sind die übrigen Gruppen innerhalb der Gesellschaft. Diese kommen zwar für die Produkte des Unternehmens X als Kunden nicht in Betracht und werden daher nicht gepflegt, sprich: mit ihnen wird nicht gezielt kommuniziert. Sie können aber als Meinungsbildner oder als Teil der öffentlichen Meinung sehr wohl zum Unternehmen Stellung beziehen und daher von großer Bedeutung sein.

Hier liegt ein wesentlicher Ansatzpunkt der Kritik am klassischen Marketing: Einseitige Ausrichtung auf den Absatzmarkt, rein umsatz- und gewinnorientierte Zielsetzungen, keine oder ungenügende Kommunikation mit den übrigen Teilöffentlichkeiten, hard selling statt langfristigem Vertrauensaufbau werden als Hauptfehler angeführt.

Zwar wird in der neueren Marketing-Literatur sehr wohl auf die Notwendigkeit verwiesen, neben dem Absatzmarkt auch andere »Märkte« – Arbeitsmarkt, Meinungsmarkt usw. – zu betreuen, in der täglichen Praxis wird darauf aber sehr oft verzichtet.

2. Der Kommunikationsbegriff innerhalb des Marketing-Mix

Solange das Marketing die unternehmerischen Aktivitäten in erster Linie nur auf den Absatzmarkt ausrichtet, handelt es sich auch beim Marketing-Mix-Faktor Kommunikationspolitik nur um die Kommunikation mit dem Absatzmarkt. Wenn also PR als ein Element dieser Kommunikationspolitik definiert werden, dann haben auch sie bloß absatzunterstützende Wirkung und sind mit dem Begriff »Produkt-PR« gleichzusetzen – sozusagen als Zuckerguß der Werbung oder als Werbung mit meist medialen Mitteln; im schlimmsten Fall als Schleichwerbung.

Genau dieser Denkansatz ist es aber, der die ernstzunehmenden PR-Fachleute auf die Barrikaden treibt und Distanz zu Marketing und Werbung suchen läßt.

Und die Praxis zeigt auch, daß jene Form der Öffentlichkeitsarbeit, die dem herkömmlichen Marketing oder der Werbung angegliedert ist, nicht die Erfolge bringen kann, die man sich von ihr erwartet. Im besten Fall resultieren daraus verkaufsunterstützende Artikel in verschiedenen Medien. Dem Anspruch auf Gestaltung und Beeinflussung des Unternehmensbildes oder gar einer Positionierung der Institution innerhalb der Gesellschaft kann man in dieser Organisationsform sicher nicht gerecht werden.

Es sei denn, die Marketingfunktion wird innerhalb des Unternehmens als globale Kommunikationsaufgabe verstanden und es werden dementsprechend sämtliche relevanten »Märkte« von der Geschäftspolitik erfaßt.

Gesprengte Marketinggrenzen

Aus der Erkenntnis dieser Versäumnisse entwickelte sich der Ansatz für den modernen Public Relations-Begriff. Professionelle Öffentlichkeitsarbeit ist ja nicht zuletzt aus der Erkenntnis heraus entstanden, daß für die Schaffung von Vertrauen und Glaubwürdigkeit mehr vonnöten ist als die Herstellung und der Vertrieb von Produkten und Dienstleistungen, die unsere materiellen Bedürfnisse befriedigen.

Für die zeitgemäße Öffentlichkeitsarbeit sind primäre Zielsetzungen nicht Umsatz und Ertrag, sondern der Dialog zur Konfliktbewältigung, die Schaffung von Vertrauen, Verständnis und Glaubwürdigkeit, die Akzeptanz und Einbeziehung anderer Meinungen in das eigene Handeln, die Befriedigung legitimer sozialer und gesellschaftlicher Ansprüche und schließlich die Einbettung der Institution in ihre Umwelt, in die Gesellschaft.

Albert Oeckl reduzierte diese Forderungen auf die Definition: PR = Information + Anpassung + Integration.

Inzwischen ist man noch einen Schritt weiter gegangen, aber davon später. Man könnte auch sagen, daß PR langfristig den Humus schaffen, auf dem die Institution ihre kommerzielle oder ihre Non-Profit-Tätigkeit erfolgreich abwickeln kann. Das bedeutet aber auch, daß die PR die engen Grenzen des klassischen Marketing mit seiner Ausrichtung auf den Absatzmarkt sprengen und eine Vielzahl von Bevölkerungsgruppen in den Dialog einbeziehen müssen. Im Fachjargon heißen diese Gruppen, die zwar nicht als Kunden, sehr wohl aber als Meinungsbildner oder als Imageträger fungieren können, *Dialoggruppen* oder *Teilöffentlichkeiten.*

Das Verdienst der modernen Public Relations ist es also, das kundenorientierte Marketingdenken in Richtung verschiedenster Teilpopulationen erweitert und verändert zu haben. Gleichzeitig werden aber durch den laufenden Dialog und gegebenenfalls auch durch die

Konfliktaustragung mit diesen Gruppen die immateriellen, sprich emotionalen Bedürfnisse der Menschen angesprochen.

Die Verständnis- und Glaubwürdigkeitsprobleme der heutigen Zeit können somit über eine Strategie der ehrlichen Auseinandersetzung, der Offenheit und des Bekenntnisses zur Kommunikation gelöst oder zumindest gemildert werden.

So betrachtet, kann man PR als Ausrichtung einer Institution an der Gesellschaft (oder an der Öffentlichkeit) beschreiben.

In der Definition des Public Relations Verbandes Austria las sich das bis vor einigen Jahren so:

Public Relations umfassen alle bewußten, geplanten und langfristigen Maßnahmen sowie die diesen Aktivitäten zugrundeliegende Gesinnung des PR-Trägers, Verpflichtungen und Rechte in der Öffentlichkeit (Gesellschaft) wahrzunehmen, um gegenseitiges Vertrauen aufzubauen und zu fördern.

Inzwischen ist »die Gesinnung des PR-Trägers«, leider, aus dieser Beschreibung verschwunden. Gerade diese Gesinnung zum offenen, ehrlichen Dialog macht aber fortschrittliche Öffentlichkeitsarbeit aus.

Derzeit gibt es für PR Hunderte Definitionen und Umschreibungen, im wesentlichen kommt es aber nicht auf Begriffe, sondern auf das Denken und Handeln derer an, die sich in der Öffentlichkeit bewegen und mit ihr umzugehen haben.

Wie andere Public Relations sehen

Einige Beispiele:

- Tu Gutes und rede darüber. (Zedtwitz-Arnim)
- PR sind die Beziehung mit der Öffentlichkeit. (Baus)
- PR heißt Werbung um öffentliches Vertrauen. (Hundhausen)
- PR sind Information + Anpassung + Integration. (Oeckl)
- PR sind die geplante Bemühung, die öffentliche Meinung durch positive Handlungen und durch zweiseitige informative Verbindung zu beeinflussen. (Cutlip und Center)

- PR sind das bewußte und legitime Bemühen um Verständnis sowie um Aufbau und Pflege von Vertrauen in der Öffentlichkeit auf der Grundlage systematischer Erforschung. (Deutsche PR-Gesellschaft)
- PR sind eine institutionalisierte Verhaltensweise öffentlichkeitsrelevanter sozialer Gebilde, Organisationen und Institutionen, mit den sie betreffenden Öffentlichkeiten und den dort artikulierten Interessen umzugehen ... Öffentlichkeitsarbeit hat deshalb die Funktion, die Politik der Organisationen und Institutionen zu vermitteln, zu interpretieren, überzeugend darzustellen sowie diese durch Rückbindung an die Organisationsmitglieder und die betroffenen externen Teilöffentlichkeiten zu korrigieren ... Öffentlichkeitsarbeit hat primär politische Funktionen und nur sekundär ökonomische. (Barthenheier)

70 Prozent »Wollen«, 30 Prozent »Tun«

Eine Vorwarnung an alle, die glauben, sich mit ein paar PR-Tricks ein gutes Image erkaufen oder ihre Imageprobleme an einen Berater oder eine PR-Agentur abladen zu können: Grundlage für erfolgreiche Image- und Kommunikationspolitik ist die Einstellung.

Denn PR sind in erster Linie eine Haltungsfrage.

Wer ohnehin davon überzeugt ist, daß die Menschen es verdienen, manipuliert zu werden; daß Journalisten eine lästige Zunft sind, die mit gutem Essen abgespeist werden kann; und daß es noch immer dem Unternehmen überlassen bleiben muß, wo es seine Abwässer hineinleitet – der hat weder die Zeichen der Zeit erkannt noch wird er ordentliche Öffentlichkeitsarbeit machen. Auch nicht mit der besten Agentur oder einem engagierten PR-Abteilungsleiter.

Wer hingegen die Verpflichtung akzeptiert, die Öffentlichkeit über sein Tun und Lassen möglichst ungeschminkt zu informieren; wer erkannt hat, daß Unternehmen heutzutage keine Inseln der Seligen mehr sind, die die Menschen rundherum nichts angehen; ja, wer gar der Meinung ist, daß es nur von Vorteil sein kann, wenn sich Medien, Politiker und andere Gruppen für die Geschehnisse hinter den Kulissen der Organisation interessieren – der wird in seiner Öffentlichkeitsarbeit sogar manchen Fehler machen können, ohne daß ihm daraus ein Strick gedreht wird.

Wie gesagt: Das Wollen, die positive Einstellung zur Öffnung nach innen und nach außen macht 70 Prozent des PR-Erfolges aus. Die restlichen 30 Prozent bestehen aus Know-how und beinharter Knochenarbeit.

Vorbei sind die Zeiten, da PR bloß im Verkaufen origineller Einfalle (»Tu Gutes und rede darüber«), in eleganten Diners mit hochrangigen Journalisten oder im Schwingen eloquenter Reden bestanden haben. Heute wird von denen, für die PR Bestandteil ihrer Geschäftspolitik ist, langfristige und detaillierte Planung, laufende Befassung mit der Materie, hohes Know-how und aufwendige Kleinarbeit verlangt.

Dies betrifft die Führungskräfte selbst und nicht nur die angestellten oder freien Berater, die als Stäbe wesentliche Bereiche der Öffentlichkeitsarbeit abdecken können. Nicht umsonst zeigen Untersuchungen aus den USA, daß die Top-Manager 50 Prozent und mehr ihrer Arbeitszeit für PR-Aufgaben aufwenden.

Sein und Schein

Mit PR kann man, basierend auf einer langfristig formulierten und strukturierten Grundsatzpolitik, viel erreichen:

- Erhöhung des Bekanntheitsgrades,
- Veränderung oder Verfestigung des Images bzw. von Teilimages,
- Positionierung der Institution in der öffentlichen Meinung bzw. in der Meinung von Teilöffentlichkeiten,
- Aufbau von Vertrauen und Glaubwürdigkeit,
- Aufbau eines positiven Klimas als Voraussetzung für den Geschäftserfolg, zum Beispiel bei den Anrainern,
- Verbesserung des Betriebsklimas und der Mitarbeitermotivation,
- Schaffung von Verbündeten und Sympathisanten,
- Objektive bis wohlwollende Berichterstattung in den Medien,
- Unterstützung von Anliegen und Projekten gegenüber Behörden, der Legislative und anderen Partnern,
- Bessere Voraussetzungen auf dem Arbeitsmarkt und in anderen Teilbereichen,
- Objektive und verständnisvolle Behandlung durch die Öffentlichkeit in Krisensituationen,
- Gerüchte und Verleumdungen fallen auf weniger fruchtbaren Boden.

Diese Liste ist keineswegs vollständig. Aber Vorsicht! Public Relations sind kein Zauberstab, mit dem alles erreicht werden kann! Im Gegenteil: Voraussetzung für den Erfolg ist die möglichst deckungsgleiche Überlappung von Sein und Schein. Wer mehr vorgibt, als er ist und als er kann, wird früher oder später genau das Gegenteil von dem erreichen, was er wollte: Imageverlust, Vertrauenseinbuße, wirtschaftlichen Mißerfolg.

Seriöse Öffentlichkeitsarbeit kann beispielsweise nicht:

- Negative Entwicklungen oder Verfehlungen ins Gegenteil verkehren oder ungeschehen machen.
- Verantwortungsloses Handeln kaschieren oder kompensieren.
- Umweltbelastungen unter den Teppich kehren.
- Unfreundlichkeit und Menschenverachtung sympathisch erscheinen lassen.
- Mangelnde Offenheit und Auskunftsbereitschaft zu guten Medienberichten umwandeln.
- Fehlende Ehrlichkeit in ein günstiges Licht rücken.
- Schlechte Produktqualität übertünchen.
- Werbung ersetzen.
- In Krisensituationen die Kastanien aus dem Feuer holen.

Wesentlich für den Erfolg der Kommunikation ist also die Basis für diese Kommunikation: die »Geschäftsgebarung«, das soziale Verhalten, das Akzeptieren anderer Meinungen, die Bereitschaft zur ehrlichen Auseinandersetzung mit Problemen.

Wer PR nur dazu benützen will, die Fassade seines morschen Hauses anzustreichen, um nach außen hin besser dazustehen, der programmiert den Mißerfolg bereits voraus. Womit sich die Elemente und die Grundprinzipien erfolgreicher Öffentlichkeitsarbeit bereits zusammenfassen lassen:

Die 10 Elemente der Öffentlichkeitsarbeit

1. bewußtes, geplantes, dauerndes, systematisches Bemühen
2. geistige Einstellung, Haltung
3. eine Leitungsfunktion

4. Ziele: Aufbau und Pflege von Verständnis und Wohlwollen, Kommunikation mit der Umwelt, Integration in die Gesellschaft
5. systematische Erforschung der öffentlichen Meinung
6. Kommunikation mit Dialoggruppen
7. Interpretation der gegenseitigen Standpunkte
8. Kooperatives Handeln
9. Einbeziehung der öffentlichen Meinung in die eigene Politik
10. Akzeptanz von Rechten und Pflichten gegenüber der Gesellschaft

Die 10 Grundprinzipien der Öffentlichkeitsarbeit:

1. Überzeugung
2. Offenheit
3. Ehrlichkeit
4. Kontinuität
5. Professionalität
6. Systematik
7. Fairness
8. Aufrichtigkeit (Sein = Schein)
9. Sachlichkeit
10. Universalität

Stellen Sie sich bitte folgende Fragen und schließen Sie aus Ihren Antworten, wo und warum Sie mehr für Ihre Öffentlichkeitsarbeit tun müssen:

- Gibt es in Ihrer Institution ein PR- oder Kommunikationskonzept?
- Kennen Sie das Image Ihrer Organisation aufgrund empirischer Analysen?
- Gibt es Ihrer Meinung nach Imageprobleme in Ihrem Haus?
- Gibt es für Ihre MitarbeiterInnen genügend Möglichkeiten, Kreativität und Engagement unter Beweis zu stellen?
- Gibt es ein internes Kommunikationskonzept?
- Falls Sie PR betreiben: Hat Ihr PR-Verantwortlicher oder PR-Berater den richtigen Stellenwert, um sich durchzusetzen, und ist sie/er für ihre/seine Aufgabe überhaupt geeignet?
- Ist Ihr Unternehmenskonzept allen MitarbeiterInnen bekannt?

- Sind Sie der Meinung, daß sich professionelle Öffentlichkeitsarbeit rechnet?
- In welchen Bereichen Ihres Hauses werden Kommunikationsaufgaben bearbeitet? Gibt es dafür Pläne?
- Besitzen Sie einen Krisenplan für unvorhergesehene Katastrophenfälle?
- Gibt es für Ihre MitarbeiterInnen Vorgaben, wie mit externen Beratern und Dienstleistungslieferanten zu kooperieren ist?

Die Sache mit der Ethik

Moral hat man oder hat man nicht.
Genausogut kann man sagen: PR macht man oder macht man nicht.
Was wiederum nicht ganz stimmt. Denn die Erfahrung zeigt, daß es sehr wohl unseriöse und unaufrichtige »Öffentlichkeitsarbeit« gibt. Ob solches Handeln dann auch noch die Bezeichnung PR verdient, soll hier nicht untersucht werden.

Tatsache ist jedenfalls, daß wir in einer Zeit leben, in der von uns allen und den Institutionen mehr Moral und Ethik erwartet wird. Dies gilt für die Wirtschaft ebenso wie für die Politik, den Sport, die Wissenschaft, die Kultur, die Interessenvertretungen und andere gesellschaftliche Bereiche.

Offenbar ist »das Volk« zu oft und zu lange an der Nase herumgeführt worden, hat man nicht immer mit der Wahrheit operiert, sind demokratische Grundsätze nicht immer voll durchgedrungen.

Heute leben wir in einer Zeit der intensiven Information, der erhöhten Kritikbereitschaft, der verstärkten Sensibilität gegenüber »gesellschaftsrelevanten« Handlungen. Es ist also müßig, zu fragen, ob die vielgepriesene »neue Ethik« eine freiwillige ist, weil sich Wirtschaft und Politik auf ihre hohe Verantwortung besinnen, oder ob sie unter dem Druck der gesellschaftlichen Veränderungen den herrschenden Institutionen aufgezwungen wird. Sicher ist nur eines: Wer diese Herausforderung zu mehr gesellschaftlicher Verantwortung und höherem moralischen Standard nicht annimmt, der wird früher oder später mit Glaubwürdigkeitsproblemen und schließlich um seine Existenz zu kämpfen haben.

Dies gilt nicht nur für das einzelne Unternehmen oder für politische Gruppen, sondern für unser gesamtes marktwirtschaftlich orientiertes System. Es muß die Herausforderung zu mehr Transparenz, mehr Ehrlichkeit, mehr aufrichtiger Kommunikation annehmen. Und mit ihm alle Institutionen, die dieses System aufrechterhalten.

So betrachtet, haben Public Relations eine eminent politische Funktion: sie sind der Rettungsanker für die staatstragenden Institutionen, mit dem diese Vertrauen und Glaubwürdigkeit (wieder)gewinnen können. Nur dadurch kann es gelingen, dem herrschenden System einer freiheitlich-demokratischen Ordnung das langfristige Überleben zu sichern.

Der ehemalige Siemens-Generaldirektor Tacke hat bereits in den siebziger Jahren vor Managern gesagt: »Sie haben, meine Herren, sehr viel für Ansehen und Marktposition Ihrer Unternehmen getan. Was aber tun sie eigentlich dafür, daß wir uns eine Gesellschafts- und Wirtschaftsordnung erhalten, in der diese Unternehmen noch arbeiten können?«

Öffentlichkeitsarbeit bedeutet gelebte Demokratie

Auch totalitär regierte Staaten müssen irgendwann erkennen, daß eine Politik des Verschweigens und der Isolation auf Dauer nicht haltbar ist. So haben auch die seinerzeit kommunistischen Staaten Osteuropas letztlich einsehen müssen, daß sie ohne nachhaltige vertrauensbildende Maßnahmen nach innen und nach außen ihre Positionen und Ziele nicht langfristig erreichen können. Denn ein Staat benötigt ebenso Glaubwürdigkeit wie ein Unternehmen gegenüber seinen Öffentlichkeiten. So war etwa die Politik Gorbatschows mit »Glasnost« und »Perestroika« nicht nur eine Öffnung zu mehr Demokratie, sondern auch zu mehr Transparenz und ehrlicherem Dialog im Sinne von Public Relations. Denn »Transparenz« und »Umgestaltung« sind just die Kernforderungen fortschrittlicher Öffentlichkeitsarbeit in offenen Systemen.

Corporate Identity

Jedes Unternehmen, jeder Künstler, jede politische Partei – sie alle wollen etwas Besonderes sein. Sie möchten sich von der Masse abheben, wollen ein unverwechselbares Erscheinungsbild haben.

Beim Künstler, Politiker oder Freiberufler ist dies relativ einfach: sie profitieren von ihrer Persönlichkeit. Ihre Identität wird von ihrem Aussehen, ihrem Verhalten, ihren Taten geprägt.

In früheren Zeiten war es beim Großbetrieb nicht viel anders: sein Bild wurde vom Eigentümer gezeichnet. Egal, ob Krupp, Neckermann, Funder oder Kneissl – der Eigentümer-Unternehmer drückte seinem Betrieb den Stempel auf. In der Öffentlichkeit bildete sich das Image des Unternehmens sehr oft aus der Persönlichkeit des Unternehmers.

Wachstum, Diversifikation, Arbeitsteilung, neue Finanzierungsformen und nicht zuletzt das Verblassen der großen Privatunternehmer-Sterne führten viele Großbetriebe in die Anonymität. Nicht umsonst heißt die Aktiengesellschaft im Französischen *société anonyme*.

Aber gerade die großen multinationalen Unternehmen haben den Wert eines einzigartigen, unverwechselbaren Erscheinungsbildes sehr früh erkannt und die Unternehmerpersönlichkeit durch eine »gelernte Identität« ersetzt.

Diese Disziplin bzw. Technik der Persönlichkeitsschaffung hat sich in den sechziger und siebziger Jahren zu einem eigenen Bereich innerhalb der Kommunikationsbranche entwickelt: der *Corporate Identity*.

Man könnte sie auch als Ersatzreligion für das fehlende Charisma einer Einzelperson bezeichnen. Freilich ist aus dieser Surrogatfunktion längst ein eigenständiges Fach mit gutbezahlten Spezialisten geworden, die ihre Aufgabe darin sehen, einer Institution ebendiese Alleinstellung, dieses unverwechselbare Erscheinungsbild zu verpassen, und hoffen, daß in der Organisation auch danach gehandelt wird.

Selbstverständlich ist es der falsche Weg, einem Unternehmen eine neue CI überzustülpen, die mit dem bisherigen Image nur wenig gemein hat. Tatsächlich kann sich eine solche CI-Politik nur an der vorhandenen Firmenkultur und an den geschäftspolitischen Grundsätzen orientieren. Sie kann aber sehr wohl Schwerpunkte herausarbeiten, Korrekturen in der Geschäftspolitik vornehmen und mit den Instrumenten der Kommunikation ein teilweise oder wesentlich geändertes Erscheinungsbild in die Öffentlichkeit transportieren.

Nach Birkigt/Stadler ist unter CI »die strategisch geplante und operativ eingesetzte Selbstdarstellung und Verhaltensweise eines Unternehmens nach innen und außen auf Basis eines definierten Images, einer festgelegten Unternehmensphilosophie und Unternehmenszielsetzung und mit dem Willen, alle Handlungsinstrumente des Unternehmens in einheitliche Rahmen nach innen und außen zur Darstellung zu bringen«, zu verstehen.

Klaus Kneip definiert CI als »die zentrale Kommunikationsstrategie des Unternehmens und damit auch dessen zentrale Führungsstrategie, die, mittels Kommunikationsarbeit als integrierte Sozialtechnik des Unternehmens, nach innen und außen maximale Interaktionssynergie anstrebt und damit eine Ökonomie der Kräfte bewirkt«.

Einfacher ausgedrückt: Durch CI soll sich das Unternehmen nach innen und nach außen wie aus einem Guß präsentieren. Dadurch verstärkt sich die Identifikation der Mitarbeiter, und nach außen ist jeder Werbeschilling doppelt soviel wert, wenn die Öffentlichkeit schon auf den ersten Blick erkennen kann, von wem eine Botschaft, ein Produkt oder ein Mitarbeiter stammt.

Corporate Identity setzt sich aus drei Teilbereichen zusammen:

1. Das Unternehmensverhalten – *Corporate Behaviour (CB)*

Dazu zählt das gesamtheitliche Gebaren der Institution, insbesondere das Verhalten der Mitarbeiter und der Führungsmannschaft. Auch hier soll alles aus einem Guß sein: die Sprache, die Argumente, vielleicht sogar die Kleidung.

Kein Wunder auch, daß innerhalb des CI-Gebäudes die innerbetriebliche Kommunikation und Motivation einen sehr hohen Stellenwert einnimmt.

2. Die Unternehmenskommunikation –
Corporate Communications (CC)

Dieser Bereich umfaßt sämtliche kommunikationspolitischen Grundsätze und Kommunikationskanäle nach innen und nach außen.

3. Das visuelle Unternehmensbild – *Corporate Design (CD)*

Hiebei handelt es sich um alle visuellen Zeichen und Erscheinungsformen, über die die Institution verfügt, sowie um die Grundsätze, nach denen diese optischen Signale eingesetzt werden.

Sehr oft wird gerade in der Wirtschaft CI mit CD verwechselt, und sogenannte CI-Konzepte sind in der Realität oft nicht viel mehr als die Entwicklung eines neuen Firmenzeichens und dessen Verwendung auf Briefpapier, Visitenkarten und Werbemitteln.

Der Einsatzbereich des Corporate Design ist äußerst vielschichtig. Dazu zählen etwa:

- Architektonische und bauliche Grundmuster für die Gestaltung von Gebäuden, Zweigstellen, Einrichtungsgegenständen usw.,
- Firmenlogo und Firmensymbole, Firmenname und Firmenslogan,
- Firmenfarbe und Typographie,
- graphische Gestaltungselemente für Werbung, Drucksachen, Informationsmaterial, Poststücke usw.,
- Mitarbeiterkleidung,
- Gestaltung von Firmenfahrzeugen, Fassadenbeschriftungen,
- Gestaltung von Gebrauchsgegenständen, vom Gästegeschirr bis hin zum Spannteppich.

Es gilt also: CI = CB + CC + CD

Neue Strömungen – Vernetztes Kommunikationsmanagement

Von der Vielzahl neu entstandener Begriffe und Disziplinen innerhalb der Kommunikationsbranche haben zuletzt »Unternehmenskultur« *(Corporate Culture)* und »Unternehmenskommunikation« bzw. »Kommunikationsmanagement« *(Corporate Communications, vernetzte Kommunikation, integrierte Kommunikation, ganzheitliche Kommunikation, institutionelle Kommunikation, Organisationskommunikation)* eine gewisse Bedeutung erlangt.

Die unter Unternehmenskultur zusammengefaßten Grundsätze und Techniken tragen verschiedene Elemente aus Marketing, CI und PR in sich, wobei eine besondere Betonung auf die Bereiche Führungsstil, Unternehmensgeschichte, moralisch-ethische Grundsätze, Tradition und Konsequenz gelegt wird.

Wollte man bösartig sein, dann könnte man auch dieser Denkschule unterstellen, alten Wein in neue Schläuche zu füllen. Und tatsächlich wurde schon vor Jahren mit dem Begriff vom »Werbestil« sehr viel von dem angesprochen, was heute unter Unternehmenskultur verkauft wird.

Wenn von Unternehmenskommunikation, Organisationskommunikation oder Kommunikationsmanagement die Rede ist, dann ist dies der Versuch, dem Fachegoismus innerhalb der Kommunikationsbranche eine Absage zu erteilen. Marketing und Werbung, CI und PR werden hier vernetzt, synergetisch zusammengeführt und in einen gemeinsamen, großen Rahmen gestellt.

Viele Kommunikationsfachleute haben die mühsamen und kräfteraubenden Diskussionen über die Trennung und die Über- oder Unterordnung der einzelnen Disziplinen satt und suchen nach einem Begriff, der spartenübergreifend und ganzheitlich anwendbar ist. Sie glauben, sich damit manchen Ärger und Streit zu ersparen. Und in der Tat ist die akademische Diskussion über Begriffe für den Praktiker langweilig und ineffizient. Ich behaupte aber, daß gerade aus praktischen Gründen und aus Effizienzmotiven es für Führungskräfte sehr hilfreich ist, die einzelnen Disziplinen grundsätzlich auseinanderzuhalten – um sie schlußendlich vernetzen zu können.

1. Wenn alles in einem Topf vermischt wird, tun sich Scharlatane beim Verkauf ihrer dubiosen Leistungen viel leichter.

2. Eine genaue Zuordnung von Aufgaben und Zielen zu den einzelnen Disziplinen erleichtert die Planung und die Umsetzung von Maßnahmen.

3. Fachleute aus den einzelnen Disziplinen können gezielt gesucht und eingesetzt werden.

4. Die einzelnen Disziplinen haben unterschiedliche Teil-Ziele, Instrumente und Techniken. Eine Vermischung im Kommunikations-Eintopf kann den Erfolg verringern und schwerwiegende negative Folgen haben.

5. Die einzelnen Disziplinen sollen jedoch an einem gemeinsamen Strang ziehen und haben eine gemeinsame Gesamtzielsetzung. Nach dem Prinzip »getrennt marschieren, vereint schlagen« müssen sie daher unter Nutzung von Synergien schlußendlich vernetzt, d.h. aufeinander abgestimmt, zu einem gemeinsamen Ganzen verschmolzen werden – ohne die Stärken und Chancen der jeweiligen Fachrichtung zu verlieren.

Dazu ein praktisches Beispiel, auch wenn an dieser Stelle von Medienarbeit und ihrer Technik noch nicht die Rede ist:

Werden die Bereiche Werbung und PR in einer Hand bzw. ohne gedankliche Trennung geführt, dann erwachsen daraus gravierende Probleme. Wenn etwa Wirtschaftsjournalisten mit werblichen Argumenten oder auch nur mit absatzorientierten Worten angesprochen werden, ist mit ihnen kein ordentliches Vertrauensverhältnis aufzubauen. Es kommt zwangsläufig zu einer Vermengung von redaktioneller Thematik und werblichen, sprich Inseraten-Fragen, obwohl in den Medien üblicherweise verschiedene Abteilungen (Redaktion und Anzeigenabteilung) dafür zuständig sind. Die Öffentlichkeitsarbeit wird in diesem Fall konsequenterweise stärker für Marketing- und Werbeziele herangezogen, was andererseits ihren Objektivitätsanspruch und ihren gesellschaftlichen Bezug gegenüber jenen Teilöffentlichkeiten, die für den Absatz nicht relevant sind, mindert.

Vernetztes Kommunikationsmanagement bedeutet daher: genaue Definition der Unternehmens- und Kommunikationsziele und -Strategien, vernetzter, aufeinander abgestimmter Einsatz der einzelnen Instrumentarien – aber getrennte, zielgerichtete Aktivitäten in den jeweiligen Arbeitsbereichen.

Teil 2

Grundlagen der Public Relations

PR sind nicht delegierbar

So wie gutes Benehmen ist auch Öffentlichkeitsarbeit im Grunde nicht delegierbar – weder an Interessenverbände noch an PR-Agenturen. Was delegiert werden kann, sind die einzelnen Funktionen und Maßnahmen der PR – vom Konzept bis hin zur Organisation einer Veranstaltung.

Nicht delegierbar sind:
- die Grundeinstellung zur Öffentlichkeit und zur Öffentlichkeitsarbeit;
- die Verantwortung für die Kommunikation;
- die Mitwirkung aller Betriebsangehörigen, insbesondere der Führungskräfte, an der Image- und Kommunikationspolitik;
- das Treffen von Entscheidungen über Geschäfts- und Kommunikationspolitik;
- die Präsenz des Chefs innerhalb der Öffentlichkeitsarbeit.

Wie oft sagen Unternehmer und Manager: »Wir machen unser Geschäft, für die Imagepolitik der Branche ist unser Verband zuständig.« Und sie vergessen dabei, daß eine Interessenvertretung nur so gut sein kann wie ihre Mitglieder. (Siehe Seite 308 ff.)

Ähnlich verhält es sich mit externen Beratern. Sie sind nur so gut wie die Möglichkeiten, die ihnen der Auftraggeber bietet.

Wer meint: »Jetzt nehme ich mir eine Agentur, und dann bin ich die leidige PR los«, liegt völlig falsch. Der Berater kann um so effizienter arbeiten, je stärker die Bereitschaft des Auftraggebers ist, in die Öffentlichkeit zu gehen, und je mehr Input aus der Institution in seine Aktivitäten einfließt.

Externe, aber auch interne PR-Berater stehen auf verlorenem Posten: wenn sie nicht bestens über Strukturen und laufende Ereignisse im Unternehmen Bescheid wissen; wenn sie zu heiklen Fragen nicht zugezogen werden; wenn sie nicht laufend mit Themen und Informationen versorgt werden; wenn sie keinen ständigen Gesprächspartner auf höchster Managementebene zur Verfügung haben.

Kurzum: Public Relations gehören zu den Führungsaufgaben und sind daher Pflicht und Verpflichtung des Top-Managements.

Wer Pseudolösungen sucht, weil es schick ist, sich einen PR-Berater zu halten, der schmeißt das Geld beim Fenster hinaus.

Die 10 Gebote für wirksame Öffentlichkeitsarbeit

1.

Public Relations sind Strategie und integrierter Bestandteil der Geschäftspolitik in einem. Sie bestehen in der positiven Bereitschaft, die Öffentlichkeit an den Geschehnissen in der Institution teilhaftig werden zu lassen, soweit dies ohne Schaden möglich ist. PR sind somit der Wille der Institution zu einer aktiven Informations- und Kommunikationspolitik im Rahmen der von PR getragenen Geschäftspolitik.

2.

Public Relations wirken langfristig. PR-Experten sind keine Feuerwehrleute. Image kann nur langfristig gebildet und beurteilt werden.

3.

Die PR-Gesinnung muß sich von oben nach unten durch die ganze Institution ziehen. Dabei ist die interne Kommunikation von ausschlaggebender Bedeutung.

4.

Wer PR macht, muß trotzdem Schläge einstecken können. Kaviarbrötchen beim Presseempfang sind weder ein Garantieschein für ewige Unantastbarkeit noch ein Freibrief für nachträgliche Informationsunlust.

5.

Medien haben immer Vorrang. Eine Auskunft an einen Journalisten muß auch unter Streß und auch aus einer wichtigen Sitzung heraus unverzüglich möglich sein. Später ist zu spät. Da kann schon Falsches in der Zeitung stehen. Aber Medienarbeit ist nur ein Teil der PR.

6.

Informationen sind das tägliche Brot des PR-Verantwortlichen und der Journalisten. Doch nicht alles, was der PR-Manager wissen muß, ist auch für den Journalisten bestimmt. Vor dem PR-Mann (der PR-Frau) darf es keine Geheimnisse geben, vor dem Journalisten schon. Anlügen darf man beide nicht.

7.

Journalisten sind weder Ungeheuer noch Übermenschen. Informieren Sie umfassend und ehrlich, beschränken Sie die Information jedoch auf Wichtiges. Setzen Sie Vertrauen voraus und schenken Sie Vertrauen.

8.

Unterstellen Sie den PR-Mann – oder die Agentur – direkt dem obersten Leitungsgremium, am besten einem einzigen Verantwortlichen. Alles andere ist wertlos und hinausgeworfenes Geld.

9.

Mißbrauchen Sie PR nicht für Schleichwerbung oder Haus- und Hofmeldungen. Geben Sie der Werbung, was der Werbung ist, und halten Sie die PR-Leute frei für ihre Aufgaben.

10.

Lassen Sie den PR-Leuten ihr Eigenleben, ihre Kreativität und ihren Aktionsradius – aber hüten Sie sich vor gescheiterten Existenzen und Blendern.

Die 10 Todsünden wider die PR

1.

Versuchen Sie, in Gesprächen mit Außenstehenden möglichst jede unangenehme Frage und jedes Problem zu umschiffen. Reden Sie sich heraus, wo es nur geht. Vertrauen ist der Tod jedes betrieblichen Eigenlebens!

2.

Warten Sie mit allen Veröffentlichungen möglichst so lange, bis es die Spatzen vom Dach pfeifen. Vorzeitiges Aufzeigen hat noch allemal geschadet!

3.

Prüfen Sie neue Projekte und andere geschäftspolitische Entscheidungen auf keinen Fall auf ihre möglichen Auswirkungen in der Öffentlichkeit. Kommt Zeit, kommt Rat. Zuviel fragen kann das beste Projekt gefährden!

4.

Machen Sie Öffentlichkeitsarbeit nur in Krisenzeiten! Kontinuierliche PR-Arbeit in ruhigen und guten Zeiten ist nur verlorenes Geld und versorgt unnötige Mitesser. Versuchen Sie überdies, die PR-Arbeit möglichst kurzfristig auf ihre Effizienz zu untersuchen. Damit können Sie die besten PR-Leute zur Verzweiflung bringen!

5.

Halten Sie Ihren PR-Chef oder Ihre PR-Agentur, aber auch Ihre Mitarbeiter mit Informationen möglichst auf Sparflamme! Wer zu viel weiß, kann gefährlich werden. Informationen sind immer nur dosiert und so gefärbt abzugeben, wie es zu Ihrem Vorteil gereicht. Und lassen Sie die PR-Leute keinesfalls an Sitzungen oder wichtigen Besprechungen teilnehmen!

6.

Unterstellen Sie Ihren PR-Mann (Ihre PR-Frau) nach Möglichkeit irgendeiner unwichtigen Abteilung oder am besten der Werbung. Dort hat er/sie die geringsten Vollmachten und kann am wenigsten Schaden anrichten.

7.

Sehen Sie in einem Journalisten grundsätzlich ein Subjekt, das Ihnen Böses will! Verwöhnen Sie ihn mit möglichst erlesenen Einladungen und Geschenken, dann vergißt er sicher, was Sie in Wirklichkeit von ihm halten!

8.

Wenn Sie trotz dieser Warnungen Zutrauen zu einem Journalisten gefaßt haben, erzählen Sie ihm möglichst alles, was Sie am Herzen haben, auch Ihre Sorgen mit den Vorstandskollegen! Man wird es Ihnen zu danken wissen.

9.

Unterbinden Sie nach Möglichkeit alle Initiativen Ihrer MitarbeiterInnen zur Verbesserung der Kommunikation. Lassen Sie auf keinen Fall zu, daß sie sich am internen Geschehen zu viel interessieren oder gar Ihr Informationsmonopol ankratzen!

10.

Verkünden Sie möglichst oft und laut, für wie wichtig Sie die Öffentlichkeitsarbeit in einer funktionierenden Gesellschaft halten!

Die Hauptfunktionen der PR

1.

Die Absicht, die Haltung und die Handlungen der Institution gegenüber relevanten Öffentlichkeiten mit der Haltung und den Handlungen der Öffentlichkeiten gegenüber der Institution in Einklang zu bringen bzw. tragfähige Kompromisse zu finden und damit gegenseitiges Wohlwollen und Verständnis zu schaffen.

2.

Das geplante, dauernde und systematische Bemühen um die Kommunikation zwischen der Institution und den relevanten Dialoggruppen.

3.

Der Aufbau und die Pflege von Verständnis, Wohlwollen und Unterstützung bei den Dialoggruppen für die Institution und ihre Handlungen sowie, umgekehrt, der Aufbau und die Pflege von Verständnis und Rücksichtnahme der Institution für die Bedürfnisse und Handlungen der Dialoggruppen.

4.
Die systematische Erforschung der Meinung der Öffentlichkeiten.

5.
Die Interpretation des Standpunktes der Dialoggruppen für das Management bzw. die Interpretation des Standpunktes der Institution und ihres Managements für die Dialoggruppen.

6.
Die Vermeidung, Milderung und Bewältigung von Konflikten mit Dialogpartnern durch gezielte langfristige Kommunikation.

7.
Die Integration der Institution in ihr gesellschaftliches Umfeld im Sinne der Erfüllung einer sozialen Funktion durch konzeptive, aufrichtige Kommunikation.

Die wesentlichen Tätigkeitsbereiche der PR-Fachleute

- Die Beratung der Geschäftsleitung bei der Formulierung der Unternehmenspolitik.
- Die Erstellung und Durchführung von kurz-, mittel- und langfristigen PR-Konzepten im Einklang mit der Unternehmens- und Imagepolitik sowie die Budgetierung, Kompetenzzuweisung und Erfolgskontrolle dieser Maßnahmen.
- Die Informationsbeschaffung in- und außerhalb der Institution.
- Die Herstellung und Verbreitung von Berichten, Artikeln, Kommentaren, Manuskripten und Texten für Presse, elektronische Medien und andere Öffentlichkeiten.

- Die Mitwirkung an Presseartikeln, Funk- und Fernsehsendungen, Interviews und Journalistengesprächen.
- Die Konzeption und Durchführung von Pressekonferenzen, Pressegesprächen, Pressefahrten und dgl.
- Die Abfassung und Gestaltung von Geschäftsberichten, Homepage, Verlautbarungen und anderen Informationsmitteln.
- Die Planung und Durchführung von PR-Maßnahmen für sonstige Öffentlichkeiten, wie z. B. Senioren, Jugendliche, Bürgergruppen u. a.
- Die Planung und Durchführung von Veranstaltungen, die u. a. der Imagebildung dienen, wie z. B. Ausstellungen, Wettbewerbe, Seminare, Vorträge, Diskussionen, Betriebsführungen.
- Kontakte zu Schulen, Universitäten und verschiedenen Gruppen von Meinungsbildnern, wie z. B. Lehrern oder Politikern, sowie die Planung und Ausarbeitung spezifischer Informations- und Kommunikationsmittel für diese Öffentlichkeiten.
- Kontakte zu Vertretern diverser Öffentlichkeiten, wie z.B. Branchenverbände, sonstige Verbände und Interessenvertretungen, öffentliche Stellen, Kammern, Gewerkschaften, Kirchen, sowie die Planung und Ausarbeitung spezifischer Informations- und Kommunikationsmittel für diese Gruppen.
- Die Information der Öffentlichkeiten über betriebliche Sachzwänge und der Aufbau von Verständnis dafür, z.B. im Bereich des Umweltschutzes.
- Die Erarbeitung von Systemen und Richtlinien für die innerbetriebliche Kommunikation.
- Die Produktion innerbetrieblicher Informationsmittel, wie z. B. Mitarbeiterzeitung, Intranet, Informationsdienste für Führungskräfte und Fachabteilungen, audiovisuelle Medien, sowie die Organisation innerbetrieblicher Veranstaltungen.
- Die Beschaffung von Publikationen, die für die eigene Firma bzw. Organisation wichtig sind, und deren Weitergabe an die Führungskräfte und Mitarbeiter (z. B. in Form eines Pressespiegels, via Intranet usw.).
- Die Einrichtung und Führung eines Text-, Bild-, Film- und Tonarchivs sowie einer zentralen Dokumentation über sämtliche relevanten Medien und Gruppierungen.
- Die laufende Beratung der Führungskräfte in allen Fragen der Zusammenarbeit mit den Medien und sonstigen Zielgruppen und die

Vorbereitung entsprechender Kontakte (Abstimmung der Informationsschwerpunkte und des Auftretens, Sprachregelungen, Ausarbeitung von Stellungnahmen etc.).
- Die Abfassung und Redaktion von Veröffentlichungen, Ansprachen und sonstigen Äußerungen der Führungskräfte.
- Die Überwachung der Entwicklung und Umsetzung des Erscheinungsbildes des Unternehmens in der Öffentlichkeit (Corporate Design), etwa durch Firmenzeichen, durch die Beschriftung von Geschäftslokalen und Fahrzeugen, durch die Firmenbekleidung.

Stationen auf dem Weg zur Professionalisierung

Public Relations sind eine Disziplin, die sich aus der Praxis und deren Bedürfnissen entwickelt hat. Zwar sind im Laufe der kurzen Geschichte zeitgemäßer PR, deren Beginn mit dem Anfang des 20. Jahrhunderts anzusetzen ist, immer wieder Erkenntnisse verschiedener Wissenschaften eingeflossen. Die Wissenschaft selbst hat sich jedoch mit dem Phänomen der institutionellen Kommunikation und dem Begriff der Public Relations erst spät auseinandergesetzt.

Die frühen Standardwerke über Public Relations stammen daher auch durchweg von gestandenen Praktikern; die Wissenschaftler – in erster Linie aus der gleichfalls sehr jungen Kommunikationswissenschaft – haben sich erst in der Folge mit den Erkenntnissen der Praxis beschäftigt. Eine in sich geschlossene und allgemein anerkannte Theorie der Public Relations ist bis dato von wissenschaftlicher Seite nicht beigebracht worden. Dafür ist nach wie vor Gegenstand der Diskussion, ob Public Relations überhaupt als Wissenschaft bzw. als Teilbereich davon faßbar seien. In der Tat bedienen sich die theoretischen Ansätze für Öffentlichkeitsarbeit ja anderer wissenschaftlicher Erkenntnisse, etwa aus den Bereichen Soziologie, Psychologie, Politologie oder der Kommunikationstheorie.

Daher ist die Beschäftigung mit Public Relations in der Vergangenheit in erster Linie eine praxisorientierte gewesen. Dies beweist ja auch die Tatsache, daß Lehrstühle für PR weltweit sehr dünn gesät sind. Und wo es sie gibt, sind sie meist Anhängsel anderer Fachrichtungen. Erst in den siebziger und achtziger Jahren dieses Jahrhunderts hat auch die Wissenschaft im Gefolge des Aufblühens der PR-Branche die Bedeutung dieser Disziplin erkannt und unternimmt seitdem Anstrengungen zur Fundierung der theoretischen Basis.

Die Etablierung einer PR-Theorie ist zweifellos eine der wichtigsten Voraussetzungen für die weitere Professionalisierung des Bereiches und des Berufsstandes. Wesentliche Impulse zur Professionalisierung sind immer wieder aus der Praxis selbst gekommen. Aus österreichischer Sicht können dazu gezählt werden:

1.

Erarbeitung einer gültigen Definition für PR sowie von Grundsätzen und Ehrenkodizes durch den Public Relations Verband Austria (PRVA).

2.

Restriktives Aufnahmeverfahren für Mitglieder in den PRVA und dadurch Schaffung von Quasi-Zugangsbeschränkungen bzw. eines Qualitätsstandards.

3.

Novellierung des Mediengesetzes 1981 (Wegfall der Bezeichnung »p.r.« für bezahlte Einschaltungen).

4.

Schaffung eines Staatspreises für Public Relations durch das Wirtschaftsministerium in Kooperation mit dem PRVA und eines Wissenschaftspreises für Öffentlichkeitsarbeit.

5.

Konsequente Bemühungen um Etablierung der selbständigen PR-Berufsausübung als freier Beruf.

6.

Reform des Studiums der Kommunikationswissenschaft mit Einbau eines Studienschwerpunktes Public Relations, damit verbunden zahlreiche Forschungsarbeiten, Dissertationen und Diplomarbeiten.

7.

Schaffung einer PR-Ausbildung auf universitärem Boden mit akademischem Abschluß (Universitätslehrgänge für PR).

8.

Implementierung des Faches PR in verschiedenen Studienrichtungen an Universitäten, Fachhochschulstudiengängen und anderen Ausbildungsgängen.

9.

Etablierung zahlreicher Aus- und Weiterbildungswege für Öffentlichkeitsarbeit (Schulungen, Seminare, Kurse).

10.

Abgrenzung der PR von verwandten Disziplinen durch den PRVA, die Wirtschaftskammer und durch einen Großteil der PR-Branche sowie Positionierung von PR in einem vernetzten Kommunikationsmanagement.

11.

Abbau der Vermischung von Werbung und PR in den Werbeagenturen durch Ausgliederung der PR-Beratung in Form eigener Firmen oder durch Kooperation mit speziellen PR-Agenturen. Etablierung von »Kommunikations-Agenturen« mit Schwerpunkt PR.

12.

Erarbeitung von unverbindlichen Honorarsätzen seitens des PRVA und deren weitgehende Akzeptanz von seiten der PR-Treibenden.

13.

Verstärkte Schulungs- und Veranstaltungstätigkeit auf dem Sektor der PR.

14.

Gründungswelle von PR-Agenturen und PR-Beratern sowie von PR-

Abteilungen in diversen Institutionen, insbesondere in Wirtschaft und Verwaltung.

15.
Imageverbesserung der PR-Branche und der PR-Fachleute in der breiten Öffentlichkeit sowie Karrieremöglichkeiten für PR-Experten bis hinauf in das Top-Management, verbunden mit der entsprechenden finanziellen Anerkennung.

16.
Behutsame Vernetzung von PR und verwandten Disziplinen (Marketing, Werbung, CI) zur »integrierten Kommunikation« mit klarer Positionierung von PR.

Entwicklungsstufen der PR

Die folgende Abbildung (S. 52) zeigt einen Überblick über die Entwicklungsstufen der PR.

Versucht man, die Geschichte der Public Relations, beginnend zu Anfang dieses Jahrhunderts, in Entwicklungsphasen einzuteilen, so lassen sich diese knapp 100 Jahre in einen 5-stufigen Kontext bringen, wobei jede Stufe aus der vorangegangenen lernt:

1. Stufe: »Manipulation«
Die sogenannte PR-Arbeit ist durch Vertuschen, Schönfärben und Schleichwerbung gekennzeichnet. Auch diese – abzulehnende - Funktion wirkt bis heute in die Praxis der Öffentlichkeitsarbeit hinein und trägt sehr stark zum negativen Image der PR bei.

2. Stufe: »Information«
Um Images positiv zu beeinflussen, sind PR-Träger bereit, Informationen zu geben, allerdings vor allem auf Grund des Drucks von außen und nicht aus innerer Überzeugung. Der Dialog wird in dieser Phase nicht oder kaum gesucht.

3. Stufe: »Kommunikation«
Zum positiven Imageaufbau werden Public Relations als Dialog betrieben, wobei auch hier oft der Druck von außen Haupttriebfeder die-

1. Stufe »MANIPULATION«	2. Stufe »INFORMATION«	3. Stufe »KOMMUNIKATION«	4. Stufe KONFLIKTMANAGEMENT	5. Stufe »UMWELTINTEGRATION«
Vertuschen Schönfärben Schleichwerbung	Ein-Weg-Information zum positiven Imageaufbau	2-Weg-Kommunikation zur Image- und Vertrauensbildung, segmentiert nach Teilöffentlichkeiten	Kommunikation als Management-instrumentarium zur Konfliktbewältigung, Harmonisierung und Überlebenssicherung	Interdependenz mit öffentlichen Anliegen, Einbettung in die Gesellschaft, sozioökonomisches und politisches Gestalten, Wahrnehmung gesellschafts-relevanter Aufgaben

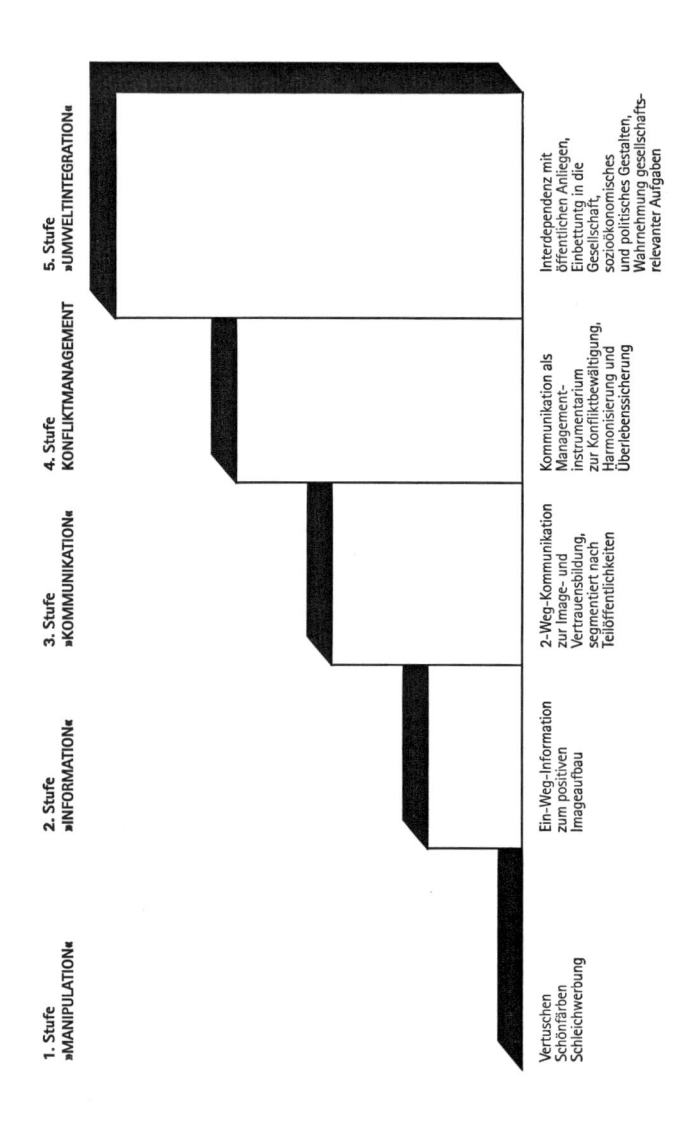

ses Handelns ist. Es wird dialoggruppenspezifisch vorgegangen, andere Meinungen werden akzeptiert.
a) symmetrische Kommunikation
b) asymmetrische Kommunikation

4. Stufe: »Konfliktmanagement«
Hier wird die institutionelle Kommunikation nicht bloß als reaktive Handlungsweise eingesetzt, sondern als planendes und vorausschauendes Managementinstrument. Konflikte sollen dadurch verhindert oder bewältigt, eine Harmonisierung mit der Umwelt und Konsens sollen erreicht werden.

5. Stufe: »Umweltintegration«
In dieser höchsten Entwicklungsphase der PR tritt zur Stufe des Konfliktmanagements noch die aktive Auseinandersetzung mit öffentlichen Anliegen, der Wille zu sozioökonomischem und politischem Gestalten und die Bereitschaft, gesellschaftsrelevante Aufgaben zu erfüllen, hinzu.

Ziel im PR-Lernprozeß muß es sein, aus den vorangegangenen Stufen zu profitieren, diese zu absorbieren bzw. zu verdrängen. So hat etwa die 1. Stufe inhaltlich in den nächsten Stufen nichts mehr verloren, sie ist jedoch aus der Evolution fortschrittlicher PR nicht wegzudenken. Auch sind in der Praxis in den jeweils höheren Entwicklungsstufen meist Elemente der unteren Stufen enthalten.

PR-Modelle

Diese Entwicklungsstufen der PR finden sich auch in PR-Modellen wieder, die im wesentlichen die Funktionen der Öffentlichkeitsarbeit beschreiben. So unterscheiden Grunig und Hunt vier Modelle (J. Grunig/T. Hunt »Public Relations Techniques«). Hier werden drei einseitig-erfolgsorientierte Modelle sowie ein dialogisches Modell definiert. Eine neuere Studie weist auf ein praxisorientiertes, das sogenannte situative Modell, hin.

Die einseitigen Modelle
Einseitig erfolgsorientierte Öffentlichkeitsarbeit kann von einfacher

Propaganda über die Steuerung von Meinungen und Erwartungshaltungen über die Informationsverbreitung bis hin zur wissenschaftlichen Überzeugung orientiert sein. Daraus resultieren Funktionen wie etwa Medienpräsenz, Transparentmachung der Organisation, Beseitigung von falschen Meinungen, Beeinflussung von Meinungsbildnern, Legitimationsschaffung für die eigenen Tätigkeiten, Imagebildung bzw. Imagekorrektur, Durchsetzung eigener Interessen usw.

Das dialogische Modell
Hier steht als Zielsetzung die Schaffung von Verständnis zwischen Institution und Öffentlichkeit durch symmetrische, reziproke Kommunikationsprozesse im Mittelpunkt. Glaubwürdigkeit, Verläßlichkeit und Verantwortung sind in diesem Modell zentrale Ziele und Qualitätsmerkmale professioneller PR-Arbeit.

Das situative Modell
Dieses Modell entspringt der sogenannten »Exzellenz-Studie«, aus der Zerfaß (A. Zerfaß, »Was ist exzellente PR?«) das »situative Modell« exzellenter Public Relations ableitet. Dieses situative Modell kombiniert sozusagen die Modelle der symmetrischen und asymmetrischen Kommunikation zu einem »mixed Motiv-Modell«. »Exzellente PR« ist somit an einem symmetrischen Leitbild orientiert, greift aber situativ auf unterschiedliche praxisorientierte Taktiken zurück. Es handelt sich hier somit um ein »entidealisiertes« symmetrisches Kommunikationsmodell, bei dem die Kommunikationspartner ihre faktischen Interessenslagen nicht in Frage stellen müssen. Es geht also nicht immer um das Finden von konsensuellen Lösungen, sondern um das Aushandeln von Kompromissen auf Basis eines offenen, ehrlichen Dialogs.

Abgrenzungs- und Vernetzungsprobleme

Wer sich aufmerksam mit der Materie beschäftigt und tiefer in die neuere Literatur eindringt, der wird eine überraschende Feststellung machen:
Zwar sind die Zugänge zu den drei Disziplinen Marketing, PR und CI und auch deren Schwerpunkte unterschiedlich, im Grunde behandeln aber alle drei Bereiche dasselbe Thema und haben die gleiche

Zielsetzung: den Einsatz des gesamten kommunikationspolitischen Instrumentariums einer Institution.

Dies kann den Vorrang einer Disziplin vor den anderen bedeuten, je nachdem, welcher »Philosophie« man anhängt.

Historisch gesehen haben alle drei – Marketing, CI und PR –, von unterschiedlichen Punkten ausgehend, die Notwendigkeit der umfassenden, vernetzten Kommunikation erkannt und sie zu ihrem Credo gemacht. Nach dem Motto: Für die Kommunikation auf allen Schienen und das dafür notwendige Gedankengebäude bin *ich* zuständig, bin *ich* die übergeordnete Instanz.

So sind auch die Spannungen und teils akademischen Diskussionen zwischen den Fachleuten der einzelnen Fachrichtungen erklärlich. Schließlich geht es um das fachliche Primat.

Gleichzeitig hat man aber auch erkannt, daß diese »Die Kommunikation bin ich«-Mentalität in die Sackgasse führen muß. Dabei hat man noch eine Entdeckung gemacht: Da alle im Grunde dasselbe anstreben – nämlich die Verantwortung und Kompetenz für die gesamte institutionelle Kommunikation (Organisationskommunikation) –, handelt es sich oft nur noch um eine Frage des Etiketts.

Bei nahezu gleichen Inhalten geht es darum, ob auf dem vergleichbaren Produkt Kommunikationsmanagement die Aufschrift »Marketing«, »Public Relations« oder »Corporate Identity« steht.

Soweit der theoretische Richtungsstreit.

In den Niederungen der täglichen Praxis bestehen in der Ausprägung dieser drei Fachrichtungen doch erhebliche Unterschiede, die sich aus der Geschichte erklären.

Zwar möchte der jeweilige PR-, Marketing- oder CI-Verantwortliche die erste Geige im Kommunikationskonzert spielen, aber es gibt nur ganz wenige Fälle, wo auch wirklich die fachliche Kompetenz für die erstklassige Bedienung aller Instrumente vorhanden ist. Jeder dieser Fachleute kann in der Regel seine Herkunft nicht verleugnen und setzt dort die Prioritäten, wo er sich am besten auskennt und wo seine geistige Heimat ist.

Der gestandene Marketing-Mann (die Marketing-Frau) sieht in der Regel seinen/ihren Schwerpunkt in der Bearbeitung des Absatzmarktes. Sehr oft kommt er oder sie auch aus dem Verkauf in diese Position. PR werden dann oft zur werbeunterstützenden Pressearbeit, CI wird zur imageträchtigen Firmengraphik degradiert.

Der PR-Experte hingegen erblickt in der Medienarbeit in vielen Fällen noch immer sein Hauptstandbein. Und jene fortschrittlichen, immer zahlreicher werdenden PR-Fachleute, die sich zur Gesamtkommunikation bekennen, neigen dazu, die CI der PR unterzuordnen. Zu den Marketingleuten wird meist verschämte Distanz gehalten, um nicht selbst in den Strudel der Verkaufsmaschinerie gerissen zu werden.

Die Jünger der CI als der jüngsten Fachdisziplin schließlich sind der Meinung, daß sowohl Marketing- als auch PR-Fachleute an ihrer Zielsetzung einer allumfassenden Kommunikationsstrategie gescheitert sind, und sehen sich daher dazu berufen, das übergreifende Kommunikationsdach zu zimmern und die Leitlinien und Grundsätze für die anderen »Geschwister« vorzugeben. Leider fristen sie jedoch im betrieblichen Alltag sehr oft das Schicksal des Drucksorten- und Werbematerialgestalters.

Diese zugegeben hart gezeichneten Charakteristika mögen für die mit Kommunikationsfragen bislang nicht sehr strapazierte Führungskraft einigen Nutzen bieten. Kann sie doch mit diesem Hintergrundwissen für die Bewertung und Auswahl von Mitarbeitern, aber auch für die Konzeption ihrer Kommunikationspolitik daraus einige Verhaltensregeln ableiten.

Im Grunde hängt der Stellenwert der Kommunikationsprofis in der Organisation von der Regel ab: *Wollen plus Können minus Dürfen.*

Tatsache ist jedenfalls, daß die professionelle Kommunikation und mit ihr die einschlägigen Fachleute in Gesellschaft und Wirtschaft noch mit Akzeptanzproblemen zu kämpfen haben. Am wenigsten leiden darunter wohl die Marketingfachleute, nicht nur weil diese am längsten etabliert sind, sondern weil sie auch – vermeintlich – dem Geschäftserfolg am nächsten stehen.

Einige Bemerkungen zur *Abgrenzung zwischen PR und Werbung:*

1.

Werbung als unbestrittener Teilbereich des Markting ist primär auf den Absatzmarkt und die Marktanteilsgewinnung ausgerichtet. Die Hauptzielsetzung von PR im Sinne einer Grundsatzstrategie ist die Schaffung von Vertrauen, Verständnis und Glaubwürdigkeit.

2.

Die im Fachjargon gebräuchliche Differenzierung »advertising is to sell« und »PR is to tell« kann nur mit starken Einschränkungen akzeptiert werden.

3.

Durch die unterschiedlichen Zielsetzungen sind die Ansprechpartner von Werbung und PR nicht dieselben: Die Zielgruppen der Werbung sind Kunden und potentielle Kunden; die Teilöffentlichkeiten der PR gehen weit darüber hinaus und betreffen auch andere, nicht absatzspezifische Dialoggruppen.

4.

Sowohl Werbung als auch PR besitzen voneinander verschiedene klassische Instrumentarien. Diese können jedoch fallweise in der anderen Disziplin zum Einsatz kommen. Etwa ein Plakat, als klassisches Werbemittel, für PR-Maßnahmen im Non-profit-Bereich. Eine Pressekonferenz, als klassisches PR-Mittel, für Werbemaßnahmen bei Produktpräsentationen.

5.

Die Kostenstruktur der beiden Disziplinen ist unterschiedlich. Im Regelfall, allerdings nicht immer, benötigt die Werbung hohe finanzielle Mittel für Schaltaufgaben. Bei PR überwiegen üblicherweise die Aufwendungen für Manpower.

Noch eine Ergänzung am Rande, um Mißverständnisse zu vermeiden:
Ich kenne einige Unternehmen, in denen hervorragende Kommunikationsarbeit geleistet wird, ohne daß es CI-, Marketing- oder PR-Experten gibt. Das sind jene Firmen, die schon lange erkannt haben, daß die seriöse Auseinandersetzung mit der Öffentlichkeit und ihren Strömungen Teil der Unternehmenspolitik sein muß. Sie haben dieses Gedankengut ihren Mitarbeitern eingeimpft, die dafür nötige Stabsarbeit wird im Geschäftsleitungssekretariat, in der Personalabteilung oder sonstwo gemacht. – Wodurch sich die Behauptung bestätigt: Es geht nicht um Etiketten oder Dogmen, sondern um Inhalte.

Mir jedenfalls ist ein Unternehmen, das sich gegenüber seiner Umwelt verantwortungsvoll und kommunikativ verhält, aber keine »PR«- oder »CI«-Abteilung hat, lieber als ein Betrieb, der seine Marketing- und PR-Aktivitäten groß hinausposaunt, sich aber in Wirklichkeit keinen Deut um die öffentliche Meinung oder das soziale Umfeld schert.

Der Ausweg aus der Sackgasse: Vernetzte Kommunikation

Der Richtungsstreit zwischen den Kommunikationsdisziplinen Marketing, PR und CI ist heute, zumindest in der Theorie, weitgehend gelöst: Die Zukunft gehört der »vernetzten Kommunikation«, in der die Stärken der drei Disziplinen unter Nutzung von Synergien unter einer gemeinsamen strategischen Zielsetzung zusammengeführt werden. In den letzten Jahren hat sich eine Vielzahl von Begrifflichkeiten für diese vernetzte Kommunikation herauskristallisiert:

Institutionelle Kommunikation, Organisationskommunikation (vor allem in der Wissenschaft) integrierte Kommunikation, gesamthafte Kommunikation, corporate communications, Kommunikationsmanagement, Unternehmenskommunikation oder manch ähnliche Bezeichnung.

Wie gesagt, es geht hier nicht um den Kommunikations-Einheitsbrei, sondern um die Zusammenführung und die strategische Ausrichtung von an sich unterschiedlichen Fachdisziplinen, deren getrennter Einsatz in der Unternehmenspolitik in der Vergangenheit zu Problemen und Ressourcenverlusten geführt hat.

Werden, so wie in diesem Buch, einer dieser Fachdisziplinen gesamthafte Aufgaben der Kommunikation einer Institution zugeordnet, dann stellt sich diese Disziplin in ihren Funktionen praktisch deckungsgleich mit vernetztem Kommunikationsmanagement dar. In diesem Buch werden also Public Relations aufgrund ihrer gesamtkommunikativen Ausrichtung deckungsgleich mit Kommunikationsmanagement. Gleiches kann anderswo mit CI oder Marketing passieren. Je nachdem, welche Zielsetzungen, Funktionen und Instrumentarien in diesen CI- oder Marketingbegriff hineingepackt werden.

In der Praxis jedenfalls setzen sich für die Bezeichnung der organisatorischen Einheiten, die für die strategische Planung und Umsetzung der Gesamtkommunikation zuständig sind, immer mehr die Begriffe »Unternehmenskommunikation«, »integrierte Kommunikation« u. ä. durch.

Grundlagen der Public Relations • **59**

Abgrenzung und Verknüpfung: Marketing und Werbung – PR – CI

Der theoretische und praktische Anspruch

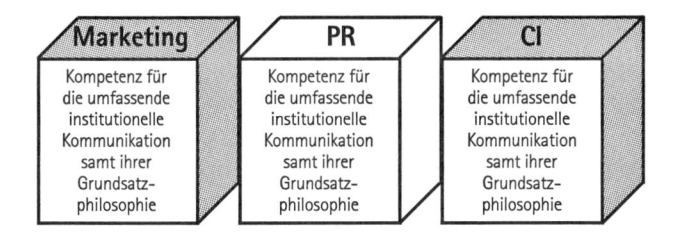

Marketing	PR	CI
Kompetenz für die umfassende institutionelle Kommunikation samt ihrer Grundsatzphilosophie	Kompetenz für die umfassende institutionelle Kommunikation samt ihrer Grundsatzphilosophie	Kompetenz für die umfassende institutionelle Kommunikation samt ihrer Grundsatzphilosophie

Die rauhe Wirklichkeit

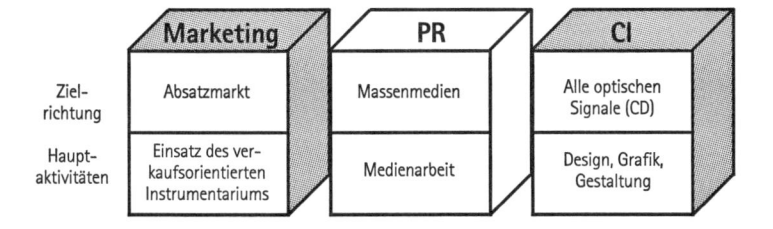

	Marketing	PR	CI
Zielrichtung	Absatzmarkt	Massenmedien	Alle optischen Signale (CD)
Hauptaktivitäten	Einsatz des verkaufsorientierten Instrumentariums	Medienarbeit	Design, Grafik, Gestaltung

Der optimierte Ansatz mit Synergieeffekt

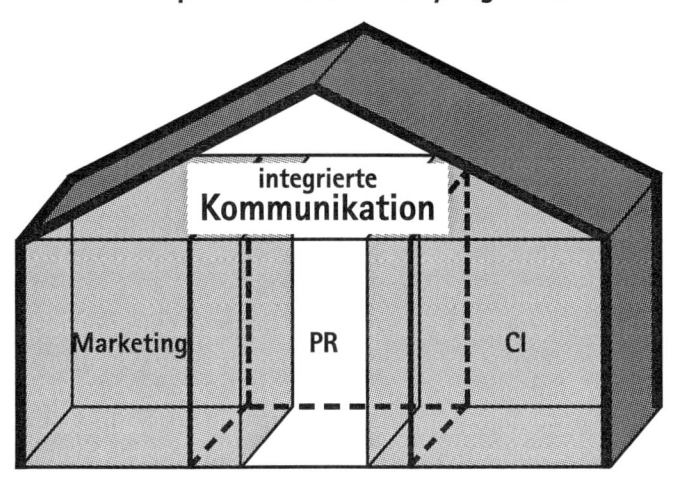

integrierte Kommunikation

Marketing — PR — CI

Teil 3
Konflikte und Ziele

Konfliktmanagement in Unternehmen und anderen Institutionen

Ähnlich wie das gesamte gesellschaftliche Umfeld ist auch die unternehmerische Sphäre von einem Netz von Konflikten bestimmt. Zu diesen gehören:

- Umweltkonflikte,
- Absatzmarktkonflikte,
- Arbeitskonflikte,
- Verteilungskonflikte,
- Administrationskonflikte,
- Technikkonflikte,
- politische Konflikte

u. a.

Das moderne Unternehmen steht geradezu im Fadenkreuz einer Vielzahl von Konflikten, Interessen und Spannungen. Die Einflüsse von innen und von außen nehmen zu, der gesellschaftliche Demokratisierungsprozeß hat längst die Unternehmen und andere Organisationen in ihrer gesamten Struktur erfaßt.

Führungskräfte, die den Wertewandel und den Wunsch der Menschen nach Zuwendung erkannt haben, besitzen bereits einen gewaltigen Vorsprung. Jene, die nach wie vor glauben, sich neben Produktion und Verkauf um nichts anderes kümmern zu müssen, verstärken die vorhandenen Konflikte.

Hier kann eine seriöse, fortschrittliche PR-Politik Hilfestellung bei der Konfliktlösung bieten. Denn auch im Unternehmen lassen sich sehr viele gravierende Probleme auf Kommunikationsdefizite zurückführen (siehe Seite 295 ff.).

Marketing- und technische Probleme haben die meisten Unternehmen heutzutage im Griff. Ihre wirkliche Achillesferse zeigt sich meist dort, wo es um Fragen des Image und der Glaubwürdigkeit, kurz, um den Umgang mit der öffentlichen Meinung geht.

Unternehmerisches Konfliktmanagement hat daher zu einem wesentlichen Teil in professioneller und wohlverstandener Kommunikationsarbeit zu bestehen. Denn: Was man nicht kennt, mag man nicht. Solcherart werden seriöse Public Relations zu einem Überlebenstraining und zu einer Überlebensversicherung in einer gefährlichen und konfliktträchtigen Umwelt. (Siehe auch Seite 324 ff.)

Konflikte sind ein Teil des menschlichen Lebens. Sie artikulieren die Spannungen zwischen einzelnen Individuen oder zwischen Gruppen von Menschen; sie sind zugleich aber auch der Mechanismus, der diese Spannungen in Aktion verwandelt. Die Art dieser Aktion hängt davon ab, welchen Konfliktlösungsmodellen man folgt.

Kain hat das Problem mit Abel auf seine Weise gelöst. Der Mensch hat sich im Laufe seiner Entwicklung bemüht, andere, humanere Konfliktlösungsmodelle zu entwickeln, was ihm zum Teil ja auch gelungen ist.

Je kleiner die Welt, je vernetzter Länder und Erdteile, desto großflächiger und komplizierter wurden die Konflikte. Die gesellschaftliche, wirtschaftliche und ökologische Entwicklung schuf neue globale und regionale Konflikte.

Klammert man aus diesen Betrachtungen die Konfliktsituationen innerhalb der Privatsphäre aus, dann läßt sich heute eine Vielzahl von weltweit relevanten ungelösten Konflikten konstatieren:

- der Umwelt-Konflikt,
- der Technologie-Konflikt,
- der Nord-Süd-Konflikt,
- der Ost-West-Konflikt,
- der Verteilungs-Konflikt.

Uns allen ist bewußt, daß die Lösung dieser Globalkonflikte mit Gewalt nicht möglich ist. Deshalb haben sich im Laufe der Zeit Konfliktlösungsmodelle herausgebildet, die Gewalt verhindern sollen:

- Gespräche und Verhandlungen;
- Techniken des Taktierens, um ohne Gesichtsverlust Zugeständnisse machen zu können;
- Vorschriften durch Gesetzgebung und Verwaltung;
- Tätigkeit internationaler und überregionaler Organisationen;
- Einflußnahme auf die öffentliche Meinung über Massenmedien und Meinungsbildner.

Bei genauerer Analyse zeigt sich, daß es sich bei allen diesen Versuchen im Grunde um *Instrumente der Kommunikation* handelt.

Konfliktlösungen ohne entsprechendes Kommunikationsverhalten und ohne gezielte Kommunikationstechniken sind heute nicht mehr denkbar. Konfliktlösungen, die in autoritären oder patriarchalischen Sozialstrukturen noch durch einsame Entscheidungen möglich waren, sind im Zeitalter der Macht der öffentlichen Meinung nahezu unmöglich geworden.

Akzeptanz und Berücksichtigung anderer Standpunkte sowie ständiger Dialog sind heute unverzichtbare Werkzeuge zur Konfliktlösung. Diese Demokratisierung der Konfliktbewältigung ist die logische Konsequenz der Demokratisierung in anderen Lebensbereichen.

Wie sehr jedoch die Handhabung des Kommunikations-Instrumentariums hinter der wirtschaftlichen oder technologischen Entwicklung nachhinkt, zeigt sich am Management zahlreicher Konfliktsituationen. Man denke nur an Rest-Jugoslawien.

Wir verfügen also über ein enormes Kommunikationsdefizit, vor allem hinsichtlich der Qualität der Informationen. Die Situation, die Gerd Bacher einmal als »overnewsed but underinformed« beschrieben hat, verdeutlicht uns, daß einer Flut oberflächlicher Information, vertrieben durch ein dichtes Netz modernster Technologie, das Bemühen um Verständnis entgegengesetzt werden muß.

Was uns fehlt, ist verständliche, problemorientierte Information nichtartifiziellen Charakters. Dieses »Zurück zum Gespräch« inkludiert Werte wie Betroffenheit, Offenheit, Ehrlichkeit und Glaubwürdigkeit.

Diese Besinnung auf die Grundwerte ist gerade in der Kommunikation als Konfliktlösungsmodell von besonderer Bedeutung. Denn der Dialog, das Schaffen von Vertrauen, das Eingehen auf immaterielle Bedürfnisse der Menschen, all das gehört zur Überlebensstrategie dieser Gesellschaft.

Die Grundsätze und Techniken einer solchen Kommunikationsstrategie finden wir in den Denk- und Praxisansätzen moderner Public Relations, wie sie in den vergangenen Jahrzehnten entwickelt worden sind.

Da Public Relations auf die Einbettung von Individuen und Institutionen in ihr gesellschaftliches Umfeld abzielen, streben sie Konfliktbewältigung und Harmonisierung durch Kommunikationsmaßnahmen an. Damit schaffen sie die Voraussetzung für das langfristige Existieren der Institution, der sie dienen. Dieses Modell bedarf aber nicht nur grundsätzlicher Verhaltensänderungen bei vielen Betroffenen, sondern auch der Beherrschung des vielschichtigen und sensiblen PR-Instrumentariums.

Sensible Branchen

Die besten Kunden von PR-Agenturen sind meist die, die unter den Sammelbegriff »sensible Branchen« fallen. Es sind dies solche Bereiche der Wirtschaft, der Verwaltung und der Politik, fallweise auch der Kultur, des Sports oder der Wissenschaft, die von einzelnen Gruppen oder der gesamten öffentlichen Meinung angegriffen werden und daher Image- und/oder Existenzprobleme haben. In den letzten Jahrzehnten fielen darunter Institutionen, Branchen und Betriebe, die infolge des gestiegenen Umweltbewußtseins, des Wertewandels und der gesellschaftlichen Kritik an bestimmten Geschäftspraktiken unter Beschuß gekommen waren.

Bevor hier irgendwelche Rezepte oder Konzepte angeboten werden, muß erst einmal die Grundsatzfrage gestellt werden:

Stimmen, objektiv betrachtet, die Vorwürfe zumindest zum Teil, oder sind sie aus der Luft gegriffen bzw. aufgrund mangelnder Informationen falsch?

Die Beantwortung dieser Frage wird wohl die betroffene Institution nicht allein, weil voreingenommen, treffen können. Sie wird sich vielmehr unabhängiger, erstklassiger Fachleute bedienen müssen, die unbeeinflußt – soweit das eben bei Menschen möglich ist – an die Fragestellung herangehen.

Je nach Antwort wird man die Problemlösung in Angriff nehmen.

Variante 1: *Die Vorwürfe stimmen, zumindest zum Teil, und haben auch entsprechendes Gewicht.*
In diesem Fall wird eine noch so gut ausgeklügelte Werbe- oder PR-Kampagne wenig bringen, weil sie sich früher oder später als unglaubwürdig herausstellen wird. Eine ehrliche und konsequente Lösung kann nur in einer Änderung der Geschäftspolitik bestehen. Es sind also interne und keine primär kommunikativen Maßnahmen notwendig.

Fallbeispiel: Die Firma X hat ein WC-Reinigungsmittel auf den Markt gebracht, das nach Meinung der Umweltschützer stark umweltbelastend ist. Nach sorgfältiger Überprüfung stellt sich heraus, daß dies grundsätzlich stimmt, obwohl die Mengen nicht so groß sind, um allein dadurch die Flüsse zu vergiften.

Will das Unternehmen langfristig an Glaubwürdigkeit und Image gewinnen, wird es gut daran tun, das Produkt vom Markt zu nehmen oder die Inhaltstoffe zu verändern. Eine Pseudo-PR-Politik, die darauf verweist, daß die Umweltgefährdung gar nicht so groß und die Wasserverschmutzung auch durch andere Verursacher bedingt sei, wird nicht vertrauensbildend und imagefördernd wirken. Ganz abgesehen von der moralischen Anfechtbarkeit einer solchen Strategie.

Es gibt bereits Beispiele aus der Praxis, wo auf Grund der gewünschten Vertrauensbildung in der Öffentlichkeit und auf Ratschläge von Kommunikationsfachleuten hin der Bau umweltbelastender Anlagen oder die Herstellung schädlicher Produkte aus freien Stücken unterblieben ist.

Variante 2: *Die Vorwürfe stimmen nicht, weil die Kritiker über falsche Informationen verfügen oder weil sie bewußt falsche Informationen verbreiten.*
In diesem Fall wird die Unternehmensstrategie vornehmlich in Kommunikationsmaßnahmen bestehen müssen.

In unserem vorangegangenen Fallbeispiel würde unter diesen Prämissen eine mittel- bis langfristige Kommunikationsstrategie ausgearbeitet werden, die alle wesentlichen Teilöffentlichkeiten erfaßt: die betreffenden Umweltschützer, die Medien, Umweltschutzgruppen, Politiker, einschlägige Behörden und Ämter, Interessenvertretungen, Konsumenten usw.

Es zeigt sich also, daß die geschäftspolitische Strategie sensibler Branchen – dazu zählen heute etwa die Pharmaindustrie, Banken und Versicherungen, die chemische Industrie, die Bauwirtschaft, die E-Wirtschaft, Kosmetikfirmen, Teile der öffentlichen Verwaltung und etliche andere – sich nicht unbedingt auf die segensreiche Wirkung der Öffentlichkeitsarbeit verlassen kann.

Hier ist von Fall zu Fall eine Analyse der generellen Ziele und der Geschäftspolitik notwendig, ebenso aber eine systematische Analyse der öffentlichen Meinung. Aus beiden Untersuchungsergebnissen sind unter Zugrundelegung der öffentlichen und moralischen Verantwortung der Institution die notwendigen Strategien zu entwickeln.

PR-Grundsätze und PR-Techniken können sowohl bei der Problemanalyse als auch bei der Problembewältigung im kommunikativen Bereich wertvolle Dienste leisten. Fehlentscheidungen oder illegitime Handlungsweisen des Managements vermögen sie jedoch weder zu kaschieren noch ins Gegenteil zu verkehren.

Die Institution im Spannungsfeld der Interessen

Eine Institution ist in einer pluralistisch-demokratischen Gesellschaftsordnung ständigen Interdependenzen und Einflüssen externer und interner Natur ausgesetzt. Externe Einflüsse können sein:

- Beschäftigungsinteressen
- Brancheninteressen
- Verbände- und Vereinsinteressen
- Umweltinteressen
- politische Interessen
- Interessen der Kirche
- Konkurrenzinteressen
- Versorgungsinteressen
- Verbraucherinteressen
- Steuerinteressen
- Kontrollinteressen
- Renditeinteressen
- regionale Interessen
  u. a.

Interne Einflüsse können sein:

- Arbeitsplatzinteressen
- Karriereinteressen
- Selbstverwirklichungsinteressen
- Lohninteressen
- Kontrollinteressen
- Mitentscheidungsinteressen
- Bildungsinteressen
- Freizeitinteressen
- soziale Interessen
  u. a.

Das Interessenfeld des Unternehmens

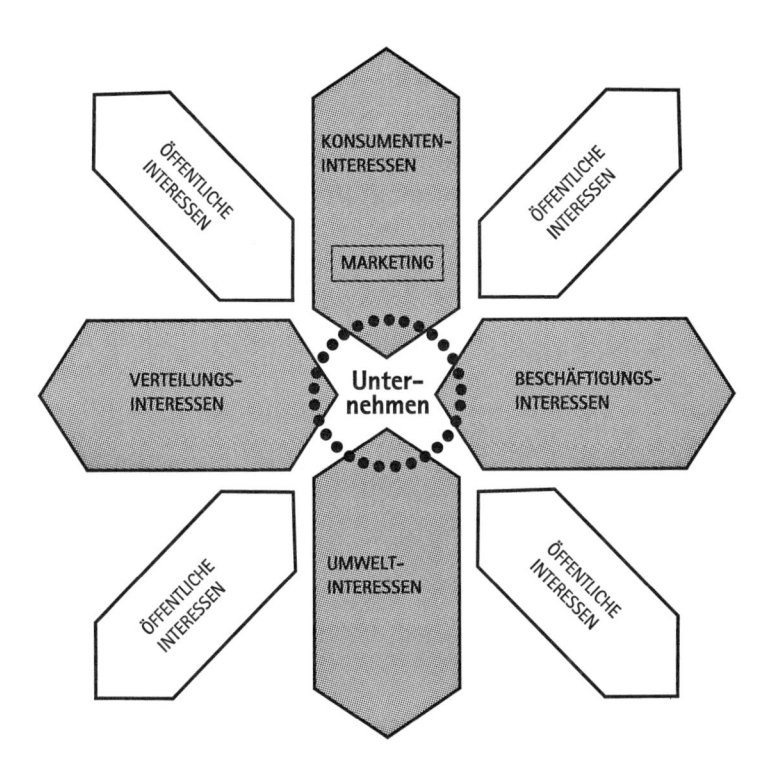

```
           KONSUMENTEN-
           INTERESSEN
ÖFFENTLICHE              ÖFFENTLICHE
INTERESSEN               INTERESSEN

           MARKETING

VERTEILUNGS-   Unter-    BESCHÄFTIGUNGS-
INTERESSEN    nehmen     INTERESSEN

           UMWELT-
           INTERESSEN
ÖFFENTLICHE              ÖFFENTLICHE
INTERESSEN               INTERESSEN
```

Die Zielhierarchie in Institutionen

»Ich weiß zwar nicht, wohin ich will, aber dafür bin ich früher dort.«

Versteht man dieses Zitat eines Wiener Originals richtig, dann zeigt sich die Notwendigkeit der Zielorientierung für jegliches planmäßige Handeln. Dies gilt für jeden gesellschaftlichen Bereich: Ohne Ziel kein Weg und kein Erfolg.

Für den Planungsprozeß der Öffentlichkeitsarbeit ist die Vorgabe einer Zielhierarchie vonnöten:

- Unternehmensziele,
- Kommunikationsziele,
- PR-Ziele.

Werden Public Relations als ganzheitliche Kommunikationsaufgabe, diese wiederum als Top-Managementfunktion verstanden, dann sind die PR-Ziele gleichzeitig Unternehmensziele. Es empfiehlt sich daher, bei den PR-Zielen zwischen Grundsatz-Zielen, die unter den Unternehmenszielen subsumiert werden können, und *operationalen* Zielen zu unterscheiden.

In der Literatur wird bei den Unternehmenszielen sehr oft zwischen Haupt- und Nebenzielen differenziert.

Beispiel für ein Produktionsunternehmen:
Hauptziele: Substanzerhaltung und Marktführerschaft.
Nebenziele: Gewinnoptimierung, hohe Flexibilität, ständige Produktinnovation.

Eine andere Strukturierung der Ziele könnte sein:

1. Unternehmensziele
   - Inputziele (Finanzierung, Datengewinnung, Materialbeschaffung usw.)
   - Strukturziele (Selbstverständnis, Eigentümerstruktur, Leistungsprozeß, Personalentwicklung usw.)

2. Leistungsziele
   - Systemziele (Technik, Logistik, Positionierung nach außen usw.)
   - Humanziele (Medienarbeit, Werbung, sonstige Informationen usw.)

In jedem Fall kann bei der Zielformulierung unterschieden werden zwischen:
1. strategischen Zielen (z. B. bis 10 Jahre);
2. taktischen Zielen (z. B. bis 5 Jahre);
3. operationalen Zielen (Jahresplan, in Krisensituationen).

Grundsätze für Zielsetzungen:
1. Operationalisierbarkeit – Ziele müssen in Maßnahmen umsetzbar und kontrollierbar sein.
2. Formulier- und Publizierbarkeit – Ziele, die nicht schriftlich festgehalten und bekanntgemacht werden, bleiben Makulatur.
3. Anpassungsfähigkeit – Ziele müssen geänderten Rahmenbedingungen angepaßt werden können und flexibel sein.
4. Akzeptierbarkeit und Durchsetzbarkeit – Ziele müssen die Chance haben, von den Mitarbeitern, Geldgebern usw. akzeptiert und realisiert zu werden. Dies ist am leichtesten, wenn die Betroffenen bei der Zielformulierung mitwirken können.
5. Exaktheit – Ziele sollten nicht allgemein, sondern möglichst konkret beschrieben werden (Inhalte, Termine, Restriktionen, Zuständigkeiten, Ressourcen).

Bekennt sich ein Unternehmen zur gesellschaftspolitischen Verantwortung und zu einem »management by communications«, dann könnte die Zielhierarchie schematisiert so aussehen:

Hauptziele:
- Substanzerhaltung;
- Stärkung der Marktstellung;
- hohe Glaubwürdigkeit in allen Teilöffentlichkeiten.

Nebenziele:
- Ertragsoptimierung unter Berücksichtigung von Vertrauensaufbau;
- Konfliktbewältigung und Einbettung in das unternehmerische Umfeld;
- maximale Schonung der Ressourcen;
- Erhaltung bzw. Ausbau der Arbeitsplätze;
- Vergrößerung des Marktanteils um X Prozent jährlich;
- Ausweitung der Aktivitäten auf neue Märkte Y und Z;
- usw.

Operationale PR-Ziele:
- Verbesserung der innerbetrieblichen Kommunikation;
- Optimierung der vorhandenen PR-Konzeption;
- Betreuung zusätzlicher Dialoggruppen;

- Verstärkung der Medienarbeit;
usw.

10 Grundsätze für PR-Zielsetzungen

1. Die Ziele müssen realisierbar sein.
2. Die Ziele müssen konkret formuliert sein.
3. Die Ziele müssen von den Mitarbeitern akzeptierbar sein.
4. Die Ziele müssen innerhalb der angestrebten Kontinuität anpassungsfähig sein.
5. Die Ziele müssen schriftlich fixiert und den Mitarbeitern bekanntgegeben werden.
6. Die Ziele müssen mit den allgemeinen Institutionszielen in Übereinstimmung stehen. (Nicht Schein statt Sein!)
7. Die Ziele dürfen nicht im Widerspruch zu anderen Teilzielen stehen.
8. Die Ziele dürfen nicht der Durchsetzung von Einzelinteressen oder der Zementierung von Machtpositionen dienen.
9. Die Ziele dürfen nicht als Vorwand für Kontrolle gesetzt werden oder zur Lähmung von Kreativität führen.
10. Die Ziele müssen laufend überprüft und nötigenfalls adaptiert werden.

Teil 4
Organisation der Public Relations

Wie organisiere ich meine PR?

Frage: Wer soll in einer Institution Öffentlichkeitsarbeit betreiben?
Antwort: Jeder.

PR gehören zu den Führungsaufgaben, aber jeder Mitarbeiter ist zugleich auch Botschafter der Institution, wirkt also an der Öffentlichkeitsarbeit mit.

Anders stellt sich die Frage nach der Organisation der Öffentlichkeitsarbeit. Sie richtet sich nach Führungsstil und Organisationsform der Institution. Organisationsformen, die historisch gewachsen sind und den Bedürfnissen einer modernen Öffentlichkeitsarbeit nicht nachkommen, sollen hier gar nicht behandelt werden. (Solche Formen wären etwa PR, die Werbung oder Marketing unterstellt sind, fallweise auch ihre Ansiedlung in der Personalabteilung oder in Sekretariaten.)

In der klassischen Stab-Linien-Organisation wird die PR-Abteilung sinnvollerweise als Stabstelle mit Zuordnung zum Geschäftsführer (Vorstandsvorsitzenden) angesiedelt sein. Je nach Kompetenzlage wird jedoch der/die PR-Verantwortliche über Linienfunktionen verfügen müssen, um seinen/ihren Aufgaben gerecht zu werden.

Es wäre völlig praxisfremd, wenn die interne, also im Hause befindliche PR-Abteilung in einer reinen Stabsfunktion die Unternehmensleitung lediglich beraten und keinerlei Aufträge an Linienstellen geben könnte, aber auch keinerlei Exekutionsgewalt für Aktivitäten hätte.

So wird ein PR-Verantwortlicher etwa bei der Medienarbeit die Führungskräfte im Rahmen seiner Stabsaufgaben im Umgang mit der Presse beraten, sehr wohl aber im Rahmen der Linienfunktion Informationen aus anderen Abteilungen einholen und Pressekonferenzen selbst vorbereiten und durchführen.

Innerhalb einer Matrixorganisation läßt sich die Öffentlichkeitsarbeit als »Querschnittfunktion« im Gegensatz zu den »Hauptfunktionen« sehr gut unterbringen. Da diese Organisationsform jedoch eine sehr hohe soziale Reife im Unternehmen benötigt und mit den handelnden Personen und ihrer Integrations- und Kooperationsbereitschaft steht und fällt, gibt es kaum Unternehmen, die dieses Risiko auf sich nehmen.

Klassische Stab-Linien-Organisation

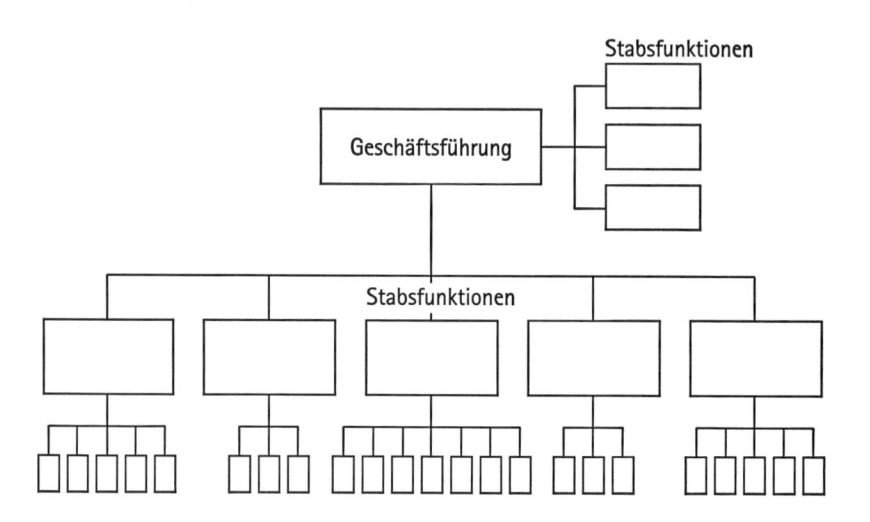

Matrixorganisation eines Unternehmens

Hauptfunktionen Querschnittfunktionen	I. Produktion	II. Marketing	III. Beschaffung	IV. Forschung und Entwicklung
1. Finanzen				
2. Personal				
3. Öffentlichkeitsarbeit				
4. Planung				
5. Organisation				

Schließlich sind PR-Aufgaben auch in Form von Projektgruppen- oder Teamorganisation lösbar.

Bleibt noch die Frage, ob innerhalb der Geschäftsleitung eine ausschließlich für Kommunikation bzw. PR zuständige Person sitzen soll. An sich wäre das der Idealzustand. In den USA besitzen bereits mehr als 90 Prozent der 500 größten Unternehmen ein Vorstandsmitglied für PR.

In Europa ist der PR-Fachmann (die PR-Fachfrau) in der Geschäftsleitung (ausgenommen natürlich in PR- und Kommunikationsagenturen) noch immer der Ausnahmefall, wenn auch zahlenmäßig mit zunehmender Tendenz.

Ganz abgesehen davon: Öffentlichkeitsarbeit in ihrer strategischen Funktion ist und bleibt Chefsache! Selbstverständlich mit der Möglichkeit, Teile dieser Aufgabe zu delegieren – grundsätzlich aber sind PR nicht delegierbar.

Für die einzelnen Mitarbeiter der internen PR-Abteilung sollten exakte Stellenbeschreibungen existieren, die Stellenbezeichnung, Dienstrang, Unter- und Überordnung, Stellvertretung und eine genaue Bezeichnung der Aufgaben enthalten. Dies ist dann auch eine der Grundlagen für die Mitarbeiterbeurteilung.

Die Arbeitsbedingungen für PR-Mitarbeiter müssen den Anforderungen an Kreativität, Einsatzbereitschaft und Flexibilität entsprechen. Starre Arbeitszeiten und fehlende Freiräume engen Leistung und Effizienz ein. Freilich ist ein Sonderstatus innerhalb der Gesamtorganisation oft problematisch. Es ist daher empfehlenswert, bei Regelungen über Überstunden, Zeitausgleich, Reisetätigkeit, Mitgliedschaft in Vereinigungen, Teilnahme an Seminaren und Schulungen flexible Rahmenbedingungen zu schaffen, in die die Bedürfnisse der einzelnen Unternehmensbereiche eingepaßt werden können. (Siehe auch Seite 151 ff.)

Über die Möglichkeiten der Aus- und Weiterbildung in der PR-Branche finden Sie Details auf Seite 81 ff.

Strukturierungsmodell einer PR-Abteilung

(Ohne Marketing- und Werbefunktionen und ohne evtl. notwendige regionale Gliederung)

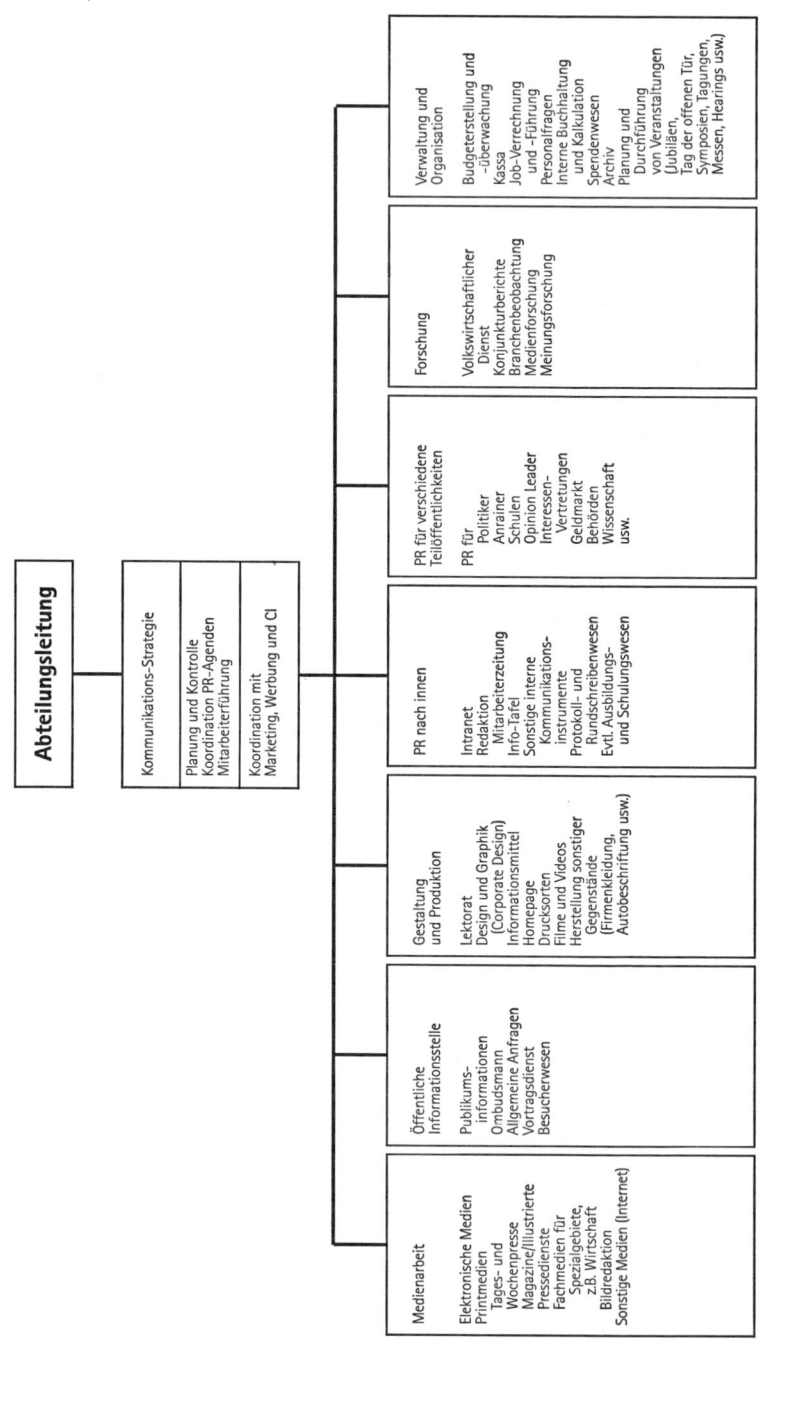

Abteilungsleitung

- Kommunikations-Strategie
- Planung und Kontrolle
- Koordination PR-Agenden
- Mitarbeiterführung
- Koordination mit Marketing, Werbung und CI

Medienarbeit
- Elektronische Medien
- Printmedien
- Tages- und Wochenpresse
- Magazine/Illustrierte
- Pressedienste
- Fachmedien für Spezialgebiete, z.B. Wirtschaft
- Bildredaktion
- Sonstige Medien (Internet)

Öffentliche Informationsstelle
- Publikumsinformationen
- Ombudsmann
- Allgemeine Anfragen
- Vortragsdienst
- Besucherwesen

Gestaltung und Produktion
- Lektorat
- Design und Graphik (Corporate Design)
- Informationsmittel
- Homepage
- Drucksorten
- Filme und Videos
- Herstellung sonstiger Gegenstände (Firmenkleidung, Autobeschriftung usw.)

PR nach innen
- Intranet
- Redaktion Mitarbeiterzeitung
- Info-Tafel
- Sonstige interne Kommunikationsinstrumente
- Protokoll- und Rundschreibenwesen
- Evtl. Ausbildungs- und Schulungswesen

PR für verschiedene Teilöffentlichkeiten
- PR für
  - Politiker
  - Anrainer
  - Schulen
  - Opinion Leader
  - Interessenvertretungen
  - Geldmarkt
  - Behörden
  - Wissenschaft
  - usw.

Forschung
- Volkswirtschaftlicher Dienst
- Konjunkturberichte
- Branchenbeobachtung
- Medienforschung
- Meinungsforschung

Verwaltung und Organisation
- Budgeterstellung und -überwachung
- Kassa
- Job-Verrechnung und -Führung
- Personalfragen
- Interne Buchhaltung und Kalkulation
- Spendenwesen
- Archiv
- Planung und Durchführung von Veranstaltungen (Jubiläen, Tag der offenen Tür, Symposien, Tagungen, Messen, Hearings usw.)

Aus welchem Holz PR-Spezialisten geschnitzt sein sollen

Albert Oeckl, Nestor der Öffentlichkeitsarbeit im deutschsprachigen Raum, vergleicht das Anforderungsprofil des PR-Fachmannes mit dem eines Hindu-Gottes. Und in der Tat ist das Leistungsbild des PR-Experten ein sehr anspruchsvolles.

Womit gleich mit einem Irrtum aufgeräumt werden muß: Es wird immer wieder vom PR-Experten, PR-Fachmann, PR-Spezialisten gesprochen, obwohl im gleichen Atemzug von PR-Expertin, PR-Fachfrau und PR-Spezialistin zu reden wäre. Das sogenannte schwache Geschlecht ist im Bereich der Öffentlichkeitsarbeit äußerst erfolgreich und zahlreich vertreten. Frauen sind auf dem Feld der Public Relations nämlich oft die bessere Alternative. Das mag nicht zuletzt mit dem Anforderungs-Mix an den PR-Experten/die PR-Expertin zusammenhängen, der etwa so aussieht (die Reihenfolge entspricht nicht einer Gewichtung):

- Analytische Fähigkeiten
- Organisationstalent
- konzeptive Fähigkeiten
- hohes Kreativitätspotential
- Fähigkeit zu vernetztem und gesamtheitlichem Denken
- kritisches Urteilsvermögen
- gutes Gedächtnis
- Grundkenntnisse aus den Bereichen Staat und Recht, Volks-und Betriebswirtschaft, Gesellschafts- und Wirtschaftspolitik, Soziologie und, nicht zuletzt, Kommunikationstheorie
- Fachkenntnisse auf dem Gebiet, in dem Öffentlichkeitsarbeit betrieben werden soll
- gutes Allgemeinwissen
- gute Kenntnisse der Medienlandschaft (Print, Elektronik, Online-Welt)
- journalistische Fähigkeiten
- technische Kenntnisse auf dem Gebiet der EDV, der Drucktechnik, Graphik und Produktion von Kommunikationsmitteln
- gute Kontakte in den verschiedensten Lebensbereichen

- Fremdsprachenkenntnisse
- Kontaktfreudigkeit
- hohes Maß an Fingerspitzengefühl, Diplomatie und Einfühlungsvermögen
- Durchschlagskraft
- Repräsentationsfähigkeit, angenehmes Äußeres und gutes Auftreten
- Führungsqualitäten in der Teamarbeit
- Weltoffenheit und Kenntnisse der Usancen menschlichen Zusammenlebens, etwa in Fragen der Etikette
- moralische und ethische Grundsatztreue
- Menschenkenntnis
- Beharrlichkeit und Konsequenz
- gewisse Frustrationstoleranz
- Verschwiegenheit und Diskretion
- Offenheit in ideologischen Fragen
- Entscheidungsbereitschaft
- Mut zu verantwortlichem Handeln
- Mischung aus Selbstbewußtsein und Servicebereitschaft
- Kostenbewußtsein

Dieses Idealbild wird wohl nur in den seltensten Fällen von einer Person erfüllt werden können, aber je näher der PR-Fachmann/die PR-Fachfrau diesem Anforderungsprofil kommt, desto erfolgreicher wird er/sie seinen/ihren Beruf ausüben. Und um so freundlicher werden sich auch die Eingänge auf dem Lohnkonto ausnehmen.

PR-Mitarbeiter mit einer gewissen Grundausbildung beginnen etwa im Gehaltsschema von Jungakademikern, die weitere Entwicklung ist nach oben hin völlig offen. Es gibt PR-Spezialisten/Spezialistinnen, die es zu höchsten Management- und Führungsehren gebracht haben. Aber auch solche, die als selbständige BeraterInnen Karriere machen, können Spitzeneinkommen erreichen.

(Übrigens: Der letzte Absatz zeigt, wie schwierig es ist, immer mit dem weiblichen und dem männlichen Substantiv zu hantieren.)

Gute PR-Leute sind Vermittler zwischen Gesellschaft, Dialoggruppen, Institutionen und Personen. Sie sind Brückenköpfe, aber auch Transmissionsriemen zwischen unterschiedlichen Standpunkten und Meinungen. Sie stehen jedoch nicht auf der anderen Seite des Grabens, wie so oft gesagt wird, sie sind vielmehr die Verbindungsstege, die Integratoren. Sie sind aber auch die Antennen und Fühler einer Institution, die Veränderungen in der Umwelt, neue Strömungen und Bedürfnisse aufnehmen und in verantwortungsorientierte Verhaltensweisen innerhalb der eigenen Strukturen umsetzen – gleichzeitig aber auch eigene Positionen und Meinungen der Umwelt verständlich zu machen versuchen.

Genau betrachtet, ist Oeckls Vergleich mit einem Hindu-Gott gar nicht so abwegig.

Möglichkeiten der Aus- und Weiterbildung

Bis Ende der achtziger Jahre hieß das Patentrezept für angehende PR-Profis: training on the job. Aus- und Weiterbildungsmöglichkeiten waren dünn gesät in Österreich und anderen Ländern und beschränkten sich vornehmlich auf Seminare und Kurse an Managementschulen und Fortbildungsinstituten. Die Qualität dieser Schulungen war – und ist – je nach Trainer von höchst unterschiedlicher Qualität. An den Universitäten gab es in Österreich bis Anfang der achtziger Jahre bestenfalls Vorlesungen und Übungen von Gastlektoren im Rahmen der Studien für Marketing und Verkauf.

In den meisten europäischen Ländern lagen die Dinge nicht viel anders. Wenngleich es da und dort bereits Lehrstühle für PR gibt. In der BRD und der Schweiz befassen sich allerdings die nationalen PR-Verbände im Rahmen eigener Institute bereits seit etlichen Jahren mit der Aus- und Weiterbildung des PR-Nachwuchses. Wie man hört, mit recht unterschiedlichem Erfolg.

Österreich hat allerdings 1987 einen Meilenstein in der PR-Ausbildung gesetzt: In Zusammenarbeit zwischen der Universität Wien (Institut für Publizistik- und Kommunikationswissenschaft) und dem Public Relations Verband Austria (PRVA) wurde eine viersemestrige universitäre Ausbildung in Form eines »Universitätslehrganges« ins Leben gerufen, dessen Qualität sich international sehen lassen kann. Strenge Aufnahmebedingungen, begrenzte Teilnehmerzahl, Präsenzpflicht, ein umfassender, alle relevanten Themen der PR umfassender Lehrplan, erstklassige Vortragende aus Universität und PR-Praxis und nicht zuletzt ein mehrstufiges Prüfungsverfahren garantieren ein hohes Ausbildungsniveau der Studierenden, die bis zur Jahrtausendwen-

de mit dem Titel »akademisch geprüfter PR-Berater« abschließen, danach mit einem MAS-degree.
Darüber hinaus gibt es in Österreich im wesentlichen folgende Aus- und Weiterbildungsmöglichkeiten für PR auf Universitäts- und Institutsboden (lt. Angaben der für die Studienangebote Verantwortlichen):

ÖSTERREICH

1. Studienschwerpunkt Public Relations im Rahmen der Studienrichtung »Publizistik- und Kommunikationswissenschaft« an der Universität Wien

Diplomstudium
- Wissenschaftliche Berufsvorbildung (Kommunikationswissenschaft)
- Keine Tätigkeit in der Praxis als Voraussetzung zum akademischen Abschluß
- Theoretische und praktische Lehrveranstaltungen
- Schwerpunktsetzung »Praxisfeld: Öffentlichkeitsarbeit« und Fächerkombination (z. B. Wirtschaft, Psychologie, Soziologie, Politikwissenschaft usw.)

Doktoratsstudium
- Wissenschaftliche Beschäftigung (Forschungsprojekte) mit der Öffentlichkeitsarbeit

Zielgruppe: StudentInnen (a) bzw. AbsolventInnen des Diplomstudiums (b) der Publizistik- und Kommunikationswissenschaft

Dauer:
a) Diplomstudium: mind. 8 Semester
b) Doktoratsstudium: mind. 4 Semester

Kosten: Keine

Kernkompetenzen:
- Studienvertiefung im Bereich »Öffentlichkeitsarbeit« durch ausgewogenes Verhältnis an theoretischen wie praktischen Lehrveranstaltungen
- Breites Angebot an Betreuungsmöglichkeiten bei Diplomarbeiten und Dissertationen

- Mitbenutzung der Bibliothek des Universitätslehrganges für Öffentlichkeitsarbeit (1400 Titel) möglich
- Partner beim europäischen Aufbaustudium MARPE - Public Relations without Frontiers

Eingangsvoraussetzungen: Reifeprüfung

Auswahlverfahren: Keines

Mindest- und Maximalanzahl an TeilnehmerInnen: Keine

Wesentliche Inhalte der Ausbildung:
Aufbauend auf ein kommunikationswissenschaftliches Grundstudium Vertiefung im Bereich PR möglich. Empfohlene Fächerkombinationen (Wirtschaft, Psychologie, Soziologie) erhöhen die Chancen für einen Berufseinstieg in der PR-Branche.

Geeignete Berufsfelder nach Abschluß:
Alle Praxisfelder der gesellschaftlichen Kommunikation

Kontaktperson:
Univ.-Ass. Mag. Dr. Klaus Lojka
Institut für Publizistik- und Kommunikationswissenschaft der Universität Wien
Schopenhauerstraße 32
A-1180 Wien
Telefon: 01/4277-48338

2. Studienschwerpunkt Public Relations im Rahmen der Studienrichtung »Publizistik- und Kommunikationswissenschaft« an der Universität Salzburg

- Akademische Vollausbildung
- Starke wissenschaftliche Grundlegung und Verknüpfung im allgemeinen Studium der Kommunikationswissenschaft mit den beiden anderen Studienschwerpunkten »Journalistik« und »Audiovision/Online-Kommunikation« sowie einem Zweitfach bzw. einer Fächerkombination
- Pflichtstundenausmaß: ca. 20 Wochenstunden einschlägige Lehrveranstaltungen aus Public Relations, Marketing, Werbung und BWL über das Regelstudium hinaus bzw. im Rahmen einer Fächerkombination (»Zweitfach«)

- Gewichtung eines Lehrveranstaltungsangebotes (ca. 16 PR-Lehrveranstaltungen im engeren Sinne pro Studienjahr): PR-Theorie (30 %), PR-Kunde (30 %), PR-Praxis (40 %)
- Mindestens ein längeres Volontariat in PR-Abteilung oder PR-Agentur erforderlich für Studienabschluß
- Abschluß mit akademischem Grad Mag. samt Institutszertifikat über absolvierten Studienschwerpunkt »Öffentlichkeitsarbeit/Public Relations«
- Im Anschluß wissenschafltiches Doktoratsstudium möglich (mind. 4 Semester)

Zielgruppe:
Studenten der Publizistik- und Kommunikationswissenschaft (etwa 30 % der Studenten sind bereits berufstätig)

Dauer: Mind. 8 Semester

Kosten: Keine Studiengebühren

Kernkompetenzen:
- Begrenzte Anzahl von PR-Absolventen (ca. 15-20 pro Studienjahr), die sich am Arbeitsmarkt bewähren; kein »Massenbetrieb«
- Starke institutionelle Verankerung im Rahmen der Institutsabteilung für »Öffentlichkeitsarbeit und Organisationskommunikation«
- Orientierung Westösterreich bzw. Raum München, deutliche EU-Bezüge (z. B. ERASMUS-Programme, CERP-Education)
- Studienschwerpunkt besteht bereits seit 1983 – daher breite Erfahrungs- und Kontaktfelder

Eingangsvoraussetzungen:
Um das Studium der Publizistik- und Kommunikationswissenschaft beginnen zu können, gelten die allgemeinen, im österreichischen Hochschulrecht festgelegten Voraussetzungen (Hochschulreife, in gewissen Fällen Berufsreifeprüfung); es gibt in Österreich derzeit keinen Numerus Clausus. Um de facto in den Studienschwerpunkt Public Relations einsteigen zu können, ist das erfolgreiche Durchlaufen der sogenannten Sudieneingangsphase erforderlich.

Auswahlverfahren:
Dieses kommt indirekt durch die abzulegenden Prüfungen im Ausmaß von 12 Wochenstunden zum Tragen.

Mindest-und Maximalanzahl der Teilnehmer:
keine formalen Zugangsbeschränkungen

Wesentliche Inhalte der Ausbildung:
Das Lehrveranstaltungsangebot im Bereich des Studienschwerpunktes Public Relations ist sehr umfangreich und beinhaltet u. a. Einführung in die Public Relations, Prinzipien der Organisationskommunikation; Theorie und Praxis der Unternehmenskommunikation, Public Relations-Techniken, Public Relations-Prozesse, Public Relations-Theorie, Internationale Public Relations, Theorie und Praxis von Informationskampagnen usw.

Geeignete Berufsfelder nach Abschluß:
Public Relations, Öffentlichkeitsarbeit, Pressestellen, PR-Agenturen, Organisationskommunikation, Online-PR, Gesundheitskommunikation, Marktkommunikation, Markt- und Meinungsforschung.

Kontaktperson:
a.o. Univ.-Prof. DDr. Benno Signitzer
Leiter Abteilung für Öffentlichkeitsarbeit und Organisationskommunikation
Institut für Publizistik- und Kommunikationswissenschaft
Universität Salzburg
Rudolfskai 42
A-5020 Salzburg
Tel.: 0662/8044-4150
Fax: 0662/8044-4190
e-mail: benno.signitzer@sgb.ac.at
URL: http://www.edvz.sbg.ac.at/ipk/pr/home.htm

3. Studienschwerpunkt Public Relations/Organisationskommunikation im Rahmen der Studienrichtung »Publizistik- und Kommunikationswissenschaft« an der Universität Klagenfurt

- Wissenschaftliche Berufsvorbildung (Diplom- und Doktoratsstudium) wie in Wien und Salzburg (seit 1999)
- Stundenausmaß an einschlägigen Lehrveranstaltungen: ca. 10 Semesterwochenstunden aus den Bereichen PR und Organisationskommunikation, Werbung und Marktkommunikation, Integrierte Unternehmenskommunikation

- Gewichtung des Lehrveranstaltungsangebotes nach Theorie und Praxis: etwa je zur Hälfte theoretische und praktische Veranstaltungen
- Praxis oder Projektstudium sind verpflichtend (siehe Kernkompetenzen)
- Abschluß mit akademischem Grad »Mag. phil.« bzw. weiterführendes Doktorat (wie in Wien und Salzburg)

Zielgruppe:
Studenten der Publizistik- und Kommunikationswissenschaft

Dauer: Diplomstudium (8 Semester), Doktoratsstudium (plus 4 Semester)

Kosten: Keine

Kernkompetenzen:
- Kein Massenbetrieb, Teilnehmerbegrenzung im Studienschwerpunkt
- Kooperation mit der Kärntner Wirtschaft und dem PR Club Kärnten (Durchführung gemeinsamer Veranstaltungen, Job- und Volontariatsbörse, Praktikumsvermittlung)
- Internationale Studentenaustauschprogramme mit Partneruniversitäten in den USA und in Europa (ERASMUS/SOKRATES-Programme)
- Breite und langjährige Erfahrung: Der Studienschwerpunkt PR wird bereits seit 10 Jahren im Rahmen der Fachkombination »Medienkommunikation (die jetzt vom Vollstudium »Publizistik- und Kommunikationswissenschaft« abgelöst wurde) erfolgreich angeboten.
- Weitere Besonderheiten des Klagenfurter PKW-Studiums: Praxissemester, Projektstudium, Fachsprache Englisch sowie Vermittlung von praktischen Kompetenzen (Persönliche Kommunikation, Präsentationstechniken etc.) im Studienplan verpflichtend vorgesehen

Eingangsvoraussetzungen:
Für das Diplomstudium gelten die allgemeinen Voraussetzungen des Universitätsstudiengesetzes (Matura, Berufsreifeprüfung), für die Teilnahme am Studienschwerpunkt gilt als Voraussetzung die erfolgreiche Absolvierung des ersten Studienabschnittes (d. h. alle Grundlagen- und Einführungsfächer der Studienrichtung »Publizistik- und Kommunikationswissenschaft«)

Auswahlverfahren: Keine

Mindest- und Maximalanzahl an TeilnehmerInnen:
Mindestens 10, maximal 30 (lt. UniSTG)

Wesentliche Inhalte der Ausbildung:
Der Studienschwerpunkt umfaßt laut Studienplan folgende Fächer:
Einführung in den Schwerpunktbereich
Organisationen und Öffentlichkeit
Kommunikation und Organisation
Spezielle Fragen der Organisationskommunikation
Seminar zur Organisationskommunikation

Geeignete Berufsfelder nach Abschluß:
Gesamte PR- und Kommunikationsbranche (der konkrete Anwendungsbereich ist von der jeweiligen Spezialisierung und Praxiserfahrung des Studierenden abhängig)

Kontaktperson:
Univ.-Ass. Prof. Mag. Dr. Karl Nessmann
Institut für Medien- und Kommunikationswissenschaft
Universität Klagenfurt
Universitätsstraße 65-67
A-9020 Klagenfurt
Telefon: 0463/2700-391
Fax: 0463/2700-292
e-mail: karl.nessmann@uni-klu.ac.at
Internet: http://www.uni-klu.ac.at/mk

4. Universitätslehrgang für Öffentlichkeitsarbeit (Wien)

- Universitäre Ausbildung mit hohem Praxisbezug (akademisches Teilstudium)
- Starke Vernetzung mit anderen verwandten Disziplinen wie Marketing, Werbung, und CI, jedoch Schwerpunkt PR
- Idealer Ausbildungsweg für PR-Praktiker, die die theoretischen und wissenschaftlichen Grundlagen ergänzen wollen
- Berufliche Praxis im Mindestausmaß notwendig
- Praxisorientierte Lehrveranstaltungen samt Veranstaltungen mit Praktikern sind inkludiert.
- Abschluß: »Akademische/r PR-Berater/PR-Beraterin«; geplant: »Master of Advanced Studies (Public Relations)«

Zielgruppe:
Studenten, PR-Praktiker, Berufstätige aus verwandten Bereichen mit dem Ziel fundierter, praxisorientierter, akademischer Ausbildung

Dauer: 4 Semester (à 12 Semesterwochenstunden)

Kosten: öS 10.000,- pro Semester (Stipendien durch PRVA möglich)

Kernkompetenzen:
Praxisbezogene PR-Ausbildung auf akademischer Basis

Eingangsvoraussetzungen:
Das Ausbildungsangebot richtet sich an alle, die neben oder nach einem ordentlichen Studium bzw. nach der Absolvierung einer AHS oder BHS praxisorientierte Fähigkeiten für einen PR-Beruf erwerben wollen. Darüber hinaus besteht eine Teilnahmemöglichkeit für Personen, die eine mindestens dreijährige Praxis in PR, Marketing, Werbung oder Journalismus nachweisen können.

Auswahlverfahren:
Das dreiteilige Aufnahmeverfahren umfaßt eine schriftliche Aufgabe (Textierung einer Presseaussendung), für deren Lösung die BewerberInnen eine Woche Zeit haben, einen halbstündigen Wissenstest (Allgemein-, Tageszeitungs- und geringes PR-Wissen) sowie ein halbstündiges Gespräch mit Vertretern aus Lehre und Praxis.

Mindest- und Maximalanzahl an TeilnehmerInnen:
Pro Jahrgang werden zwischen 45 und 55 TeilnehmerInnnen aufgenommen.

Wesentliche Inhalte der Ausbildung:
In den vier Semestern des Universitätslehrganges für Öffentlichkeitsarbeit sind insgesamt 48 Wochenstunden in 33 Lehrveranstaltungen aus folgenden Fachgebieten zu absolvieren:
Wirtschaftliche Grundlagen der Öffenlichkeitsarbeit
Rechtliche Grundlagen der Öffentlichkeitsarbeit
Kommunikationswissenschaftliche Grundlagen der Öffentlichkeitsarbeit

Kommunikationspraxis
Darüber hinaus ist in jedem Semester ein Workshop zu absolvieren. Die didaktische Konzeption ist auf die Vermittlung theoretischer

Grundlagen der Kommunikationswissenschaft und der für die Öffentlichkeitsarbeit relevanten Wirtschafts- und Rechtsfächer konzentriert. Die praktische Ausbildung wird durch ein Pflichtpraktikum von insgesamt acht Wochen, das während des Lehrgangsbesuches zu absolvieren ist, ergänzt.

Berufsfelder:
Das Spektrum der Berufsfelder der AbsolventInnen des Universtitätslehrganges für Öffenlichkeitsarbeit ist daher ein sehr breites, und so sind bis 1999 insgesamt 384 »Akademische PR-BeraterInnen« aus zehn Jahrgängen in der Wirtschaft (PR-Abteilungen in Unternehmen, PR-Agenturen), der öffentlichen Verwaltung, in gemeinnützigen Institutionen, im Kultur-, Sport- und politischen Bereich, im Journalismus oder in anderen gesellschaftlich relevanten Funktionen tätig.

Kontaktperson:
Univ.-Ass. Mag. Dr. Klaus Lojka
Institut für Publizistik- und Kommunikationswissenschaft der Universität Wien
Schopenhauerstraße 32
A-1180 Wien
Telefon: 01/402 88 66-2190
e-mail: pr.publizistik@univie.ac.at
Internet: http://www.univie.ac.at/publizistik/

5. Universitätslehrgang für Öffentlichkeitsarbeit – Praxisorientierte PR-Weiterbildung (Klagenfurt)

- Wissenschaftlich fundierte und praxisbezogene PR-Weiterbildung für Kommunikationsfachleute
- Berufspraxis wird vorausgesetzt (mind. 1 Jahr einschlägige Tätigkeit)
- Schwerpunkt: Methoden und Strategien der integrierten Kommunikation und PR-Konzeptionstechniken (Erstellung von PR-Konzepten)
- Abschluß: mit Zertifikat der Universität Klagenfurt über die erfolgreiche Teilnahme

Zielgruppe:
Berufstätige in Kommunikationsberufen

Dauer: 2 Semester, 18 Semesterwochenstunden (= 270 Unterrichtseinheiten), 36 Tage

Kosten: öS 17.500,– pro Semester

Kernkompetenzen:
- berufsbegleitend (ideal für Berufstätige, Workshops an Wochenenden)
- trainingsorientiert (Fallstudien, Planspiele)
- teilnehmerzentriert (Erfahrungsaustausch)
- theorie- und praxisbezogen (optimale Vernetzung von Theorie und Praxis)
- projekt- und teamorientiert (Ausarbeitung eines umfassenden PR-Konzeptes im Team)

Eingangsvoraussetzungen:
Mindestens 1 Jahr einschlägige Praxiserfahrung (nachzuweisen mittels Bestätigung), Matura. In Ausnahmefällen werden auch Personen ohne Matura zum Lehrgang zugelassen, vorausgesetzt, es kann eine 5-jährige einschlägige Berufspraxis nachgewiesen werden.

Auswahlverfahren:
Das Auswahlverfahen zur Teilnahme sowie die Überprüfung der Zulassungsbedingungen obliegt der Lehrgangsleitung (Überprüfung der oben genannten Eingangsvoraussetzungen = schriftliche Bewerbung und mündliches Gespräch).

Mindest- und Maximalanzahl an TeilnehmerInnen:
Die Mindestteilnehmerzahl beträgt 18 Personen, die maximale Teilnehmerzahl 25 Personen.

Wesentliche Inhalte der Ausbildung
Theoretische und praktische Grundlagen, Methodische Grundlagen, Kommunikative Grundlagen, Medien- und Pressearbeit, Informations- und Kommunikationsmedien, Corporate Identity (CI), Interne Kommunikation, Integrierte Kommunikation, Weitere PR-Anwendungsbereiche (Event-PR, Konflikt-PR, Lobbying, Sponsoring etc.)

Geeignete Berufsfelder nach Abschluß:
Der Universitätslehrgang für Öffentlichkeitsarbeit versteht sich als berufsbegleitende Weiterbildung und richtet sich vor allem an jene Per-

sonen, die bereits in Unternehmen oder Organisationen für die Medien- und Öffentlichkeitsarbeit zuständig sind oder in Zukunft verstärkt in diesem Bereich tätig sein wollen, z. B. freie PR-BeraterInnen, MitarbeiterInnen in PR- und Werbeagenturen, Werbe- und Marketingverantwortliche sowie Presse- und Medienreferenten in Wirtschaftsunternehmen oder Non-profit-Organisationen.

Kontaktperson:
Univ.-Ass. Prof. Mag. Dr. Karl Nessmann
Institut für Medien- und Kommunikationswissenschaft
Universität Klagenfurt
Universitätsstraße 65-67
A-9020 Klagenfurt
Telefon: 0463/2700-391
Fax: 0463/2700-292
e-mail: karl.nessmann@uni-klu.ac.at
Internet: http://www.uni-klu.ac.at/mk

6. Wirtschaftsuniversität Wien – Institut für Werbewissenschaft und Marktforschung

- Lehrveranstaltungen im Rahmen des Diplomstudiums
- Universitätslehrgang für Werbung und Verkauf

7. Fachhochschul-Studiengang »Kommunikationswirtschaft« der Fachhochschul-Studiengänge Betriebs- und Forschungseinrichtungen der Wiener Wirtschaft GmbH

- Studium der vernetzten Kommunikation auf Fachhochschulebene
- Integration der Bereiche Marketing, Werbung, PR und CI, mit einem gewissen Schwerpunkt auf Kommunikation in der Wirtschaft (absatzorientierte, jedoch auch gesellschaftsorientierte Kommunikation)
- sehr hoher Praxisbezug durch Anforderungen des Fachhochschulstudiums
- berufsbegleitendes bzw. berufsaufbauendes Studium
- hohe Anteile an Praxissimulation und dgl.
- Abschluß: »Magister Kommunikationswirtschaft (FH)«

Zielgruppe:
Personen mit einschlägiger Erfahrung, die sich berufsbegleitend zu Kommunikationsfachleuten weiterbilden wollen.

Dauer: 8 Semester

Kosten: Keine Studienkosten, ca. öS 6.000,— Materialkosten/Semester

Kernkompetenzen:
Ausbildung von Kommunikationsgeneralisten mit Fachhochschulabschluß

Eingangsvoraussetzungen:
Matura (AHS oder BHS) und 2-jährige facheinschlägige Berufspraxis oder 3-jährige facheinschlägige Berufspraxis und 3 Zusatzprüfungen in Deutsch, Englisch und Mathematik

Auswahlverfahren:
3-stufiger Test (inkl. mündlichem Interview)

Mindest- und Maximalanzahl an TeilnehmerInnen:
33 (36) pro Semester

Wesentliche Inhalte der Ausbildung:
Fachwissen in den Bereichen Marketing, Werbung, PR, CI sowie betriebs- und volkswirtschaftliche Bereiche und Englisch

Geeignete Berufsfelder nach Abschluß:
Größere Unternehmen:
  Leiter/Assistent Gesamtkommunikation
  Leiter/Kommunikation eines Teilbereiches (CI, PR, Marketing, Werbung, Ausstellungs- und Messemanagement, Event-Management etc.)
Mittlere und kleine Betriebe:
  Mitglied der Geschäftsleitung mit Spezialbereich
    Kommunikation/Marketing
  Leiter Kommunikation/Marketing
Institutionen und Verbände:
  Geschäftsführer bzw. Verantwortlicher mit hoher Kommunikationsausrichtung in: Fremdenverkehrsverbänden, Interessenvertretungen, politische Einrichtungen, Verbände, Ministerien und anderen Behörden, Bildungsbereich, Vereinen, paraöffentlichen Institutionen

Selbstständigkeit
Spezialunternehmen im Gesamtbereich Wirtschaftskommunikation
Selbständiger Berater für Großunternehmen in Teilbereichen

Kontaktperson:
Mag. Priska Bobolik
Leiterin des Studienganges »Kommunikationswirtschaft«
Währinger Gürtel 97
A-1181 Wien
Telefon: 01/476 77-514
Fax: 01/476 77-145
e-mail: comm@fhw.at

8. Colleg für Marktkommunikation, Fachrichtung Kommunikationsmanagement (WIFI-Werbeakademie)

- Ausbildung zu den Themen Gesamtkommunikation, Marketing, Werbung, PR nach innen, PR nach außen, Medienarbeit, Umgang mit Journalisten usw.
- Ausbildung in einzelnen Bereichen des Kommunikationsmanagements oder Gesamtschau möglich
- Verbindung theoretisch-fachlicher und praxisorientierter Ausbildung.
- Abschluß: bei Buchung der gesamten Collegreihe mit Abschlußprüfung »Kommunikationsmanager« (WIFI-Diplom) oder von einzelnen Modulen mit Prüfung und Zeugnis zu diesen Modulen möglich.

Zielgruppe:
für die Themen interessierte Berufstätige

Dauer: 4 bis 6 Wochen/Modul, Gesamtausbildung 1½ Jahre

Kosten: je nach Modulbuchung ca. öS 70.000,– insgesamt.

Kernkompetenzen:
Kompakte Aus- und Weiterbildung in einzelnen Kommunikationsdisziplinen oder in Richtung Gesamtschau der Kommunikationsbereiche (Kommunikationsmanagement)

Eingangsvoraussetzungen: Branchenerfahrung

Auswahlverfahren:
Nach Anmeldung und entsprechender Berufsaffinität

Mindest- und Maximalanzahl an TeilnehmerInnen: 24-36/Modul

Wesentliche Inhalte der Ausbildung:
Marketing, Werbung, CI, PR, Journalismus und Umgang mit Medien, Sponsoring, Lobbying und Event Marketing, Krisen-Kommunikation

Geeignete Berufsfelder nach Abschluß:
AssistentIn der Geschäftsleitung, AssistentIn der Kommunikationsleitung, MitarbeiterIn in einer Kommunikationsagentur, PR-Agentur, Werbe-Agentur, CI-Beratung bzw. in den gleichen Bereichen in Unternehmen und Institutionen

Kontaktperson:
Ulrike Rechberger
WIFI Wien
Währinger Gürtel 97
A-1181 Wien
Telefon: 01/476 77-522
Fax: 01/476 77-532
e-mail: rechberger@wifiwien.at
Internet: http://www.wifiwien.at/wak

9. Lehrgang für Public Relations (bfi-Wien)

- Praxisbezogener Lehrgang für Berufstätige bzw. Berufseinsteiger im Bereich der Erwachsenenweiterbildung (Abendlehrgang)
- Entspricht einer globalen Aus- und Weiterbildung für PR-Mitarbeit der 2. und 3. Ebene.
- Ausbildung zum »PR-Assistenten«
- Ausbildung auf »handwerklicher«, nicht akademisch-wissenschaftlicher Ebene
- Schwerpunkt liegt auf Kennenlernen und Perfektion von PR-Methoden, Instrumenten und Techniken
- Ausbildungsinhalte: Kommuniationsgrundlagen, praktische Medienarbeit, Konzeption, Präsentation
- Abschluß: »geprüfte/r Public Relations-Assistent/in«

Zielgruppe:
Berufstätige und Berufseinsteiger in Kommunikationsberufen ohne entsprechende fachliche Ausbildung

Dauer:
2 Semester, mind. 350 Unterrichtseinheiten (inkl. Konzeptpräsentation)

Kosten:
öS 9.500,– pro Semester (öS 9.000,– für Gewerkschaftsmitglieder) Förderung für Arbeitnehmer durch den WAFF – Wiener ArbeitnehmerInnen-Förderungsfonds, »Ziel 4-Förderung« für Unternehmen durch die EU Prüfungsgebühr: öS 1.500,–

Kernkompetenzen:
Aus- und Weiterbildung für PR-Assistenten

Eingangsvoraussetzungen:
Branchenerfahrung, Mindestalter 18 Jahre, Matura oder mindestens 1 Jahr einschlägige Praxis

Auswahlverfahren:
Beantwortung eines Fragebogens, Aufnahmegespräch

Wesentliche Inhalte der Ausbildung:
Techniken der Öffentlichkeitsarbeit, Medienrecht, Markt- und Meinungsforschung, Interne Kommunikation, Corporate Identity, Lobbying, Neue Medien, Kommunikationspsychologie

Kontaktperson:
Christian Call
Marketing & Kommunikation
EnBW Austria
Tel.: 01/514 74-460
Handy: 0664/131 07 12

10. Werbeakademie des WIFI Wien

- Ausbildung zum Marketing- bzw. Werbe-»Einsteiger« mit einem Ausbildungsschwerpunkt Öffentlichkeitsarbeit
- Schulbetrieb

- Abschluß mit Zeugnis der Werbeadakademie (Schule mit Öffentlichkeitsrecht)
- starke theoretische Komponente im Werbebereich (z. B. auch Graphik, EDV)
- Praxisorientierte Ausbildung

Zielgruppe: Maturanten, Berufseinsteiger

Dauer: 2 Semester

Kosten: pro Semester öS 20.000,- (Euro 1.453,50)

Kernkompetenzen:
Schule für Einsteiger in die Marketing- und Werbebranche

Eingangsvoraussetzungen:
Abschluß einer Pflichtschulausbildung (1. und 2. Leistungsgruppe, empfehlenswert ist aber der einer berufsbildenden mittleren oder höheren sowie einer allgemeinbildenden höheren Schule; Alterslimit: 18-24 Jahre) sowie eine abgelegte schriftliche und mündliche Aufnahmeprüfung.

Auswahlverfahren:
Erfolgreich bestandener schriftlicher Test mit anschließendem Einzelgespräch.

Mindest- und Maximalanzahl an TeilnehmerInnen:
Marktkommunikation: 2 Klassen à 34 SchülerInnen
Graphik-Design: 2 Ateliers mit je max. 24 StudentInnen

Wesentliche Inhalte der Ausbildung:
Public Relations, Corporate Communications, Direct Marketing, Klassische Werbung

Geeignete Berufsfelder nach Abschluß:
Werbeassistent, Kundenberater in Agenturen, Konzeptionist/Texter, Media-Spezialist, Print Producer, Verlagsmitarbeiter, PR-Berater für interne und externe PR, Assistent für Werbefilmproduktion, Direct Marketing-Spezialist, Multimedia-Spezialist.

Kontaktperson:
Dir. Manfred Pretting
Werbeakademie-Fachlehrgang für Marktkommunikation

WIFI Wien
Währinger Gürtel 97
A-1181 Wien
Telefon: 01/476 77-530
Fax: 01/476 77-532
e-mail: acs@wifiwien.at

Seminare
Berufsförderungsinstitut (BFI)
Business Circle, Management Fortbildungs GmbH
Hernstein Institut für Unternehmensführung
Institute for International Research (IRR)
Managementinstitut der Industrie (MDI)
Österreichische Akademie für Führungskräfte
Ueberreuter Manager-Akademie
Wirtschaftsförderungsinstitute der Kammern der gewerblichen Wirtschaft in den Bundesländern
Wirtschaftsforum der Führungskräfte
SERVICE Management-Seminare
u. a.

| EUROPA |

CERP-education veröffentlicht in Abständen, zuletzt 1994, unter dem Titel »Public Relations Education in Europe« eine Auflistung von Aus- und Weiterbildungsstätten in europäischen Ländern. Für 1999/2000 ist eine Neuauflage vorgesehen.

Einen breiten Überblick über die Ausbildungswege für PR weltweit (insbesondere Deutschland) an Universitäten und anderen Institutionen bietet u. a. folgende Literatur:

- Gernot Bauer: »Wege in die Öffentlichkeitsarbeit. Einstieg, Einordnung, Einkommen in PR-Berufen«
- Bettina von Schlippe: »PR-Kompaß Aus- und Weiterbildung. Ein Führer durch den Dschungel der PR-Bildung«
- Günter Bentele/Peter Szyszka: »PR-Ausbildung in Deutschland. Entwicklung, Bestandsaufnahme und Perspektiven«

- Dieter Pflaum/Richard Linxweiler: »Public Relations der Unternehmung«
- Bettina von Schlippe/Bernd-Jürgen Martini, Günther Schulze-Fürstenow: »Arbeitsplatz PR: Einstieg, Berufsbilder, Perspektiven. Mit einer Dokumentation der aktuellen Bildungsangebote«
- Walter Hömberg/Renate Hackel-de Latour: »Studienführer Journalismus, Medien, Kommunikation«

Ausbildungsstätten in anderen Ländern lassen sich auch bei den nationalen und internationalen PR-Verbänden (siehe Seite 102 ff.) erfragen. Siehe auch die Seiten 267 und 269 ff.

Das Public Relations Forum, ERMA-Verlag, Nürnberg (http://www.prforum.de) weist insbesondere auf Seminare in Deutschland und der Schweiz hin.

Public Relations Verband Austria und pr group austria

Im Herbst 1975 gründeten österreichische PR-Fachleute den »Public Relations Club Austria«, den Vorläufer des »Public Relations Verband Austria« (PRVA).

Der PRVA versteht sich als Interessenvertretung österreichischer PR-Fachleute. Seine ordentlichen Mitglieder sind als angestellte PR-Fachleute in Unternehmen, Institutionen und PR-Agenturen tätig oder betreiben Public Relations als selbständige Berater. Junior-, Studenten- und Senior-Mitglieder unterliegen besonderen Voraussetzungen. Darüber hinaus gibt es außerordentliche Mitglieder, die sich nicht hauptamtlich mit PR beschäftigen, jedoch die Ziele und Interessen der Öffentlichkeitsarbeit anerkennen und sich mit ihnen verbunden fühlen. Die Verbandsarbeit wird außerdem durch fördernde Mitglieder unterstützt, die auch juristische Personen (Unternehmen, Organisationen etc.) sein können.

Aufgabe des PRVA ist es, das eigene Berufsbild bekanntzumachen, die Interessen des Berufsstandes wahrzunehmen, die fachliche Aus- und Weiterbildung von PR-Fachleuten durchzuführen und zu fördern, die wissenschaftliche Auseinandersetzung mit Public Relations zu verstärken und auch Maßnahmen gegen die mißbräuchliche Verwendung des Begriffes »Public Relations« zu setzen.

Neben »PR für PR« ist damit die Profilierung des – häufig sogar in den eigenen Reihen – noch sehr unklar definierten PR-Berufsbildes ein Hauptanliegen des PRVA. Profilierung bedeutet in diesem Zusammenhang auch klare Positionierung zu verwandten kommunikativen Berufen wie Journalismus im Medienbereich auf der einen sowie Werbung und Verkaufsförderung auf der anderen Seite.

Weiters sieht der Verband seine Aufgabe auch im ständigen Kontakt mit öffentlichen Institutionen, wie Kammern, Ministerien und parlamentarischen Ausschüssen sowie im konstruktiven Gespräch mit Medien und wissenschaftlichen Bildungsstätten.

Zur Kontaktpflege im beruflichen Bereich kommen die Erweiterung des Wissensstandes der Mitglieder und der Erfahrungsaustausch auf nationaler und internationaler Ebene hinzu.

Der Vorstand des Verbandes wird bei der Bearbeitung der verschiedenen Fachgebiete von Arbeitskreisen unterstützt.

Die »PRVA-Agenturen« im Rahmen des Verbandes fungieren als Informationsdrehscheibe für Auftraggeber und die eigenen Mitglieder.

Dem PRVA steht ein »Wissenschaftlicher Senat« zur Seite, der insbesondere durch finanzielle Beiträge wissenschaftliche Projekte, u. a. den Universitätslehrgang für Öffentlichkeitsarbeit an der Universität Wien, unterstützt.

Die Mitglieder des PRVA bekennen sich zu einer offenen und sauberen PR-Politik. Getragen wird diese Politik von der Verantwortung gegenüber der Öffentlichkeit, in der sich die PRVA-Mitglieder als Mittler sehen.

Der PRVA verfolgt in seiner Mitgliederpolitik ein klares Ausleseprinzip, nicht zuletzt auch, um Public Relations so eindeutig wie möglich von anderen Berufen mit unterschiedlichen Zielsetzungen abzugrenzen. Diese Ausrichtung bringt es mit sich, daß der Verband hohe Ansprüche an seine Mitglieder stellt.

Die Mitgliedschaft im PRVA wird damit zum Gütesiegel für professionelle Öffentlichkeitsarbeit. Wer Mitglied ist, gehört einer Gemeinschaft mit weitreichenden Verpflichtungen, aber auch zahlreichen Möglichkeiten an:

Der PRVA bietet mit Veranstaltungen zu aktuellen Themen, verschiedenen Publikationen, einer eigenen Homepage, Fachtagungen oder auch der Mitgliederzeitung ein exklusives Informationsangebot.

Verbandsmitglieder können über ihre Kontakte die Branchenentwicklung genau beobachten und neue Trends im In- und Ausland frühzeitig erkennen.

Der gegenseitige Erfahrungsaustausch ermöglicht eine raschere und wirkungsvollere Lösung der eigenen Probleme. Dies betrifft Fragen von Honorar- und Vertragsvereinbarungen, neue Theorien und Techniken der PR usw.

In Zusammenarbeit mit dem Institut für Publizistik- und Kommunikationswissenschaft der Universität Wien wird ein Universitätslehrgang für Öffentlichkeitsarbeit durchgeführt, der mit einem akademischen Diplom abschließt.

Der PRVA richtet im Auftrag des Ministeriums für wirtschaftliche Angelegenheiten jährlich den Staatspreis für Public Relations aus.

Der PRVA vergibt für Diplomarbeiten und Dissertationen über PR-Fachthemen den »Wissenschaftspreis für PR«.

PRVA-Mitglieder sind berechtigt, sich in allen berufsständischen Fragen beraten und gegebenenfalls auch vertreten zu lassen. Bei Rechtsstreitigkeiten können auch Gutachter vermittelt werden.

Der PRVA sieht es als seine wichtigste Aufgabe an, dem Berufsstand der PR-Fachleute ein hohes fachliches Niveau und damit das entsprechende Ansehen in der Öffentlichkeit zu sichern.

Der PRVA-Ehrenkodex

1.

Die für Public Relations erforderliche Grundhaltung und die entsprechenden PR-Maßnahmen bedingen eine freiheitlichdemokratische Gesellschaftsordnung.

2.

Public Relations müssen vom Geist der Partnerschaft getragen sein. Im unternehmerischen Bereich gilt dies für die Public Relations sowohl nach innen als auch nach außen.

3.

Im unternehmerischen und institutionellen Bereich gehören Public

Relations zum Verantwortungs- und Aktionsgebiet der Führungsspitze und sind daher nur in der Ausführung delegierbar.
Hierarchisch sind Public Relations primär als Stabs- und nicht als Linienfunktion zu sehen.

4.

Public Relations bedingen die Integration des PR-Trägers in die Gesellschaft und somit als Selbstverständnis die Akzeptanz von Rechten und Pflichten gegenüber den Gruppen der Öffentlichkeit. Sie inkludieren unter anderem verschiedene Formen der Kommunikation sowie die Erfüllung sozialer, ethischer und umweltbezogener Anforderungen.

5.

Im Medienbereich sind Public Relations vom Geiste der Kooperation und Eigenverantwortung auf Basis ehrlicher und langfristiger Kommunikation zwischen Redaktionen und PR-Trägern gekennzeichnet.

6.

Public Relations erfordern in ihrer praktischen Umsetzung hohe fachliche, aber auch menschliche Qualifikation und ein starkes Engagement.

7.

Public Relations sind als selbständige Disziplin von anderen Bereichen, wie etwa Verkaufsförderung oder Werbung, zu trennen (andererseits aber mit diesen eng zu koordinieren). Sie verlangen eigene spezifische Strategien und Maßnahmen.

8.

PRVA-Mitglieder bekennen sich überdies zum internationalen »Athener Kodex«. (Siehe Seite 387 ff.)

Die **pr group austria** ist eine Vereinigung österreichischer PR-Agenturen, die von ihren Mitgliedern bestimmte Qualitätsstandards und eine aktive Beteiligung an der Arbeit der Gruppe verlangt. Eine Vielzahl von eigenständigen Aktivitäten, wie Veranstaltungen, Broschüren, Datenbank im Internet, Workshops usw. werden als Leistungen für Mitglieder und den Markt angeboten.

Nationale und internationale PR-Vereinigungen

ÖSTERREICH:
Public Relations Verband Austria (PRVA)
Lothringerstraße 14/II
A-1030 Wien
e-mail: prva.office@inmedias.at

pr group austria
p.A. Skills in Public Relations
Weyringergasse 28 A
A-1040 Wien
e-mail: prgroup@skills.at

DEUTSCHLAND:
Deutsche Public Relations Gesellschaft e.V. (DPRG)
D-53225 Bonn, St. Augustiner Str. 21

Deutscher Verband für PR
D-97342 Obernbreit, Am Gölseberg 2

Gesellschaft Public Relations Agenturen e.V. (GPRA)
D-60313 Frankfurt, Schillerstraße 4

SCHWEIZ:
Schweizerische Public Relations Gesellschaft (SPRG)
c/o Farner PR z. H. Frau Reimann,
CH-8001 Zürich, Oberdorfstrasse 28

Bund der Public Relations Agenturen der Schweiz (BPRA)
CH-8001 Zürich, Oberdorfstrasse 28

ANDERE LÄNDER:
Association Française des Relations Publiques (AFREP), Paris
Union Nationale des Attachés de Presse et Professionells de la Communication (UNAPC), Paris
Syntec Conseil Comité Relations Publiques, Paris
Centre Belge des Relations Publique (CBRP), Brüssel
Union Professionnelle des conseillers et des Cadres (UPREL), Brüssel
Associazione Agenzie die Relazioni Pubbliche a Servizio Completo (Assorel), Mailand
Federazione Relazioni Pubbliche Italia (FERPI), Mailand
Centro commerciale Europa, Bozen
The Institute of Public Relations (IPR), London
Public Relations Institute of Ireland (PRII), Dublin
Association of Consulting Companies in Public Relations and Communications (ADECEC), Barcelona
Agrupación Española de Relaciones Públicas (AERP), Barcelona
Associação Portuguesa de Relações Públicas (APREP), Lissabon
Hellenic Public Relations Association (HEPRA), Athen
Cyprus Public Relations Professional Association (CPRPA), Nikosia
Dansk Public Relations Forening (DPRF), Kopenhagen
The Swedish Public Relations Association (SPR), Stockholm
The Norwegian Public Relations Association (NPRA), Oslo
Cercle National des Relations Publiques (CENARP), Luxemburg
Association für Communication in the Netherlands (NGPR), Den Haag
Finnish Association of Organizational Communicators (STIL), Helsinki
Magyar Public Relations Szövets; Hungarian Public Relations Association (HPRA), Budapest
Public Relations Society of Bulgaria (PRSB), Sofia
Asociaţie Romana Profesionistilor in Relaţi Publice (ARP), Bukarest
Polskie Stowarzyszenie Public Relations (PSPR), Warschau
Russian Public Relations Association (RPRA), Moskau
Public Relations Society of Slovenia (PRSS), Ljubljana
Public Relations Society of Yugoslavia (PRSYU), Belgrad
Public Relations Society of America (PRSA), New York

Neben den nationalen PR-Vereinigungen, die in über 70 Ländern der Erde existieren, gibt es eine Reihe überregionaler Dachorganisationen:

International Public Relations Association (IPRA), Middlesex
The International Committee of Public Relations (ICO), London
Conféderation Européenne des Relations Publiques (C.E.R.P.), Brüssel
C.E.R.P. Consultants – European Association of Public Relations Consultants
C.E.R.P. Education – European Public Relations Confederation
C.E.R.P. PRO – European Association of Public Relations Officers
C.E.R.P. Students – European Association of Public Relations Students
Federation of African Public Relations Associations (FAPRA)
Federation of Asean Public Relations Organisations (FAPRO)
Inter-American Confederation of Public Relations Associations (FIARP)
The Pacific Society of Public Relations
Pan Pacific Public Relations Federation (PPPRF)
International Association of Business Communicators

PR-Abteilung oder PR-Agentur?

Genaugenommen gibt es für die professionelle PR-Arbeit einer Institution kein Entweder – Oder, wenn es um die Frage interne Abteilung beziehungsweise externe Beratung geht. Es kann eigentlich nur ein Sowohl – Als auch geben.

Begründung: Selbst ein Unternehmen mit einer exzellent funktionierenden internen PR-Abteilung wird dann und wann in Situationen kommen, wo die Kapazität der vorhandenen eigenen PR-Mitarbeiter nicht ausreicht. So passieren beispielsweise Jubiläen nicht alle Jahre, und es wäre töricht, die personelle Leistungsfähigkeit der hauseigenen PR-Abteilung auf Dauer auf solchen Spitzenbedarf auszurichten. In derartigen Fällen wird es notwendig sein, sich externer Berater und Mitarbeiter zu bedienen.

Umgekehrt sprechen alle Erfahrungen dafür, daß noch so gut arbeitende externe Berater ohne funktionierende interne »PR-Anlaufstelle« auf verlorenem Posten stehen. Freilich kann diese Verbindungs- und Koordinationsaufgabe auch der Chef selbst, eine hochqualifizierte Sekretärin oder ein anderer geeigneter Mitarbeiter ausfüllen – Ideallösung ist es aber keine. Denn wenn Öffentlichkeitsarbeit in all ihren Ausprägungsformen ernst genommen und nicht bloß als irgendeine kurzfristige Kampagne angesehen wird, dann ist dazu mehr als eine

Nebenbei-Betreuung notwendig. Außerdem wird es immer wieder Koordinierungs- und Vorbereitungsarbeiten im eigenen Haus geben, die ein Externer viel schwieriger bewerkstelligen kann als ein Interner, etwa PR-kritischen Abteilungsleitern heikle Informationen zu entlocken. Besteht eine, wenn auch kleine, interne PR-Abteilung, dann kann mit Fachgeschick und gutem Willen mit externen Beratern und Agenturen eine bestens funktionierende Arbeitsteilung organisiert werden.

Selbstverständlich haben hausinterne PR-Abteilungen und externe Berater Vor- und Nachteile, die es im Einzelfall abzuwägen gilt. Dabei sind folgende Fragenkreise zu analysieren:

1. Professionalität
Können interne PR-Mitarbeiter jene Vielfalt an Kontakten, etwa zu Journalisten, aufbauen, wie dies externe Spezialisten auf Grund ihrer ständigen Auseinandersetzung mit dieser Aufgabe in der Lage sind?

Sind interne Mitarbeiter bereit, sich in dem Maße weiterzubilden wie Agenturprofis, denen bei ungenügender Leistung der sofortige Verlust des Kunden droht?

Müssen interne PR-Fachleute nicht eher PR-Generalisten sein, während sich externe Berater auf Spezialgebiete verlegen und dieses spezielle Know-how mehreren Kunden anbieten können?

2. Vertrauen und Diskretion
Ist die zu betreuende Institution bereit, einem externen Berater Einblick in alle Interna zu geben?

Haben externe Berater den gleichen Zugang zu den leitenden Mitarbeitern und zu den notwendigen Informationen wie ein interner PR-Mitarbeiter?

Wird einem nicht fix angestellten Mitarbeiter das gleiche Vertrauen entgegengebracht?

3. Kreativität und Objektivität
Besteht die Gefahr, daß die Mitarbeiter der internen PR-Abteilung mit der Zeit in Betriebsblindheit erstarren?

Hat der interne Mitarbeiter die Kraft und die Chance, die Probleme aus übergeordneter Sicht und aus der nötigen Distanz zu betrachten?

Können externe Berater frisches Blut und neue Ideen einbringen, wozu interne Mitarbeiter nicht mehr in der Lage sind?

4. Durchschlagskraft und Abhängigkeiten
Ist die interne PR-Abteilung besser oder schlechter in der Lage, sich mit unkonventionellen Vorschlägen und mutigen Ideen durchzusetzen?
Gilt der Prophet im eigenen Lande mehr oder weniger?
Läßt es die Agentur an Konsequenz fehlen, weil sie den Auftrag nicht verlieren will?
Oder verzichtet eher der interne Mitarbeiter in vorauseilendem Gehorsam auf notwendige Entscheidungen?

5. Kapazität, Flexibilität und Verfügbarkeit
Ist die interne Abteilung in der Lage, über die laufenden PR-Agenden hinaus Einzelaktivitäten oder Krisenmanagement zu bewältigen?

Kann durch die Einbeziehung externer PR-Mitarbeiter eine laufende, flexible Anpassung an die schwankenden Kapazitätsbedürfnisse erfolgen?

Was passiert, wenn der externe Berater krank wird, den Auftrag zurücklegt oder in dringenden Fällen von anderen Kunden blockiert ist?

Ist die Agentur in der Lage, auf kurzfristigen Bedarf flexibel zu reagieren?

Verfügt die Agentur über das technische Equipment und Knowhow, um mit Ihnen und den Kommunikationspartnern effizient zusammenarbeiten zu können, z. B. Internet facilities?

6. Kosten
Wie kann man die Kosten für PR-Beratung, PR-Planung und PR-Umsetzung (PR-Denken und PR-Verhalten sind bekanntlich nicht delegierbar) durch Kombination von interner PR-Stelle und externer PR-Beratung optimieren? Wie kann man die internen Fixkosten möglichst gering halten? Wie kann man PR-Leistungen Externer, die intern billiger zu erbringen sind, nach innen verlagern und umgekehrt?

Was kann gute PR-Beratung leisten?

Die Antwort ist simpel: Im Grunde alles, was mit PR zu tun hat, nur nicht deren wichtigste Voraussetzungen:
- Die Verantwortung für die Öffentlichkeitsarbeit als Teil der Geschäftspolitik übernehmen;

- fehlendes PR-Engagement in der Institution ersetzen;
- die Informationen, die aus dem Hause kommen müssen, erfinden;
- die Menschen der Organisation, die an PR mitwirken müssen, ersetzen.

Ansonsten können Sie von einer auf Full-Service spezialisierten Beratung alles verlangen: angefangen von der Konzeption für die Kommunikationsphilosophie über die Budgetierung bis hin zum Heurigenbesuch mit Journalisten oder die Gestaltung der Homepage. Vorausgesetzt, er oder sie hat das nötige Zeug (und die notwendigen Zulieferer) dazu. Womit sich die Frage stellt: Wie finde ich den richtigen und vor allem den seriösen und versierten Berater?

Dazu eine kleine Checklist für Ihre Überlegungen:

1.

Es gibt Verzeichnisse der im jeweiligen Land tätigen Agenturen und Berater, in Österreich z. B. die Mitgliederlisten des Public Relations Verbandes Austria und der pr group austria, die überdies die Gewähr bieten, daß diese Berater über einen gewissen fachlichen Standard verfügen. Berater im Ausland läßt man sich über die dortigen Berufsverbände, Geschäftsfreunde oder inländische Berater empfehlen.

2.

Überlegen Sie, ob Sie für Ihre Zielsetzungen eher einen Einzelberater oder eine Agentur benötigen. Der Einzelberater kümmert sich in der Regel persönlich um Sie – die Geschäftsbeziehung ist also sehr personengebunden –; er geht aber dann und wann auf Urlaub und könnte auch einmal krank werden.

Die Agentur verfügt üblicherweise über mehrere Mitarbeiter, die je nach Spezialisierung eingesetzt werden und sich gegenseitig ergänzen und aushelfen können. In der Regel betreut Sie ein Mitarbeiter als Kontakter.

3.

Lassen Sie in einem ersten Gespräch den Berater seine Firma und sein Leistungsspektrum präsentieren und machen Sie sich ein Bild davon.

Befragen Sie ihn über seine Grundeinstellung zur Kommunikation und zu PR, vielleicht auch über seine Ansichten zu bestimmten Problembereichen oder zu ethischen Fragen.

4.

Überprüfen Sie, ob der Berater Full-Service anbietet oder ob er auf Teilbereiche spezialisiert ist, z. B. nur auf Pressearbeit oder Lobbying. Versuchen Sie auch herauszufinden, ob er auf Branchen spezialisiert ist. Es gibt PR-Fachleute, die vorzugsweise z. B. Konsumgüter, Banken oder Kulturaktivitäten bearbeiten.

5.

Lassen Sie sich Referenzen geben und gehen Sie diesen auch nach. Beachten Sie dabei jedoch die Einstellung des Auskunftgebers! Jemand, der mit PR nichts anderes bezwecken will, als ins Fernsehen zu kommen, wird an einem konzeptiv denkenden PR-Profi kein gutes Haar lassen.

6.

Beobachten Sie, wie der Berater Ihr Problem angeht. Leute, die schnell mit Superkonzepten zur Hand sind und sich nicht die Mühe machen, Struktur und Problemfelder Ihrer Organisation zu analysieren, bevor Sie ein Konzept auf den Tisch legen, sind mit großer Vorsicht zu genießen. Man hüte sich vor Scharlatanen und Bluffern, die das Image-Blaue vom Himmel versprechen, bei der notwendigen Knochenarbeit dann aber versagen.

7.

Lassen Sie sich erklären, wie der Berater den Erfolg der gemeinsamen PR-Arbeit messen möchte. (Siehe Seite 318 ff.)

8.

Lassen Sie sich Daten über das Unternehmen – Zahl und Qualifikation der Mitarbeiter, Liste von Kunden und Zulieferanten – geben.

9.

Überlegen Sie, ob der Standort des Beraters für Ihre Betreuung geeignet ist.

10.

Lassen Sie sich über die Art der Honorarverrechnung informieren. (Siehe Seiten 114 f. und 440 f.) Akzeptieren Sie jedoch, daß nach dem Zeitpunkt der Eigenpräsentation des Beraters der Taxameter zu laufen beginnt. Der seriöse PR-Berater verrechnet auch für Erstpräsentationen bereits ein Honorar.

Noch ein Wort zu Marketing-, Werbe- oder anderen Agenturen, die nebenbei »PR machen«: Mag sein, daß da und dort professionelle Öffentlichkeitsarbeit angeboten wird. Sehr oft aber werden die sogenannten »PR« als Zugabe gehandelt und auch als solche behandelt. Die Gefahr, daß PR zur Schleichwerbung degradiert werden, ist jedenfalls evident.

Und im übrigen gilt auch hier: Spezialisten leisten mehr. Gebt der Werbung, was der Werbung ist, aber wildert nicht in fremden Revieren!

Positive Ausnahmen sind hier jene Agenturen für Gesamtkommunikation, die Marketing, Werbung, PR und CI im Sinne von vernetzter, ganzheitlicher Kommunikation anbieten und auch Spezialisten für die einzelnen Fachbereiche beschäftigen.

Der Vertrag mit Agentur und Berater

Wer mit einer PR-Agentur bzw. einem PR-Berater ein Betreuungsverhältnis eingeht, tut gut daran, dieses in Form eines Vertrages so genau wie möglich zu definieren. Ein solcher Agenturvertrag könnte beispielsweise so aussehen (österreichisches Recht; Quelle: PR-Almanach 99, Manstein Zeitschriftenverlagsges.m.b.H.):

A) Auftragserteilung

Die Art der Leistungen des Beraters/der Agentur im einzelnen ergibt sich aus der von dem Berater/der Agentur entwickelten PR-Konzeption, dem Angebot, den Aktionsvorschlägen bzw. den Einzelaufträgen, die ebenso Bestandteil dieses Vertrages werden, wie die folgenden Bestimmungen üben den Auftrag, die Leistungen und die Vergütungen.

Gegenstand des Auftrages
Der Kunde beauftragt den Berater/die Agentur mit der umfassenden Beratung, Planung, Gestaltung und Durchführung der Öffentlichkeitsarbeit für das Produkt/die Dienstleistung auf der Basis der vom Berater/von der Agentur entwickelten Konzeption im Bundesgebiet der Republik Österreich.

(Bei Erweiterung des Auftrages auf das Ausland sollten gegebenenfalls zusätzliche Vergütungsansprüche geregelt werden; Achtung Copyright!)

Der Berater/die Agentur nimmt diesen Auftrag an und sichert eine fachlich einwandfreie Arbeitsweise und engste Zusammenarbeit mit dem Kunden zu.

Zusammenarbeit
Der Berater/die Agentur wird die Interessen des Kunden nach besten Kräften wahrnehmen. Der Kunde seinerseits wird im Sinne einer vertrauensvollen Zusammenarbeit dem Berater/der Agentur alle für die ordnungsgemäße Erledigung des Auftrages benötigten Markt-, Produktions- und Verkaufszahlen und sonstige für die Leistung des Beraters/der Agentur wesentlichen Daten zur streng vertraulichen Behandlung zur Verfügung stellen.

Jahresetat
Für das jeweilige Arbeitsjahr nennt der Kunde dem Berater/der Agentur jeweils vor Beginn der Zusammenarbeit den zur Verfügung stehenden Jahresetat, der bei der Planung und Durchführung der PR-Aktivitäten nicht überschritten werden darf. Der Umfang dieses Etats ist auch die Grundlage für die Festlegung des monatlichen Grundhonorars.

(Dies gilt nur dann, wenn nicht ausdrücklich vom Auftraggeber schriftlich Mehrkosten für erforderliche Mehraufwendungen zur Erreichung des Kommunikationszieles genehmigt werden!)

B) Leistungen des Beraters/der Agentur

Der Berater/die Agentur übernimmt im Auftrag des Kunden die Durchführung folgender Leistungen:

1. Analytische Vorarbeiten
1.1. Analyse der Image- und Marktposition und der Konkurrenzsituation der zu betreuenden Produkte/Dienstleistungen.
(Hier ist eine Leistungsdifferenz möglich!)
1.2. Untersuchung der Zielgruppenstruktur und der Konsumgewohnheiten auf der Grundlage vorhandener Studien oder sonstigen, allgemein zugänglichen Sekundärmaterials.
(Dient der Rechtssicherheit für den Kunden: Absicherung der Agentur gegenüber zusätzlichen Kundenforderungen!)
1.3. Interpretation allfälliger Analysen und Untersuchungen.

2. PR-Beratung und Planung von PR-Maßnahmen
2.1. Formulierung der Kommunikations- und PR-Ziele auf Grundlage der mit dem Kunden abgestimmten Unternehmensziele.
2.2. Entwicklung der Kommunikationsstrategie und PR-Konzeption.
2.3. Laufende Beratung des Kunden in allen Fragen der Öffentlichkeitsarbeit für den übertragenen Aufgabenbereich.
2.4. Planung, Konzeption und Ausarbeitung von Jahresarbeitsplänen für das laufende Jahr und/oder von Aktionsplänen zur Durchführung der Öffentlichkeitsarbeit. Ausarbeitung von Kostenplänen unter Berücksichtigung der für das jeweilige Arbeitsjahr bzw. die Aktion zur Verfügung stehenden Mittel.
2.5. Vorbereitung, Durchführung und Protokollierung der laufenden Kundengespräche.
2.6. Beobachtung des für den Kunden relevanten Meinungsmarktes. Etatverwaltung, Durchführung von Abrechnungen und Zahlungsdienst für die in Auftrag gegebenen Projekte an Dritte und an Kunden sowie Erstellung von Zwischen- und Endabrechnungen sowie Erledigung des Zahlungsdienstes für Auftragsprojekte.
2.8. Dokumentation für durchgeführte PR-Aktionen.

3. Gestaltung der PR-Maßnahmen
3.1. Entwicklung des Kreativkonzepts.

3.2. Entwicklung und Gestaltung von Vorschlägen für diverse PR-Maßnahmen.

4. Durchführung und Abwicklung von PR-Aktionen
Nach Beratung und Genehmigung durch den Kunden übernimmt der Berater/die Agentur die Durchführung der geplanten Maßnahmen von Projekten, die in Art und Umfang im Jahresarbeitsplan oder sonstigen Aktionsplänen beschrieben oder besprochen worden sind. Hierzu gehören:
4.1. Aufbau und Plege von Kontakten zu den Teilöffentlichkeiten, wie Mitarbeiter, Medien, Multiplikatoren, Meinungsführer u.a.m., im Sinne der PR-Aufgaben.
4.2. Durchführung der laufenden Pressearbeit.
4.3. Vereinbarung und Durchführung von speziellen PR-Aktionen.
4.4. Planung und Durchführung von Informationsveranstaltungen wie Pressekonferenzen, Podiumsgespräche, Seminare, Kongresse etc.
4.5. Planung, Organisation und Durchführung von speziellen PR-Aktionen
4.6. Auswahl, Einweisung, Verpflichtung, Koordinierung und Überwachung von freien Mitarbeitern wie Fachautoren, Fotografen, Graphikern etc.
4.7. Erarbeitung von Pressetexten, Texten für andere Informationsmittel sowie deren graphische Gestaltung, Erstellung von Fotos, Illustrationen, Tabellen, Graphiken usw., die zur Entwicklung von Informationsmitteln gebraucht werden.
4.8. Herstellung der erforderlichen Informationsmittel wie z. B.
Pressedienste
Informationsbriefe
Geschäftsbriefe
Druckerzeugnisse
Audiovisuelle Medien u. a. m.

Der Berater/die Agentur übernimmt hiebei die Beschaffung aller gestalterischen und technischen Unterlagen, die zur Herstellung erforderlich sind. Zur Herstellung gehört auch die Überwachung in technischer, qualitativer und terminlicher Hinsicht, einschließlich der Rechnungs- und Zahlungsabwicklung. Terminausfälle durch höhere Gewalt hat der Berater/die Agentur nicht

zu vertreten. Werden derartige Aufträge oder Teile davon vom Kunden selbst oder in dessen Auftrag von anderen vergeben, liegt die Verantwortung für Qualität und terminliche Durchführung ausschließlich beim Kunden.
4.9. Einholung von Lieferantenangeboten, deren Auswahl und Überwachung.
(Beschränkung auf max. 3 Angebote pro Projekt!)
4.10. Auftragserteilung nach Genehmigung durch den Kunden, Überwachung der sachgerechten und temingerechten Ausführung einschließlich der Rechnungs- und Zahlungsabwicklung sowie Kontrolle.
Einholung von Kostenvoranschlägen!

C) Sonstige Leistungen der Agentur

(Separate Vergütung sonstiger Leistungen!)
Auf besonderen Wunsch des Kunden kann die Agentur neben den Leistungen nach Abschnitt B die folgenden Aufgaben gegen ein gesondert zu vereinbarendes Honorar übernehmen.
(Eine weitere Detaillierung der sonstigen Leistungen ist durchaus möglich, Vergütung siehe Punkt 3!)

D) Mitwirkung des Kunden

Angaben zum PR-Budget
(Planungssicherheit schaffen!)
Der Kunde wird dem Berater/der Agentur für das Geschäftsjahr die Zielsetzungen und die geplanten Maßnahmen sowie das zur Verfügung stehende Budget mitteilen.

Auftragserteilung über den Berater/die Agentur
Der Kunde wird sämtliche PR-Maßnahmen für das betreute Produkt/die betreute Dienstleistung über den Berater/die Agentur abwickeln.
(Wenn Konkurrenzausschluß, dann gilt dies für beide Seiten; nach Möglichkeit eng fassen; nur auf das Produkt/die Dienstleistungen beziehen, nicht auf die Produktkategorie, nicht auf Tochter- und Schwestergesellschaften ausdehnen!)

Für Umfang und Ausmaß sind die schriftlichen Aufträge des Kunden maßgebend.

Genehmigungen
Der Kunde verpflichtet sich, Genehmigungen rechtzeitig zu erteilen, damit der Arbeitsablauf des Beraters/der Agentur nicht beeinträchtigt wird und der Berater/die Agentur in der Lage ist, die Folgearbeiten ohne Mehrkosten und Qualitätsrisiko zu erbringen.
(Haftungsrisiko beim Kunden!)

E) Vergütung der Agentur

Grundhonorar
Für die unter Punkt B 1. und B 2. genannten Leistungen erhält der Berater/die Agentur ein Grundhonorar von öS .... (zzgl. gesetzlicher Mehrwertsteuer), das in gleichen Teilbeträgen verrechnet wird.
(Monatlich, jedoch mindestens quartalsmäßig!)

Durchführungs- bzw. Projekthonorar
2.1. Durchführung von PR-Maßnahmen/-Projekten
 Für die Durchführung von PR-Aktionen nach Punkt B 4. erhält der Berater/die Agentur ein Durchführungshonorar nach Personal- und Zeitaufwand gemäß dem Preisangebot des Beraters/der Agentur.
 Die Abrechnung erfolgt monatlich nachträglich bzw. nach Abschluß der Aktion oder des Projektes.
2.2. Gestaltungsleistungen
 Gestaltungsleistungen nach Punkt B 3. Werden dem Berater/der Agentur bei Anfall und Durchführung gegen Nachweis honoriert.
2.3. Herstellung

(Siehe Honorarrichtlinien für PR-Berater/Agenturen des Fachverbandes Werbung und Marktkommunikation!)

Nebenkosten

Sonderkosten

Fremdkosten

Reisespesen

Zahlungsvereinbarungen
(Siehe Honorarrichtlinien für PR-Berater/-Agenturen des Fachverbandes Werbung und Marktkommunikation!)

F) Weitere Absprachen

Briefing
Basis der Beratungsleistungen/der Agenturarbeit bildet das Briefing des Kunden. Wird das Briefing mündlich erteilt, wird der entsprechende gegengezeichnete Kontaktbericht zur verbindlichen Arbeitsunterlage.

Kostenvoranschläge und Auftragsvergabe
In der Regel sind dem Kunden vor Beginn jeder kostenverursachenden Arbeit Kostenvoranschläge in schriftlicher Form zu unterbreiten.
Der Berater/die Agentur vergibt Aufträge an Dritte im eigenen Namen und für eigene Rechnung nach Genehmigung durch den Kunden. (Achtung: Haftung! Daher Auftrags- und Lieferbedingungen der Agentur überarbeiten resp. Beachten!)
Kleinere Aufträge bis zu max. öS .... sowie Aufträge im Rahmen laufender Arbeiten wie z.B. Zwischenaufnahmen, Satzkosten, Retuschen und dergleichen bedürfen weder der Einholung von Kostenvoranschlägen noch vorheriger Genehmigung.

Kontaktberichte
Der Berater/die Agentur übergibt innerhalb von .... Arbeitstagen nach jeder Besprechung mit dem Kunden Kontaktberichte. Diese Kontaktberichte sind für die weitere Bearbeitung von Projekten bindend, sofern ihnen nicht binnen weiterer .... Arbeitstage widersprochen wird. (In der Regel 48 Stunden!)

Vertraulichkeit
Der Berater/die Agentur wird alle zu seiner/ihrer Kenntnis gelangenden Geschäftsvorgänge des Kunden, wie überhaupt dessen Interna, streng vertraulich behandeln.

(Eventuell Verschwiegenheitserklärung der betroffenen Mitarbeiter auf den Etat einbeziehen!)

Aufbewahrung
Der Berater/die Agentur wird alle Unterlagen (Reinzeichnungen, Filmkopien, Tonbänder, Andrucke usw.) für die Dauer von zwei Jahren aufbewahren und anschließend dem Kunden zur Verfügung stellen oder diese auf ausdrücklichen Wunsch vernichten.

Haftung
(Eventuell den Abschluß einer Vermögensschadenhaftpflichtversicherung überlegen!)

Die Haftung des Beraters/der Agentur beschränkt sich auf grobe Fahrlässigkeit und auf den Ausgleich typischer und voraussehbarer Schäden.

Der Berater/die Agentur verpflichtet sich, die ihm/ihr übertragenen Arbeiten mit fachlicher und kaufmännischer Sorgfalt nach bestem Wissen und unter Beachtung der allgemeinen anerkannten Grundsätze der Public Relations durchzuführen. Er/sie wird den Kunden rechtzeitig auf für einen ordentlichen Kommunikationsfachmann erkennbare und gewichtige Risiken hinweisen.

Hält der Kunde für die durchzuführenden Maßnahmen eine wettbewerbsrechtliche Prüfung durch eine besonders sachkundige Person oder Institution für erforderlich, so trägt der Kunde die Kosten.

Nutzungsrecht
Der Kunde erwirbt mit der vollständigen Zahlung für die Dauer des Vertrages an allen vom Berater/von der Agentur im Rahmen dieses Auftrages gefertigten Arbeiten, soweit diese Rechtseinräumung nach österreichischem Recht oder den tatsächlichen Verhältnissen (besonders für Musik-, Film- und Fotorechte) möglich ist, das Recht zur Nutzung im Vertragsgebiet (Österreich) zum vereinbarten Zweck und im vereinbarten Umfang.

Zieht der Berater/die Agentur zur Vertragserfüllung Dritte (Erfüllungsgehilfen) heran, wird er/sie die erforderlichen Nutzungsrechte erwerben und im gleichen Umfang dem Kunden einräumen.

Will der Kunde vom Berater/von der Agentur gestaltete Arbeiten ganz oder teilweise über den ursprünglich vereinbarten Zweck oder

Umfang hinaus oder im Ausland verwerten, bedarf das einer gesonderten, vorab zu treffenden Honorarabsprache.
(Allenfalls einschränken auf urheberrechtlich schützbare Arbeiten!)
Gleiches gilt, wenn der Kunde vom Berater/von der Agentur gestaltete Arbeiten nach Beendigung der Zusammenarbeit weiterverwenden will, es sei denn, sämtliche Nutzungsrechte wurden bereits abgegolten.
Alle Verteiler sind grundsätzlich Eigentum des PR-Beraters/der PR-Agentur. Sie werden nicht außer Haus gegeben, können jedoch vom Kunden eingesehen werden. Lediglich das Inhaltsverzeichnis der einzelnen Verteiler wird dem Kunden auf Wunsch zur Verfügung gestellt.
Alle Leistungen des Beraters/der Agentur, auch einzelne Teile daraus, bleiben im Eigentum des Beraters/der Agentur und können vom Berater/von der Agentur jederzeit – insbesondere bei Beendigung des Agenturvertrages – zurückverlangt werden.

Änderung oder Abbruch der Arbeiten
Wenn der Kunde Aufträge, Arbeiten, umfangreiche Planungen und dgl. außerhalb der laufenden Betreuung ändert oder abbricht, wird er den Berater/die Agentur von allen Verbindlichkeiten gegenüber Dritten freistellen.
(Folgehaftungsansprüche beachten!)

G) Vertragsdauer – Fristen

Laufzeit
Dieser Vertrag tritt nach Unterzeichnung in Kraft. Er wird auf unbestimmte Zeit geschlossen und kann mit einer Frist von sechs Monaten zum Jahresende gekündigt werden, erstmals zum .... Die Kündigung hat schriftlich zu erfolgen.
(Internationale Regelung häufig nur 90 Tage!)

Festaufträge
Soweit der Berater/die Agentur Verpflichtungen gegenüber Dritten gemäß diesem Vertrag eingegangen ist (Festaufträge), erklärt sich der Kunde bereit, diese Verpflichtungen auch nach Vertragsende unter Einschaltung des Beraters/der Agentur zu erfüllen.

Vertragsänderungen
Änderungen und Ergänzungen dieses Vertrages bedürfen der Schriftform. Sollte eine Bestimmung dieses Vertrages unwirksam sein oder werden, so wird die Gültigkeit des Vertrages im übrigen hiervon nicht berührt. Anstelle der unwirksamen Bestimmungen soll eine Regelung treten, die im Rahmen des rechtlich Möglichen dem Willen der Parteien am nächsten kommt.

Anzuwendendes Recht
Auf die Rechtsbeziehungen zwischen dem Kunden und dem Berater/ der Agentur ist ausschließlich österreichisches Recht anzuwenden.

Erfüllungsort und Gerichtsstand
Erfüllungsort ist der Sitz des Beraters/der Agentur.
Als Gerichtsstand für alle sich mittelbar oder unmittelbar zwischen dem Berater/der Agentur und dem Kunden ergebenden Streitigkeiten wird das für den Sitz des Beraters/der Agentur in .... örtlich und sachlich zuständige österreichische Gericht vereinbart. Der Berater/die Agentur ist jedoch auch berechtigt, ein anderes für den Kunden zuständiges Gericht anzurufen.

Teil 5
Die PR-Konzeption

Maßnahmen brauchen Ziele, Strategien und Konzepte

Maßnahmen leiten sich aus Konzepten ab. Konzepte basieren auf Strategien.
Strategien wiederum fußen auf einer Philosophie, auf Werthaltungen und Zielen.

Die Fragestellungen lauten also in der richtigen Reihenfolge:
• Was will ich erreichen?
• Wie will ich es erreichen?
• Womit will ich es erreichen?
• Wann und mit welchem Aufwand will ich es erreichen?
• Und schließlich: Habe ich das, was ich erreichen wollte, auch tatsächlich erreicht?

Aus diesem logischen Ablaufschema ergibt sich der konsequente Aufbau einer PR-Konzeption.

Die Segmentierung der gesamten Öffentlichkeit in relevante Dialoggruppen mit Prioritätensetzung sowie die auf Dialoggruppen ausgerichtete Imageanalyse fungieren in diesem Modell als unabdingbare, begleitende und sich revolvierende Vorarbeiten für die Realisierung von PR-Denken und PR-Handeln.

Beide Bereiche stehen in ständiger Wechselbeziehung zur Grundsatzphilosophie, zu den Zielen, Kommunikationsstrategien, Kommunikationsinhalten und schließlich auch den PR-Maßnahmen.

Bei der Erstellung des Maßnahmenkonzeptes wird, ebenfalls unter ständiger Wechselwirkung von Grundsätzen, Zielen, Inhalten und Strategien, zuerst zu überprüfen sein, ob gewisse Kommunikationsziele überhaupt mit Kommunikationsmaßnahmen zu erreichen sind oder ob nicht organisatorische, strukturelle oder andere Veränderungen vorangehen müssen.

Ein Beispiel: Bei der Imageanalyse einer Damenmodenfirma zeigt sich, daß das Image in der Dialoggruppe Personen ab 60 Jahre ein schweres Defizit hinsichtlich »Freundlichkeit« und »Servicebereitschaft« aufweist. Bei genauerer Analyse stellt sich heraus, daß die in erster Linie auf jüngere Menschen ausgerichteten Verkäuferinnen ältere Kunden zweitklassig behandeln.

Die PR-Konzeption

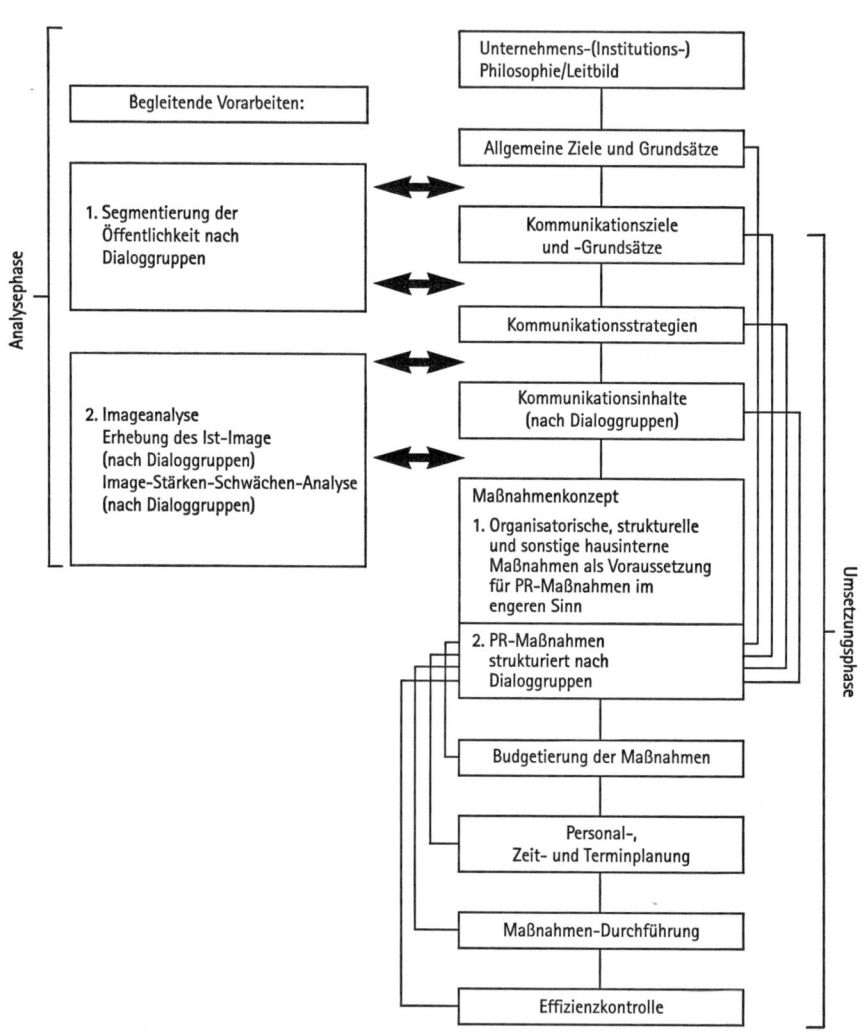

Begleitende Vorarbeiten:

Unternehmens-(Institutions-) Philosophie/Leitbild

Allgemeine Ziele und Grundsätze

Analysephase

1. Segmentierung der Öffentlichkeit nach Dialoggruppen

⇄ Kommunikationsziele und -Grundsätze

⇄ Kommunikationsstrategien

2. Imageanalyse
Erhebung des Ist-Image (nach Dialoggruppen)
Image-Stärken-Schwächen-Analyse (nach Dialoggruppen)

⇄ Kommunikationsinhalte (nach Dialoggruppen)

Maßnahmenkonzept
1. Organisatorische, strukturelle und sonstige hausinterne Maßnahmen als Voraussetzung für PR-Maßnahmen im engeren Sinn
2. PR-Maßnahmen strukturiert nach Dialoggruppen

Umsetzungsphase

Budgetierung der Maßnahmen

Personal-, Zeit- und Terminplanung

Maßnahmen-Durchführung

Effizienzkontrolle

——— wesentliche Rückkoppelungseffekte

Operationeller PR-Ablauf

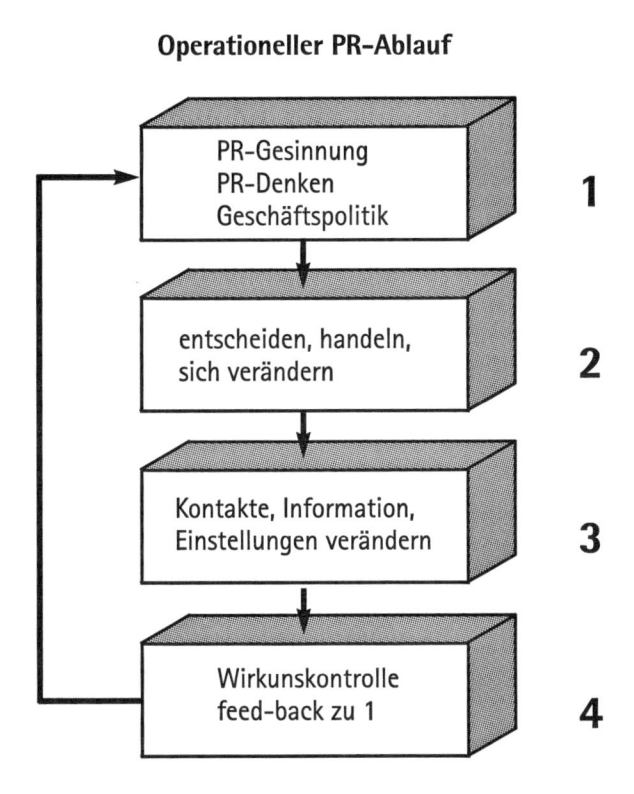

```
┌─────────────────────┐
│ PR-Gesinnung        │
│ PR-Denken           │  1
│ Geschäftspolitik    │
└─────────────────────┘
          ↓
┌─────────────────────┐
│ entscheiden, handeln,│  2
│ sich verändern      │
└─────────────────────┘
          ↓
┌─────────────────────┐
│ Kontakte, Information,│  3
│ Einstellungen verändern│
└─────────────────────┘
          ↓
┌─────────────────────┐
│ Wirkunskontrolle    │
│ feed-back zu 1      │  4
└─────────────────────┘
```

Wäre es also richtig, hier mit PR-Maßnahmen einzusetzen und womöglich besagte Firma als die freundlichste und servicebewußteste hinzustellen? Sicherlich nicht. Hier sind also vorerst interne Maßnahmen zu treffen, insbesondere im Rahmen der Personalpolitik, der Schulung usw.

Offenbaren sich bei den Vorarbeiten zur PR-Konzeption also Imageschwächen, dann wird es in vielen Fällen notwendig sein, nach eingehender Ursachenanalye hausinterne Veränderungen herbeizuführen, die sehr oft nicht im Bereich der PR liegen werden. Erst danach kann mit PR nach innen und nach außen konzeptiv begonnen werden. Solche interne Maßnahmen können etwa den Produktionsbereich, Marketing und Vertrieb sowie andere Sektoren betreffen.

Zu oft wird nämlich versucht, interne Mängel durch Kommunikationsmaßnahmen zu kaschieren, ganz nach dem Motto »Außen hui, innen pfui«. Wenn jemand Imageprobleme wegen Umweltschäden hat, dann wird es ihm langfristig wenig nützen, mittels Werbung und PR die eigene Sauberkeit zu propagieren, wenn er nicht gleichzeitig dem eigentlichen Problem – nämlich der Beseitigung der Umweltschäden – zu Leibe rückt.

Solcherart ergibt es sich sehr oft, daß der PR-Planungsprozeß in erster Instanz nicht zu PR-Maßnahmen im engeren Sinn, sondern zu betriebsinternen Reorganisationsmaßnahmen führt. Oft genug ist erst durch die Beschäftigung mit einem PR-Konzept über Unternehmensphilosophie, Leitbild, Zielsetzungen und Strategien nachgedacht worden.

Öffentlichkeit und öffentliche Meinung

Tagtäglich bekommen wir es zu hören, und auch in diesem Buch war schon die Rede davon: Jemand wendet sich »an die Öffentlichkeit«, oder »die öffentliche Meinung« ist gegen ein Projekt. Immer wieder wird von »Öffentlichkeit« und »öffentlicher Meinung« als Monolith, als Ganzheit, geredet.

Bei näherer Betrachtung freilich zeigt sich: Diese öffentliche Meinung gibt es gar nicht. Was wir darunter subsumieren, ist in Wirklichkeit ein Mosaik von – sehr oft unterschiedlichen – Einzelmeinungen und Gruppenmeinungen. Genaugenommen besteht die öffentliche Meinung aus so vielen Einzelmeinungen, als es in der angesprochenen »Öffentlichkeit« Menschen gibt.

Nun wird es für ein Unternehmen oder eine andere, der Öffentlichkeit verpflichtete Institution zwar sehr oft interessant und wichtig sein, Einzelmeinungen zu kennen. Vor allem dann, wenn diese Meinungen von Personen stammen, die Macht und Einfluß haben.

Sehr oft aber werden Gruppenmeinungen und -einstellungen von Bedeutung sein. Die Marketingstrategen haben dies längst erkannt und sprechen von »Zielgruppen«. Dies sind in erster Linie Gruppen von Kunden und potentiellen Kunden, die methodisch erfaßbar und deren Mitglieder mit bestimmten Instrumentarien ansprechbar sind. Die Marketing- und Werbefachleute klassischer Prägung segmentieren somit ihren Absatzmarkt in Zielgruppen.

Anders in der Öffentlichkeitsarbeit: Die Beziehungspflege zu den Kunden und potentiellen Kunden ist hier nur ein Element des Dialoges. Die modernen PR erweitern dieses Beziehungsfeld auf Gruppen, die zwar für den Absatz kaum oder ohne Bedeutung sind (weil diese Personen das betreffende Produkt überhaupt nicht brauchen), sehr wohl aber Einfluß auf die Imagebildung haben.

Bei der Öffentlichkeitsarbeit wird somit nicht der Absatzmarkt, sondern die gesamte Öffentlichkeit in sogenannte Dialoggruppen, auch Teilöffentlichkeiten genannt, segmentiert.

Merkmal einer solchen Dialoggruppe: Sie muß faßbar sein, und ihre Mitglieder müssen gewissen gemeinsamen Kriterien entsprechen, damit man mit bestimmten Maßnahmen Zugang zu ihnen findet.

Der wesentliche Vorteil einer solchen Segmentierung in Dialoggruppen liegt darin, daß bei der Ausarbeitung von Kommunikationsmaßnahmen und -inhalten gezielt und effizient vorgegangen werden kann.

In der Praxis wird sehr oft der Fehler gemacht, zuerst über Instrumente und Maßnahmen nachzudenken, ohne genau zu wissen, in welche Richtung sie wirken sollen.

Beispiel: Eine Unternehmensleitung beschließt, eine Pressekonferenz zu veranstalten. Zwar wird schon über Ort, Zeit und den genauen Ablauf diskutiert, aber die wesentlichen Fragen sind noch nicht beantwortet worden:

Wen will ich damit erreichen? (Welche Medien, welche Spezies von Journalisten, welches Medienpublikum?)

Was will ich damit erreichen? (z. B. Mobilisierung öffentlicher Stellen für mein Anliegen, reine Imagebildung bei bestimmten Dialoggruppen, Kompetenzerweiterung für einen bestimmten Arbeitsbereich oder andere Ziele.)

Welche Hauptinhalte will ich diesen Teilöffentlichkeiten vermitteln? (Welche Botschaften eignen sich für sie?)

Ist jedoch die Dialoggruppe, die erreicht werden soll, genau definiert, dann sind Strategie, Inhalte und Instrumente der Kommunikation wesentlich einfacher zu planen.

Die veröffentlichte Meinung

Von der »öffentlichen Meinung« ist die vielzitierte »veröffentlichte

Meinung« zu trennen. Die veröffentlichte Meinung als Summe der Meinungen der Massenmedien mag zwar auf die öffentliche Meinung nachhaltigen Einfluß haben, ist ihr aber keineswegs gleichzusetzen. Denn die Behauptung von der Macht der Medien stimmt nur bedingt. Einzelne Medien können wohl Minister absetzen, Kraftwerke verhindern oder Volksbewegungen in Gang setzen – allerdings nur unter bestimmten Voraussetzungen:

- Wenn mediale Meinungsvielfalt fehlt.
- Wenn demokratische Strukturen fehlen oder zu schwach ausgebildet sind.
- Wenn für die vertretene Meinung latente Bereitschaft in den Dialoggruppen vorhanden ist.
- Wenn damit Zeitströmungen an der Wurzel erfaßt und beschleunigt werden.
- Selbstverständlich ist auch in Demokratien die Gefahr des Machtmißbrauchs durch Medien und Journalisten gegeben, vor allem dann, wenn ein Medium durch Monopolisierung oder durch Konzentrationsentwicklungen eine marktbeherrschende Position gewinnt. Journalistische und verlegerische Ethik und einschlägige Gesetze sind das notwendige Korrektiv dazu.

Die Dialoggruppen (Teilöffentlichkeiten)

Beim Aufspüren der für eine Institution wichtigen Dialoggruppen muß man sich vom Verkaufs- und Marketingdenken so weit wie möglich lösen. Die Frage muß lauten: Mit welchen Gruppen von Personen (oder mit welchen Einzelpersonen) muß ich in einem laufenden Dialog stehen, um meine gesamtheitlichen Management- und Kommunikationsaufgaben erfüllen zu können?

Von der Systematik her kann man Dialoggruppen nach verschiedenen Gesichtspunkten gliedern:

Mittelbare Dialoggruppen (z. B. Medien oder Meinungsbildner) werden sozusagen als Transformatoren zum Letztempfänger der Botschaft angesprochen.

Unmittelbare Dialoggruppen (z. B. Behördenvertreter) werden ohne Zwischenstation angesprochen.

Ferner ist eine Gliederung nach demographischen, soziologischen oder psychologischen Gesichtspunkten möglich.

Ebenso eine Gliederung nach gesellschaftlichen Bereichen: Dialoggruppen aus Wirtschaft, Politik, Kultur, Verwaltung usw.

Schließlich auch eine Gliederung nach der »Nähe« zur Institution: Teilöffentlichkeiten des Betriebes, der Gemeinde, des Landes usw.

Beispiele für interne *Dialoggruppen*:
- Mitarbeiter (gegliedert nach Angestellten und Arbeitern, nach Arbeitsbereichen, Standorten, männlich und weiblich, nach Funktionen und Hierarchiestufen, nach Entlohnung usw.)
- Angehörige von Mitarbeitern
- potentielle Mitarbeiter
- freie Mitarbeiter und Berater
- Pensionisten und ihre Angehörigen
- Eigentümer und Aktionäre
- Betriebsräte

Beispiele für externe *Dialoggruppen*:
- Lieferanten
- Kunden und potentielle Kunden
- Mitglieder
- Ämter und Behörden
- Verbände, Interessenvertretungen, Branchensprecher
- Klubs und Vereine (z. B. Jugendklubs, Seniorenvereine,
- Sportvereine, Stammtische)
- Institute und Organisationen (z. B. kulturelle Vereinigungen, Wirtschaftsinstitute)
- Kirchen, Pfarrer
- Meinungsbildner (Künstler, Sportler, Rechtsanwälte, Ärzte und andere Freiberufler, Politiker)
- Universitäten, Schulen, Professoren, Lehrer
- Medien
- Nachbarn und Anrainer
- politische Gruppierungen
- ideologische Gruppierungen
- Bürgerinitiativen, Konsumentenschutzeinrichtungen, Umweltschützer
- Banken und Finanzmarkt
- Mitbewerber

Segmente der Öffentlichkeit eines Unternehmens

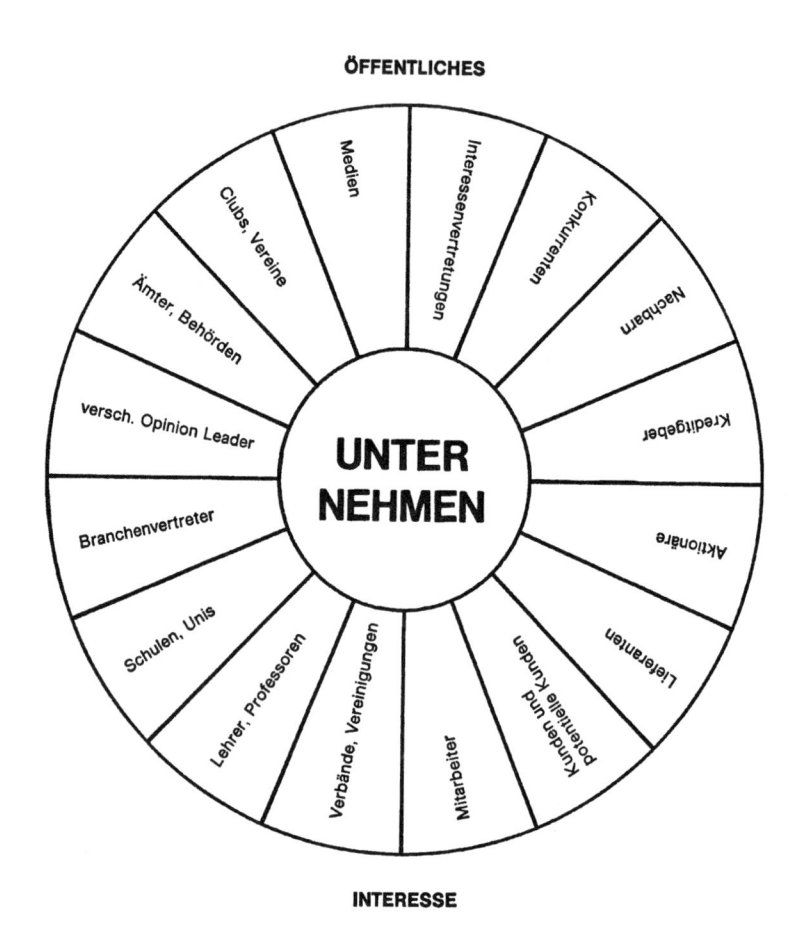

ÖFFENTLICHES

- Medien
- Clubs, Vereine
- Ämter, Behörden
- versch. Opinion Leader
- Branchenvertreter
- Schulen, Unis
- Lehrer, Professoren
- Verbände, Vereinigungen
- Mitarbeiter
- Kunden und potentielle Kunden
- Lieferanten
- Aktionäre
- Kreditgeber
- Nachbarn
- Konkurrenten
- Interessenvertretungen

UNTERNEHMEN

INTERESSE

Diese Liste läßt sich je nach Branche, Institution und Interessenslage weiter fortsetzen und vor allem differenzieren.
Für die Praxis lassen sich zur Erarbeitung der relevanten Dialoggruppen folgende Ratschläge geben:
1. Auflistung sämtlicher in Frage kommender Dialoggruppen, am besten mittels Gruppengespräch oder Brainstorming.
2. Setzen von Prioritäten, die sich nach der Wichtigkeit der Dialoggruppen und den vorhandenen Ressourcen (Zeit, finanzielle Mittel) richten. Nach Möglichkeit Aufstellen eines kurz-, mittel- und langfristigen Dialogplanes.
3. Genaue Segmentierung und Detaillierung der einzelnen Dialoggruppen. Beispiel: Behörden müssen nach regionalen Gesichtspunkten (Gemeinde-, Landes-, Bundesbehörden), nach Sachgebieten (z. B. Gewerbefragen, Steuerfragen usw.) und nach zugeordneten Personen aufgeschlüsselt werden.

In diesem Stadium der Planung sollte noch nicht über Informationsinhalte und PR-Maßnahmen gesprochen werden.

Image und Imageanalyse

Das Image hat einiges mit dem Schatten gemein: Man hat es, ob man will oder nicht. Man kann sich seiner nicht entledigen, und es verändert sich auf Grund des eigenen Verhaltens. Aber während der Schatten jede der eigenen Bewegungen mitmacht, kann sich das Image verselbständigen und fremden Einflüssen gehorchen. Umgekehrt ist das Image keineswegs wie der Schatten personengebunden: Unternehmen wird ebenso ein Image zugeordnet wie einem Produkt, einem Land oder einer Institution.

Im deutschen Sprachgebrauch mit den Begriffen Bild, Ruf, Vorstellung oder Eindruck übersetzt, ist unter Image genaugenommen die Summe von Vorstellungen und die dazugehörige Einstellung, die z. B. eine Gruppe von Menschen vom bzw. zum Imageträger hat, zu verstehen.

Aber ebenso wie die Öffentlichkeit aus Teilöffentlichkeiten besteht, ist auch das Image keine unteilbare Einheit. Es setzt sich aus Imagefaktoren zusammen. Will man ein Image analysieren, dann wird es in der Regel auch in Teilchen (»items«) zerlegt, und diese werden untersucht.

Imagefaktoren:
Dabei gilt es zwei Gruppen von Imagefaktoren zu unterscheiden: die realen, also jene, die rational wahrgenommen werden können (z. B. Größe oder Kleidung einer Person), und die irrealen, die von der Emotion, vom Gefühl bestimmt werden. Interessant dabei ist, daß hier zwischen einem Menschen, einem Produkt oder einer Institution nicht viel Unterschied besteht. Produkte oder Unternehmen werden von Menschen wie eine Person erlebt, sie haben nahezu die gleichen Imagefaktoren und können auf ähnliche Art und Weise analysiert werden. In der Werbeforschung wird sogar ganz bewußt versucht, Produkte zu »vermenschlichen« und ihnen »menschliche« Eigenschaften zuzuschreiben. Ähnliches passiert auch im Bereich der PR bzw. der Corporate Identity, wo Institutionen versuchen, ihre Identität unverwechselbar zu machen.

Gerade Manager aus der Wirtschaft wundern sich sehr oft darüber, daß alle ihre Anstrengungen von der Öffentlichkeit nicht wahrgenommen werden. Sie investieren in Maschinen und Umweltschutz, sie gewähren den Mitarbeitern großzügig fringe benefits, sie exportieren hervorragende Produkte in ferne Märkte – aber das Image des Unternehmens wird dem nicht gerecht.

Wie kommen, lautet dann manchmal die empörte Feststellung, die Leute dazu, so über uns zu denken!

Die Antwort ist ganz einfach: Weil Wirklichkeit und Image zwei völlig verschiedene Dinge sind. Nur in den allerseltensten Fällen stimmen Realität und Image überein, meistens jedoch gibt es große Divergenzen. Eine Erklärung dafür ist sicherlich die, daß die Menschen zuwenig Informationen über das betreffende Unternehmen haben. Und was man nicht kennt, das wird man eher nicht mögen.

Vorurteile und Gefühle:
Aber zurück zum Image: Es entsteht nur zum Teil aus realen Fakten. Traditionen und Konventionen, der Zeitgeschmack und nicht zuletzt Vorurteile (Stereotype) und Gefühle sind für die Ausprägung eines Images verantwortlich.

So ist es nur verständlich, daß das beste Produkt oder das bestgeführte Unternehmen ohne entsprechendes Image nicht erfolgreich sein wird. Entscheidend für die Beurteilung sind nicht nur reale Werte wie Qualität oder Preiswürdigkeit, sondern die Tatsache, ob die Öffentlichkeit und die einzelnen Menschen auch die entsprechenden Vorstellungen damit verbinden!

Image setzt Bekanntheit voraus. Daher gilt: Ohne Bekanntheit und ohne entsprechendes Image kein Erfolg.

Aber Vorsicht: Der Umkehrschluß ist nicht zulässig: Bekanntheit und gutes Image garantieren keineswegs den langfristigen Erfolg. Wenn die Realität dem Image nicht entspricht, dann wird die Öffentlichkeit sehr bald dahinterkommen – was Imageverlust und Mißerfolg bedeuten kann.

Voraussetzung für erfolgreiche Imagepolitik ist somit die Übereinstimmung zwischen Image und dahinterstehender Realität: Sein und Schein müssen einander entsprechen.

Vorurteile, die sich aus Unwissenheit, Fehl- oder Teilinformationen und Emotionen gebildet haben, sind festgefügt und schwer zu beseitigen. Es bedarf intensiver Vertrauens- und Überzeugungsarbeit, um Korrekturen herbeizuführen.

Emotion kontra Ratio

Nur wenn sowohl Verstand als auch Gefühl angesprochen werden, können Vorurteile und schließlich Images beeinflußt werden. Denn für das Image gilt das gleiche wie für das Vorurteil: es ist stabil, im negativen Bereich sehr oft stabiler als im positiven.

Das Zusammenspiel von Verstand und Gefühl bei der Imagebildung ist gerade für Wirtschaftsunternehmen von eminenter Bedeutung. Warum, so müßten sich eigentlich die Führungskräfte der Wirtschaft fragen, kommt etwa die Grünbewegung bei den Menschen so gut an und warum interessieren sich die Leute für die Leistungen der Unternehmen, die ihnen Arbeit und Wohlstand bringen, so wenig? Nur deshalb, weil es beim Umweltschutz um die Existenzgrundlagen und die Natur geht?

Sicherlich. Aber vor allem auch deshalb, weil es dabei um emotionale Fragen geht, um Ängste, Furcht, Verantwortung, Selbstvorwürfe und vieles mehr. Sterbende Bäume und verendete Robben wühlen die Menschen – berechtigterweise – mehr auf als ein zugrunde gegangener Betrieb. Freilich, wenn der Verlust von Arbeitsplätzen damit zusammenhängt, wird das öffentliche Interesse – da ein emotionales Thema – gleich wieder größer.

Die Moral von der Geschichte: Unternehmen und Manager bewegen sich in ihrer Kommunikation oft ausschließlich im rationalen Bereich, sind zu zögerlich oder zu konservativ, um die Gefühlswelt anzusprechen – und wenn, dann womöglich in Form von Drohungen: Verlust von Arbeitsplätzen, »die Lichter werden ausgehen« und dergleichen, was wiederum zu Sympathieverlust führt.

Vorbild Non-profit-Bereich:
Hier kann der kommerzielle Sektor sicher noch einiges lernen, vor allem vom Non-profit-Bereich, wo man die emotionale Schiene offensichtlich viel besser beherrscht.

Wie sollen rationale Argumente wie Umsatzziffern, Exportquoten oder Deckungsbeiträge über die Rampe kommen, wenn keine emotionale Basis dafür vorhanden ist? Die Werbung hat dieses Problem längst erkannt: Zuerst einmal Sympathie schaffen, dann mit konkreten Informationen und Anliegen kommen.

Die dynamische Wirtschaftsberichterstattung hat sich ebenfalls schon auf diesen Umstand eingestellt. Erfolgreiche Wirtschaftsmagazine und die Wirtschaftsredaktionen von Tageszeitungen und elektronischen Medien versuchen, ihre Stories mit »human touch«, mit lebendigen Vergleichen, ja oft mit lustigen Geschichten und Bildern anzureichern.

Bequeme Vorurteile

Menschen von ihren Vorurteilen abzubringen, scheint auch deswegen so mühsam zu sein, weil das Leben mit Stereotypen bequem und einfach ist. Man zimmert sich seine Gedankenwelt aus solchen Vorurteilen zusammen und weicht damit der oft komplizierten und unbequemen Realität aus. Geübte Demagogen, darunter manche Politiker, haben diese menschliche Eigenschaft zu allen Zeiten erkannt und zum Teil virtuos auf diesem Instrument gespielt.

Aber kein Nachteil ohne Vorteil: Weil dem so ist, machen sich manche Kommunikationsfachleute die Wirkung von Stereotypen zunutze. Sie versuchen, die Identität eines Unternehmens mit Hilfe weniger, aber prägnanter Merkmale zu beschreiben und diese intensiv zu transportieren, etwa mit einem Slogan, einem Zeichen, einer Marke. Es werden also bewußt Stereotype geschaffen, eine Methode, der sich gewisse Techniken im Rahmen der Werbung und der CI bedienen.

Welche Bedeutung eine Imageveränderung für ein Unternehmen oder eine Branche haben kann, zeigen uns viele Beispiele aus der Praxis.

Die österreichische Elektrizitätswirtschaft, nach dem Zweiten Weltkrieg Retterin der Nation und Fundament unseres Wohlstandes, hat innerhalb weniger Jahrzehnte einen Imageverfall hin zum Betonierer- und Umweltzerstörerstatus hinnehmen müssen.

Ja, selbst Österreich als Ganzes hat erlebt, wie schlecht gemanagte Einzelereignisse das Image nachhaltig negativ beeinflussen können: Die Bergwerkstragödie von Lassing ließ Behörden und Unternehmen in einem denkbar schlechten Licht dastehen. Die Affäre um Bundespräsident Kurt Waldheim verlieh Österreich negative Imagefaktoren, wie sie bis dahin in dieser Deutlichkeit nicht vorhanden gewesen waren. Übrigens auch ein Beispiel dafür, wie stark Emotionen und Vorurteile an der Imagebildung beteiligt sind.

Auf der anderen Seite konnten Unternehmen wie Raiffeisen oder die Spielbanken AG durch konsequente Kommunikationsarbeit innerhalb von wenigen Jahrzehnten ihr Erscheinungsbild völlig verändern. Gott sei Dank gibt es eine Reihe weiterer Fälle, wo aus verstaubten oder nur auf bestimmte Bereiche spezialisierten Betrieben weltoffene, sympathische und durchschlagskräftige Unternehmen wurden. Wohlgemerkt, nicht nur in der Realität, sondern auch in der öffentlichen Meinung!

Beispiele für Stereotype:
- Unternehmer sind Ausbeuter.
- Medien berichten nur über negative Ereignisse.
- Frauen sind die schlechteren Autofahrer.
- Fremdarbeiter sind ungebildet.
- Maulwürfe sind Schädlinge.

Die Folgen einer Imageverschlechterung sind evident: Verlust von Kompetenz und von Marktanteilen; die Konkurrenz wird stärker; Probleme auf dem Arbeitsmarkt; ein schlechteres Betriebsklima; geringere Unterstützung durch Politiker und Behörden; Kritiker treten auf den Plan – kurzum, die Rahmenbedingungen für das gesamte unternehmerische Handeln werden schlechter.

Imageverlust kann bis zur Existenzvernichtung führen, selbst wenn die Institution technisch noch durchaus funktionstüchtig wäre.

Unterschiedliche Images

Da Images vom Informationsstand, von Vorurteilen, Gefühlen und Einstellungen der einzelnen Dialoggruppen abhängen, gibt es auch eine Vielzahl unterschiedlicher Images für ein- und dieselbe Institution oder Person. So wird in der Regel das Image eines Unternehmens bei seinen Mitarbeitern ein anderes sein als bei externen Dialoggruppen.

Man unterscheidet daher zwischen *Eigenimage* und *Fremdimage*.

Es können sich aber durchaus auch Imageunterschiede bei der Arbeiter- und bei der Angestelltenschaft ergeben. Und die Kunden werden den Betrieb wahrscheinlich anders beurteilen als die Anrainer oder die Politiker.

Es wird Institutionen geben, wo das Eigenimage weit besser ist als das Fremdimage, aber es kann auch der umgekehrte Fall eintreten. Beides sind wichtige Anhaltspunkte für die Beurteilung des Betriebsklimas.

Betrachtet man Imageveränderungen im Zeitablauf, dann kann man zwischen *Ist-Image* und *Soll-Image* differenzieren.

Während das Ist-Image den Zustand zum Zeitpunkt der Untersuchung beschreibt, betrifft das Soll-Image die Zielvorstellung zu einem bestimmten Zeitpunkt in der Zukunft (daher auch »Zielimage« oder »Wunschimage«).

Zwar kann man das Ist-Image auch mit nichtwissenschaftlichen Methoden, etwa mit selbstgebastelten Umfragen oder Beobachtungen eruieren, doch ergeben sich dabei derartige Ungenauigkeiten, lauern so viele Fehlerquellen, daß auch für den kleinen Betrieb der Einsatz der professionellen empirischen Sozialforschung (Meinungsforschung) zu empfehlen ist.

Selbstverständlich kann bei den einzelnen Dialoggruppen durch Meinungsforschung auch ein Soll-Image ermittelt werden, doch diese Wunschbilder interner oder externer Dialoggruppen können für ein Management nur Orientierungshilfe sein. Die Festlegung des Soll-Images kann letztendlich nur durch die Leitung selbst erfolgen. Vorstellungen Dritter, die gesellschaftlichen Rahmenbedingungen und schließlich die eigenen Unternehmens- und Kommunikationsziele sind dabei die Leitlinien.

Bei der Soll-Image-Formulierung ist überdies zu beachten:
1. Es ist ein realistischer Zeitrahmen (z.B. 5 Jahre) zu wählen, da Images stabil und nur langsam veränderbar sind.

2. Man muß sich realistische Imageziele setzen. Ein Unternehmen, das mit Umweltproblemen konfrontiert ist, wird kaum die Kehrtwendung zum saubersten Betrieb des Landes schaffen.

PR nach innen durch Imageanalyse

Die Erarbeitung eines solchen Soll-Images bietet überdies eine eminente Kommunikationschance: Durch die Einbeziehung von Teilöffentlichkeiten in den Meinungsbildungsprozeß besteht die Möglichkeit zum Dialog, zum Vertrauensaufbau und zur Motivation dieser Dialoggruppen.

In besonderem Maß gilt das für die eigenen Mitarbeiter, deren Beteiligung an der Erarbeitung des Soll-Images ein wesentlicher Bestandteil der internen Kommunikation sein sollte. (Siehe Seite 151 ff.)

Soll-Images – die ja in komprimierter Form die Geschäfts- und Kommunikationspolitik verkörpern – sollten daher nicht von der Geschäftsleitung mit ihren Beratern und Führungskräften im stillen Kämmerlein ausgebrütet und dann der Mannschaft verordnet, sondern mit dieser gemeinsam erarbeitet werden.

Dabei mag das jeweilige Teilergebnis nicht im Vordergrund stehen, sondern die Motivation der Mitarbeiter durch deren Gefühl, am künftigen Geschick der eigenen Institution mitgewirkt zu haben. Höhere Identifikation mit der eigenen Aufgabe und dem Unternehmen, dem sie angehören, wahrscheinlich auch höheres Selbstwertgefühl und logischerweise eine bessere Arbeitsleistung sind die Folge.

Eine solche Mitarbeiterbeteiligung an der Soll-Image-Formulierung ist natürlich schwierig und mit Problemen belastet. In hierarchisch aufgebauten Organisationen empfiehlt es sich, im Trichterverfahren, von unten beginnend, die Soll-Image-Werte der einzelnen Organisationseinheiten zu erarbeiten und dem Kompetenzlauf nach oben folgend zu sammeln und zu komprimieren. Auch die Arbeit in Projektgruppen kann für diese Aufgabe zielführend sein.

In jedem Fall müssen die Mitarbeiter ausführlich über Problemstellung, Aufgaben, Ziele und Methodik der Imageformulierung informiert werden. Die Betreuung durch entsprechend geschulte Fachleute ist anzuraten. Will man diesen Meinungsbildungsprozeß ernst nehmen, dann ist Eile fehl am Platz. Bis zur Entscheidungsreife können Monate, ja Jahre vergehen.

Aber wie gesagt: Die Letztentscheidung über das Soll-Image hat die Geschäftsleitung zu treffen. Die Betreuung eines solchen Projektes innerhalb der Institution wird üblicherweise von der PR-Abteilung, so eine solche vorhanden und mit der Problematik vertraut ist, erfolgen. Es können auch externe Berater (PR-, Kommunikations-, CI-, Unternehmensberater) eingesetzt werden.

Im Kleinbetrieb stellt sich das Problem nicht in diesem Ausmaß, da ja zwischen Führung und Mitarbeitern ständiger Kontakt und laufende Diskussionsmöglichkeit besteht.

Die Meinungsforschung im Dienste der PR

Es gibt heute eine Vielzahl wissenschaftlich erprobter Verfahren der Meinungsforschung, mit denen Erwartungen, Interessen, Kenntnisse, Einstellungen, Emotionen und Vorurteile von Personen und Teilöffentlichkeiten erhoben werden können. Dabei kann man zwischen *quantitativen Verfahren,* die repräsentative Ergebnisse bringen, und *qualitativen Verfahren,* die vor allem Hintergründe und Motive durchleuchten, unterscheiden.

Quantitative Verfahren basieren auf der mathematisch-statistischen Stichprobentheorie (Gesetz der großen Zahl) und erbringen auf Grund wissenschaftlicher Kriterien bei Befragung eines kleinen Teils der untersuchten Personengruppe repräsentative Ergebnisse mit hoher Genauigkeit. So genügt etwa für die Erhebung der Meinung der österreichischen Bevölkerung zu einem gewissen Problem ein »Sample« von 2000 Personen, um ein repräsentatives Ergebnis mit einer Genauigkeit von +/- 1,5 bis 2 Prozent zu erzielen – sofern nach wissenschaftlichen Kriterien vorgegangen wird. Je kleinere Gesamtheiten ausgewertet werden sollen, z. B. die Meinung nur der Hausfrauen oder nur der Tiroler, desto weniger genau ist das Ergebnis – oder das Sample muß vergrößert werden. Absolute Genauigkeit (die meist nicht notwenig ist) kann nur die teure Vollerhebung bringen.

Qualitative Verfahren bringen wegen der geringeren Zahl der befragten Personen in der Regel keine repräsentativen Ergebnisse, liefern jedoch Detailinformationen über Einstellungen, Motive und Hintergründe.

Die Befragungen werden in der Regel in Form von Interviews

(Repräsentativumfragen), Tiefeninterviews, schriftlichen Befragungen oder Gruppenbefragungen durchgeführt.

Ferner werden von der Meinungsforschung Beobachtungstechniken, z. B. bei einer Versammlung, und Inhaltsanalysen eingesetzt. Mit Hilfe der Inhalts- oder Aussageanalyse kann man etwa aus Zeitungsartikeln oder aus Briefen Rückschlüsse auf deren Initiator und dessen Motive ziehen.

Analyse und Interpretation

Für die Datenanalyse ist eine Vielzahl von Methoden entwickelt worden, die je nach Verwendungszweck eingesetzt werden. Man kann aus den gesammelten und verdichteten Daten z. B. die befragten Personen nach Typologien, nach ihren Einstellungen oder nach gewissen Zusammenhängen in ihren Eigenschaften herausfiltern. Es können auch gewisse Gruppen aus der Gesamtheit herausgeschält und ihre Unterscheidungsmerkmale analysiert werden.

Eine dieser repräsentativen Befragungsmethoden, die zur Gruppe der Skalierungsverfahren zählt und in der Praxis sehr oft eingesetzt wird, ist das »Polaritätsprofil«, auch »semantisches Differential« genannt.

Dabei wird das Image einer Person oder einer Sache, z. B. eines Unternehmens, in Imagefaktoren aufgesplittet, wobei für jeden Faktor Gegensatzpaare (Polaritäten) gebildet werden. Zum Beispiel alt – neu. Mit Hilfe dieser Polaritätsbegriffe läßt nun der Interviewer die befragten Personen ihre Assoziationen dem in Frage stehenden Objekt oder Subjekt zuordnen und auf einer Skala bewerten. Dabei offenbaren sich Kenntnisse, Einstellungen, Emotionen und Vorurteile der Befragten gegenüber dem Untersuchungsgegenstand. Die Verbindung der Bewertungen der einzelnen Imagefaktoren ergibt sodann das Polaritätsprofil.

Mit dieser Methode wird das Image quasi visualisiert und kann mit anderen Profilen verglichen werden, etwa dem eines Konkurrenzunternehmens, ebenso im Zeitverlauf oder unter regionalen, demographischen oder anderen Gesichtspunkten.

Zahl und Zusammensetzung der Imagefaktoren im Polaritätsprofil sollten von Fachleuten festgelegt werden, doch gibt es standardisierte Skalierungen (siehe Abbildung Seite 141). Auffallend dabei ist, daß die ausgewählten Imagefaktoren in der Regel menschliche Grundeigenschaften betreffen. Im Falle der Imageanalyse eines Unternehmens oder eines Produktes kommt es zu einer »Personifizierung« dieser Objekte. Wie gut diese Zuordnung menschlicher Eigenschaften zu Dingen funktioniert, zeigt die Interviewpraxis.

Daraus läßt sich aber auch ableiten, daß bei der Suche einer Institution nach unverwechselbarer Identität durchaus menschliche und dem emotionalen Bereich entstammende Eigenschaften berücksichtigt werden sollten.

Während an der Planung eines Meinungsforschungsprojektes der Auftraggeber intensiv mitzuarbeiten hat, um optimale Ergebnisse zu erzielen, sind Datenerfassung, Datenanalyse und Dateninterpretation primär Aufgabe der Spezialisten. Zeit muß sich der Auftraggeber also vor allem für die Vorbereitung nehmen, um dem Meinungsforscher in einem Briefing seine genauen Vorstellungen vom Verwendungszweck der Analyse auseinanderzusetzen.

Die Spezialisten für solche Untersuchungen sind Markt- und Meinungsforschungsinstitute. Große Unternehmen verfügen manchmal über wissenschaftliche Abteilungen, die derartige Aufgabenstellungen bewältigen können.

Die Kosten für Meinungsforschungsprojekte können von wenigen tausend Schilling bis zu Millionenbeträgen reichen, je nach Aufgabenstellung. So kann man sich für relativ wenig Geld etwa an »Omnibusumfragen« beteiligen, bei denen im Zuge einer Repräsentativerhebung mehrere Fragenbereiche in einem behandelt werden.

Meinungsforschung wird von vielen Managern nicht nur aus Angst vor den Kosten, sondern auch aus Mißtrauen gegen deren Aussagekraft abgelehnt. Im PR-Bereich kommt manchmal auch die Angst vor der Kontrolle der eigenen Arbeit hinzu. Insgesamt herrscht aber wohl ein grundsätzliches Unbehagen gegenüber den Methoden der empirischen Sozialforschung – leider gibt es auch hier wie in jeder Branche schwarze Schafe – und Unklarheit über die Kosten-Nutzen-Relation.

Andersseits kann jeder Schilling, der für eine Imagepolitik ohne fundierte Grundlagen ausgegeben wird, hinausgeworfenes Geld sein. Erwähnt muß hier werden, daß für fast alle Branchen längst umfangreiches Primärmaterial zur Verfügung steht, das man sich beschaffen und auswerten kann. Oftmals leisten diese allgemein zugänglichen Untersuchungen von Forschungsinstituten, statistischen Ämtern, Großunternehmen, Verbänden und Interessenvertretungen beste Dienste bei der Vorbereitung einer eigenen Untersuchung. Unnötig also, Dinge, die bereits auf dem Tisch liegen, für viel Geld neu erheben zu lassen.

Meinungsforschung ja – aber richtig!
Sehr oft werden der Meinungsforschung Fehler und zu falschen Schlüssen führende Ergebnisse vorgeworfen. Diese Fehler liegen aber oft beim Auftraggeber:

> 1.

Ungenaues oder irreführendes Briefing. Zielsetzungen und geplanter Einsatz der Studie werden dem Spezialisten falsch oder unvollständig vorgegeben.

> 2.

Falsches Timing. Imageuntersuchungen müssen zu einem Zeitpunkt durchgeführt werden, zu dem »Normalverhältnisse« herrschen. Verzerrungen entstehen bei Urlauben, Saisonunterschieden, während einer Werbekampagne u. dgl. Vor allem bei Folgeuntersuchungen ist darauf zu achten, daß sie möglichst unter den gleichen Rahmenbedingungen stattfinden wie die erste Untersuchung.

> 3.

Die Geschäfts- und Imagepolitik wird sklavisch nach den Untersuchungsergebnissen ausgerichtet. Die Meinung von Teilöffentlichkeiten darf aber nur eine Orientierungshilfe und nicht eine Vorgabe für die eigene Strategie sein. (Gute Beispiele hierfür sind Populismus und Opportunismus in der Politik.)

> 4.

Es werden zu große Erwartungen in die Untersuchung gesetzt. Eine Meinungsforschungsstudie kann nur gewisse Aussagen machen, nicht jedoch alles und jedes interpretieren und erklären. Sie ist so wie andere Instrumente für die PR-Arbeit nur ein Hilfsmittel.

5.
Es werden die falschen oder zu wenige Dialoggruppen untersucht.

6.
Es wird am falschen Platz gespart. Zielsetzung sowie Untersuchungsumfang und -methode müssen im richtigen Verhältnis zueinander stehen.

7.
Es bestehen vorgefaßte Meinungen über die Ergebnisse der Studie. Die Meinungsforschung soll nur zur Bestätigung der eigenen Vorurteile dienen. Weichen die Untersuchungsergebnisse von den eigenen Erwartungen ab, verschwindet die Studie in der Schreibtischlade.

8.
Die Studie wird nicht publiziert, zum falschen Zeitpunkt publiziert oder in die falsche Richtung publiziert. Frustrationen, Gegenreaktionen, Ablehnung der Untersuchung können die Folge sein, insbesondere im internen Bereich.

9.
Es besteht von vornherein überhaupt nicht die Absicht, aus der Untersuchung Schlüsse zu ziehen und die Ergebnisse in die eigene Imagepolitik einzubeziehen, die Studie dient nur als Alibi.

Die Stärken-Schwächen-Analyse

Wenn das Ist-Image untersucht und danach das Soll-Image festgelegt worden ist, kann die künftige Image- und PR-Strategie erarbeitet werden.

Aus den Unterschieden zwischen Ist- und Soll-Image lassen sich Imagestärken und Imageschwächen eruieren.

Imagestärken muß man pflegen.

Imageschwächen muß man verringern oder wegbringen.

Das Fallbeispiel der fiktiven Firma Zellstoff-Chemie in der Abbildung auf Seite 141 zeigt anhand eines Polaritätsprofils Ist- und Soll-Image. Wo im Verlauf der Kurve die größten Diskrepanzen zwischen

Polaritätsprofil (semantisches Differential) der Firma Zellstoff-Chemie (Gesamtbevölkerung)

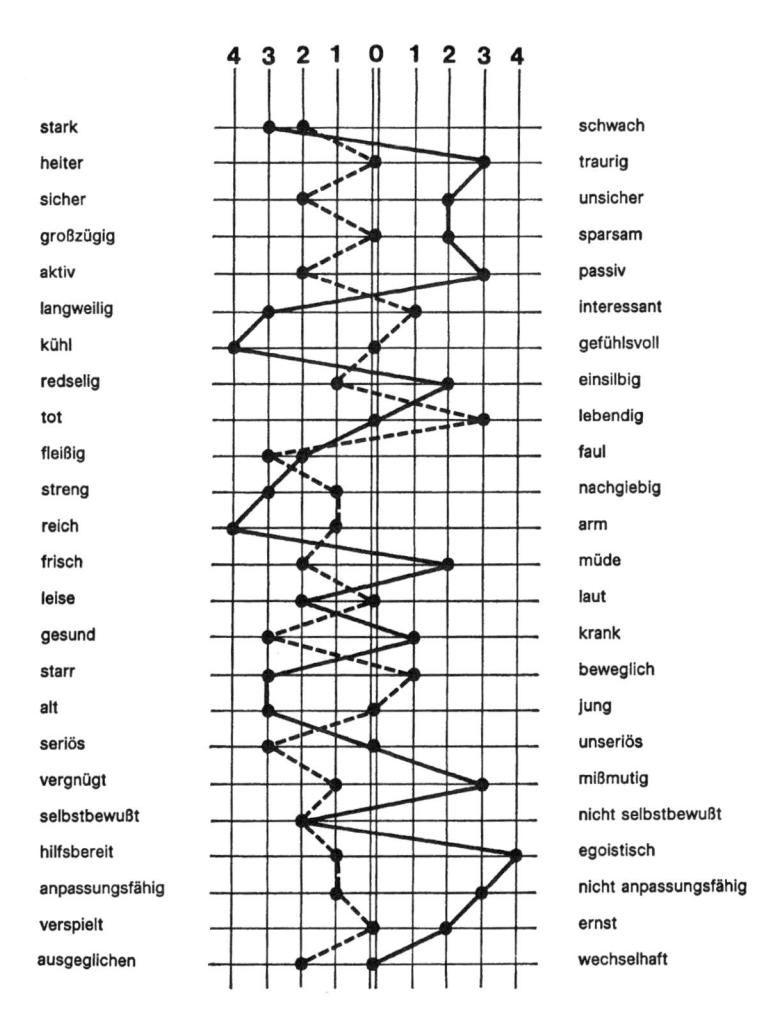

```
            4  3  2  1  0  1  2  3  4
stark                                      schwach
heiter                                     traurig
sicher                                     unsicher
großzügig                                  sparsam
aktiv                                      passiv
langweilig                                 interessant
kühl                                       gefühlsvoll
redselig                                   einsilbig
tot                                        lebendig
fleißig                                    faul
streng                                     nachgiebig
reich                                      arm
frisch                                     müde
leise                                      laut
gesund                                     krank
starr                                      beweglich
alt                                        jung
seriös                                     unseriös
vergnügt                                   mißmutig
selbstbewußt                               nicht selbstbewußt
hilfsbereit                                egoistisch
anpassungsfähig                            nicht anpassungsfähig
verspielt                                  ernst
ausgeglichen                               wechselhaft
```

———— = IST-IMAGE
- - - - = SOLL-IMAGE

Ist und Soll bestehen, dort finden sich auch die gravierendsten Imageschwächen, die es in Zukunft zu beseitigen gibt. In diesem Beispiel liegen sie bei den Items sicher – unsicher, aktiv – passiv, langweilig – interessant, kühl – gefühlvoll, frisch – müde, gesund – krank, starr – beweglich, vergnügt – mißmutig, hilfsbereit – egoistisch, anpassungsfähig – nicht anpassungsfähig.

Relative Übereinstimmung und daher Imagestärken bestehen bei den Imagefaktoren stark – schwach, fleißig – faul und selbstbewußt- nicht selbstbewußt.

Aus den restlichen Begriffspaaren lassen sich leichte bis mittlere Imageschwächen herauslesen.

Diese Image-Stärken-Schwächen-Analyse zeigt dem Unternehmen zwar, wo mit Maßnahmen angesetzt werden muß, sagt aber nichts darüber aus, wo die Ursachen liegen und mit welchen Mitteln Verbesserungen erreicht werden können.

Die Ursachenanalyse

Die Frage, warum ein Image so oder so aussieht und warum Imagefaktoren so oder so beurteilt werden, kann ebenfalls, zumindest teilweise, von der Meinungsforschung beantwortet werden. Methoden wie Tiefeninterviews oder Gruppenbefragungen können Ursachen und Beweggründe aufspüren helfen. Es wird aber auch Ursachen geben, die im Unternehmen selbst liegen und von den Befragten nicht gesehen werden können.

Ein Beispiel: Ein Unternehmen wird laut einer Meinungsumfrage von den Befragten als unfreundlich erlebt. In Tiefeninterviews stellt sich heraus, daß diese Meinungen vor allem auf die überwiegend unfreundlichen Äußerungen der Außendienst-Mitarbeiter zurückgehen. Erst eine betriebsinterne Untersuchung bringt ans Tageslicht, daß die Vertreter unterdurchschnittlich bezahlt sind und daß viel zuwenig Schulungen stattfinden.

Dieses simplifizierte Beispiel zeigt, daß bei der Suche nach den Ursachen nicht eindimensional, sondern vernetzt vorgegangen werden muß. Die Meinungsforschung ist hier wiederum ein Hilfsmittel unter mehreren.

Erst aus der genauen Analyse aller wesentlichen Image-Stärken und -Schwächen lassen sich seriöse Strategien für die Imagepolitik erarbeiten.

Bei den Schwächen lassen sich im wesentlichen zwei große Ursachenpakete herausfiltern:

1. Schwächen, die in der Organisation des Betriebes liegen. Beispiel: Imageschwäche »umweltschädlich«, weil giftige Abwässer in den Fluß geleitet wurden.
2. Schwächen, die in der Kommunikation liegen. Beispiel: Imageschwäche »umweltschädlich«, weil die Leute zwar von den Abwässern der Fabrik wissen, ihnen aber nicht bekannt ist, daß diese völlig unschädlich sind.

Schwächen, die in der Institution liegen, können nur durch Veränderungen in der Institution selbst behoben werden und nicht durch Maßnahmen der Kommunikation. Zu unserem Beispiel: Die Abwässer müssen geklärt werden. Falschinformationen, etwa daß die Abwässer nicht giftig seien, sind nicht nur moralisch unvertretbar, sondern stellen sich auch früher oder später als falsch heraus und führen zu noch größeren Imageschwächen und zu kommerziellen Einbußen.

Schwächen, die in der Kommunikation liegen, müssen durch Kommunikationsmaßnahmen behoben werden. In unserem Beispiel 2: Mit PR-Maßnahmen müssen die relevanten Teilöffentlichkeiten angesprochen werden, um das Vorurteil bezüglich der Umweltschädigung zu beseitigen.

An solchen Beispielen zeigen sich auch die Grenzen seriöser Öffentlichkeitsarbeit. Public Relations können zwar auf Grund ihrer Funktion und ihres Instrumentariums das Fehlverhalten einer Person oder einer Institution konstatieren und Veränderungen vorschlagen, in der Durchführung sind sie jedoch primär für den Kommunikationsbereich zuständig. Maßnahmen in der Produktion, Verwaltung, im Marketing und in anderen Linienbereichen müssen von den zuständigen Verantwortungsträgern beschlossen und exekutiert werden. Es sei denn, Unternehmensleiter und PR-Chef sind ein- und dieselbe Person, wie es manchmal in Großbetrieben, aber immer im Kleinbetrieb oder beim Freiberufler der Fall ist.

Succus aus diesen Überlegungen ist, daß Public Relations nicht in der Lage sind, Imagedefizite, deren Ursache in der Struktur und der Organisation der Institution liegt, zu beseitigen. Diese Mängel müssen zuerst »intern« bereinigt werden, bevor man an die Öffentlichkeit gehen und Imagekorrekturen anstreben kann.

Dies hat einen sehr realen Hintergrund: Manager, die selbst oder deren Betriebe Imageprobleme haben, sagen oft: Jetzt nehme ich mir einen guten PR-Fachmann, und der soll mein Image in Ordnung bringen. Die Möglichkeit, sich selbst oder im Unternehmen etwas verändern zu müssen, ziehen sie gar nicht in Betracht. Was sie wollen, ist reine »Imagepolitur«.

Leider gibt es auch sogenannte PR-Berater, die dieses Spiel mitmachen, weil sie nicht den Mut haben, dem Manager die Wahrheit zu sagen. Und weil sie auf das Honorar nicht verzichten wollen.

Die bittere Wahrheit wird sich ohnedies erst in ein oder zwei Jahren herausstellen, wenn klar ist, daß die ganze Schönfärberei nichts gefruchtet hat.

PR bedeuten also auch: Veränderung + Kommunikation.

Teil 6
Methoden und Maßnahmen der PR

Online-PR und Neue Medien

Internet und Online-Dienste

Die Online-Welt hat einen kurzen Atem. Was heute über das Online-Netz, simultaneous communications oder Internet geschrieben wird, ist wohl in einem Jahr Schnee von gestern.

Leider. Oder Gott sei Dank. Denn die Hochgeschwindigkeitswelt des Cyberspace eröffnet den Public Relations neue, zusätzliche Dimensionen, aber auch beträchtliche Gefahren.

Auf der einen Seite entsteht durch das Online-Netz quasi eine neue Öffentlichkeit und eine geradezu ideale Plattform für eine Vernetzung der Instrumente der einzelnen Kommunikationsdisziplinen Marketing, Werbung, PR und CI. Die Verschmelzung dieser Bereiche zur gesamthaften, integrierten Kommunikation wird durch das weltweite Netz und die Online-Medien auf ideale Weise gefördert. Überdies stößt die Hochgeschwindigkeitskommunikation in eine neue Qualität der Öffentlichkeitsarbeit vor. Bereiche wie Krisen-PR oder Internationale PR profitieren besonders davon. Die Online-Kommunikation, also der Austausch digitaler Information, wirkt somit integrativ und bietet eine hervorragende Basis für einen Mix sämtlicher Kommunikationsinstrumente.

Auf der anderen Seite entsteht aber gerade durch diese neue Qualität die immense Gefahr einer »Eintopf-Kommunikation« durch das geradezu zwanghafte Zusammenmischen von Marketing, Werbung und PR. Bislang, ohne Internet und Cyberspace, war es schon schwer genug, das Kommunikationsinstrumentarium nach dem Schlagwort »getrennt marschieren, vereint schlagen« zu organisieren. Also Marketing samt Werbung, PR und CI nach ihren Stärken und Besonderheiten zu positionieren und voneinander zu trennen – dann jedoch zu einem gemeinsamen Ganzen mit einheitlicher Zielsetzung zu vernetzen. Online-Dienste und Internet schließen jedoch nahtlos dort an, woran sich Puristen unter den Kommunikationsfachleuten schon bisher, bei Print- und elektronischen Medien, gestoßen haben: bei den »Infomercials«. Die Verkommerzialisierung der gesellschaftsorientierten Kommunikation bekommt, so steht zu befürchten, durch die Online-Welt neue Nahrung.

Außerdem müssen die Kommunikationsprofis einer Gefahr begegnen, wenn sie im Netz arbeiten: Sie dürfen weder auf das Gespräch noch auf manch bewährtes klassisches Kommunikationsmittel, etwa die gute alte Zeitung, vergessen. Gerade im Taumel des Feuerwerks an Kommunikationsmöglichkeiten, die uns die neuen Online-Medien bieten, liegt die Verführung sehr nahe, das Gespräch, die simpelste und effizienteste Kommunikationsform, beiseite zu schieben. Online-Kommunikation ist also kein Ersatz für Beziehungsmanagement, sondern vielmehr Entlastung und Unterstützung persönlicher Kontakte.

Die Bequemlichkeit der Hochgeschwindigkeitskommunikation ist für den PR-Networker aber auch mit beinharten Verpflichtungen verbunden. Wer e-mail-Anfragen, z. B. von Journalisten, nicht umgehend abruft und beantwortet, der verliert seinen guten Ruf und das Vertrauen des Kommunikationspartners. Besonders schlimm kann es werden, wenn Medien die Reaktionszeit auf solche Anfragen registrieren und bei fehlender oder zu später Reaktion kritische Berichte verfassen. Also Achtung vor »Journalistentests« mittels e-mails!

Die Hauptziele der Online-Kommunikation liegen klar auf der Hand: schnell neue, zusätzliche Informationen gewinnen und schnell effizientere, dialoggruppenspezifische Kommunikation führen. Online-Netze stellen also Beschaffungs- und Absatzmärkte für Informationen dar.

Online-PR richtet sich einerseits an sehr spezielle, klar abgetrennte Dialoggruppen (»online worker«), wie etwa Journalisten, Wissenschaftler, Politiker, Verbandsfunktionäre oder Führungskräfte, andererseits aber auch zu einem gewissen Grad an die nicht klar definierbaren »public surfer«, also eine sehr heterogene Öffentlichkeit.

Ein paar Regeln für effiziente Online-Kommunikation

1. Die Grundsätze seriöser PR gelten auch hier: Prägnanz und Kompaktheit der Sprache, Aktualität und Kontinuität.

2. Online-Kommunikation ist nicht das »Überspielen« von Broschüren, Drucksorten und dgl. auf den Bildschirm – sie benötigt spezielle Textierung, Gestaltung, Aufbereitung. Allerdings können bestimmte Dateien, z. B. ein Geschäftsbericht, im pdf-Format 1:1 ins Netz gestellt werden, um so einen unmittelbaren Zugriff zu ermöglichen.

3. Online-Kommunikation funktioniert nicht nur sehr schnell, sie verlangt auch vom Nutzer Schnelligkeit: rasche Zurverfügungstellung von Information, unmittelbares Beantworten von eingehenden Anfragen.

4. Online-Kommunikation benötigt Professionalität, sprich Aus- und Weiterbildung der Spezialisten, und entsprechende Manpower.

5. Online-Kommunikation muß als Teil der Gesamtkommunikation verstanden werden, also in das Kommunikationsmanagement der Institution integriert werden. Die grundsätzlichen Kommunikationsziele und -strategien bleiben unverändert, aber es entsteht eine neue Art der Kommunikation.

6. Online-Kommunikation braucht eine klare Zielsetzung und Positionierung innerhalb des gesamten Kommunikationsinstrumentariums.

7. Online-Kommunikation kann andere Kommunikationsinstrumente unterstützen, kann aber auch fallweise solo agieren.

8. Das Internet wird also die traditionellen Medien nicht verdrängen, es stellt vielmehr eine Ergänzung und Erweiterung dar.

9. Auch fremde Online-Angebote als Träger für eigene Informationen sollte man nutzen.

10. Die Internet-Adresse über alle verfügbaren Kanäle bekannt machen: Eintragung in Suchmaschinen, Verzeichnisse, Datenbanken.

Wer Internet und Online-Dienste professionell nutzen will, der muß umdenken. »Online-Kommunikation verlangt nicht nur den PR-Verantwortlichen ein neues Denken ab, sondern auch ihren unternehmensinternen Auftraggebern und den verantwortlichen MitarbeiterInnen in den Abteilungen«, meinen Fuchs, Möhrle und Schmidt-Marwede in ihrem Buch »PR im Netz«.

Was soviel heißt wie: Wer die Grundsätze des neuen PR-Denkens nicht internalisiert hat, der wird auch mit der ausgefeiltesten EDV-Ausrüstung keine großen Sprünge machen. Die Organisation muß also reif sein für Online-PR, vor allem was die Strukturen und nötigen Ressourcen anlangt, aber auch im Hinblick auf die interne Kommunikation. Daher bietet sich an, Kommunikation via Internet nach außen mit der Kommunikation via Internet nach innen (Intranet) zu vernetzen. Es entsteht auch durch zusätzliche Nutzung des Intranet zu Usern außerhalb der Institution (Extranet) eine solche Synergie.

Zulieferer im Internet

- Hersteller von Homepages
- Graphiker
- Datenbankspezialisten (zur Erstellung von Suchabfragen und Formularen)
- Archivverwaltung (Bereitstellung von Ton, Bild und Filmen)
- Provider
- Professionelle Anbieter von Texten, Bildern, Graphiken, Filmen

Wenn es in den nächsten Jahren gelingt, die Internet-Nutzung noch User-freundlicher und noch schneller zu gestalten, dann werden Produkte wie Video-Conferencing oder das Anbieten von Radio- und TV-Programmen über dieses Medium tägliche Realität.

CD-ROM, CD-i, DVD

Auf CD-ROMs und CD-i können große Datenmengen abgespeichert werden. Inhalte, die nicht laufenden Veränderungen unterliegen, können mit diesen Speichermedien in einfacher oder aufwendiger Form, bis hin zum bewegten Bild, gespeichert und präsentiert werden. Mit der rasch fortschreitenden Technologie sind heute auch schon Kleinstserien solcher Compact Discs kostengünstig. Mit CD-ROMs können auch große Datenbanken verwaltet werden, wobei Aktualisierungen durch eine Verknüpfung mit Datenbeständen im Internet möglich sind.

Mit DVD (Digital Versatile Disk), einem sehr leistungsfähigen Speichermedium, können ganze Filme digital gespeichert werden.

Interne Kommunikation

Gute Öffentlichkeitsarbeit beginnt im eigenen Haus

»PR begin at home«, sagen die Amerikaner, und sie haben recht damit. Die eigenen Mitarbeiter sind immer die wichtigste »Öffentlichkeit«. Sie und ihre Familien sind Opinion Leader ersten Ranges, sie prägen durch ihre Meinung und ihre Zufriedenheit das Image der Institution. Wer seine Mitarbeiter bezüglich Information und Mitsprache vernachlässigt, gibt bares Geld aus der Hand. Denn informierte Mitarbeiter sind bessere Mitarbeiter. Untersuchungen zeigen, daß Geld und materielle Anreize nicht an der Spitze der Bedürfnisskala der Mitarbeiter stehen, sondern soziale Anerkennung, Selbstverwirklichung, Arbeitszufriedenheit (job satisfaction) und Wertschätzung von seiten der Vorgesetzten und Kollegen – sofern die materiellen Grundbedürfnisse befriedigt sind. Darum sind lange Diskussionen z. B. über die Dauer der Mittagspause überflüssig. Wenn der Chef imstande ist, seine Leute zu motivieren und zu interessieren, ist der Output ein Vielfaches jener Viertelstunde, die unter Umständen zu Mittag verlorengeht. Zufriedene Mitarbeiter bringen nicht nur sich selbst, sondern auch der gesamten Organisation mehr. Und Information und Kommunikation sind die Instrumente hierfür.

Es ist einfach absurd, daß es noch Unternehmen gibt, die dem Mitarbeiter acht Stunden Arbeit am Tag abkaufen und nicht die Chance wahrnehmen, diesen Mitarbeiter als Botschafter des eigenen Hauses zu gewinnen und ihn durch Motivation am Betrieb und am internen Geschehen Anteil nehmen zu lassen, was zweifellos auch mit Leistungssteigerungen verbunden ist.

Manche stockkonservative Arbeitnehmervertreter mögen das unternehmerische Bemühen um eine gute interne Kommunikation als trojanisches Pferd, als spätkapitalistische Ausbeutungsmethode oder als Arbeitgeber-Verlogenheit ansehen. In Wirklichkeit geht es hier aber um Unternehmenskultur, um die Schaffung von Arbeitsfreude statt Arbeitsleid. Wer wollte einer Führungsspitze, die sich durch PR nach innen zufriedene und motivierte Mitarbeiter schafft, vorwerfen, daß derartige Zustände das betriebswirtschaftliche Ergebnis verbessern? Es ist doch im privaten Bereich ebenso: Was man mit Freude und Engagement macht, macht man besser und effizienter.

In den USA etwa, wo interne Kommunikation (PR nach innen, innerbetriebliche Information) mit »human relations«, »internal PR« oder »inner relations« übersetzt wird, hat sich der hohe Stellenwert dieser Disziplin in neuen Richtungen wie Corporate Identity oder Corporate Culture (siehe die Seiten 32 ff.) niedergeschlagen.

Auf das Gespräch nicht vergessen!

Wenn Unternehmens- und Kommunikationsstrategen über Plänen und Maßnahmenkonzepten für die interne Kommunikation brüten, vergessen sie oft eines: Die beste und erfolgreichste PR-Maßnahme nach innen ist nach wie vor das Gespräch, in welcher Form auch immer. Kein noch so ausgeklügeltes internes Kommunikationskonzept mit Intranet und vielen kreativen Aktivitäten wird das häufige, ernstgenommene, partnerschaftlich geführte Gespräch ersetzen können.

Ein zweiter gravierender Fehler, der bei der Umsetzung interner Informationsmaßnahmen gemacht wird: Die Mitarbeiter werden zu Aktivitäten animiert - dann aber bleibt das feed-back aus. Umfragen unter Mitarbeitern sind wertlos, wenn diese vom Ergebnis nichts erfahren. Beschwerdebriefkästen sind sinnlos, wenn auf die Beschwerden keine Antworten kommen.

Eines ist klar: Die Art und Weise, wie interne Öffentlichkeitsarbeit gemacht - oder auch nicht gemacht - wird, ist Ausdruck des Führungsstils. Autoritäre Führungsstrukturen verfügen nach Fritz Neske über einen »bürokratischen Kommunikationsstil«, in dem sowohl die Bereitschaft zu informieren als auch die Bereitschaft, sich informieren zu lassen, gegen Null tendieren. (Siehe Abbildung Seite 153) Genau umgekehrt ist es beim »demokratischen Kommunikationsstil«.

Gute interne PR sind daher gelebte Demokratie nach innen.

Kommunikationsstile (nach Fritz Neske »PR-Management«)

Der bürokratische Kommunikationsstil
verläuft gegen 0.0
»Wir brauchen niemanden und was wir tun, geht niemanden etwas an«

Der manipulative Kommunikationsstil
liegt unter 5.5
»Uns interessiert und wir tun nur, was uns nützt«
(Propagandastil totalitärer Systeme)

Der demokratische Kommunikationsstil
liegt über 5.5
»Wir informieren und lassen uns informieren, soweit dies vertretbar ist, offen sachlich und kontinuierlich«

Disproportionale Kommunikationsstile
liegen gegen 0.10 oder 10.0
»Wir lassen uns voll informieren, sagen aber nichts«
»Wir sind bereit, über alles zu informieren, was die anderen tun, interessiert uns nicht«

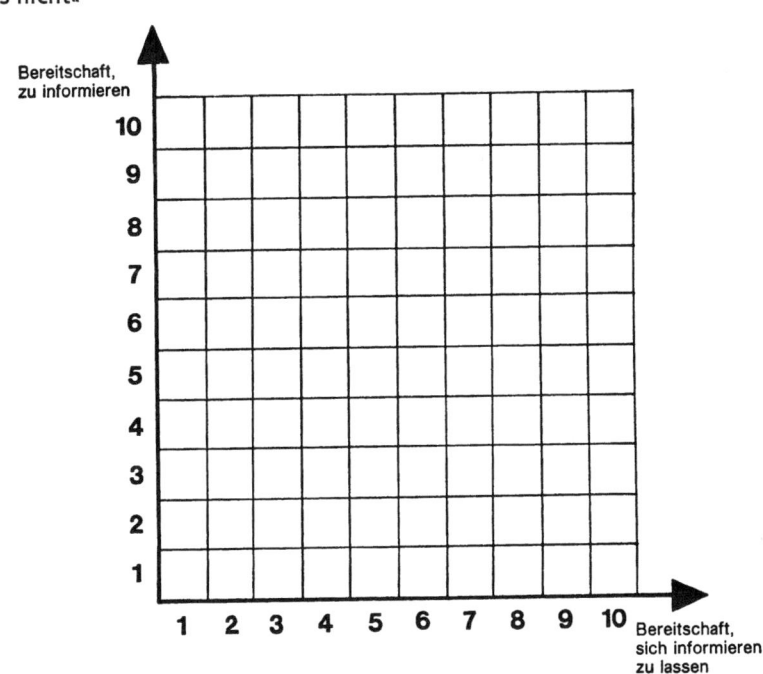

Interne Kommunikation ist allerdings keine Frage der Quantität, sondern der Qualität. Man kann Mitarbeiter und Kollegen mit Informationen zuschütten und damit Kommunikationsbarrieren errichten oder aber mit positiv selektierten Nachrichten gute Informationsaufnahme und so ein Optimum an Kommunikation erreichen. Die richtige Information für den richtigen Empfänger! Nachrichten, die für den Abteilungsleiter von großem Interesse sind, können für die Bürohilfe ohne Bedeutung sein – und umgekehrt.

Die interne Kommunikationspyramide

Grundsätzlich gibt es in einer Stab-Linien-Organisation:

formale Kommunikationswege (im Einklang mit den Instanzenwegen)
1. Informationen in horizontaler Richtung (auf gleicher Hierarchiestufe)
2. Informationen in vertikaler Richtung (von unten nach oben oder von oben nach unten entlang der Linie)
3. Informationen Stab-Linie bzw. Stab-Stab

informale Kommunikationswege (Querinformation außerhalb der Instanzenwege)
1. als gewolltes Führungsprinzip (Teamarbeit, Vorschlagssysteme, Projektmanagement)
2. als Zufallsprodukt oder auf Initiative einzelner oder von Gruppen (Kantinengespräche, Gerüchteküche)

Wer seine Stab-Linien-Organisation auf ihre formale Kommunikationsintensität abklopfen möchte, der braucht sich nur das Organigramm der Institution in Form einer Pyramide aufzuzeichnen und dann die Frage zu stellen: Welche organisierten Kommunikationsmaßnahmen gibt es:

a) zwischen den Mitarbeitern auf der gleichen Hierarchieebene? Also z. B.: Mit welchen Mitteln wird auf Vorstandsebene, auf Abteilungsleiterebene, auf Sachbearbeiterebene usw. kommuniziert?

b) zwischen den Mitarbeitern in vertikaler Richtung? Also z. B.: Mit welchen Mitteln informieren die Vorstandsdirektoren die Abteilungsdirektoren und umgekehrt? Wie ist es zwischen Abteilungsleitern und ihren Mitarbeitern?

Sobald alle Ebenen durchgearbeitet und Listen mit den vorhandenen Informationsmitteln erstellt worden sind, wird man bald merken, wo die Schwachpunkte und Kommunikationslücken im formalen Bereich liegen. Und genau dort, da können Sie sicher sein, wird die informale Kommunikation blühen und gedeihen – was nicht unbedingt von Nachteil sein muß, denn offene Organisationsformen können Kreativität und Flexibilität durchaus fördern, sofern die Institution die Reife dazu hat.

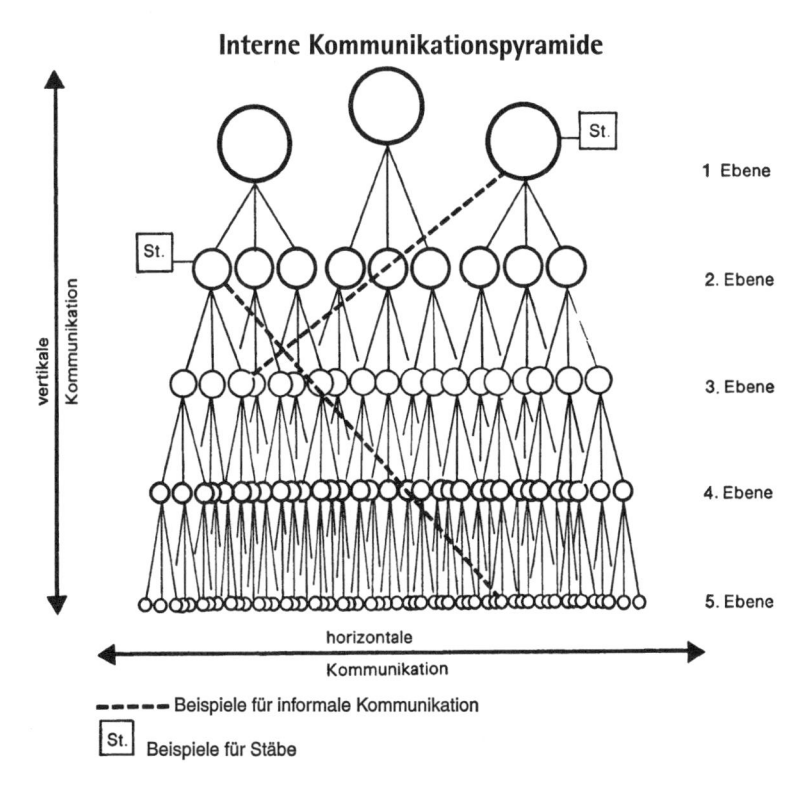

Interne Kommunikationspyramide

vertikale Kommunikation

1 Ebene
2. Ebene
3. Ebene
4. Ebene
5. Ebene

horizontale Kommunikation

----- Beispiele für informale Kommunikation
St. Beispiele für Stäbe

Beispiel: Bei der Analyse der internen Kommunikationspyramide hat sich herausgestellt, daß es sowohl in horizontaler als auch in vertikaler Richtung zwischen den einzelnen Mitarbeitern geplante

Kommunikationsmaßnahmen gibt (z. B. horizontal auf Vorstandsebene: Vorstandssitzungen, Protokollweitergabe, interne Notizen usw.; vertikal zwischen Vorstand und Abteilungsdirektoren: erweiterte Vorstandssitzungen, Protokollwesen, Jours fixes, Wochenberichte, interne Notizen usw.).

Gleichzeitig aber hat sich herausgestellt, daß es zwischen den Bereichsleitern (horizontal auf 3. Ebene) keine institutionalisierten Kommunikationskanäle gibt. Hier wird Abhilfe geschaffen (z. B. durch Einführung von vierteljährlichen Bereichsleitersitzungen, durch gegenseitige Präsentation der Bereiche, durch Vorstellung der Bereiche in der Mitarbeiterzeitung, durch Austausch von Monatsberichten usw.)

Auf diese einfache Art und Weise kann man in Institutionen ein Informationsgitter schaffen, das den dringenden Informationsbedürfnissen der Mitarbeiter entgegenkommt. Das wäre dann PR-Arbeit nach innen in Reinkultur.

Die Informationsinhalte

Neben der Festlegung der Informationsmittel, die auf den einzelnen Kommunikationsschienen eingesetzt werden, ist auch die Definition der Informationsinhalte wesentlich. Nach der Beantwortung der Frage »Wer wird mit welchen Mitteln informiert?« hat die nächste Frage zu lauten: »Worüber wird er informiert?« Denn wie schon gesagt: Der Geschäftsführer muß seine Abteilungsleiter in der Regel mit zum Teil anderen Informationen versorgen als der Sachbearbeiter seine Schreibkraft.

Art und Umfang der festgelegten Informationsinhalte bestimmen dann die Kommunikationskultur innerhalb der Institution.

Ist Information Macht?

Wer Information gibt, gibt Macht ab – so sehen es zumindest viele Vorgesetzte. Und wer gibt schon gerne Macht ab?

Wer also bereit ist, offen und intensiv zu kommunizieren, der braucht zuallererst Stärke und Mut. Und gewinnt dadurch vielleicht an Stärke. Denn die wirklich erfolgreichen Führungspersönlichkeiten sind die, die stark genug sind, Kompetenzen und Verantwortung zu delegieren sowie Informationen weiterzugeben.

Die Autoren von »Information im Unternehmen« (erschienen in der Schriftenreihe der Vereinigung österreichischer Industrieller) führen die folgenden Informations- und Kommunikationsbarrieren an:
- Statusdenken – Prestige, Machtstreben;
- Persönliche Hemmungen – Minderwertigkeitsgefühl; Schüchternheit; Unbeholfenheit; Schwierigkeiten, sich auszudrücken; mangelndes Einfühlungsvermögen; nicht wahrhaben wollen, daß der andere uninformiert ist; Unfähigkeit zuzuhören, sei es aus eigener Nervosität, aus mangelnder Selbstbeherrschung oder aus Ungeduld, selbst zu Wort zu kommen (Kritikscheu);
- Angst vor Folgen der Informationsweitergabe – Mißtrauen; Angst vor Komplikationen, vor Indiskretionen; Verantwortungsscheu; Abteilungsrivalität; Arbeitsplatzmonopol; Angst vor Wissenspreisgabe;
- Fachliche Verständigungsschwierigkeiten – Schwierigkeiten mit Fachausdrücken, Mangel an Kooperation;
- Fachliche Unsicherheit – Uninteressiertheit, Zeitmangel, räumliche Entfernung, keine Zielsetzung, mangelnde Kompetenzabgrenzung oder ungleiches Fachwissen;
- Tabu-Denken – Vorurteile, Autoritätsdenken, mangelhaftes Führungssystem;
- Mängel im Informationssystem – falsche Reihung der Informanten in der Unternehmenshierarchie; vorhandene Informationsmedien werden nicht ausgenützt; mangelhaftes Schema der Prioritäten; mangelnde Qualifikation der Informanten.

Zur Überwindung dieser Barrieren wird vorgeschlagen:
- Fördern Sie die Informationsgesinnung und den Informationsfluß.
- Arbeiten Sie gemeinsam mit Ihren Mitarbeitern einen Informationsplan aus.
- Bauen Sie die Informationsschranken durch persönliche Kontakte ab.
- Aktivieren Sie persönliche Motivation.
- Delegieren Sie Aufgaben und Verantwortung.
- Fördern Sie das persönliche Engagement und das Mitdenken.
- Ihre Mitarbeiter sollen nicht erst durch die Presse über Ihre Aktivitäten erfahren. Informieren Sie rechtzeitig und objektiv, geben Sie den Mitarbeitern das Gefühl, daß die Information unzensuriert und umfassend ist.

Abschließend wird ausgeführt:
»Die Schwierigkeiten, die bereits beschrieben wurden, liegen fast alle im organisatorisch-führungsmäßigen oder im arbeitstechnischen Bereich. Informationsschwierigkeiten können trotz gutem Willen ihre Ursachen aber auch in falscher Auswahl der Informationsmittel, in Formulierungsfehlern und Organisationskonzepten haben. Es ist daher besonders für den Großbetrieb mit seiner unübersichtlichen und unterschiedlichen Organisation unerläßlich, daß Information nach einem Konzept geplant und durchgeführt wird. Nur so kann auf lange Sicht überhaupt gewährleistet werden, daß alle das gemeinsame Ziel verstehen und erkennen können.

Der Mensch gibt seine Persönlichkeit nicht am Fabriktor ab. Er bringt seine Wünsche, Sorgen, seine Freude und seinen Ärger an den Arbeitsplatz mit. Die Summe dieser Emotionen nennen wir Betriebsklima. Ob es gut oder schlecht ist, hängt wesentlich davon ab, wie im Unternehmen auch emotionale Probleme gelöst werden – oder nicht. Auch das ist Chefsache. Denken Sie daran, wenn Sie Ihre Mitarbeiter informieren.«

Noch eine Warnung: PR nach innen sind eine Sisyphusarbeit. Wer sich darum kümmert, wird damit weder berühmt werden, noch wird er schnelle Erfolgserlebnisse einheimsen. Denn eine Mitarbeiterschaft lernt nicht von heute auf morgen um, sie nimmt das Angebot zu offener und ehrlicher Kommunikation nur zögernd an.

Rückschläge sind daher einzuprogrammieren, Frustrationen an der Tagesordnung. Aber wenn einmal der Erfolg kommt, dann kommt er mit nachhaltiger Wirkung.

10 Thesen zur internen Kommunikation

1. IK ist nicht isoliert zu sehen, sondern als Teil der vernetzten PR.
2. IK ist nicht nur ein Bündel von Maßnahmen, sondern Teil der Philosophie gesellschaftsorientierten Handelns.
3. IK ist nicht Einbahn, sondern »Zweibahn« – daher »Kommunikation«.
4. IK und ihre Verwirklichung ist ein langfristiger Vorgang.
5. IK ist nicht nur Aufgabe der Führung oder einzelner Verantwortlicher, sondern aller Mitglieder der Institution.

6. IK ist zwar Verpflichtung, soll aber nicht als Pflicht, sondern als Chance angesehen werden.
7. Funktionierende IK hebt nicht nur das Selbstwertgefühl aller Mitarbeiter, sondern auch die gesamte Leistung.
8. Funktionierende IK bedeutet die Abgabe von Macht.
9. IK setzt kooperativen Führungsstil voraus.
10. IK hat eine wichtige gesellschaftspolitische und sozioökonomische Funktion.

Beispiele für Medien der internen Kommunikation

- EDV-gestützte Kommunikationsmittel – Intranet
- Mitarbeiterzeitung
- Hausmitteilungen
- Informationsblätter
- Flugblätter (Schnell-Info-Dienst)
- Kommunikationstafel (Schwarzes Brett)
- Informationsschriften über die Institution (z. B. Geschäftsbericht)
- Einmaleins für Neueintretende
- Sozialbilanz und Sozialbericht
- Schaukasten
- Sprachregelungen für Fachthemen
- Reden- und Vortragsdienst für Mitarbeiter (Unterlagen, Argumente)
- regelmäßiger Pressespiegel für Mitarbeiter
- Protokollwesen (Systematik der Weitergabe interner Schriftstücke)
- Bulletin für das mittlere Management (eventuell nach Hause schicken)
- mündliche Informationen durch Vorgesetzte (bei Gesprächen, Sitzungen, Meetings)
- Telefon-Informationsdienst
- Diaschauen und Tondiaschauen
- Informationsfilme und Videos
- Lautsprecherdurchsagen
- Betriebsversammlungen
- Betriebsausflüge
- Abteilungstreffen

- Abteilungspräsentationen
- Mitarbeiter-Stammtisch, Jour fixe
- Pensionärstreffen
- Veranstaltungen für Angehörige der Mitarbeiter (z. B. für die Eltern der Lehrlinge)
- Einladung der Mitarbeiter zu sonstigen PR-Aktivitäten (Eröffnungen, Ehrungen, Messen, Jubiläumsfeiern, Pressekonferenzen, Symposien usw.)
- präzise Regelungen für das Sitzungswesen
- Vorinformation der Mitarbeiter über Aktivitäten der PR nach außen
- tägliche Kurz-Info durch den Chef
- Job-rotation
- Wettbewerbe, Preisausschreiben
- Mitarbeiterservice (Arzt, Rechtsberatung, Küche, Bibliothek, sonstige Sozialleistungen)
- Auszeichnungen, Belobigungen
- Mitarbeiter übernehmen Ehrenfunktionen (auch in anderen Institutionen, Vereinen, öffentlichen Einrichtungen, karitativen Organisationen)
- Mitarbeiter organisieren karitative, ökologische und sonstige soziale Aktivitäten (z. B. Patenschaften für sozial Bedürftige oder Behinderte unter der Kollegenschaft, Sammeln von Spenden)
- Fringe benefits (z. B. Übernahme von Mitgliedsbeiträgen, Teilnahme an kulturellen, sportlichen oder gesellschaftlichen Veranstaltungen)
- Begabtenförderung, Hobbyförderung
- Förderung kultureller, sportlicher, künstlerischer und sonstiger Interessen
- Mitarbeiterbefragungen
- internes Vorschlagswesen
- Beschwerdebriefkasten (mit feed-back!)
- Incentives (Motivationsbelohnungen; Beispiel aus den USA: anstatt einer Reise erhält der erfolgreichste – und tennisbegeisterte – Verkäufer die Chance, mit dem General Manager ein Tennismatch zu bestreiten, das auf Video aufgezeichnet und die Kassette dann als Geschenk überreicht wird)
- Rollenspiele (z. B. schlüpfen Mitarbeiter einen Tag lang in die Rolle des Vorgesetzten)

Online-Mitarbeiterkommunikation

Fortschrittliche Institutionen bedienen sich heute in der Mitarbeiterkommunikation interner EDV-Netzwerke. Das Intranet als unternehmensinternes Netzwerk arbeitet mit derselben Technologie wie das Internet. Oder es kommt eine international und standortunabhängige Gruppenmanagement-Software (Groupware) wie etwa ein Lotus Notes-Netzwerk, zum Einsatz. Derartige Netzwerke können traditionelle interne Kommunikationsinstrumente ergänzen, wie etwa die Mitarbeiterzeitung, oder ersetzen, wie etwa die Kommunikationstafel. Voraussetzung für eine solche Lösung ist freilich das Vorhandensein von Terminals an den Arbeitsplätzen, zumindest ein Gruppenterminal für mehrere MitarbeiterInnen.

Den Vorteilen einer solchen Online-Lösung, wie Schnelligkeit und Transparenz, stehen freilich auch manche Nachteile gegenüber:

Die »pull«-Funktion dieses Mediums zwingt den Mitarbeiter, sich die Informationen abzuholen – also Holschuld,

mögliche »Zweiklassen-Gesellschaft« von Mitarbeitern, z.B. Arbeiter haben keinen Intranetzugang,

flankierende Maßnahmen zur Schaffung von Akzeptanz bei den MitarbeiterInnen sind unabdingbar.

Beispiele für interne Online-Kommunikationsangebote:
- Tagesinfos (Zitate, News aus den Abteilungen, Witze, Geburtstage, Veranstaltungen, ...)
- Täglicher Pressespiegel (auch Ausgaben der vergangenen Tage sind abrufbar)
- Ausführliche Abteilungs- und Konzerninformationen
- Überblick über das Managementsystem
- Organigramm
- Vorstellen von MitarbeiterInnen
- Angebote an Schulungen, Seminaren und dgl.
- Aktuelle und archivierte Presseaussendungen und Informationen über Pressekonferenzen und dgl.
- Fachinformationen (Folder, Broschüren und dgl.)
- Corporate Design (Logo, CD-Manual)
- Kommunikation mit der Geschäftsleitung
- Kommunikation mit dem Betriebsrat

- Kommunikation mit der PR-Abteilung
- Interne Sport-, Kultur- und sonstige Events
- Tägliche Speisekarte
- Diverses Service: Kino-, Theater-, Fernsehprogramm, Informationen über den Euro
- Organisation von Dikussionsforen,
- elektronische Kommunikationstafel (z. B. »Flohmarkt«)

u. a.

Hier gilt das gleiche wie immer in der Öffentlichkeitsarbeit:
Die Adressaten werden die angebotenen Informationen nur dann nutzen, wenn sie professionell, aktuell und für sie interessant aufbereitet sind – wenn nicht, dann wandern sie in den (elektronischen) Papierkorb. Und wenn es auf Beiträge entsprechendes feed-back gibt.

Alt aber gut: Informationstafel und Mitarbeiterzeitung

Diese beiden Klassiker der internen Kommunikation gehören zur Standardausrüstung informationsbereiter Unternehmen und anderer Institutionen. Und sie eignen sich auch gut dazu, stellvertretend für die Vielzahl an Instrumenten interner PR auf grundsätzliche Überlegungen und Fehler hinzuweisen.

**20 TIPS
FÜR DIE HERAUSGABE
EINER MITARBEITERZEITUNG**

1.

Bei dem Begriff Mitarbeiterzeitung soll das Schwergewicht auf dem Wortteil »Mitarbeiter« liegen. *Werks-* und *Betriebs*zeitungen sind Schnee von gestern. Wer will, daß seine Mitarbeiter die Zeitung lesen, der muß sie mit den Mitarbeitern und nicht für die Mitarbeiter machen.

2.

Das bedeutet: Unabhängigkeit der Redaktion von der Leitung (Redaktionsstatut), ein selbständig arbeitendes Redaktionsteam, Schluß mit Lobhudelei, Zensur durch die Führungsspitze und zahlreichen Fotos des Generaldirektors in einer Nummer. Es bedeutet aber auch den Mut zum Anfassen heißer Eisen.

3.

Eine Mitarbeiterzeitung kann nur ein Segment der internen Kommunikation ausfüllen. Sie ist kein Ersatz für andere notwendige Maßnahmen, und schon gar kein Feigenblatt für Informationsunlust.

4.

Die Mitarbeiterzeitung als Teil der PR muß die Corporate Identity der Institution transportieren, sowohl inhaltlich als auch in der optischen Aufmachung – selbst wenn sie einfachst gestaltet ist.

5.

Die Mitarbeiterzeitung braucht einen originellen und griffigen Titel. »XY-News« ist da sicher nicht der Hit.

6.

Die Zeitung sollte zumindest einmal im Monat erscheinen, sonst kann man gleich ein Jahrbuch daraus machen.

7.

Die Zeitung sollte an die Wohnadresse geschickt werden. Dort haben die Mitarbeiter eher Zeit zum Lesen, und überdies erreicht man damit die gesamte Familie samt Anhang. Die Nachbarin wird so zur Meinungsbildnerin, wenn sie weiß, was im Betrieb des Herrn Huber von nebenan vor sich geht.

8.

Die Zeitung sollte auch an die Pensionisten und eventuell sogar an Geschäftsfreunde, Aktionäre und andere Teilöffentlichkeiten verschickt werden. Trotzdem soll aus ihr kein Zwitter aus Mitarbeiter- und Kundenpublikation werden.

9.

Sündteure Hochglanzprodukte haben Nachrang gegenüber einfach, aber aktuell und informativ gemachten Billigversionen. Lieber öfter und simpel als selten und protzig!

10.

Für Gestaltung und Redaktion braucht man entweder Profis oder hauseigene verborgene Genies, die gestalten, recherchieren, schreiben und produzieren können.

11.

Wer immer die Zeitung macht, muß in den hausinternen Informationsfluß eingebunden sein und Zugang zu den wichtigen und interessanten Informationen haben.

12.

Alle im Haus müssen wissen, daß die Führung die Zeitung wünscht! Nur dann werden sie auch zur Mitarbeit und zur Bereitstellung von Informationen bereit sein.

13.

Offenheit nach allen Richtungen! Wer Beiträge liefern könnte, soll dazu ermutigt werden. Dem Betriebsrat und allen Bereichen des Hauses gebührt natürlich Platz für Meinungen.

14.

Für Layout, Gestaltung und Druck braucht man Spezialisten. Versierte Mitarbeiter können aber heutzutage schon viel mit dem Computer im eigenen Haus bewerkstelligen.

15.

Zeitungen müssen journalistisch gemacht sein. Das gilt aber ebenso für die Mitarbeiterzeitung. Die »Schreibe« soll zwar dem Stil des Hauses nicht zuwiderlaufen, muß aber flott, klar und griffig sein. Stinkfade und ellenlange Artikel lesen die Leute nicht – schade ums Geld. Trockene Beiträge von Bürokraten und Technokraten müssen daher – mit deren Sanktus – umgeschrieben werden.

16.

Die Umsetzungstechniken des Personalisierens, Problematisierens, Lokalisierens und Visualisierens (siehe Seite 247 ff.) können auch eine hausinterne Publikation wesentlich aufwerten.

17.

Mit Bildern und Graphiken darf nicht gespart werden. Lieber auf einen Artikel als auf großzügige Fotos verzichten!

18.

Kommentare, Glossen und andere – vielleicht kritische – Meinungselemente kommen gut an und erhöhen die Lesefrequenz. Und interne Personalia sind – falls gut aufgemacht – Renner und dürfen in Mitarbeiterzeitschriften nicht fehlen.

19.

Auf Leserbriefe, Flohmarkt und andere »Servicethemen« (z. B. Steuer- oder Einkaufstips) nicht vergessen!

20.

Das redaktionelle Konzept sollte in etwa lauten:
- Stories aus der Institution (Vorstellen von Mitarbeitern, Abteilungen, Produkten, Verfahren, News aller Art, wirtschaftliche Lage und Erfolge, PR-Aktionen, geplante Aktivitäten, sozialer Bereich [Veranstaltungen, Ereignisse, Sport, Hobbies, Vorschlagswesen, Sozialleistungen, Transparentmachen von internen Zusammenhängen und Fachfragen, Unfallverhütung, Besuche im Haus usw.]);
- Stories aus dem Umfeld der Institution (wirtschaftliche und gesellschaftliche Themen, Gesundheit, Umweltthemen, politische Fragen,

Weltgeschehen, Branchengeschehen, Anrainer, Konkurrenz usw.); Stories zur Unterhaltung und als Lesestoff (Fortsetzungsgeschichte, Senioren- und Jugendseite, Reise, Motor, Witze, Rätsel, Heim und Garten, sonstige Hobbies usw.).

20 TIPS
FÜR DIE KOMMUNIKATIONSTAFEL

1.

»Schwarze Bretter« sind out. Es lebe die hausfarbene Kommunikationstafel!

2.

Auf einer solchen Tafel muß aber auch Kommunikation passieren. Es muß sich etwas tun, die Tafel muß leben.

3.

Dazu muß sie im Haus an einer Stelle angebracht sein, an der alle Mitarbeiter vorbei müssen und dort sogar ein wenig Zeit zum Betrachten haben. Vielleicht vor dem Speisesaal?

4.

Besser als eine Kommunikationstafel sind mehrere Tafeln an verschiedenen Stellen, wenn es sich um eine größere Institution handelt.

5.

Die Tafel muß einen Betreuer haben, der sich täglich um sie kümmert.

6.

Der vorhandene Platz soll thematisch gegliedert sein, z. B. in: Informationen von Geschäftsleitung, Betriebsrat, PR-Abteilung, Mitarbeitern.

7.

Die Tafel muß graphisch gestaltet sein: für bestimmte Themen vorgegebene Plätze, Farben, graphische Symbole.

8.

Es müssen Mechanismen für feed-back-Aktionen der Mitarbeiter und anderer Gruppen des Hauses (Abteilungen, Betriebsrat, Projektgruppen usw.) vorhanden sein: Telefonnummer, e-mail-Adresse, Rätsel zur Beantwortung, Antwortblätter zum Entnehmen, Listen zum Eintragen, eigener Platz zum Hinterlassen von Meinungen und Nachrichten, Bilder und Texte zum Ergänzen usw.

9.

Aktualitätsbezogene Tips und Hinweise (Service): Kochrezept des Tages, Spruch des Tages, Film der Woche, Einkaufstip des Monats usw.

10.

Platz freihalten für Interessengruppen: Sportverein, Stammtischrunde, Schwammerlsucher, Buchfreunde usw.

11.

Die Tafel wird zum Veranstalter: Sie lädt ein zu Betriebsausflügen, organisiert Tennisturniere, ruft zum Theaterbesuch auf, bittet zu einem Abend im Vergnügungspark usw.

12.

Die Tafel hat einen Beschwerde- und einen Vorschlagskasten.

13.

Die Tafel bietet einen Flohmarkt, eine Rabatt-Einkaufsliste, ein Kartenbüro usw.

14.

Die Tafel informiert über Erfolge des Hauses, Pläne der Geschäftsleitung, Vorschläge des Betriebsrates, Aktionen der PR-Abteilung (bevor sie in der Tageszeitung stehen).

15.

An der Tafel kann man einem Behälter neue Publikationen, Flugblätter, Presseaussendungen und dergleichen entnehmen.

16.

Die Tafel schreibt Zeichen- und Fotowettbewerbe aus, gibt Rätsel zum Lösen auf.

17.

Auf der Tafel werden neue MitarbeiterInnen mit Foto und Kurzbiographie vorgestellt.

18.

Auf der Tafel geben MitarbeiterInnen ihre Geheimnisse preis: Kochrezepte, die schönste Wanderung, eigene Gedichte usw.

19.

Auf der Tafel hängt ein Tages-Stimmungsbarometer, in das sich jeder eintragen kann. Die Summe ergibt das aktuelle Betriebsklima.

20.

Abgesehen von den Ideen und der Betreuungsarbeit, ist eine solche Kommunikationstafel ein sehr billiges Medium. Man kann damit vielleicht mehr erreichen als mit teuren Hochglanzbroschüren. Nur mit einem darf man nicht rechnen: Daß die MitarbeiterInnen von heute auf morgen enthusiastisch mitmachen.

Das gilt übrigens für die gesamte interne Kommunikation: Geduld bringt Rosen.

Medienarbeit

Die Massenmedien

Zwar lassen sich auch Diktiergeräte, Telefon, Amateurfunk oder Gemälde zu den Medien im weiteren Sinn zählen, in der Öffentlichkeitsarbeit werden aber in erster Linie folgende Massenmedien (das sind Medien mit Massenproduktion und Massenverbreitung) als Dialoggruppen – mit dem Ziel, dadurch weitere Teilöffentlichkeiten zu erreichen – angesprochen:

1. Printmedien

- Tages-, Wochen-, Monatszeitungen
- Magazine
- Illustrierte
- Fachzeitungen (z. B. Sportzeitungen)
- Zeitschriften
- Fachzeitschriften (dazu zählen auch Mitarbeiter- und Kundenzeitschriften, Zeitschriften von Vereinen und Organisationen, Branchenzeitschriften, special-interest-Zeitschriften usw.)
- Presse- (Medien-) und Informationsdienste (von Firmen, Interessenvertretungen, Verbänden, politischen Parteien, Vereinen, Nachrichtenagenturen usw.)
- Nachrichtendienste (herausgegeben von Nachrichtenagenturen)
- Foto- und Graphikdienste (herausgegeben von spezialisierten Agenturen, Firmen, Interessenvertretungen usw.)

Im weiteren Sinn sind zu den Printmedien zu zählen:

- Flugblätter
- Bücher
- Kataloge, Jahrbücher
- Rechenschaftsberichte, Jubiläumsschriften
- Postwurfmaterial, Direct Mail
- Plakate, Poster
  usw.

2. Elektronische Medien

- Fernsehen (Kabel, Satelliten)
- Hörfunk
- CD-ROM, CD-i, DVD
- Dia- und Tondiaschau (Multivision)
- Tonwiedergabe (Platte, Tonband, Kassette)
- Film
- Video
- Bildplatte

»Neue« Medien:

- Internet
- Online-Dienste
- Teletext

Die österreichische Medienlandschaft

Medienunternehmen haben es nicht leicht in einem kleinen Land wie Österreich. Der kleine Markt, die rechtlichen und wirtschaftlichen Rahmenbedingungen und nicht zuletzt die »österreichische Seele« sind für die Charakteristika verantwortlich, die die alpenländische Medienlandschaft auszeichnen:

- Ein starker Overflow, insbesondere bei Magazinen, Illustrierten und TV, vornehmlich aus Deutschland.
- Wesentliche Einflüsse ausländischer, vor allem deutscher Medienkonzerne im Printbereich, in Zukunft wahrscheinlich auch im elektronischen Sektor.
- Eine hohe Medienkonzentration: im Printbereich vor allem durch die Vormachtstellung der Kronen-Zeitung, die in Relation zur Einwohnerzahl die größte Tageszeitung der Welt ist, im elektronischen Sektor – noch – in Form des Rundfunkmonopols beim terrestrischen Fernsehen durch die Gesetzgebung.
- Daneben einige starke regionale Tageszeitungen (die zum Teil nach Überregionalisierung streben, im Gegensatz zum ORF und den großen Wiener Tageszeitungen, denen es z. T. nach Regiona-

lisierung gelüstet), sowie eine vielfältige, zum Teil sogar recht lukrative Landschaft von special-interest-Druckerzeugnissen.
- Die Aufweichung des »Fernsehmonopols« durch neue Medien, wie Kabel- und Satelliten-TV, und das Hereinstrahlen von Radio- und Fernsehsendern von jenseits der österreichischen Grenzen. Im Hörfunkbereich existierten 1999 bereits an die 40 Regional- bzw. Lokalsender mit zum Teil spektakulären Erfolgen und Flops.
- Eine insgesamt – bei Weglassung der paar Großen – jedoch eher ärmliche Struktur, die trotz etlicher Neugründungen trotzdem das Gegenteil von Medienvielfalt darstellt. Obwohl die Werbeeinnahmen der meisten Medien in den neunziger Jahren deutlich gewachsen sind, ist in vielen Fällen keine fundierte finanzielle Basis vorhanden. Viele Medien sind auf öffentliche Gelder angewiesen, eine breitangelegte Ausbildung für Journalisten wird fast nirgends geboten. Unterbesetzte und nicht immer professionell arbeitende Redaktionen sind in manchen Printmedien der Alltag.
- Das Aussterben der Parteizeitungen.
- Eine erfreuliche Blüte von Zeitgeist-, Wertewandel- und politischen Magazinen.
- Eine in vielen Fällen starke Vermengung von redaktioneller Berichterstattung mit kommerziellen Interessen: Die »Infomercials«, also bezahlte, redaktionell gestaltete Einschaltungen, sind trotz gesetzlicher Vorschriften im Vormarsch; bei den Fernseh- und Rundfunkanstalten nehmen Beiträge, die von außen Produktionskostenbeiträge erhalten (product placement), und gesponserte Sendungen zu.
- Einer knappen Zwanzigschaft an Tageszeitungen stehen Tausende sonstige, regelmäßig erscheinende Printmedien gegenüber, vom kleinen Regionalblatt über die Branchengazette bis zur Firmenzeitung.

Interessant auch, daß die Auflagenziffer der österreichischen Tageszeitungen nach 1945 im Gefolge des großen Zeitungssterbens kontinuierlich von insgesamt 2,5 auf 1,2 Millionen Exemplare im Jahr 1955 gesunken ist. Aber just ab diesem Jahr, das nicht nur den Staatsvertrag, sondern auch die Einführung des Fernsehens gebracht hat, ging es wieder bergauf. Bis zum Ende des Jahrtausends wurde die Marke von 3 Millionen Exemplaren überschritten.

Apropos ORF: Wer weiß schon, daß der meistgehörte Radiosender Ö2 ist, Ö3 knapp dahinter rangiert und Ö1 zwar ein relatives Reichweiten-Schattendasein fristet, jedoch als Qualitätsradio im internationalen Vergleich mit etwa 5% Reichweite sehr gut abschneidet. Daß im Schnitt um die 3,5 Millionen Österreicher täglich ORF1 und rund 2,3 Millionen ORF2 sehen, was bedeutet, daß Otto Normalverbraucher täglich etwa 2,5 Stunden vor dem Fernsehapparat sitzt.

Wer wirklich für die Planung und Bewertung seiner PR-Arbeit Detailinformationen benötigt, dem steht das nötige Handwerkszeug in Form von Handbüchern, Mediaanalysen und dergleichen zur Verfügung. Dazu einige Quellenangaben:

Mediaanalyse: Verein Arbeitsgemeinschaft Media-Analysen
ÖVA (Österreichische Verbraucher-Analyse): IMAS
FESA (Fachzeitschriften-Empfänger-Struktur-Analyse): Gallup
Business-to-Business-Monitor (Branchen-Kommunikationsverhalten)
ROLLMA: IMAS
LIFE-STYLE: Fessel
LAE (Leseranalyse Entscheidungsträger): Fessel
Teletest (Seherforschung): Fessel und IFES
Radiotest (Hörerforschung): Fessel und IFES
ÖAK (Österreichische Auflagenkontrolle)

PRESSEHANDBUCH – Medien und Werbung in Österreich
(erscheint jährlich) Wien: Verband österreichischer Zeitungsherausgeber und Zeitungsverleger

MASSENMEDIEN IN ÖSTERREICH Medienberichte I–III.
Institut für Publizistik und Kommunikationswissenschaft der Universität Salzburg. Wien. Internationale Publikationen Ges.m.b.H. 1993

WERBE-ALMANACH – Agenturkundenverzeichnis – die wichtigsten Medien Österreichs; die größten Auftraggeber der Werbebranche. (erscheint jährlich) Wien: Manstein Medien Verlag

ÖSTERREICHISCHER JOURNALISTENINDEX
(erscheint halbjährlich) Wien: Verlag Dkfm. Peter Hoffer

Spezialfall Nachrichtenagentur

In der Praxis haben sich viele Nachrichtenagenturen längst von ihrer ursprünglichen Unternehmensaufgabe, nämlich dem Sammeln und Verteilen von Nachrichten, emanzipiert. Sie haben zusätzliche Geschäftsbereiche übernommen und sind in einzelnen Fällen zu weitverzweigten Medienunternehmen geworden.

Ein gutes Beispiel dafür ist die Austria Presse Agentur, kurz APA. Nach dem Zweiten Weltkrieg von den österreichischen Tageszeitungen als Genossenschaftseinrichtung gegründet, zählt heute auch der ORF zu den Genossenschaften. Nicht jedoch einige wenige Tageszeitungen, darunter die Kronen-Zeitung, ein Umstand, der bei der Medienarbeit über das »1. Netz« der APA berücksichtigt werden muß. Hauptaufgabe auch dieser Nachrichtenagentur ist einerseits die Beschaffung, Selektion und Verteilung der Informationen aus aller Welt für die österreichischen Abnehmer. Bedenkt man, daß weltweit täglich von rund 200 Nachrichtenagenturen Text im Umfang von einigen 100.000 Worten angeboten wird, ist dies ein Riesenunterfangen. Umgekehrt wird natürlich das internationale Nachrichtennetz auch mit Informationen aus Österreich versorgt.

Unter der Dachmarke APA firmiert eine breite Palette von interaktiven Informationslösungen. Darüber hinaus werden eine Reihe von Selektions-, Branchen- und Servicediensten angeboten.

APA-Basisdienst
Das ist die redaktionelle Berichterstattung der APA. Jährlich werden über 180.000 Meldungen, 8000 Bilder und 1500 Graphiken aus den Ressorts Außenpolitik, Innenpolitik, Wirtschaft, Chronik, Kultur/Wissenschaft/Bildung und Sport verbreitet. Ein hoher Anteil der täglich über 500 Meldungen geht auf aktive Eigenrecherchen der APA-Journalisten zurück.

OTS (Originaltext-Service)
Der Originaltext-Service der APA ist ein Kommunikations-Medium zur Verbreitung von Informationen in Eigendarstellung. Unter Eigenverantwortung des Aussenders gehen Texte, Bilder, Graphiken oder Audio-Files online an Redaktionen und maßgebliche Stellen aus Politik und Wirtschaft.

OTS-International
verbreitet Presseaussendungen unter inhaltlicher Eigenverantwortung auch weltweit. Dieser Service umfaßt die Übersetzung der jeweiligen Texte in die Landessprache sowie die Übermittlung in die Redaktionen des jeweiligen Landes.

OBS (Originalbild-Service):
Der Originalbild-Service (OBS) der APA bringt mediengerechte Bilder in die Redaktionen. Die APA übernimmt sowohl Bildfiles als auch Papierbilder.

OTS-Audio
Die Audio-Dienste der APA basieren auf einer technischen Plattform für die Verbreitung von Tondokumenten. Radio-Machern stehen hier periodische Dienste wie Wetter- und Verkehrsnachrichten ebenso zur Verfügung wie OTS-Audio-Beiträge. OTS-Audio bietet sowohl Direkteinsendern von Tonbeiträgen als auch Kunden, die über keinen eigenen Schnittplatz verfügen, die Möglichkeit, Rundfunkstationen ihr Audio-Material zur Verfügung zu stellen.

OTS-Web
Bringt Presseaussendungen ins World Wide Web und ermöglicht damit zusätzlich zu einer Aussendung via OTS eine noch größere Verbreitung von Orginaltexten. Erreichbar im Internet unter http://www.ots.apa.at.

APA-Termindienst
Die APA bietet mit ihrem Terminservice genaue Zielgruppenansprache.

APA-Dok
Die Informationsdatenbank der APA hat ihre Schwerpunkte in Innen- und Außenpolitik, Wirtschaft, Chronik, Kultur, Sport, Medien, Wissenschaft und Forschung. Täglich fließen jeweils mehr als 500 Berichte in diese Datenbank.

APA-OnlineManager
Durch die Integration von »Echtzeitinformation« und »Datenbankinformation« wird Recherchieren leicht gemacht. Individuelle Einstellungen erlauben es jedem User, relevante Informationen nach seinen Bedürfnissen abzurufen.

APA-Host
Wenn sich jemand über einen Markt informieren möchte, den er noch nicht kennt, oder mehr über einen künftigen Geschäftspartner und dessen Unternehmen Bescheid wissen will, oder ein Thema umfassend »ausrecherchiert«, kann er sich dieses Datenbankpools bedienen.

Ferner werden Zeitungsdatenbanken, Firmen- und Wirschaftsdatenbanken sowie Fach- und Branchendatenbanken (zu den Bereichen Wissenschaft & Bildung, Telekommunikation, APA-Journale online, Termine, Pharmig APAmed) angeboten.

Gateways
Die direkte Verbindung zu internationalen Datenbankanbietern.

APA-Finanz-Manager
Dieser Dienst ist auf die Bedürfnisse österreichischer Treasurer und Investor Relations-Spezialisten zugeschnitten.
  Weitere Seviceleistungen: VWD-Online – internationales Wirtschaftsnachrichtenprogramm, APA-Ost-Eco – das Marketinformationssystem über Ost- und Südeuropa, APA-Select – Medienbeobachtung und Informationsanlieferung nach Maß, APA-Online-Pressespiegel als Unterstützung für Presse- und Dokumentationsarbeit, APA- Journale – hochspezialisierte Fachblätter für rund 30 Themen, APA-1-2-3-Recherscheservice.

APA-Infodesign
Es werden sowohl aktuelle Info-Graphiken als auch Auftrags-Graphiken produziert. Zusätzlich werden bei wichtigen Ereignissen interaktive multimediale Info-Boxen angeboten.

APA-World
Diese elektronische Landkartensammlung für Profis besteht aus drei CD-ROMs mit Weltkarten, Länderkarten und einer Österreich-Karte.

APA-Bild
Das ist die Bilddatenbank der APA. Täglich fließen rund 120 neue Bilder in diese Datenbank ein.

WWW-News
Es werden WWW-Spezialnachrichtenprogramme für den Einsatz auf Homepages von Online-Diensten rund um die Uhr angeboten.

APA-WebFactory
Angebot von Know-how für den Internet/Intranet-Auftritt.

Internationale Nachrichtenagenturen
Je nach Gesellschaftsform haben Staaten entweder in der öffentlichen Verwaltung integrierte »offizielle« oder privatwirtschaftlich organisierte Nachrichtenagenturen, manchmal auch beides. International tätige Nachrichtenagenturen betreiben Niederlassungen in zahlreichen Ländern. So ist etwa Wien Sitz zahlreicher ausländischer Agenturen, nicht zuletzt auch wegen der internationalen Organisationen, die hier ihren Sitz haben, und wegen der Ost-West-Drehscheibenfunktion.

Jedenfalls spielen Nachrichtenagenturen im Konzert der PR-Arbeit eine wesentliche Rolle, und jeder, der Medienarbeit professionell betreiben möchte, tut gut daran, zu diesen Spezialisten enge Kontakte aufzubauen.

Die redaktionelle Gliederung

Viele der Massenmedien, insbesondere Tageszeitungen, Magazine sowie Fernseh- und Hörfunkanstalten, verfügen über mehrere Redaktionen, die für bestimmte Themen und Themengruppen zuständig sind. Im Printmedium wird diese redaktionelle Gliederung an der Einteilung der Seiten bzw. Spalten erkennbar. Über die einzelnen Redaktionen in den Medien sowie deren jeweilige personelle Besetzung informiert zu sein, gehört zum Handwerkszeug erfolgreicher Medienarbeit.

Die wichtigsten Redaktionen bzw. Sachbereiche:
- Chefredaktion
- Außenpolitik
- Innenpolitik
- Wirtschaft
- Kultur
- Sport
- Chronik (Lokales, Vermischtes)
- Wissenschaft
- Technik
- Kraftfahrzeuge (Motor)

- Freizeit und Reise
- Gesundheit
- Senioren
- Jugend
- Frau
- Hobbies (Schach, Briefmarken usw.)
- Wohnen, Essen, besser Leben, ...
- Unterhaltung, Witze, Rätsel
- Bildredaktion
- Wetter
- Kolumnen: medieneigene Kolumnisten, Pfarrer, sonstige Meinungsbildner, Fremdbeiträge von Fachleuten
- Leitartikel
- Reportage und Feature
- Mode
- EDV
- Problemlösungen (Ombudsmann)
- Gesellschaft
- Religion
- Tiere
- Leserbriefe
  u. a.

Diese Aufzählung ist nur als Beispiel gedacht und beinhaltet etliche Überschneidungen. Oft sind mehrere Themenkreise in einer Redaktion beheimatet, in manchen Medien (z. B. Fachmedien) wird ein Themenkreis noch weiter in Fachbereiche unterteilt. In obiger Aufstellung finden sich auch journalistische Bereiche, die in einzelnen Medien interdisziplinäre eigene Redaktionen besitzen (z. B. Feature-Redaktion im ORF).

Für jeden PR-Treibenden ist die Kenntnis der redaktionellen Struktur der für ihn relevanten Medien sehr wichtig. Er muß quasi die Medienlandschaft nach den für ihn wichtigen Sachgebieten und Redaktionen durchforsten. Als Hilfsmittel stehen hier verschiedene Verzeichnisse und Handbücher zur Verfügung. (Siehe Seite 246)

Wird mit professioneller Medienarbeit erst begonnen, so ist es sinnvoll, sich die Vielzahl vorhandener Medien, Redaktionen und Redaktionsteile vorzunehmen und festzustellen, welche von ihnen für die eigene Kommunikation überhaupt in Frage kommen. Danach kann immer noch die Festlegung von Prioritäten erfolgen.

Journalisten sind Menschen wie du und ich

Journalisten haben für Nicht-Journalisten eine seltsame Doppelgesichtigkeit: Fallweise werden sie als mächtige, nachahmenswerte und bewunderungswürdige Persönlichkeiten erlebt, denen selbst hochdekorierte Unternehmensführer, Politiker und andere Macher den roten Teppich ausrollen. Ein andermal wieder werden sie als ungebildete Schreiberlinge, als »Journaille«, Skandalisierer und zu meidende Schlüssellochspione mit abwegigen Moralvorstellungen abqualifiziert.

Offenbar polarisiert sich speziell beim Journalisten das Rollenbild, je nachdem was sein Gegenüber von ihm erwartet.

Ja, ja, es stimmt schon: Politiker und Journalisten sind zwei Berufsgruppen, die enorm viel Macht haben, aber keine eigene Ausbildung für diese Profession nachweisen müssen. Aber muß das gleich heißen, daß Publizisten gescheiterte Existenzen oder Schlitzohren sind?

Gewiß, es mangelt meist an der spezifischen Fachausbildung, viele junge Medienleute werden oft viel zu früh ins Feuer der Berichterstattung geschickt, und auch mit der Moral steht es nicht immer zum besten. Aber ist es nicht in jedem anderen Beruf ähnlich? Gibt es nicht auch gute und weniger gute Rechtsanwälte, anständige und weniger anständige Elektriker?

Nun kann man einwenden, daß gerade der Journalistenberuf mit seiner hohen Verantwortung und weitgehenden Machtfülle einer besonderen Ausbildung und Selektion bedürfe. Aber dem steht das Grundgesetz von der Meinungsfreiheit der Presse und der Unabhängigkeit der Journalisten gegenüber, was immer das bedeuten mag.

Also müssen sich jene Staatsformen, die die Demokratie zu ihrem Prinzip erhoben haben, mit dem freien Journalismus zurechtfinden und jene Nachteile, die sich daraus vielleicht ergeben – und die sicherlich weit geringer sind als die Nachteile von Diktatur und Zensur –, unter Folgekosten der demokratisch-freiheitlichen Ordnung verbuchen.

Freilich, wenn journalistische Unzulänglichkeit oder gar Bosheit eine schuldlose Institution oder Person trifft, dann ist das Recht der freien Meinungsäußerung für den Geschädigten nur ein schwacher

Trost. Aber eines muß gesagt sein: Der überwiegende Teil journalistischer Fehlleistungen ist zumindest sekundär auf das Fehlverhalten oder das mangelnde PR-Verständnis der Informanten zurückzuführen. Viele Mißverständnisse, Falschmeldungen und Fehlinterpretationen könnten verhindert werden, würde der Informationsgeber das Einmaleins der Medienarbeit beherrschen.

Toleranz gehört dazu

Das beginnt schon damit, daß Journalisten als Menschen und Dialogpartner und nicht als Gegner oder Bittsteller behandelt werden sollen. Und daß man ihnen zugesteht, meist über einen viel geringeren Wissensstand zu verfügen als der Informant. Und daß man sie schließlich ihr mangelndes Wissen nicht kaltschnäuzig spüren läßt, sondern ihnen auf menschliche Art und Weise bei ihrer Arbeit behilflich ist.

Ebenso muß man akzeptieren, daß Journalisten nicht Hofberichterstatter und Werbeträger sein können, sondern in erster Linie an aktueller, für ihr Leserpublikum wichtiger Information interessiert sind.

Informanten haben zur Kenntnis zu nehmen, daß Journalisten sehr oft unter enormem Zeitdruck stehen und daher in der Behandlung vorgezogen werden müssen. Eine noch so gute Information am Tag danach ist für den Tageszeitungsjournalisten meist wert- und sinnlos.

Es ist ferner in Rechnung zu stellen, daß Journalisten oft an einem einzigen Tag mit mehreren schwierigen Materien umzugehen haben und daher vielleicht »dumm« fragen oder eine andere, in ihren Augen wichtigere Story der eigenen vorziehen.

Auf keinen Fall soll mit Fachausdrücken herumgeschmissen werden, weil der Journalist ja zur Profession des Informanten oft keinen direkten Zugang hat.

Und schließlich gehört zum Umgang mit Journalisten auch eine gehörige Portion Toleranz, insbesondere dann, wenn Medienleute uninformiert, lästig oder eitel sind. Alle diese Eigenschaften gibt es aber, wie gesagt, in allen anderen Berufen auch.

Also sollte der Herr Generaldirektor, der am Tag nach seinem Interview die Zeitung auf- und die Hände über dem Kopf zusammenschlägt, weil besagter Artikel mit seinen Erwartungen nicht das geringste zu tun hat, zuerst einmal Selbstkritik üben und nicht gleich lauthals auf »die Journaille« schimpfen. Hat er vielleicht nicht den unterschiedlichen Wissensstand des Journalisten bedacht oder diesen mit einem Schwall verkaufsorientierter, für ihn jedoch völlig uninteressanter Informationen zugedeckt?

Wenn Personen mit unterschiedlicher Ausbildung, unterschiedlichem Wissensstand, differentem Wortschatz und vielleicht auch unterschiedlicher Intelligenz Kommunikation betreiben, dann gibt es nur zwei Möglichkeiten: Der, der zu informieren hat und dem anderen in seinem Wissen und seinen Ausdrucksformen überlegen ist, kann

a) sich auf das Niveau des anderen herunterbegeben, damit ihn dieser verstehen kann, oder

b) den anderen auf sein Niveau hinaufbringen.

Beides ist im Rahmen der PR- und der Medienarbeit möglich. Wählt man Variante a), dann muß man sich in Sprache, Informationsinhalt, Ausdrucksweise usw. dem Niveau seines Gegenübers anpassen, wozu freilich Fingerspitzengefühl und Takt notwendig sind. Manchmal legt man das Niveau sogar noch um eine Stufe tiefer, damit die Informationen ja richtig ankommen. Entscheidet man sich für Variante b), dann kann man Journalisten im Lauf der Zeit durch Hintergrundgespräche, Kolloquien, Vorträge, schriftliches Informationsmaterial und viele andere Kommunikationsmaßnahmen fachlich weiterbilden und so sukzessive zu kompetenten Gesprächspartnern machen. Es gibt Journalisten, die sich in Fachbereichen ein so hohes Know-how angeeignet haben, daß Brancheninsider von ihnen lernen könnten.

Warum soll man also mit Journalisten anders umgehen als mit anderen ernstzunehmenden Gesprächspartnern? Warum ist es angeblich so schwierig, mit Publizisten Kontakt aufzunehmen? Antwort: Weil meist viel zu umständlich und kompliziert gedacht und nicht der einfachste Weg, etwa der Satz: »Ich möchte gerne mit Ihnen einen Kaffee trinken«, gewählt wird.

Journalisten sind weder Ungeheuer noch Übermenschen. Sie üben bloß einen recht seltsamen Beruf aus, werden da geachtet, dort geächtet, stehen meist unter unbändigem Streß und haben Schrullen und Fehler wie du und ich.

Warum also sie nicht nehmen, wie sie sind, und sich das Knowhow ihres Berufes aneignen, um möglichst friktionsfrei mit ihnen kommunizieren zu können?

Sind Journalisten korrumpierbar?

Eine klare Antwort auf eine klare Frage: So viel und so wenig wie andere ernstzunehmende Berufsgruppen auch.

Das Problem bei dieser Fragestellung steckt aber im Detail. Wenn man einen Journalisten zu einem Informations-Mittagessen in ein Hauben-Restaurant einlädt: Ist das schon eine unzulässige Beeinflussung seiner Schreibweise? Handelt es sich um einen gutverdienenden Publizisten, dann kann das wohl ausgeschlossen werden (sonst müßte man ja jedes Geschäftsessen als Bestechungsversuch qualifizieren). Ist der Eingeladene aber ein freier Mitarbeiter, der bei einem kargen Zeilenhonorar am Hungertuch nagt, dann mag diese Frage schon eher Berechtigung haben.

Ähnlich verhält es sich mit Präsenten bei Pressekonferenzen, mit Weihnachtsgeschenken und anderen Symbolen der Wertschätzung: Was rechtens und moralisch legitim ist, bestimmen letztendlich der gesunde Menschenverstand, das Fingerspitzengefühl und die charakterliche Standfestigkeit auf beiden Seiten.

Es gibt Journalisten, die es ablehnen, bei Pressekonferenzen Schreibutensilien geschenkt zu bekommen, weil sie sich ansonsten nicht mehr voll unabhängig fühlen würden. Und es gibt Journalisten, die ohne Gewissensbisse wochenlang auf »Testurlaub« fahren – und dann trotzdem negativ über den Veranstalter berichten, weil sie sich durch eine derartige Einladung nicht korrumpieren lassen.

Dazwischen liegen Welten. Geschichten über Lustreisen in ferne Kontinente wegen der Vorstellung einer neuen Autotype oder über überdimensionierte Warengutscheine bei Produktpräsentationen werden wohlfeil gehandelt und mögen auch da und dort stimmen.

Für seriöse PR- und Pressearbeit kann freilich nur ein Leitspruch gelten: Man halte sich an jene Medienvertreter, die derartige Praktiken ablehnen – sie sind zahlreicher, als man glaubt! Und in der eigenen Einladungs- und Präsentepraxis Maß und Ziel halten! Hier gilt die Regel »Quantität durch Kreativität ersetzen« ganz besonders.

Geschenke an Journalisten zu Weihnachten, bei Presseveranstaltungen oder bei engerem Kontakt auch zum Geburtstag sollten vom Wert her Bagatellbeträge nicht übersteigen. Kreativität und Einfallsreichtum sind hierbei hingegen in großem Maße gefragt.

Apropos Kreativität. Diese für einen PR-Spezialisten unerläßliche

Eigenschaft kann man auch erlernen, zumindest bis zu einem gewissen Grad. Es gibt eine Reihe von Techniken, durch die man Kreativität fördern und aktivieren kann – z. B. Brainstorming- oder Matrix-Verfahren. Eine entsprechende Ausbildung kann dem PR-Praktiker hier sehr viel weiterhelfen, ähnlich wie die Absolvierung von Seminaren in Rhetorik, schriftlicher Kommunikation oder Planungstechnik.

Als ich im Rahmen meiner Medienarbeit einmal zu Weihnachten an Journalisten Bücher verschenkte, die allerdings leere Seiten hatten und den Titel »Gedanken eines kritischen Zeitgenossen« trugen, mit dem Namen des jeweiligen Journalisten quasi als Autor – insgesamt also nichts anderes als eine besondere Art von Notizbuch –, konnte ein renommierter Wirtschaftspublizist nicht umhin, in seinem Wochenblatt darüber in Lobesworten zu berichten.

Wer über die kleinen Vorlieben und Hobbies eines Journalisten, zu dem persönlicher Kontakt besteht, Bescheid weiß, kann schon mit einer Winzigkeit große Freude machen. Und warum soll man als kleines Pressegeschenk nicht etwas aussuchen, das zur eigenen Institution oder zum behandelten Themenkreis irgendwie Bezug hat?

Die sogenannten Journalisten, die damit nicht zufrieden sind oder gar nur zu solchen Veranstaltungen gehen, wo es wertvolle Pressegeschenke abzuholen gibt, sollte man ohnehin meiden. Diese Spezies von Publizisten ist auch meist nicht die, die in der Redaktion das große Sagen hat.

Natürlich ist die Großzügigkeit Journalisten gegenüber von Sparte zu Sparte verschieden. Im Reise- oder Motorjournalismus mag es schon ein wenig generöser zugehen als etwa im Kulturbereich. Aber wer kann schon über das Innenleben eines Autos berichten, ohne eine Zeitlang damit herumkutschiert zu sein? Dafür brauchen sich aber Kulturjournalisten nicht über den Mangel an Opernkarten zu beklagen, und Wirtschaftsjournalisten haben schon dann und wann die Möglichkeit, die eine oder andere Ware zu Sonderkonditionen zu erwerben. Gleiches ließe sich über die Sparten Sport oder Innenpolitik, Mode oder Wissenschaft berichten.

Bloß: Ob sich Journalisten durch solche Offerte in ihrer Schreibe beeinflussen lassen, ist primär Sache ihres Charakters und ihres beruflichen Ethos. Und seriöse Öffentlichkeitsarbeit hat die Aufgabe, derartige Gewissenskonflikte erst gar nicht aufkommen zu lassen.

Bad news are good news – stimmt das wirklich?

Bei PR-Skeptikern ist es ein immer wiederkehrender Stehsatz: »Die Journalisten sind ohnehin nur an negativen Meldungen interessiert.« Diese Behauptung ist nicht nur ungerecht, sie ist auch falsch. Richtig ist vielmehr: Die Journalisten sind an *seltenen* Ereignissen interessiert.

Und weil Negatives und Kontroversielles eben seltener ist als das Normale, das Übliche, also das Tagtägliche und oftmals Positive, berichten Journalisten gern über Negatives.

Das ist so wie mit Krankheiten. Sie fallen auf, wenn man sie hat. Wenn jemand jahrelang gesund ist, bietet das wenig Gesprächsstoff. Wenn pro Woche auf Österreichs Straßen 30 Menschen an Verkehrsunfällen sterben, regt das niemanden mehr auf. Aber wenn ein Lkw eine Hausmauer zertrümmert und im angrenzenden Schlafzimmer ein Ehepaar aus den Betten schleudert, dann macht das Schlagzeilen.

Weil es eben selten passiert.

Können Sie sich vorstellen, daß die folgende Meldung – »Herr Huber fuhr am Donnerstag in die Arbeit. Dazu benützte er die Straßenbahn.« – in der Zeitung erscheint?

Nein? Na also.

Gut für den Journalisten ist also alles, was selten ist, was aktuell ist, was neu ist, was kontroversiell ist, was betroffen macht, was ausgefallen ist. Und was die Konkurrenz mangels Information nicht berichten kann, für ihn also exklusiv ist.

Alle diese Regeln sollte sich der mit Journalisten in Kontakt Tretende gut merken. Jedoch: Selten, neu, aktuell, ausgefallen, kontroversiell und exklusiv soll es für den Journalisten respektive dessen Leser, nicht aber für den Absender der Botschaft sein! Da gilt noch immer die alte Weisheit, wonach der Köder nicht dem Angler, sondern dem Fisch schmecken muß.

Wenn es also einer Branche besonders schlecht geht, dann wird ein Betrieb mit Umsatzsteigerungen für die Medien durchaus interessant sein. Und wenn es einem Krisenmanager gelungen ist, aus einem Pleiteunternehmen einen respektablen Cash-flow herauszuholen, dann wird der Wirtschaftsjournalist gerne eine Erfolgsstory daraus machen.

Oder nehmen wir die Kulturberichterstattung. Da wird doch auch über gelungene Premieren und gutbesuchte Vernissagen berichtet.

Oft sind es für den Informationsgeber unbedeutende Kleinigkeiten, die dem kundigen Journalisten durchaus ins Auge stechen. Wie oft wird etwa in Wirtschaftsmagazinen über Kleinbetriebe berichtet, nur weil sie ein ungewöhnliches Ostgeschäft gemacht oder einen Bestandteil für eine Mondrakete geliefert haben.

Oft genügt auch das Engagement eines neuen Managers oder die Kooperation mit einem Branchenmulti, um ohne Seitenhiebe in die Druckspalten zu kommen.

Wie gesagt: Wenn selten, neu, aktuell, ungewöhnlich, kontroversiell, emotional und möglichst exklusiv, dann bestehen Chancen für Journalisteninteresse, auch wenn der Absender kein Großer und kein Regierungspolitiker ist.

Mehr Hintergrundberichterstattung

Im übrigen hat der Trend zur Magazinberichterstattung nicht nur Enthüllungs- und Skandalgeschichten mit sich gebracht, sondern auch eine Ausweitung sonstiger Hintergrundartikel. In der Wirtschaftsberichterstattung etwa ging mit dieser Entwicklung ein Trend zur Erklärung wirtschaftlicher Zusammenhänge und zu Berichten über erfolgreiche Branchen und Unternehmen einher. Betriebs- und Volkswirtschaft werden heute bürgernah vermittelt und als Teil der Gesamtpolitik behandelt.

Die Chancen für positive Medienarbeit von Unternehmen, von öffentlicher Verwaltung und von wirtschaftsnahen Institutionen sind dadurch größer geworden, werden aber nur von einem Teil der Betroffenen genutzt.

Im übrigen liegt es sehr am Informationsgeber, ob der Journalist eine Story mehr im Positiven oder im Negativen ansiedelt. Offenheit, entgegengebrachtes Vertrauen und menschliche Nähe können neben sauberen, strukturierten und mediengerechten Informationen wesentlich dazu beitragen, Akzeptanz und Wertschätzung beim Journalisten zu erringen – was jenseits jeglicher Korrumpierung auch auf den Inhalt der Berichterstattung abfärben wird.

Und wenn man einmal Pech hat und auf einen Haxelbeißer trifft, was gelegentlich vorkommen soll, dann heißt es Toleranz beweisen. Denn negative Überraschungen erlebt man überall – auch wenn es auf der Seite einer Zeitung oder auf dem Fernsehschirm besonders weh tut.

Was tun gegen journalistische Fehlleistungen und Falschmeldungen?

Eine falsche Gewinnziffer im Wirtschaftsbericht; ein völlig verdreht wiedergegebenes Zitat; die Verwechslung von zwei Firmennamen; oder gar eine Falschmeldung, die zum Verlust eines großen Auftrages führt: alles schon dagewesene Fehlleistungen von Journalisten.

In einem solchen Fall kann man nur eines empfehlen: Zuerst einmal zurücklehnen und tief durchatmen.

Denn jede Panikreaktion wird unter dem Strich Nachteile bringen. Man unterlasse also:

- die wüste Beschimpfung des Journalisten;
- das Donnerwetter beim Chefredakteur;
- die Drohung mit der Streichung des Insertionsauftrages;
- die Drohung mit Klage, Entgegnung und was die Gesetze sonst noch alles zu bieten haben;
- den Schwur, niemals wieder mit Journalisten zu reden.

Jetzt kann jede weitere Maßnahme nur noch der Schadensreduzierung dienen, denn geschrieben ist geschrieben, gesendet ist gesendet. Angenommen, es handelt sich wirklich um einen Fehler des Redakteurs (und nicht um einen Fehler des Informanten, der zwangsläufig zu einer Falschmeldung führen mußte), etwa dann, wenn Halbwahrheiten oder unklare Aussagen verbreitet werden: In den meisten der Fälle wird dieser journalistische Fehler nicht aus böswilliger Schädigungsabsicht begangen worden sein, sondern aus mangelndem Wissen, vielleicht aus Oberflächlichkeit oder Zeitmangel, oder er ist einem Vorurteil entsprungen.

Die beste Strategie kann dann nur lauten: mit dem betreffenden Journalisten sprechen, ihn auf den Fehler und die Folgen in Ruhe und mit Anstand aufmerksam machen und ihn fragen, welche Möglichkeiten der »Wiedergutmachung« er sieht. Meist kommt es dann zu einem Gentlemen's Agreement, und der Fehler wird in einer Story zu einem späteren Zeitpunkt, sozusagen auf Umwegen, richtiggestellt. Das mag manchmal nur ein schwacher Trost sein, aber es gibt Fälle, wo sich aus einem solchen Malheur eine erstklassige Beziehung Journalist – Informant entwickelt hat.

Wer allerdings sicher ist, daß hinter der Falschmeldung böse Absicht steckt – um so mehr, wenn dadurch ein wesentlicher Schaden entstanden ist –, der sollte nicht zögern, einen auf Medienrecht spezialisierten Anwalt zu konsultieren. Der österreichische Gesetzgeber hat 1981 mit dem neuen Mediengesetz Möglichkeiten (z. B. Entgegnung, Nachträgliche Mitteilung über den Ausgang eines Strafverfahrens, Beschlagnahme) geschaffen, die für den Medieninhaber unter Umständen sehr unangenehm und teuer werden können.

Aber wie gesagt: Wer in die Öffentlichkeit und in die Medien geht, darf nicht nur Lobeshymnen erwarten. Er/Sie muß auch eine gehörige Portion Gleichmut mitbringen.

Die Medienanfrage

Wenn Journalisten von sich aus aktiv werden und Anfragen stellen, dann sind klare Kompetenzverhältnisse und Organisationsrichtlinien Goldes wert. Dies gilt im übrigen für Anfragen anderer Teilöffentlichkeiten in gleicher Weise.

Nehmen wir an, die Journalistenanfrage erfolgt telefonisch:

1.

Die Telefonzentrale muß Anweisung haben, daß auf jeden Fall in die PR-Abteilung (ins Chefbüro) zu verbinden ist – sofern sich der Journalist als solcher zu erkennen gibt.

2.

Der PR-Verantwortliche hat zu entscheiden, wer die Frage beantwortet. Dabei wird natürlich auch auf die Wünsche des Journalisten Rücksicht zu nehmen sein. Dem internen Auskunftgeber wird die Anfrage angekündigt.

3.

Grundsätzlich sollte festgelegt sein, welche Personen in erster Linie zu welchen Sachgebieten für Medienanfragen herangezogen werden.

4.

Grundsatzaussagen und geschäftspolitische Statements sollten in jedem Fall von der verantwortlichen Führung gemacht werden.

5.

Landet ein Journalist direkt bei einem Mitarbeiter, dann könnte eine klare Regelung etwa so aussehen:
a) grundsätzlich Weitergabe des Gesprächs an den PR-Verantwortlichen.
b) Ist das aus bestimmten Gründen nicht möglich, dann können Informationen, die bereits publiziert worden sind, weitergegeben werden – anschließend umgehende Information der PR-Stelle bzw. Weitergabe des Anrufers an die für Fachauskünfte befugte Führungskraft, sofern eine solche Agendenverteilung vorgenommen worden ist.
c) In allen anderen Fällen die Bitte an den Journalisten, bei den PR-Verantwortlichen oder in der Direktion anzurufen.

Eine solche klare Organisationsform hat den Zweck, dem Anrufer möglichst schnell die richtige und umfassende Information zukommen zu lassen. Denn es hat wenig Sinn, wenn sachlich nicht voll informierte Mitarbeiter Teil- oder Fehlinformationen geben. Oberstes Gebot ist jedenfalls die rasche und ehrliche Auskunftserteilung.

Daher: Presse hat immer Vorrang, auch wenn der Auskunftgeber gerade in einer Sitzung ist oder auswärts aufgestöbert werden muß!

Vier Fragen vor Abfassung einer Medienbotschaft

Wer eine Botschaft an Journalisten weitergeben möchte, der sollte vor der Formulierung zunächst einmal Gewissenserforschung betreiben, unabhängig davon, auf welchem Weg die Information dann zum Journalisten gelangen wird.

Im wesentlichen sind es vier Fragen, die man sich zu stellen hat:

1. An welche Medien richtet sich meine Botschaft?
Schließlich ist es ja nicht egal, ob meine Information für überregionale Tageszeitungen oder den »Hintertupfinger Boten«, für Fachzeitschriften oder Frauenblätter bestimmt ist. Länge, Stil und Inhalt meiner Botschaft müssen für die Zielmedien maßgeschneidert sein. Wenig Sinn hat es, ein und dieselbe Information über einen Kamm zu scheren und an alle möglichen Gruppen von Medien zu verteilen. Also: zielgerichtet und selektiv vorgehen!

2. An welche Redaktion innerhalb der Medien richtet sich meine Botschaft?
Eine Information »An die Tageszeitung XY« zu richten, hat wenig Sinn. Wenn ein Medium über mehrere Redaktionen verfügt, dann sollte man seine Botschaft auch an die richtige Redaktion adressieren. Sonst könnte es passieren, daß die Nachricht über ein Wirtschaftsthema im Sport landet oder umgekehrt. Bei Medien, die auf Grund ihrer Größe (oder ihrer Thematik) nicht in Redaktionen gegliedert sind, erübrigt sich diese Differenzierung.

3. An welchen Journalisten richte ich meine Botschaft?
Es gibt Informationen, die man dem Chefredakteur schickt, und es gibt Informationen, die beim jeweiligen Fachredakteur landen sollten. In größeren Tageszeitungen etwa oder beim Rundfunk gibt es innerhalb der Redaktionen Spezialisten für bestimmte Sachgebiete. Es kann nur von Vorteil sein, wenn die richtige Botschaft beim richtigen Empfänger ankommt.

4. Für welche journalistische Darstellungsform eignet sich meine Botschaft?
Journalismus besteht aus Sammeln, Sichten, Bewerten, Kommentieren und Verbreiten von Informationen. Dem Journalisten steht jedoch eine Vielzahl von Möglichkeiten, sich zu artikulieren, zur Verfügung. Bevor die Information für den Journalisten aufbereitet wird, sollte man sich über die mögliche Umsetzung im Medium klarwerden. Eignet sich nämlich die Story für eine Glosse, dann muß man den Journalisten ganz anders ansprechen als wenn die Information für eine trockene Meldung gedacht ist.

Journalistische Darstellungsarten

Im wesentlichen ist zwischen folgenden Darstellungsarten zu unterscheiden:

1. Die Meldung (Nachricht)
»Hard news« sind sachbezogen und beantworten die 5 W: Was? Wer? Wann? Wie? Wo? Eine solche Meldung besteht aus »Lead« (einleitende Zusammenfassung) und »Body« (ausführliche Information).
»Soft news« sind in Aufbau und Stil lockerer und handeln meist von den 5 B (Blut, Busen, Bälle, Babies, Bestien).

2. Die Kurzmeldung
Z. B. unter dem gemeinsamen Titel »In Kürze«.

3. Der Bericht
Er kann neutral oder leicht kommentierend sein, beginnt mit dem »Aufhänger« und wird, wenn notwendig, von hinten gekürzt.

4. Die Reportage
Ist ein Erlebnisbericht des Journalisten. Spannend und locker, mit Details angereichert.

5. Die Dokumentation
Umfassende und geschlossene Behandlung eines Themas unter umfassender Verwendung von Zahlen und Fakten.

6. Das Feature
Vor allem im Rundfunk verwendet, wo sachliche Themen mit verschiedenen Ausdrucksformen möglichst lebendig und anschaulich verarbeitet werden.

7. Die gebaute Geschichte
Mischung aus gesprochenem Text und Originalton in Radio und TV.

8. Der Kommentar
Ist die Meinung des Journalisten oder des Mediums. Bewertet Zusammenhänge beziehungsweise zeigt sie auf.

9. Die Glosse
Ist ein ironisch und pointiert formulierter Kommentar, oft auch zu Randthemen, meist kurz und oft mit versöhnlichem Ausgang.

10. Die Kritik
Vor allem im Kulturbereich üblich.

11. Das Portrait
Ist die Beschreibung einer Person in Berichts- bzw. Kommentarform.

12. Der Leitartikel
Ist ein Kommentar mit besonderer Gewichtung zu einem besonders wichtigen Thema. In Printmedien meist auf der ersten Seite des Blattes beziehungsweise des Ressorts.

13. Der Aufmacher
Ist der tragende Artikel auf Seite 1 oder auf der ersten Seite eines bestimmten Sachgebietes des Printmediums. Meist in Meldungs- oder Berichtsform.

14. Das Feuilleton und der Essay
Sind die sprachlichen Glanzstücke des Journalismus und eine Übergangsform zur Literatur. Sie leben von geistreichen und gekonnten Formulierungen, vom Esprit und vom Allgemeinwissen des Autors. Kritik ist elegant verpackt.

15. Das Interview
Ist die Wiedergabe eines Gespräches des Journalisten mit seinem Partner. In Frage-Antwort-Form.

16. Das Statement
Ist die kurze Stellungnahme einer Persönlichkeit, vor allem in Rundfunk oder Fernsehen.

17. Das Foto, die Graphik, die Karikatur
Hier werden Themen in optisch-visueller Form, oft mit kurzem erläuterndem Text, dargestellt.

18. Der Fremdbeitrag
Ist die Behandlung eines bestimmten Themas durch einen Fremdautor, also nicht einen angestellten oder freien Mitarbeiter. Dieser Beitrag kann verschiedene Darstellungsformen haben.

19. Der Leserbrief
Das Medium stellt Externen Platz für ihre Meinung zur Verfügung.

10 Regeln für die Abfassung von PR-Botschaften

1.

Beachten Sie, ob der Empfänger »die gleiche Sprache« spricht wie Sie! Legen Sie das Niveau eher um eine Stufe zu tief als zu hoch!

2.

Vermeiden Sie Fachchinesisch! Versuchen Sie Ihre Information in einfache, klare Worte zu verpacken.

KISS-Formel: Keep It Short and Simple.
- kurze Botschaften
- kurze Absätze
- kurze Sätze (keine Schachtelsätze)
- kurze (keine zusammengesetzten) Wörter
- kurze Fachausdrücke und keine Fremdwörter (oder diese erklären)

3.

Denken Sie daran, daß sich der Empfänger nicht so intensiv mit Ihrer Botschaft beschäftigt wie Sie selbst. Untersuchungen haben zum Beispiel gezeigt, daß eine Botschaft an »die breite Masse« auf dem Wissensstand eines 14-jährigen abgefaßt sein muß, damit sie verstanden wird.

4.

Wichtig sind die ersten Augenblicke! Wenn Sie es nicht schaffen, daß Ihre Botschaft bei einer sehr kurzen Durchsicht akzeptiert wird, war sie umsonst. Daher: Das Wichtigste an den Anfang – »Aufhänger«!

5.

Der Empfänger muß in der Botschaft zumindest einige Informationen finden, die zu seinen eigenen Erwartungen, Zielen und Meinungen passen!

6.

Ihre Botschaft und der daraus für den Empfänger resultierende Nutzen muß so verpackt sein, daß er vom Empfänger sofort eingeordnet und bewertet werden kann!

7.

Die Botschaft und das Medium, durch das sie übermittelt wird, müssen in den Augen des Empfängers glaubhaft sein!

8.

Die Botschaft muß so abgefaßt sein, daß sie vom Empfänger zumindest teilweise gelernt (gemerkt) werden kann! (Unterstützung durch Bilder, Zeichen usw.).

9.

Die Botschaft muß so »kompakt« abgefaßt sein, daß sie trotz Interpretation oder Umformung, etwa durch Journalisten, das bleibt, was sie ist.

10.

Die Botschaft muß gegen Übertragungsfehler abgesichert und, sofern sie sich an Medien richtet, »mediengerecht« und so gestaltet sein, daß sich auch der Empfänger, etwa ein Redakteur, damit so weit wie möglich identifizieren kann!

Die Instrumente der Medienarbeit

Was in der Regel unter Presse- oder Medienarbeit subsumiert wird, gehört dem »klassischen« Instrumentarium an. Aus diesem kann man die folgenden Möglichkeiten wählen:

Mit persönlichem Gespräch, auch mittels elektronischer Ton- und Bildmedien:

1. Pressefahrt (Medienfahrt)
2. Pressekonferenz (Medienkonferenz)
3. Pressegespräch (Mediengespräch)
4. Gespräch mit Medienvertretern im kleinen Kreis (»Kamingespräch«)
5. Einzelgespräch mit einem Medienvertreter (Interview)

Ohne persönliches Gespräch (mittels Text-Kommunikation):

1. Presseaussendung
2. Pressefoto
3. Pressedienst

Neben diesen traditionellen, klassischen Formen der Medienarbeit gewinnen immer mehr »kreative« Maßnahmen an Bedeutung, deren Möglichkeiten unerschöpflich sind und deren Schaffung und Umsetzung von der Phantasie und den Fachkenntnissen des PR-Treibenden und seiner Berater sowie von den neuen technischen Möglichkeiten abhängen. (Siehe Seite 238 ff.)

Bei den klassischen Aktivitäten besteht das Problem, daß sie zwar durch nichts zu ersetzen sind, aber einem starken Abnützungseffekt unterliegen. Bei den angesprochenen Medien tritt überdies immer mehr ein Ermüdungseffekt ein, nicht zuletzt wegen der Strukturänderungen in der Medienlandschaft (mehr Magazinjournalismus, mehr Suche nach Exklusivstories, mehr Eigenrecherche, weniger Gefälligkeitsberichterstattung, Internet) und des stark steigenden Angebots von Informantenseite.

Der Selektionsmechanismus wird daher härter, und es setzen sich immer mehr hochprofessionell gestaltete Medienaktivitäten durch. Weniger interessante und laienhaft präsentierte Maßnahmen finden kaum Echo oder fallen gänzlich durch den Rost.

Für Themenauswahl und Inhalt sämtlicher klassischer wie auch kreativer Medienaktivitäten gilt das in den Kapiteln auf den Seiten 187 bis 193 Gesagte.

Das Medienreferat (Pressestelle) im Internet

Medienarbeit kann heute zu einem guten Teil online erledigt werden. Freilich, der persönliche Kontakt zu Journalisten, das Vier-Augen-Gespräch kann auch durch noch so ausgefeilte Internet-Kommunikation nicht ersetzt werden. Die klassischen Instrumente der Medienarbeit, wie Pressedienst, Pressefoto, Presseaussendung, ja sogar Pressekonferenz und Pressegespräch sind heutzutage bereits Teil der Online-Welt. Die virtuelle Pressestelle kann aber viel mehr als das: Sie steht den Journalisten rund um die Uhr zur Verfügung, informiert prompt und präzise, hat jederzeit alle möglichen interessanten Daten abrufbar, antwortet umgehend auf eingehende Anfragen und kommt dem zeitgemäßen Online-Worker in jeder Weise entgegen.

Solche Networker unter den Journalisten leeren schon in der Früh, bevor sie zum ersten Termin eilen, ihren e-mail-Briefkasten. Die aktuellen Nachrichten holen sie sich bereits vorsortiert vom Schirm, und in der Redaktion inzwischen eingegangene Faxe werden ebenso vorgesichtet. Dann werden die Unterlagen für die bevorstehenden Interviews und Pressekonferenzen abgerufen. Zwischendurch können online die Stories des Tages recheriert werden.

Die Pressestelle im Internet bietet beispielsweise Daten und Fakten des abgelaufenen und des laufenden Geschäftsjahres an, ein Wörterbuch mit Fachausdrücken der Branche, den letzen Jahresbericht, die aktuellen Presseaussendungen mit Zugriff auf frühere Texte, die Firmengeschichte, das Organigramm, Informationen über das Management, juristische Hinweise, Informationen über die Mitbewerber, über die Produkte und vieles mehr, alles mit download-Möglichkeit. Dazu kommen hochauflösende Graphiken, Fotos und Original-Ton-Berichte.

Die gutgemachte Homepage lebt von drei wesentlichen Faktoren: erstklassiger Inhalt und Aufbau, ständige Aktualität, ansprechendes Design (ohne komplizierte Graphiken auf Kosten der Geschwindigkeit!).

Die Homepage bietet dem Journalisten schließlich auch die Möglichkeit der aktiven Kommunikation mit der Pressestelle. Wer will kann die Homepage oder Teile davon auch nur einer passwortgeschützten Benutzergruppe zugänglich machen. Auf der ersten Seite findet sich selbstverständlich ein Button für die Wegweisung des

Journalisten, Hyperlinks führen zu eigenen oder fremden Informationen und Datenbanken, z. b. zu den Presseaussendungen der vergangenen Jahre.

Das Problem der Online-Medienarbeit zur Jahrtausendwende: Die elektronischen Briefkästen der Journalisten werden mit e-mails überschwemmt. Das Abrufen und Lesen dieser Informationsberge führt, da noch immer nicht komfortabel genug, bei etlichen Medienleuten zu Frust und Ablehnung. Und ein Großteil der Journalisten greift immer noch lieber zum Hörer und spricht mit dem Firmenchef, als sich der Prozedur des Suchens in der Homepage zu unterziehen. Es wird also wohl noch ein paar Jahre dauern, bis durch weitere Komfortverbesserungen und einen gewissen Gewöhnungseffekt Teile der journalistischen Recherche online erfolgen.

Das Internet als Medienverteiler

1. Selbstgemacht – ohne fremde Hilfe

Mittels elektronischer Post können Sie e-mails oder e-mails mit attachment (mit einem angehängten Dokument oder Bild) versenden. Wer möchte, daß nur jene Personen e-mails bekommen, die sich aktiv dafür interessieren, der läßt diese Leute in eine »mailing list« eintragen.

Oder Sie verzichten überhaupt auf einen fixen Verteiler und stellen Ihre Texte, Fotos und Filme direkt ins Netz.

2. Kommerzielle Anbieter von Presseverteilern

Da manche Journalisten, aber auch andere Adressaten das Internet nicht aktiv nutzen, ist daher der Weg über professionelle Anbieter durchaus sinnvoll. So bietet in Österreich z. B. die Austria Presse Agentur (siehe Seite 173 ff.) ihr »Original Text Service« (OTS) rund um die Uhr als aktualisierte Homepage zahlender Auftraggeber an. Überdies besteht eine Mailinglist-Funktion, d. h. man kann sich Texte zu bestimmten Themenbereichen per e-mail zusenden lassen. Suchmaschinen mit guten Selektiermöglichkeiten ergänzen den Service.

Bestimmte Dienstleister offerieren auch die Verteilung von Texten in Kombination mit Fotos oder Graphiken (z. B. »Der Auer«) in Druck-

qualität, die auf den eigenen Rechner geladen werden können.
Pressefahrt

»Pressefahrten«, so brummte einmal ein altgedienter Redaktionsfuchs, »sind die Zuckerln für Jungjournalisten, um sie für die schlechte Bezahlung zu entschädigen.«

In der Tat gibt es unzählige Pressefahrten, an denen nicht die 1. und nicht die 2. Garnitur der Redaktionen, sondern vornehmlich freie Mitarbeiter und Redakteursaspiranten teilnehmen. Renommierte Journalisten kennen in der Regel bereits alle Winkel der Welt, haben enorm viel Arbeit um die Ohren und sind froh, wenn sie einmal ein paar ruhige Abende zu Hause verbringen können.

Ausgenommen davon sind freilich Journalistengruppen, für die das Reisen zum täglichen Brot gehört, also etwa Redakteure der Außenpolitik (diese reisen allerdings oft im Auftrag ihres Mediums und nicht auf Einladung) oder der Abteilung Freizeit und Reise. Und selbstverständlich locken Pressefahrten mit besonders attraktiven Themen und zu interessanten Orten auch den einen oder anderen Top-Redakteur hinter dem Ofen hervor.

Wer jedoch naiv genug ist zu glauben, daß eine zweitägige Pressefahrt von Wien nach Innsbruck, und sei es auch ein Flug, zur Besichtigung des neuerrichteten Bürogebäudes eine besondere PR-Idee sei, der wird eine herbe Enttäuschung erleben.

Voraussetzungen für eine erfolgreiche Pressefahrt sind:
1. Ein herausragend interessantes und tragfähiges Thema.
2. Die Veranstaltung muß in das Gesamtkonzept und in das Gesamterscheinungsbild passen.
3. Die Anwesenheit der obersten Führungskräfte vor Ort.
4. Eine exakte und klare Programmplanung.
5. Ein dichtes, aber nicht überladenes Programm (weniger ist oft mehr!).
6. Eine gut funktionierende Betreuung.

Stellen Sie sich auf jeden Fall die Frage: Hätte ich das Thema auch ohne Pressefahrt im Rahmen einer Pressekonferenz oder eines Pressegesprächs behandeln können?

Wenn die Antwort »ja« lautet, dann verzichten Sie auf die Pressefahrt. Denn eine derartige Aktivität kostet nicht nur viel Vorbereitungszeit, sondern auch viel Geld. Es ist zu überlegen, ob mit dem

gleichen Aufwand nicht weit effizientere PR-Maßnahmen gesetzt werden können. Die Kosten-Nutzen-Relation von Pressefahrten ist, das zeigt die geübte Praxis, oftmals recht ungünstig.
  Lustreisen zur eigenen und zur Erbauung von Journalisten sind überflüssig und im schlimmsten Fall sogar imageschädigend.

Pressekonferenz und Pressegespräch

Bei diesen beiden Instrumenten der Medienarbeit handelt es sich um Geschwister mit leicht unterschiedlichen Eigenschaften. Die Pressekonferenz, der etwas ernstere Bruder, ist sehr formell in den Umgangsformen, schart meist eine größere Anzahl von Journalisten um sich, verhält sich streng nach Etikette und liebt einen genau vorgezeichneten Ablauf. Das Pressegespräch ist die etwas freundlichere Schwester mit lockereren Umgangsformen, nicht so formell wie ihr Bruder. Sie bevorzugt fallweise kleinere Journalistenrunden und ist gar nicht böse darüber, wenn der Programmablauf sich mehr nach den Wünschen der Gäste als der Gastgeber gestaltet.
  Die Pressekonferenz ist also die eher trockene, nach herkömmlichem Ritual ablaufende Veranstaltung. Das Einführungsstatement ist meist länger, das Frage-Antwort-Spiel hat unwiderruflichen Charakter, und das Ambiente ist klassisch nüchtern: die Gastgeber bilden eine Art Vorsitz, die Journalisten sind deutliches »Gegenüber«. Tischanordnung, Raumausstattung und Ablauf der Veranstaltung sind perfekt-sachlich und formell. Die Bilanzpräsentation eines Großunternehmens wird also im Normalfall in Form einer solchen Pressekonferenz abgewickelt werden.
  Beim Pressegespräch geht es etwas legerer zu: Vielleicht sitzen alle Teilnehmer, also Gastgeber und Gäste, an einem runden Tisch oder an Tischen in Kaffeehausanordnung, Raum und Ausstattung sind lockergemütlich, und das Procedere geht ab vom starren Formalismus der Pressekonferenz. Das Einleitungsstatement kann kurz oder auf mehrere Personen aufgeteilt sein, die Journalisten werden stärker in den Ablauf involviert, es kommt zu mehr Zwischenfragen, und unter bestimmten Voraussetzungen ist es sogar möglich, Antworten »off the records« zu geben. Presseeinladungen zu bestimmten Themen, insbesondere dann, wenn man keine gespannte, »offizielle« Atmosphäre haben möchte,

werden daher in Form solcher Pressegespräche abgewickelt.
Pressekonferenz und Pressegespräch haben ihren festen Platz innerhalb der Medienarbeit und werden ihn auch behalten – ihre Bedeutung wird aber zugunsten anderer, kreativer Aktivitäten – oder einer neuen Form dieser Veranstaltung – abnehmen. Allein die Tatsache, daß immer mehr Institutionen die Medienarbeit entdecken und sich in der Veranstaltung von Pressekonferenzen versuchen, lassen dieses Instrument immer stumpfer werden. Unterbesetzte Redaktionen in Tageszeitungen und die weniger an »Massenveranstaltungen« als an Exklusivgeschichten interessierten Magazinjournalisten sind weitere Gründe für die abflachende Bedeutung von Pressekonferenzen.

Zwar wird es immer Ereignisse geben, die sinnvollerweise im Rahmen einer Pressekonferenz den Medien vermittelt werden, aber diese Maßnahme wird immer mehr durch andere Aktivitäten ergänzt oder ersetzt werden. Die Form des Pressegespräches ist ja bereits eine solche Variation, die den Journalisten stärker in den Kommunikationsprozeß integrieren und erstarrte Formen auflösen will. Denn die klassische, althergebrachte Form der Pressekonferenz wird von vielen kritischen Journalisten als herrschaftsorientierte, nicht sehr demokratische Art der Informationsvermittlung angesehen. Nicht umsonst gibt es noch Staaten, wo die Journalisten vor der Pressekonferenz ihre Fragen schriftlich einreichen müssen.

Kluge Veranstalter gehen daher dazu über, solche Presseveranstaltungen weiter zu entkrampfen:
1. Das Eingangsreferat wird durch mehrere Kurzstatements ersetzt, zwischen denen Frageründen der Journalisten stattfinden.
2. Die Statements werden auf mehrere Personen verteilt.
3. Die Journalisten werden ermuntert, auch Meinungen statt bloß Fragen einzubringen.
4. Die Veranstaltung wird durch (kurze!) Demonstrationen, Videos u. dgl. aufgelockert – oder mittels Internet- bzw. Videokonferenz »dezentralisiert«.
5. Man bleibt nicht starr am geplanten Thema kleben, sondern weitet die Thematik aus.

Worauf man bei der Planung, Abwicklung und Nacharbeit einer Pressekonferenz oder eines Pressegesprächs achten muß, läßt sich am besten anhand einer Ablaufplanung demonstrieren, die als Netzplan

dargestellt werden kann. (Siehe Seite 202)
Netzplan für eine Pressekonferenz (Pressegespräch)

1-2   Erkennen der Notwendigkeit einer Pressekonferenz, erste Überlegungen über Zweck, Ort, Zeit, Teilnehmer
2-3   Abstimmung mit anderen Terminen
3-4   Abstimmung mit der Führung
4-5   Zielformulierung, Zeit, Ort, Umfang, Ablauf, Art der Veranstaltung, Teilnehmer, Vortragende, Vorsitzender usw.
5-6   Schriftliches Konzept (Netzplan), Verteilung der Agenden und Verantwortlichkeiten, Auswahl der Hilfsmittel
6-7   Ausarbeitung der Einladung, Abstimmung mit Verantwortlichen, evtl. Druckauftrag, Parkplatzreservierung
7-8   Erstellung von Presse- und Gästelisten
8-9   Versand der Einladungen per Post (Antwortkarten, Parkgutschein, Anfahrtsskizze) oder per e-mail bzw. Fax
9-10   Auswertung der Antwortkarten und Erstellung einer Anwesenheitsliste
6-11   Vorbereitung von Informations- und Ausstellungsmaterial
11-12 Erstellung von Pressemappen (Inhalt!), Ausstellungsmaterial sowie Fotos und Graphiken, Besorgung eines Pressegeschenks (?), Vorinformation von Periodicals
6-13   Organisatorische Vorbereitung
13-14 Festlegung der Raumgestaltung: Tischordnung, Blumen usw.
13-15 Festlegung der Bewirtung
13-16 Festlegung der technischen Ausstattung: Mikrophon, Lautsprecher, Overhead, Tonband, Video, EDV-Projektion, evtl. Video- oder Internet-Conferencing usw.
13-17 Planung Journalistenservice: Fax-, Telefon-, EDV-Equipment
13-18 Absprache mit der Polizei: Parkplatzreservierung, Verkehrsregelung
6-19   Pressefotograf bestellen
6-20   Thematische Vorbereitung
20-21 Fragenkatalog erstellen und an interne MitarbeiterInnen weitergeben
20-22 Redeskizzen verfassen
10-23 Personalia von Hausteilnehmern und Journalisten erstellen
12-23 Vorbereitung der Pressemappen für abgesagte bzw. nicht ein-

geladene Journalisten (Sperrfrist?)
14-23 Absprache über Raumgestaltung und Garderobe
15-23 Absprache über Bewirtung
16-23 Beschaffung fehlender technischer Einrichtungen und Sicherstellung ihrer Bedienung
17-23 Absprache über Service und Gastronomen
18-23 Rückversicherung bei der Polizei
19-23 Sicherstellung der Dokumentation (Auftrag an Medienbeobachtung)
23-24 Schlußbesprechung mit internen Mitarbeitern, evtl. Post-Absendung der Pressemappen an absagende bzw. nicht eingeladene Journalisten
21-24 Einholen der Hausantworten auf Fragenkatalog
22-24 Endfassung der Redeskizzen nach Abstimmung mit der Führung
24-25 Briefing mit der Führung, Besprechung des Fragenkatalogs, Festlegung der Sprachregelung; Nachfassen in den Redaktionen; Mitarbeiter-Vorinformation, z. B. mittels Intranet
25-26 Evtl. letzte Abstimmung mit den Verantwortlichen
26-27 Ablauf der Pressekonferenz
27-28 Evtl. Informationen (Telefon, Fax, e-mail) an nicht dabeigewesene Journalisten über Aussagen in der Pressekonferenz; Evtl. Informationen an Fachpresse
28-29 Veröffentlichungen und Fotos in den Medien sichten und erfassen
29-30 Berichte über Reaktionen an Funktionäre und Mitarbeiter (z. B. Info-Tafel)
30-31 Presseausschnitte, Fotos, Ton- und Bildberichte u. dgl. an Archiv
27-31 Berichte an interne Kommunikation (Mitarbeiterzeitschrift, Intranet)
31-32 Schlußabrechnung erstellen
32-33 Schlußbericht verfassen.

Planungszeitraum

Dieser hängt von Art und Umfang der Pressekonferenz ab. Wenn etwa der General Manager aus den USA eingeflogen werden soll, dann kann es sein, daß man mit der Planung bereits ein Jahr im vorhinein beginnen muß. Und wenn ein Großfeuer ausgebrochen ist, dann muß man unter Umständen über Nacht eine Pressekonferenz auf die Beine stellen. Die im Netzplan angenommene Vorbereitungszeit von vier Wochen ist für den Regelfall eher knapp bemessen; normalerweise wird die Zeitspanne zwischen vier und acht Wochen liegen.

Zweck

Man sollte gut überlegen, was man mit der Veranstaltung überhaupt erreichen will:
- Breite Publizität oder begrenzte Publizität nur in bestimmten Medien?
- Berichte in Tageszeitungen oder Kommentare in Periodicals?
- Viele kleine oder wenige große Reaktionen?
- Oder gar nur Hintergrundinformationen ohne Absicht einer Berichterstattung?
- Eher Text- oder eher bildliche Berichterstattung?

Die Ziele einer Pressekonferenz können also sehr unterschiedlich sein.

Ort

Üblicherweise kann man bezüglich des Ortes unter den folgenden Möglichkeiten wählen:

a) im eigenen Haus
Zu empfehlen, wenn der Anlaß dafür geeignet und entsprechende Räume vorhanden sind. Dem eigenen Haus ist aber nur dann der Vorzug zu geben, wenn die Lage so zentral ist, daß für die Journalisten die Anfahrt leicht zu bewerkstelligen ist. (Sowie bei Präsentationen, die nur im eigenen Haus durchgeführt werden können). Handelt es sich etwa um eine Großstadt, dann kann die Lage am Stadtrand für Journalisten bereits zuviel Zeitverlust und daher das Aus für die Pressekonferenz bedeuten.

b) in Hotels, Gaststätten, Restaurants, Kaffeehäusern
Der Ort muß zum Veranstalter und zum Thema passen. Eine Großbank wird mit einer Bilanzpressekonferenz nicht in ein Vorstadt-Kaffeehaus, ein Mittelbetrieb mit einer Produktpräsentation nicht in das teu-

202 • Methoden und Maßnahmen der PR

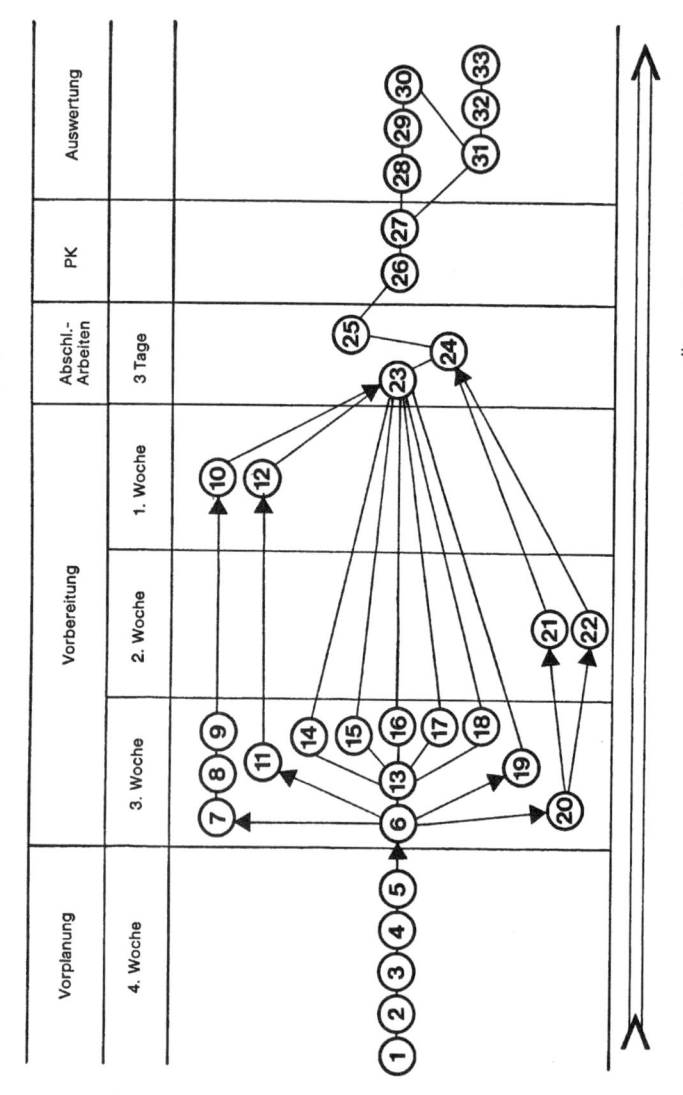

erste Innenstadthotel gehen. Es gibt immer Lokalitäten, die gerade »in« sind bei den Journalisten – am besten, Sie fragen Ihnen bekannte Zeitungsleute.

Ein nicht unbedeutender Erfolgsfaktor ist auch das Vorhandensein von Parkplätzen und guten Verbindungen mit öffentlichen Verkehrsmitteln.

c) in Pressezentren, Presseklubs, Journalistenvereinigungen
In den meisten großen Städten existieren solche Einrichtungen. Sie sind bei Journalisten oder Journalistenvereinigungen leicht zu erfragen. Fragen Sie aber auch, ob diese Orte bei den Journalisten beliebt sind und von ihnen angenommen werden!

d) »kreative« Örtlichkeiten
Pressekonferenzen können in der Geisterbahn, in einem Museum oder in einem Spital abgehalten werden. Der springende Punkt ist bloß: Passen Veranstalter und Anlaß zu diesem Ort? In manchen Fällen kann es durchaus empfehlenswert sein, solch ungewöhnliche Orte auszusuchen, in anderen kann es peinlich wirken. Aber warum sollte eine Brotfabrik ihre Pressekonferenz nicht in einer uralten, historisch bedeutsamen Bäckerei abhalten oder eine Automobilfirma die ihre in einem Museum der Technik?

e) an mehreren Orten gleichzeitig
Heutzutage kann eine Pressekonferenz mittels Video bzw. Internet gleichzeitig an mehreren Orten abgehalten werden. Videokonferenzen bieten in der Regel die Postverwaltungen an. Für Internet-Pressekonferenzen gibt es Unterstützung von geeigneten Profis. So können an einer Pressekonferenz am Zentralstandort Journalisten persönlich und an anderen Orten mittels Bildschirm teilnehmen und sich auch aktiv an der Pressekonferenz beteiligen.

Bei der Pressekonferenz über Internet gehört die Zukunft sicherlich der Übermittlung von Ton und Bild. Die bei Abfassung dieser Zeilen noch üblichen Störungen und Wartezeiten werden angesichts des rasanten technischen Fortschritts ab dem Jahre 2000 wohl gelöst sein.

Zeit

Die richtige Wahl von Wochentag und Uhrzeit sind wesentliche Faktoren für den Erfolg einer Pressekonferenz. Im Normalfall scheidet das Wochenende als Veranstaltungszeit aus – freilich mit den obligaten Ausnahmen: Politiker pflegen durchaus auch am Wochenende Journalisten einzuladen, ähnlich ist es in Kunst und Kultur, aber auch die feierliche Eröffnung des neuen Werkes mit 1000 Arbeitsplätzen rechtfertigt ein Pressegespräch am Samstag oder Sonntag. Die übrigen Wochentage sind in etwa gleichrangig – mit Einschränkungen. Der blaue Montag eignet sich nur bedingt, der Donnerstag ist in der Regel mit Pressekonferenzen am stärksten überfrachtet. Der Freitag ist laut Statistik der am wenigsten frequentierte Wochentag und hat überdies den Vorteil, daß allfällige Berichte in den Wochenendausgaben der Tageszeitungen mit höherer Auflage und überdurchschnittlicher Leserzahl erscheinen.

Umgekehrt haben aber gerade die Tageszeitungsjournalisten am Freitag sehr viel um die Ohren, was wiederum auf die Präsenz drücken kann.

Die Wahl der Uhrzeit ist ein besonders heikles Kapitel. Wenn unter den geladenen Journalisten keine Tageszeitungsmacher sind, ist die Uhrzeit nicht von vorrangiger Bedeutung, da kann eine Pressekonferenz, etwa bei einer Messe, auch am Nachmittag stattfinden. Für Tageszeitungsleute kommen nur zwei Termine in Frage: der Vormittag oder der Abend, denn am Nachmittag wird in der Regel die Zeitung gemacht. Als Faustregel für den Vormittag kann gelten: im Zeitraum zwischen 9 und 12 Uhr. Da eine Pressekonferenz – ohne Buffet – nicht länger als eine Stunde dauern sollte, wäre also späteste Beginnzeit etwa 11 Uhr. Wenn man aber weiß, daß in großen Städten fast tagtäglich mehrere Pressekonferenzen für dieselbe Journalistengruppe – etwa Wirtschaft – zwischen 10 und 11 Uhr beginnen, dann lohnt es sich schon, einmal ein Pressefrühstück um 9 Uhr anzusetzen.

Bis in die siebziger Jahre hinein wäre ein solches Ansinnen von vielen Journalisten als ungehörig empfunden worden, heute wird aber auch in den Tageszeitungsredaktionen früher mit dem Arbeiten begonnen, nicht zuletzt durch die Vorverlegung des Redaktionsschlusses, vor allem wegen des Abend-Kolportageverkaufs. Mit besagtem Redaktionsschluß der großen überregionalen Zeitungen hängt auch die Notwendigkeit zusammen, Pressekonferenzen um etwa 12 Uhr zu beenden. Aber auch hier keine Regel ohne Ausnahme: Besonders aktuelle Themen, beispielsweise im politischen Bereich, können auch noch ein oder zwei Stunden später untergebracht werden. Hier gehört es zum Handwerkszeug von PR-Profis, den Redaktionsschluß aller wichtigen Medien – auch der Magazine, Wochenzeitungen usw. – zu kennen, und zwar gestaffelt nach Redaktionen. Denn jede Redaktion hat ihren eigenen Redaktionsschluß, z. B. der Lokalteil meist etwas später als die Bereiche Kultur oder Wirtschaft. Fachleute der Medienarbeit, die alle diese Daten parat haben, sind freilich rar und zählen zu den wahren Spezialisten.

Mit Abendterminen ist das so eine Sache: Auf der einen Seite kann man dabei befreit vom Tagesstreß mit Journalisten kommunizieren, andererseits haben auch Zeitungsleute ihr Privatleben und keine Lust, jeden Abend mit Pressekonferenzen zu verbringen. Daher der Rat: Abendtermine sparsam einsetzen, am ehesten für Pressegespräche und Mediengespräche im kleinen Kreis, wo auch eine persönliche Atmosphäre aufgebaut werden kann und Hintergrundinformationen nicht zu kurz kommen. Übrigens sind Abendtermine auch die einzige Gelegenheit, Vollblutjournalisten zu einem mehrgängigen Menü einzuladen. Zu Mittag haben sie weder Zeit noch Lust dazu.

PR-Profis sollten übrigens auch wissen, wann in ihrem Fachbereich Jour-fixe-Termine für Journalisten angesetzt sind. Wenn etwa bekannt ist, daß jeden Montag um 10 Uhr ein Pressegespräch beim Wirtschaftsminister stattfindet, zu dem die meisten Wirtschaftsredakteure hingehen, dann eignet sich dieser Termin nicht sonderlich für eine Bilanz-Pressekonferenz.

Natürlich sind auch Uhrzeiten außerhalb der Norm möglich: Die Pressekonferenz eines Popsängers wird vielleicht um 11 Uhr nachts stattfinden, die Eröffnung einer neuen U-Bahn-Linie um 7 Uhr früh.

Teilnehmer

Die Veranstalterseite wird im Normalfall mit zwei bis fünf Personen vertreten sein (auch hier bestätigen Ausnahmen die Regel). Dazu gehören der ranghöchste Vertreter der Firma bzw. Institution, weitere themenorientierte Führungskräfte, der PR-Chef bzw. die PR-Chefin und etwaige Experten, eventuell auch ein Vertreter der Belegschaft. Neben den Journalisten können zu Pressekonferenzen auch Persönlichkeiten aus dem Fachgebiet, eventuell Geschäftspartner oder auch Führungskräfte aus dem eigenen Haus als Gäste eingeladen werden. Ein solches Unterfangen ist allerdings mit Vorsicht zu genießen, denn:

1. soll die Pressekonferenz nicht in eine von Dritten geführte Fachdiskussion umfunktioniert werden (außer dies ist bewußt geplant);
2. sind mit einer Vermischung von Kunden, Lieferanten, Branchenvertretern, Mitarbeitern und Journalisten natürlich Risiken verbunden.

Es gibt Fachrichtungen, wo es nicht sehr ratsam ist, Leute aus dem Tagesjournalismus mit Fachjournalisten gemeinsam einzuladen. Fachjournalisten interessieren sich oft für Details, die die Tageszeitungsleute langweilen. Hier kann es ratsam sein, lieber zwei Veranstaltungen anzusetzen.

Welche Journalisten zu einer bestimmten Pressekonferenz eingeladen werden, hängt von der Zielsetzung der Veranstaltung, der Thematik und nicht zuletzt vom vorhandenen Adressenmaterial (Verteiler) ab. (Siehe Seite 244 ff.)

Abstimmung mit anderen Presseterminen

Dieses Problem ist so alt wie die Veranstaltung von Pressekonferenzen, und es gibt kein Land und keine Stadt mit freien Medien, wo dies klaglos funktioniert. Die Versuche, Pressetermine zu koordinieren, sind Legion und gehen meist von Journalisten- oder PR-Vereinigungen, von regelmäßigen Pressekonferenz-Veranstaltern einer Branche oder von professionell arbeitenden Spezialbüros aus. Die Erfolge müssen zwangsläufig immer bescheiden bleiben, weil dort, wo mehr als eine Handvoll Veranstalter auftritt, automatisch Terminkollisionen passieren. Um dieses Risiko zu minimieren, kann man folgendes tun:
1. einen Journalisten, den man persönlich kennt, fragen, ob für den geplanten Termin bereits Einladungen vorliegen;
2. zumindest mit den wichtigsten Branchenkollegen den Termin abstimmen;
3. bei den renommierten Pressekonferenz-Veranstaltungsorten (Hotels) wegen bereits reservierter Termine nachfragen;
4. bei Institutionen, die bekanntermaßen Termine koordinieren, etwa bei Journalistenklubs, nachfragen;
5. bei Presseagenturen, die in der Regel alle Einladungen bekommen, nachfragen;
6. professionell gestaltete Terminvorschauen (»Terminpressedienst« u.

dgl.; siehe Seite 246) beziehen bzw. dort den eigenen Termin deponieren;
7. auf das eigene Glück vertrauen, daß es zu keiner Kollision kommt.

Selbst wenn Sie alle möglichen Quellen angezapft haben und einen Termin auswählen, der offensichtlich »jungfräulich« ist, kann es passieren, daß sich eine Woche später just der stärkste Mitbewerber auf diesen Zeitpunkt draufsetzt. Dann können Sie nur hoffen, daß Ihr Thema stark genug ist, die wesentlichen Journalisten trotzdem anzulocken. Oder Sie verschieben Ihre Veranstaltung, was freilich nur in äußersten Notfällen gemacht werden sollte.

Umfang und Ablauf

Wie gesagt: Eine Stunde Dauer sollte reichen für eine professionell vorbereitete Pressekonferenz. Das ergibt einen Ablauf, der im Idealfall so sein könnte (die Einladung lautet angenommen auf 10 Uhr):

Im Gebäude sind Hinweisschilder zum Sitzungssaal angebracht (im Hotel auf der Hinweistafel neben dem Eingang).

Die Gastgeber halten sich ab 20 Minuten vor Einladungsbeginn bereit.

9.45 Uhr: Die ersten – angeblichen – Journalisten treffen ein. Dabei handelt es sich sehr oft um die berühmten »Earls of Sandwich«, ehemalige oder vorgebliche Journalisten, die nicht eingeladen worden sind und in manchen Fällen auch kaum etwas mit Journalismus zu tun haben. Für Nicht-Insider ist es sehr schwierig, die wahre Funktion dieser Personen auszumachen, da sie meist ein sehr bestimmtes Auftreten an den Tag legen und sich unter den verschiedensten Bezeichnungen in die Anwesenheitsliste eintragen. Es liegt am Geschick und an der Mentalität des Veranstalters, insbesondere des PR-Verantwortlichen, diese Leute teilnehmen zu lassen (selbstverständlich auch am anschließenden Buffet) oder wegzuschicken. Das einzige wirkliche Problem besteht darin, daß einige dieser Pseudo-Journalisten lange Fragen stellen und damit die echten Journalisten vergrämen. Erfahrene PR-Chefs und gute PR-Berater kennen jedoch die meisten dieser Leute, wie es sie in allen Städten der Welt gibt, und wissen mit ihnen umzugehen.

In der Regel kommen auch Journalisten der elektronischen Medien vor dem angesetzten Termin, um ihr Equipment, z. B. Licht, aufbauen zu können.

Die Eintreffenden tragen sich in die Anwesenheitsliste ein (Spalten: Medium, Name, Unterschrift), bekommen die Pressemappe überreicht und bedienen sich mit eventuell vorhandenen Erfrischungsgetränken (nicht unbedingt notwendig).

Die Vertreter des Veranstalters können in dieser Wartezeit bereits in persönliche Gespräche mit vorzeitig anwesenden Journalisten eintreten.

10.00 bis 10.10 Uhr: Der Großteil der Journalisten trifft ein.

10.10 Uhr (sobald die wesentlichen Journalisten anwesend sind): Bitte, Platz zu nehmen, Beginn.

2 Minuten: Begrüßung durch den/die PR-Verantwortliche(n), kurze Themen-Definition, Vorstellung der Vertreter des Veranstalters sowie etwaiger Experten oder Gäste.

10 bis 20 Minuten: Statement des Vorsitzenden bzw. kurze Statements mehrerer Referenten.

15 bis 30 Minuten: Fragen der Journalisten und Antworten der Gastgeber,

oder:

insgesamt 30 bis 60 Minuten: Statement des Vorsitzenden (der Referenten) in mehrere Teile zerlegt, dazwischen jeweils Fragen der Journalisten und Antworten beziehungsweise Diskussion.

Bitte zum Buffet

Wichtige Hinweise:
a) Tisch- und Raumgestaltung siehe Seite 216
b) Ob das Statement sitzend oder stehend abgegeben wird, hängt von Art und geplanter Atmosphäre der Veranstaltung ab. (Siehe Seite 197 ff. und 216)
c) Statements vor den Medien sollten immer in freier Rede gehalten werden (nicht vom Blatt lesen, am besten anhand einer Redeskizze nach Schlagworten vorgehen).
d) Kurze, knappe Sätze, klare und einfache Worte.
e) Nicht den gleichen Inhalt wie im Waschzettel (siehe Seite 214 f.) mündlich wiedergeben. Das Statement sollte sich davon etwas abheben. Ziffernmaterial braucht mündlich nicht wiedergegeben zu werden, hier kann man auf den Waschzettel verweisen.
f) Keine Lobhudelei, keine Selbstbeweihräucherung, keine Superlative.

g) Kein Hinweis auf positive oder negative Berichterstattung einzelner Medien oder Journalisten (Lob für anwesende Journalisten kommt bei anderen Medienleuten nicht gut an).
h) Kein Hinweis »Wie Sie den Medien vielleicht entnommen haben ...« Journalisten fühlen sich bei solchen Sätzen auf den Arm genommen.
i) Kein Ersuchen um positive Berichterstattung.
j) Insgesamt: Möglichst offen, ohne Schnörkel und umfassend informieren.

Zu den Fragen und zur Diskussion:
a) Fragen, die aus Gründen der unbedingt notwendigen Geheimhaltung nicht beantwortet werden können, sollen auch so behandelt werden: »Aus Gründen des vitalen Interesses des Unternehmens kann ich diese Frage ausnahmsweise leider nicht beantworten.«
b) Bei Fragen, die mangels Vorliegen des Ziffernmaterials oder anderer Informationen nicht beantwortet werden können: »Ich kann diese Frage im Moment nicht beantworten. Die betreffende Ziffer wird sofort eruiert/wird Ihnen umgehend nachgeliefert.« Langes Blättern und Suchen vor versammelter Runde macht keinen guten Eindruck.
c) Wenn Journalisten – oder »Earls of Sandwich« – endlose Fragen stellen oder unangebrachte Co-Referate halten, ist es Aufgabe des/der PR-Verantwortlichen, in gesetzten Worten zu unterbrechen und darauf hinzuweisen, daß noch zahlreiche andere Fragen vorliegen.
d) Die Vormerkung der Wortmeldungen und die Diskussionsleitung sollte der/die PR-Verantwortliche übernehmen, da sich dann die anderen Repräsentanten des Veranstalters voll auf die Beantwortung konzentrieren können.
e) Der/die PR-Verantwortliche sollte neben dem Vorsitzenden sitzen, um ihm Informationen über die Fragesteller und sonstige Hinweise geben zu können.
f) Es ist legitim, von den Journalisten zu verlangen, ihren Namen und das Medium, das sie vertreten, zu nennen.
g) Ein besonderes Rüstzeug ist die Anfertigung eines Sitzplanes kurz vor Beginn oder während der Veranstaltung, um die Journalisten persönlich anreden zu können bzw. zu wissen, mit wem man es je-

weils zu tun hat. Dies kann z. B. bei politisch motivierten Fragen von großem Vorteil sein.

h) Der PR-Verantwortliche oder der Vorsitzende können Fragen an anwesende Fachleute weitergeben und diese um die Beantwortung ersuchen.

i) Besonders aggressiven und überzogenen Fragen bzw. unwahren Behauptungen sollte man nicht mit Verärgerung oder Aggressivität begegnen, sondern mit klaren und unmißverständlichen Fakten. (Siehe auch Tips zum Interview auf Seite 224 ff.)

j) Der/die PR-Verantwortliche kann durch geschicktes Zuteilen der Fragen, durch Unterbrechungen und Bemerkungen den Ablauf und die Zeitdauer der Diskussion steuern, ohne die Beantwortung von Fragen zu verhindern oder Fragestellern das Wort abzuschneiden.

k) Sollten die kompetenten Personen des Veranstalters Fragen nicht oder unzureichend beantworten, obliegt es dem/der PR-Verantwortlichen, für die Journalisten Partei zu ergreifen und die Beantwortung zu urgieren.

l) Für den Fall, daß von den Journalisten keine oder nur wenige Fragen kommen, sollten die Veranstalter Themensegmente, die sie in die Diskussion einbringen können, vorbereitet haben. Auch kann die/der PR-Verantwortliche quasi als Journalist Fragen stellen, die dann oft die Diskussion in Gang bringen.

Nach den Fragen bzw. der Diskussion: Dank für die Anwesenheit und die Beteiligung sowie Bitte zum vorbereiteten Imbiß (Buffet).

Sonderfall Radio und TV

a) Die Journalisten kommen im Falle einer Aufzeichnung früher als die Printjournalisten, um ihre Geräte aufzubauen und um Vorinformationen einzuholen.

b) Die Printjournalisten sind an die technischen Beeinträchtigungen gewöhnt (Beleuchtung, Kameraleute, eigene Mikrophone).

c) Printjournalisten nehmen auch zur Kenntnis, daß die elektronischen Medien in der Regel früher über die Pressekonferenz berichten als dies den Printmedien möglich ist.

d) Nicht akzeptabel für Printjournalisten ist jedoch eine Sonderbehandlung von Radio und TV während der Pressekonferenz. Inter-

views müssen daher vor oder nach der Veranstaltung gemacht werden. Ein Verlassen des Raumes für ein TV-Interview während der Pressekonferenz ist unzumutbar!
e) Für Radiostationen können Tondokumente, etwa Interviews, im Originalton (analog zum Waschzettel) vorbereitet und/oder online übermittelt werden. Hiefür stehen auch Spezialisten, z. B. APA (siehe Seite 173 ff.) zur Verfügung.

Hilfsmittel

Pressekonferenz und Pressegespräch sind tradierte und ritualisierte Formen der Pressearbeit. Die Journalisten haben dabei eine gewisse Erwartungshaltung. Es ist daher empfehlenswert, derartige Veranstaltungen aufzulockern und interessanter zu machen. Völliges Umfunktionieren stößt jedoch auf wenig Gegenliebe. So kommen etwa Film- und Videovorführungen von mehr als ein paar Minuten Dauer nicht an, ebenso längere Overheadprojektionen, umfangreiche Demonstrationen und ähnliches. Journalisten wollen nicht belehrt werden, schon gar nicht in einer Pressekonferenz. Die Informationen müssen kurz, präzise und ergiebig sein, sonst nichts. Daher mit Hilfsmitteln eher sparsam umgehen! Solche können z. B. sein:

EDV-, Dia- oder Overheadprojektor;
Video- oder Tonwiedergabe;
flankierende Ausstellungen, Schautafeln u. dgl.;
Präsentationen und Demonstrationen.

Beim Einsatz von Videos oder Filmen empfehlen sich Großflächenprojektoren. Auch bei allen anderen Formen der Darstellung sind die Grundsätze der Präsentationstechnik zu beachten, z. B. die Schriftgröße bei EDV- und Overhead-Wiedergabe.

Die Einladung

Die Einladung ist wesentlich für den Erfolg einer Pressekonferenz. Grundsätzlich kann sie mündlich oder schriftlich erfolgen: mit Brief oder Telegramm, per e-mail oder Fax (z. B. auch über eine Nachrichtenagentur). Bei der schriftlichen Einladung sind zwei Grundformen in den verschiedensten Spielarten üblich und eingeführt:

a) als »gedruckte Einladung«,
b) in Briefform.

> *Die Geschäftsleitung der Firma (oder Institution) XY*
>
> *bittet* ....
>
> *zur Pressekonferenz*
>
> *mit dem Thema » ... «*
>
> *am ... um ... Uhr*
>
> *in das Hotel YZ.*
>
> *Buffet U. A. w. g. Tel. .... Hr./Fr. ....*

Die gedruckte Einladung geht in der Regel von folgendem Text-Grundmuster aus, dessen Abwandlung und Ausgestaltung keine kreativen Grenzen gesetzt sind (Format meist A5 oder A6):

Der genaue Wortlaut einer solchen Einladung ist nicht das wichtigste, wesentlich sind aber folgende 10 Punkte:

1.

Der Name des Eingeladenen wird meist mit der Hand eingesetzt.

2.

Gestaltung und Aufmachung sollen dem Gesamt-Image des Gastgebers entsprechen. Sie können aber durch Formgebung und Texturierung auch Hinweise auf das Thema geben.

3.

Einladungen, deren Gestaltung nur um des Gags willen besonders auffallend ist, kommen bei den Journalisten meist nicht gut an.

4.

Auch die Benennung mit »Pressekonferenz« oder »Pressegespräch« birgt bereits Hinweise auf den Charakter der Veranstaltung.

5.

Jede Einladung, auch jene per e-mail oder Fax, soll unbedingt die Thematik der Presseveranstaltung angeben. Diese sollte so aktuell, interessant und griffig wie möglich beschrieben werden. Der Erfolg der Pressekonferenz, insbesondere die Journalisten-Präsenz, hängt nicht zuletzt davon ab. Anstatt »Bilanz 1989« könnte man also »Aktuelle Trends der Branche und Bilanz 89« ankündigen. Allerdings muß in der Veranstaltung dann auch über die Trends berichtet werden! Je konkreter und umfassender das Thema, desto interessanter für die Journalisten.

Die Ausnahme: Wenn in der Pressekonferenz sensationelle News bekanntgegeben werden, etwa der Verkauf der Firma an einen internationalen Konzern, dann darf das natürlich nicht in die Einladung hinein! In diesem Fall könnte man sich die in zwei Wochen stattfindende Pressekonferenz ersparen, weil viele Medien darüber umgehend berichten würden.

6.

Ein dezenter Hinweis auf die Bewirtung ist erlaubt, jedoch nicht notwendig. Es hat aber leider auch schon Einladungen gegeben, wo auf ein »Gourmet-Buffet mit den erlesensten Köstlichkeiten« und auf »ein interessantes Pressegeschenk« hingewiesen worden ist.

7.

Die Programmfolge kann durchaus angegeben werden.

8.

Die Abkürzung für »Um Antwort wird gebeten« U. A. w. g. ist eigentlich überflüssig, weil nur die wenigsten Journalisten antworten.

9.

Ebenso wenig nutzbringend bei Pressekonferenz-Einladungen ist die

Versendung einer Antwortkarte, weil aus dem Rücklauf nur wenig Rückschlüsse auf die tatsächliche Anwesenheit zu ziehen sind. Erst das »Nachfassen« (siehe Seite 219 f.) bringt halbwegs brauchbare Informationen über die voraussichtliche Präsenz.

10.
Wichtig hingegen ist die Beigabe von Parkgutscheinen, wenn in der Umgebung des Veranstaltungsortes wenig Parkplätze zur Verfügung stehen. Die Miete einer bestimmten Anzahl von Stellplätzen in einer nahegelegenen Garage ist bei einer Presseeinladung eine wirklich gute Investition. Ebenso nützlich ist das Mitsenden einer Anfahrtskizze, wenn der Ort der Veranstaltung nicht geläufig oder schwer zu finden ist.

Alle diese Grundsätze gelten auch für die Einladung in Briefform, nur wird diese eine Spur persönlicher, dafür vielleicht optisch weniger attraktiv sein. Ob Brief, e-mail, Fax oder gedruckt, hängt sehr von der Stellung und Größe des Gastgebers, von der Art und dem Inhalt der Veranstaltung und nicht zuletzt vom persönlichen Stil ab. In jedem Fall kann in einem Brief etwas genauer auf die Thematik eingegangen werden, auch andere Zusatzinformationen sind dann möglich.

Übrigens sollte man sich hin und wieder – besonders bei begrenzter Gästezahl – den Luxus leisten und handgeschriebene Einladungen versenden. Der Erfolg wird sich unschwer an der Zahl der Anwesenden ablesen lassen.

Die Pressemappe

Pressekonferenzen und Pressegespräche ohne Pressemappe sind eine halbe Sache. Selbst wenn die Informationen in der Veranstaltung noch so professionell dargeboten werden: Die Pressemappe ist ein Muß.
Die Flügelmappe, aus welchem Material auch immer, wird nach dem Corporate Design des Veranstalters gestaltet sein und vielleicht »Presseinformation«, »Für die Presse« oder ähnliches aufgedruckt haben. Wichtig ist aber ihr Inhalt:

1. »Waschzettel«
Dies ist im Grunde nichts anderes als eine Presseaussendung (siehe

Seite 228 ff.), nur wird dieser an die anwesenden Journalisten verteilt und an die nicht Anwesenden versandt. Wenn nötig, kann man eine Langfassung und eine Kurzfassung (nur 1 bis 2 Seiten) anfertigen.

2. Präsenzliste
Eine Liste der anwesenden Vertreter des Veranstalters mit Angabe von Namen, Titel und Funktion ist äußerst hilfreich. Sie erspart viele Rückfragen und manchen Ärger mit falsch geschriebenen Namen in den Berichten der Medien.

3. Fact sheet
Damit ist eine Kurzdarstellung der Institution gemeint, die zur Pressekonferenz geladen hat, mit dem wichtigsten Zahlenmaterial und den notwendigen Grundinformationen, vielleicht auch einem kurzen historischen Abriß.

4. Rede- und Vortragsmanuskripte
Nur, wenn es gar nicht anders geht! Spricht in der Pressekonferenz eine besonders prominente Person zu einem sehr heiklen Thema, dann könnte ein solches Manuskript Sinn haben.

5. Pressefotos mit Text, graphische Darstellungen, Zeichnungen
(siehe Seiten 237 und 241 ff.).

6. Geschäftsberichte und sonstiges »neutrales« Informationsmaterial. Prospekte und Werbedrucksorten sind bei Journalisten weniger beliebt.

7. Schreibutensilien

Das Pressegeschenk

Dazu läßt sich nicht viel mehr sagen, als im Kapitel »Sind Journalisten korrumpierbar?« (Seite 181 ff.) bereits ausgeführt worden ist. Wenn eine gute Idee dahintersteht und mit dem Thema ein Zusammenhang besteht, ist ein kleines Pressegeschenk plausibel, aber kein Muß.

Vorinformation von Periodicals

Nehmen wir an, Sie veranstalten an einem Mittwochvormittag eine Pressekonferenz. Dies bedeutet, daß die Donnerstag-Tageszeitungen darüber berichten werden (sofern sie es überhaupt tun). Was aber tun mit dem Wochenmagazin, das ebenfalls am Donnerstag erscheint und an der Story Interesse hätte, aber bereits am Montag davor Redaktionsschluß hat?

Sie haben zwei Möglichkeiten: Entweder Sie verzichten auf die Berichterstattung in diesem Magazin (eine Woche später interessiert die Geschichte nicht mehr), oder Sie geben diesem Medium die Geschichte bereits einige Tage vor der Pressekonferenz. Das ist natürlich eine heikle Sache. Denn Sie müssen sichergehen, daß Ihr Material nicht in falsche Hände gerät und womöglich schon vor der Pressekonferenz veröffentlicht wird. Das bedingt also ein Vertrauensverhältnis zu dem betreffenden Magazinjournalisten; persönliche Bekanntschaft wird also Voraussetzung sein. Die Sache kann auch noch einen kleinen Schönheitsfehler haben: Der Tageszeitungsjournalist, der am Donnerstag die Story im Wochenmagazin liest, weiß natürlich sofort, daß Sie dieses Medium vorinformiert haben. Und glauben Sie ja nicht, daß zwischen Medien und Journalisten kein beinharter Konkurrenzkampf herrscht, wenn es um Exklusivität und früheres Erscheinen geht.

Profis unter den Medienarbeitern kennen deshalb die Erscheinungsweise und den Redaktionsschluß der wichtigen Periodicals und spielen auf diesem Medienklavier je nach Bedarf.

Raumgestaltung

Bei professionellen Konferenzveranstaltern, beispielsweise großen Hotels, kann man die Raumgestaltung – von der Tischanordnung bis zum Blumenschmuck – nach Checklist quasi von der Stange kaufen. Gleiches sollte man für das eigene Haus einführen, sofern man überhaupt die geeigneten Räumlichkeiten zur Verfügung hat. Denn die Ausgestaltung des Raumes kann enorm viel zur beabsichtigten Atmosphäre und damit zum Erfolg der Pressekonferenz beitragen.

Wie bereits gesagt: Die »Bühne« mit dem Vorsitzenden-Tisch vermittelt autoritäre Strenge, der runde Tisch oder die Carré-Tafel wirkt informeller.

Bewirtung

Wie fast überall in der PR-Arbeit gilt auch hier: Kreativität geht vor

Monstrosität. Es müssen keineswegs Hummer und Kaviar sein, aber auch nicht unbedingt 08/15-Sandwiches, denn das kennen die Journalisten bereits zur Genüge. Originelle, vielleicht rustikale oder bodenständige Kost kommt allemal gut an. Dabei sollte man aber daran denken, daß Speis und Trank meist im Stehen eingenommen werden. Ersparen Sie Ihren Gästen, wenn möglich, angekleckerte Anzüge und unnötige Verrenkungen.

Ob Sie Journalisten, die mit dem Auto unterwegs sind, Alkohol anbieten wollen, bleibt Ihrem Fingerspitzengefühl überlassen.

Journalistenservice

Manche Journalisten produzieren ihren Bericht unmittelbar nach der Pressekonferenz, und dafür sollte vorgesorgt sein: Telefon-, e-mail- und Faxanschluß, eventuell auch ein paar ruhige Arbeitsplätze – das gehört zum Standardservice.

Fotografen bestellen!

Damit ist nicht die Fotoagentur gemeint, die, sofern eingeladen und sofern das Thema stark genug, ihre Bilder gewerbsmäßig den Redaktionen verkauft, sondern der hausinterne Fotograf. Dessen Bilder werden für das interne Archiv, die Mitarbeiterzeitung, den Bericht über die Pressekonferenz, den Geschäftsbericht oder zur Versendung an anwesende Gäste gebraucht.

Der interne Fragenkatalog

Es kann ganz nützlich sein, wenn
a) der/die PR-Verantwortliche vorweg die wahrscheinlichen Journalistenfragen auflistet und diesen Katalog an die internen Führungskräfte weitergibt, damit diese die richtigen Antworten vorbereiten;
b) die Führungskräfte und andere Kreative gebeten werden, zu erwartende Fragen aufzulisten.

Personalia von Hausteilnehmern und Journalisten

Wenn man weiß, welcher Journalist von welchem Medium voraussichtlich kommen wird, welchen Werdegang er hat, wo seine Schwerpunkte und Fachgebiete liegen, kann das für die Vorbereitung von Vorteil sein. Ähnliches Material sollte man von den zum Haus gehörenden Teilnehmern an der Pressekonferenz für die Journalisten vorbereiten.

Info-Material versenden

Wenn sich Journalisten wegen Unabkömmlichkeit entschuldigen, dann sollte man ihnen die Unterlagen so rechtzeitig zusenden, daß sie die Information zeitgleich mit den Teilnehmern der Pressekonferenz verarbeiten können. Bei großem Vertrauensverhältnis kann das im vorhinein geschehen, ansonsten, falls per Post, einen Tag vor der Veranstaltung. Besser aber per e-mail oder Fax zeitgleich mit der Konferenz. Das muß man auch bei solchen Journalisten tun, die zwar angemeldet waren, aber trotzdem nicht erschienen sind. Auch Botendienste können hier eingesetzt werden. Gleichzeitig sollte man die Presseinfo in die Homepage, sofern vorhanden, stellen.

Eine sogenannte Sperrfrist – »Frei ab 1. September« – ist zwar gebräuchlich, hat aber wenig Sinn. Es kommt immer wieder vor, daß sich Journalisten nicht an solche Vorgaben halten – Sanktionsmöglichkeiten hat der Informant dann ohnedies keine. Da ist es viel zielführender, die Verteilung präzise zu planen und generalstabsmäßig durchzuziehen.

Clipping-Dienst und Dokumentation

Das ist ein leidiges Thema, ähnlich wie die Terminkoordination. Selbstverständlich ist jeder Veranstalter einer Pressekonferenz daran interessiert, die entsprechenden Medienreaktionen so lückenlos wie möglich zu sammeln und zu dokumentieren. Nicht unbedingt deswegen, um damit einen materiellen Nutzen abzuleiten, wohl aber aus Gründen der qualitativen Effizienzkontrolle (siehe Seite 320 ff.). Was also tun?

1. Man hat alle in Frage kommenden Printmedien abonniert bzw. beschafft sie sich und zeichnet die Berichte in den elektronischen Medien selbst auf.

2. Man beauftragt gewerbsmäßige Medienbeobachtungsdienste mit dieser Tätigkeit.

Für welche Variante Sie sich auch entscheiden, und selbst wenn Sie beides kombinieren: Eine wirklich vollständige Clipping-Sammlung werden Sie kaum schaffen. Erstens ist es sehr schwierig, bei Regional- und Fachblättern, wo die Berichte oft erst nach Monaten erscheinen, eine komplette Übersicht zu gewinnen; zweitens werden immer wieder Berichte übersehen. Es wird sich somit immer nur um ein Annäherungsverfahren handeln können, das eben so professionell wie möglich realisiert werden muß.

Die Mediendokumentation teilt das Schicksal jeglicher Dokumentation: Die Datenbank ist nur so gut wie das Material, das ihr einverleibt wird. Kein Zweifel aber, daß eine umfassende und aktuelle Dokumentation ein wesentlicher Bestandteil jeder PR-Tätigkeit ist. Die Dokumentation erfüllt für den PR-Fachmann mehrere Funktionen:

1. Beweisführung bei späteren Fragen, Angriffen, Unklarheiten
2. Unterlage für Recherchen und spätere PR-Aktivitäten
3. Quantitativer und qualitativer Effizienznachweis

Neben der Text-Datenbank verfügt die professionell geführte PR-Abteilung bzw. PR-Agentur auch über ein umfassendes Bildarchiv sowie über ein Ton-, Film- und Videoarchiv. Journalisten von elektronischen Medien greifen in bestimmten Fällen gerne auf Datenträger von Firmen und anderen Institutionen zurück, vorausgesetzt, das Material ist

a) qualitativ hochwertig,
b) nicht auf Werbewirksamkeit, sondern auf möglichst neutrale Information ausgerichtet.

Das Nachfassen

Erfahrungen aus der Praxis zeigen eindeutig, daß durch Nachfaßmaßnahmen in den Redaktionen wenige Tage vor der Pressekonferenz die Journalistenpräsenz um bis zu 100 Prozent erhöht werden kann.

Warum das so ist? Weil Einladungen, die vor zwei oder mehr Wochen in der Redaktion gelandet sind, irgendwo verlorengehen, übersehen werden oder ganz einfach in ihrer Thematik und Wichtigkeit unterschätzt, kurzum vernachlässigt werden. Auch gibt es Redaktionen, die nicht so perfekt organisiert sind, daß Einladungen immer an den richtigen Redakteur kommen.

Also gilt es, die Redaktion nochmals an das bevorstehende Ereignis zu erinnern bzw. nachzufragen, wen sie zu der Veranstaltung schicken wird.

a) telefonisch

Das telefonische Nachfassen ist eine sehr heikle und qualifizierte Arbeit, die keineswegs einem unerfahrenen Mitarbeiter überlassen werden darf. Schließlich geht es ja darum, den eingeladenen Redakteur behutsam zu fragen, ob er an der Pressekonferenz teilnehmen wird oder ob er einen Vertreter schicken kann. Und überdies sollten ihm nochmals Thematik und Aktualität vor Augen geführt werden. Da Journalisten solche Anrufe meist ohnehin als Belästigung empfinden, kann unprofessionelle Handhabung sogar zu Verstimmungen führen.

Umgekehrt ist aber evident, daß die Strukturen vieler Redaktionen so beschaffen sind, daß erst die Erinnerung an die Presseveranstaltung zur Entscheidung über die Besetzung führt. Eine seriöse Schätzung der voraussichtlichen Teilnehmerzahl ist meist erst nach diesen Anrufen möglich, wobei in der Regel – auch hier gibt es Ausnahmen – auch noch von den mündlichen Zusagen Abstriche zu machen sind.

b) mit e-mail, Fax, Telegramm

Will man etwaige Verärgerungen durch Anrufe vermeiden, tut eine schriftliche Erinnerung ein bis drei Tage vor der Veranstaltung ebenfalls gute Dienste. Ein kurzer Hinweis auf Thema, Ort und Zeit genügt. Der Nachteil liegt freilich darin, daß mit dieser Maßnahme eine Grobschätzung der Teilnehmerzahl nicht möglich ist.

Das Briefing (die Generalprobe)

Keine Pressekonferenz ohne vorherige eingehende Vorbesprechung mit den »Hauptdarstellern«! Noch besser ist eine Generalprobe, bei der interne Mitarbeiter die Rolle der Journalisten übernehmen können. Dies kann und soll keineswegs dazu dienen, den Journalisten am nächsten Tag eine perfekte Show liefern zu können, sondern hat einzig den Zweck, Schwachstellen und ungenügend vorbereitete Informationen herauszufinden. Überdies gibt eine solche Aktion den

Hauptakteuren mehr Sicherheit und Selbstbewußtsein bei der Veranstaltung selbst.

Es ist nämlich immer wieder zu beobachten, wie Führungspersönlichkeiten, die ansonsten jede interne Sitzung mit Bravour meistern, in Pressekonferenzen unsicher und manchmal geradezu hilflos auftreten. Die Generalprobe soll hier Abhilfe schaffen, vorausgesetzt, der Boß (oder die Chefin) ist auch bereit dazu. Wer dazu zu überheblich und zu selbstsicher ist, kann dann im Kreise gewiefter Journalisten seine blauen Wunder erleben.

Vor allem aber dient das Briefing dazu, auf fehlende Unterlagen, unklare Formulierungen oder schwerverständliche Sprachregelungen aufmerksam zu machen. Auch das Timing oder die Bedienung der technischen Hilfsmittel können überprüft werden.

Werden zu dieser Besprechung z. B. die leitenden Mitarbeiter zugezogen, dann erfüllt die Vorbereitung noch einen weiteren Zweck: sie dient der innerbetrieblichen Kommunikation und Motivation.

Im übrigen ist die zeitgleiche oder sogar etwas frühere Information aller Mitarbeiter über die Pressekonferenz zu empfehlen, etwa durch Verteilen bzw. Mailen des Waschzettels. Welch Motivation beispielsweise für Außendienstbeamte, wenn sie den Inhalt der Pressekonferenz kennen, bevor er in der Zeitung steht! Sie werden den Kunden am nächsten Tag das Gedruckte mit Hingabe interpretieren und sogar jene Fehler ausbügeln, die der Journalist mangels detaillierter Information gemacht hat.

Blitz-Info an abwesende Journalisten

Stellen Sie sich folgenden Fall vor: Der Redakteur einer wichtigen Tageszeitung kann aus Zeitmangel nicht zu Ihrer Pressekonferenz kommen. Sie haben ihm die Unterlagen per Fax oder e-mail übermittelt. In der Pressekonferenz liefert der Vorsitzende aber durch eine ungeplante Aussage eine Sensation, die nun der abwesende Top-Journalist nicht hat, es sei denn, er bekommt sie über die Presseagentur.

Was werden Sie tun?

In solchen Fällen ist es keine schlechte Investition, besagten Journalisten anzurufen (oder ihm eine e-mail oder ein Fax zu schicken) und ihm die News mitzuteilen. Im Regelfall haben Sie dann einen Gutpunkt bei ihm.

Zur Schlußabrechnung: Die Kosten

Gut organisierte Pressekonferenzen sind zeit- und kostenaufwendig. Nach einer deutschen Studie erfordern Vorbereitung und Durchführung einer Pressekonferenz für ein großes Unternehmen im Schnitt 100 Arbeitsstunden. Kein Wunder, wenn externe Berater, die wesentliche Teile der Vorbereitungsarbeiten übernehmen können, im Jahre 1999 in Österreich zwischen 50.000 und 140.000 Schilling, somit zwischen 4.000 und 10.000 Euro, für eine derartige Veranstaltung verrechneten. Bloße Honorare ohne Fremdkosten – versteht sich. In Deutschland liegen die Sätze in ähnlicher Größenordnung.

Rechnet man noch Kosten für Bewirtung, Miete, Druck von Einladungen, Pressemappen, Parkplatzreservierung, Raumausstattung, Gerätemieten, Porti, Demonstrationsmaterial, Ausschnittesammeln, Telefon, Fotos usw. dazu, dann ergibt das einen stattlichen Betrag. Deshalb die Fragestellung *vor* der Pressekonferenz: Rechtfertigt der Anlaß die Kosten?

Die Schlußabrechnung kann, exakt durchgeführt, Teil der Effizienzkontrolle sein. Sie sagt uns, ob richtig geplant und exakt umgesetzt worden ist. Und sie lehrt uns, wie wir es beim nächsten Mal besser machen können.

Schlußbericht

Art und Umfang des Schlußberichtes hängen davon ab, was damit geschehen soll. Ist geplant, ihn als Informationsinstrument an Aktionäre, Geschäftsfreunde oder andere wichtige Teilöffentlichkeiten zu schicken, wird er anders auszusehen haben, als wenn er nur für interne Dokumentationszwecke dient. Enthalten sollte er in jedem Fall:

- Thema, Ort, Zeit, Teilnehmer;
- Einladung und Inhalt der Pressemappe;
- Bewertung des Ablaufes und der Reaktionen;
- Auflistung der Berichte in den einzelnen Medien, eventuell mit Angabe der Auflagen- bzw. Leser-, Seher- und Hörerzahlen;

- Inhaltsanalyse (Medienresonanzanalyse) der Berichte;
- Kostenabrechnung.

Die Pressekonferenz zu einer Veranstaltung

Wird aus Anlaß einer Veranstaltung, z. B. Tagung, Symposion oder Jubiläum, eine Pressekonferenz bzw. ein Pressegespräch abgehalten, dann sind dabei folgende Dinge zu beachten:

1. Die Berichterstattung über die Veranstaltung muß für die Medien *aktuell* möglich sein. Eine Pressekonferenz einen Tag nach der gelaufenen Veranstaltung ist stark abgewertet.

2. Das bedeutet, daß die Pressekonferenz *vor* der Veranstaltung abgehalten werden muß. Allerdings nur so lange vorher, daß die frühestmögliche Berichterstattung (z. B. im Rundfunk) nicht Dinge bringt, die sich noch gar nicht ereignet haben. Findet die Pressekonferenz etwa ein oder zwei Tage vor der Veranstaltung statt, dann dürfen nur Themenbereiche, Schwerpunkte, Teilnehmer u. dgl. veröffentlicht werden.

3. Da das Informationsmaterial (Pressemappe) mit den Namen der Teilnehmer, den Inhalten, den Zitaten vorproduziert und unter Umständen vorversandt werden muß, ist bei der Textierung darauf zu achten. Sollten zu allem Unglück Redner, die bereits zitiert wurden, dann nicht anwesend sein, müssen die Redaktionen umgehend davon verständigt werden.

4. Nach Möglichkeit sollen die wichtigen Persönlichkeiten, die bei der Veranstaltung auftreten, bei der Pressekonferenz anwesend sein.

5. Es genügt in der Regel nicht, Redakteure zu Tagungen u. dgl. einzuladen und auf Berichterstattung zu hoffen. Eine Ausnahme bilden da vielleicht Fachjournalisten. Medien erwarten eine spezifische Behandlung, außerdem haben Journalisten oft nicht die Zeit, länger dauernde Veranstaltungen zu besuchen.

6. Sind die konkreten Inhalte einer solchen Tagung nicht vorhersehbar, dann sollte die Pressekonferenz in einer Pause oder unmittelbar nach Ende der Veranstaltung (sofern Termin medienkonform) stattfinden.

7. Sind diese Grundsätze aus gutem Grund nicht einzuhalten, muß nach anderen Formen der Medienarbeit Ausschau gehalten werden (Presseaussendung, Einzelgespräche usw.).

Kamingespräch

Kamingespräche mit Journalisten finden in den seltensten Fällen an Kaminen statt, der Begriff umschreibt aber sehr gut, was damit gemeint ist:
- Eine kleine, »handverlesene« Runde von Journalisten;
- ein gemütliches, informelles Ambiente;
- persönliche, oft mündliche Einladungen;
- nur in Ausnahmefällen erwünschte Stellvertreter;
- Themen, die sehr erklärungsbedürftig sind und das intensive Gespräch erfordern bzw. ausschließlich oder überwiegend Hintergrundinformationen beinhalten.

Dieses Journalistengespräch in kleinem Kreis findet meist am Abend im Rahmen einer Einladung zum Essen, in Ausnahmefällen auch zum Frühstück oder Mittagessen statt. Die Einladungsstrategie muß sehr behutsam entworfen werden, da es nicht Sinn und Zweck einer solchen Veranstaltung sein kann, andere, nicht eingeladene Medien und Journalisten zu verärgern. Daher kann ein solches Kamingespräch nur Bestandteil einer systematischen, durchdachten und vernetzten Medienpolitik sein. Zu achten ist auch darauf, daß die eingeladenen Journalisten zusammenpassen bzw. in der Hierarchie etwa gleichrangig sind.

Beachten Sie ferner: Wenn Einladungen verschickt werden, kann es passieren, daß die Veranstaltung in einer professionellen Terminvorschau aufscheint. Die Folgen können Sie sich ausmalen!

Die Vorbereitung eines solchen Kamingesprächs hat im Prinzip ähnlich zu erfolgen wie die einer Pressekonferenz, wobei der Gesamtaufwand freilich etwas bescheidener ausfallen wird. Falls nur Hintergrundinformationen geboten werden – was voraussetzt, daß zu den eingeladenen Journalisten ein guter Kontakt besteht –, kann auf Pressemappe und Waschzettel verzichtet werden.

Einzelgespräch (Interview)

Es ist kein Geheimnis, daß viele höchst erfolgreiche und gestandene Top-Manager vor einem Journalisten-Interview plötzlich weiche Knie bekommen.

Wahrscheinlich liegt das daran, daß sie sich die Prozedur wohl zutrauen, aber Angst vor möglichen Folgen der Publizität haben. Denn schon ein falsches Wort kann katastrophale Folgen bei den Mitbewerbern, dem Aufsichtsrat oder den Eigentümern haben.

Also bleibt nichts anderes übrig, als dieses Geschäft genauso zu erlernen und zu üben wie jede andere fachliche Tätigkeit.

Grundsätzlich kann ein Journalisten-Einzelgespräch auf Initiative des Journalisten (Medienanfrage; siehe Seite 186) oder auf Vorschlag des Informationsgebers zustande kommen.

Vorbereitung von Interviews:

1.

Beschäftigen Sie sich mit der Person Ihres Interviewers. Versuchen Sie seine Stärken und Schwächen, seine Hobbies, seine Lieblingsfragen, seine politischen und fachlichen Neigungen herauszufinden. Andere Journalisten oder Ihr PR-Berater können Ihnen dabei helfen.

2.

Analysieren Sie die letzten von Ihrem Interviewpartner produzierten Artikel bzw. Sendungen. Sprechen Sie ihn im Vorgespräch darauf an. Sie werden merken: Nicht nur Manager und andere Würdenträger, sondern auch Journalisten sind sensibel.

3.

Versuchen Sie auf jeden Fall bei der Vereinbarung über das Interview Thematik und mögliche Fragestellungen zu eruieren. Jeder ernstzunehmende Journalist wird darauf eine Antwort geben, es sei denn, er will bei Ihnen einen noch nicht publiken Skandal aufdecken.

4.

Wenn sich Journalisten, von denen Sie noch nie etwas gehört haben, um Interviews bemühen, dann erkundigen Sie sich ruhig nach deren Funktion – bei Ihrem PR-Verantwortlichen oder PR-Berater oder in der Redaktion selbst. Wobei es freilich peinlich wäre, wenn sich dabei herausstellte, daß es der Chefredakteur persönlich oder ein leitender Redakteur ist, der um das Gespräch gebeten hat.

5.

Analysieren Sie Ihr Informationsangebot und die Ihnen zur Verfügung stehenden Themen nach den Grundsätzen »aktuell, neu, selten, emotional, kontroversiell, ungewöhnlich, exklusiv«. (Siehe Seite 183 ff.)

6.

Analysieren Sie, welche Fragen auf Sie zukommen könnten, auch solche, die nicht nur ihre Institution, sondern die gesamte Branche oder Gesamttrends und allgemeine Problemstellungen betreffen.

7.

Fragen Sie im Falle eines freien Journalisten nach dem Medium, in dem die Geschichte erscheinen soll. Auch die Frage nach der voraussichtlichen Länge und dem Erscheinungstermin ist wichtig, bei Interviews für elektronische Medien sogar unbedingt notwendig.

8.

Vor Radio- und Fernsehinterviews ist das Wissen über die voraussichtliche Länge des Beitrages von größter Bedeutung. Denn was nützt es, wenn Sie auf Fragen minutenlange Antworten geben, wenn für die Wiedergabe nur einige Sekunden Zeit ist?

9.

Daher bei Interviews in elektronischen Medien: Präzise und knappest formulieren, die Aussagen auf die Kernbotschaften und ein Minimum reduzieren. Sie wollen ja Ihre Hauptinformationen über die Rampe bringen, also können Floskeln und Umschreibungen dabei nur hinderlich sein. Je kürzer und prägnanter Sie antworten, desto weniger Möglichkeiten zum Schneiden und Kürzen hat der Journalist. Außerdem sind ihm kurze und klare Statements lieber als lange Monologe.

10.

Bedenken Sie, daß im elektronischen Medium überall dort am leichtesten gekürzt und geschnitten werden kann, wo der Sprecher mit der

Stimme einen Punkt macht, also in der Tonlage »heruntergeht«. Wollen Sie eine Information unbedingt noch unterbringen, dann müssen Sie vor dieser mit der Stimme »oben« bleiben.

11.

Sie sollten wissen: Journalisten warten auf einen »Sager«. Das sind Sätze, Worte oder Wendungen, die besonders unter die Haut gehen, kontroversiell, pointiert, kritisch oder demaskierend sind. Oft wird ein und dieselbe Frage mehrmals gestellt, nur um zu einem solchen »Sager« zu kommen. Formulieren Sie daher hart, klar und griffig, aber auch überlegt!

12.

Besonders bei Interviews mit Print-Journalisten kommt es vor, daß Informationen »off the records« gegeben werden. Das ist durchaus üblich, erfordert allerdings ein gewisses Vertrauensverhältnis zwischen den Gesprächspartnern. Wichtig ist jedoch, daß der Journalist die Zusage zur Vertraulichkeit definitiv gibt. Allein die Bitte um vertrauliche Behandlung durch den Informationsgeber ist zuwenig, schließlich ist der Journalist kein Beichtvater. Außerdem kann man bei allgemeinen Informationen, die in der Regel ohnedies nicht vertraulich sind – etwa Firmenumsatz, Zahl der Mitarbeiter u. ä. – von seinem Medien-Gegenüber nicht Geheimhaltung verlangen.

13.

Aufgesetzte Images und eingelernte Verhaltensweisen kommen gerade in Medien schlecht an. Geben Sie sich so, wie Sie sind – und dazu möglichst offen, gesprächs- und informationsbereit. Von angeblichen PR-Beratern gestylte Persönlichkeiten verlieren schnell ihre künstliche Fassade – was dann übrigbleibt, ist meist weniger als das natürliche Ich. Gleiches gilt auch für Kleidung und optische Aufmachung: sie sollen zu Person, Charakter und Anlaß passen. Im Fernseh-Club kann man lockerer gekleidet auftreten als beim Interview nach der Aufsichtsratssitzung. Aber Manager soll Manager, Künstler Künstler und Politiker Politiker bleiben – mit allen persönlichen Accessoires und Marotten.

14.

Werden Sie bei unangenehmen oder kritischen Fragen nicht unwirsch, bockig oder informationsunwillig. Selbst wenn der Journalist eine falsche Behauptung in den Raum gestellt hat: Gehen Sie nicht auf Konfrontationskurs, sondern sagen Sie etwa: »Ja, das ist Ihre Sicht der Dinge, die wirklichen Verhältnisse liegen aber so: ...« Also: Zuerst immer einlenken (»Quittung«), dann richtigstellen.

15.

Kommt einmal eine Frage, auf die Sie wirklich keine Antwort wissen, weil Sie die nötigen Unterlagen nicht parat haben, dann ist es allemal noch besser, zu sagen: »Diese Frage kann ich derzeit nicht beantworten, ich habe die Daten nicht im Kopf«, als herumzustottern oder gar etwas Falsches zu antworten. Beim Print-Journalisten kann man sich die Unterlagen besorgen und eventuell nachsenden, im Radio- und Fernsehinterview muß man sich durch eine ehrliche Antwort mit Überleitung auf ein anderes Thema aus der Affäre ziehen.

16.

Bei der Journalisten-Anfrage per Telefon kann man sich notfalls eine »Bedenkzeit« von 10 oder 15 Minuten erbitten – danach muß man aber verläßlich rückrufen und das Gespräch führen.

Presseaussendung

Man bedenke: Pro Tag landen in den Tageszeitungs-Redaktionen Dutzende, ja Hunderte Presseaussendungen. Sie kommen per Post, mit Boten, per Fax oder e-mail. Und sie werden, wenn alles seine Ordnung hat, auf Herz und Nieren geprüft.

Nur was den strengen Augen des Redakteurs standhält, wandert mehr oder weniger verändert in die Zeitungsspalten oder in die Berichterstattung von Radio und Fernsehen. Daher lohnt es sich, Presseaussendungen professionell abzufassen. Oder anders ausgedrückt: Laienhaft gemachte Presseinformationen sind mehr oder weniger hinausgeschmissenes Geld.

Denn auch Presseaussendungen sind nicht billig. PR-Berater verlangten 1999 je nach Umfang und Arbeitsaufwand zwischen 15.000 und 50.000 Schilling (1.100 bis 3.600 Euro) für Recherche, Abfassung und Verteilung, dazu kommen noch Materialkosten, Druck und Porti.

Erfolgreiche Presseaussendungen müssen nicht nur gut geschrieben sein, es gilt dabei überdies noch 20 Grundregeln zu beachten:

1.

Grundsätzlich gelten alle Überlegungen, die gute schriftliche Botschaften ausmachen (siehe Seite 187 ff.): ein tragfähiges, interessantes und aktuelles Thema – KISS-Regel!, Abstimmung des Niveaus auf die Empfängergruppe.

Presseaussendungen, die den 60. Geburtstag des Prokuristen hochjubeln oder Produkte in neuer Verpackung werblich anpreisen, sollten lieber unterbleiben. Sie sind für Journalisten – Ausnahme vielleicht kleine Lokalblätter – eine Zumutung.

2.

So weit wie möglich Fremdwörter und Fachausdrücke weglassen, außer die Aussendung wendet sich an ein Medien-Fachpublikum.

Notfalls müssen Fachausdrücke in einer Fußnote erklärt und »übersetzt« werden.

3.

In der Kürze liegt die Würze. Presseaussendungen sollten im Normalfall nicht länger als höchstens 2 Seiten sein, Sätze im Schnitt nicht mehr als 15 Wörter oder 30 Silben haben. Keine Schachtelsätze, keine langen Absätze, keine langen, zusammengesetzten Wörter!

4.

Der Stil sollte nüchtern und objektiv, ja sogar ein wenig distanziert zum Absender, also zum Verfasser, sein. Man schreibt eine Presseaussendung so, als würde man über einen Dritten berichten.

5.

In Presseaussendungen sollte es keine Superlative und kein »ich«, »wir«, »uns« usw. geben. Es wird über »die Firma XY« oder »die Behörde XZ« berichtet, so wie es auch der Journalist tut.

6.

Nehmen Sie dem Journalisten nicht die Arbeit ab! Die Presseaussendung ist der Stoff, aus dem der gute Journalist seine Geschichte macht. Dazu braucht er aber die Möglichkeit, verändern und ergänzen zu können. Presseaussendungen, die bereits im Stil eines Magazins oder eines Boulevardblattes, als Kommentar oder als Reportage geschrieben sind, desavouieren den tüchtigen Journalisten. Denn seine Arbeit will er immer noch selber machen.

7.

Immer zweizeilig schreiben, die Rückseite nicht beschreiben und möglichst rechts und links vom Text breite Leerräume lassen, damit der Journalist Ausbesserungen und Einfügungen machen kann.

8.

Die Zeilenlängen auf die Spaltenbreite einer Zeitung abzustimmen, wird eher nicht empfohlen, weil ja die verschiedenen Printmedien unterschiedliche Spaltenbreite haben und sich der Journalist durch solche Vorgaben bevormundet vorkommt. Gleiches gilt für die Angabe der Zeilenanzahl und ähnlichen Service-Schnickschnack.

9.

Keine ungenauen, sondern präzise Angaben, besonders bei Zahlen!

10.

Immer genaues Datum angeben, nicht »gestern«, »morgen« oder dgl.

11.

Freundliche Bitten um die redaktionelle Verwendung sind ebenso falsch und unsinnig wie das Ersuchen um Übersendung von Belegexemplaren. Besonders schlimm sind Hinweise auf erteilte Inseratenaufträge. Gleiches gilt für die Bitte um Mitteilung der Höhe eines eventuellen Druckkostenbeitrages. (Alles schon dagewesen!)

12.

Sperrfrist-Vermerke sind gefährlich und werden am besten erst gar nicht angebracht.

13.

Bei Aussendungen, die aus guten fachlichen Gründen doch etwas länger geraten, sollten Zwischentitel eingefügt und eventuell eine Kurzfassung angefertigt und mitgesandt werden.

14.

Mit Zitaten kann der Text aufgelockert und interessanter gestaltet werden.

15.

Bei der Fülle an Presseaussendungen ist zu überlegen, ob sich das optische Erscheinungsbild bei einer Aussendung in Papierform von der Masse abheben soll: Farbe des Papiers oder Schriftbild können ruhig ungewöhnlich sein, sofern sich das mit dem gesamten Auftreten des Absenders in Einklang bringen läßt und kein Abrutschen ins Kitschige erfolgt. Vom Format A4 sollte nicht abgegangen werden.

16.

Die erste Seite der traditionellen Papier-Presseaussendung (das Deckblatt) wird im Regelfall im Einklang mit der graphischen Linie des Hauses gestaltet und vorproduziert: Am oberen Rand befinden sich üblicherweise die Kurzform des Namens des Informanten (der Firma) und das Wort »Presseinformation« bzw. »Für die Presse«, »Medieninfo«

Schema Presseaussendung

wanderer schuhe

Presseinformation
Wien, 1. 9. 1999

| TITEL (A) |
| Untertitel (B) | Untertitel (C) |
| Untertitel (D) |

Infos A+B

5 W

(1. Absatz)

Infos C+D

(2. Absatz)

Infos E+F

(3. Absatz)

Detailinfos über A+B+C

(4. Absatz)

Wanderer Schuhe Ges.m.b.H., 1010 Wien, Großstraße 10
Rückfragen richten Sie bitte an die PR-Abteilung, Frau Elke Huber,
Tel.: 01/717 20-0, Fax: 01/717 20-10, e-mail: Huber@wanderer.at
Internet: http://www.wanderer.at

Die Info-Pyramide

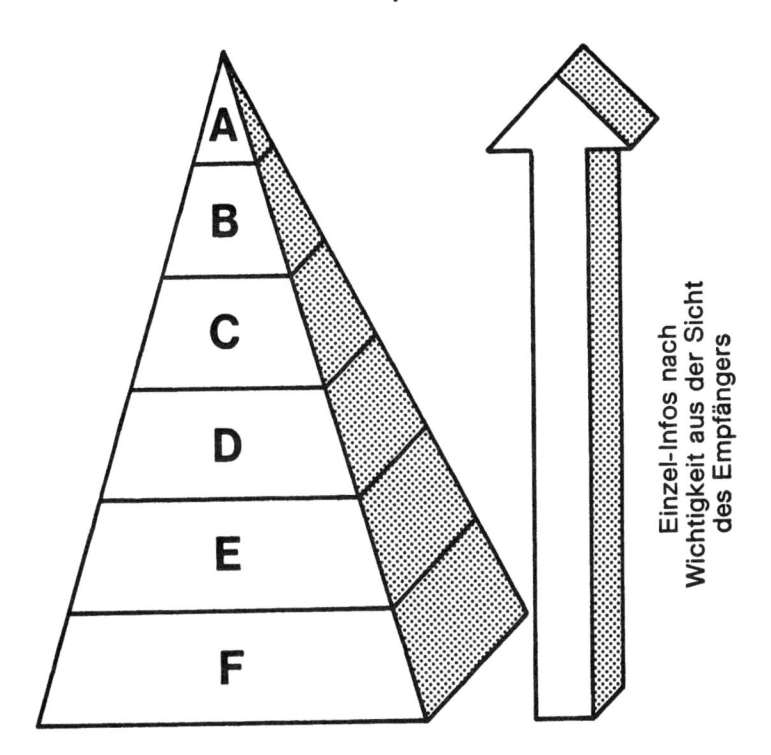

Einzel-Infos nach Wichtigkeit aus der Sicht des Empfängers

u. dgl. Am unteren Rand befindet sich der volle Wortlaut des Namens der Institution samt Adresse und ein Hinweis darauf, wo und bei wem weitere Informationen eingeholt werden können bzw. Rückfragen möglich sind (siehe Musterabbildung Seite 232). Der Rückfragehinweis ist auch bei Presseaussendungen mit e-mail oder Fax wichtig.

|17.|

Ein ganz wesentlicher Faktor ist die Gliederung und der inhaltliche Aufbau der Presseaussendung.

1. Regel: Das Wichtige – selbstverständlich aus der Sicht des Journalisten bzw. seines Lesers – kommt immer am Anfang, das weniger Wichtige am Schluß. Dies nicht deshalb, weil nur so das Interesse des

schnell lesenden Journalisten geweckt werden kann, sondern weil meistens von hinten gekürzt wird.

2. Regel: Im ersten Absatz müssen die 5 W – wer? was? wann? wo? wie? – beantwortet werden!

Um systematisch vorzugehen, zerlegt man die zu transportierende Botschaft in Teilbotschaften und reiht diese nach deren Wichtigkeit (siehe Abbildung Seite 233). Nach der Pyramidenregel steht die wichtigste Botschaft (A) an der Spitze, die am wenigsten wichtige (E im Falle von fünf Teilbotschaften) am Schluß.

Beim Abfassen der Presseaussendung werden nun die Botschaften in dieser Reihenfolge in die einzelnen Absätze verpackt. Sind die Teilbotschaften kurz abgehandelt, dann wird mit Detail- und Hintergrundinformationen zur Teilbotschaft A fortgesetzt, und so fort.

Dieser Pyramidenaufbau bringt Struktur in den Text, macht ihn besser lesbar und fördert seine Verständlichkeit.

Der Grundsatz »Das Wichtigste zuerst« gilt auch für den ersten Satz am Anfang des Textes: Anstatt »Im Jahre 1999 überschritt der Umsatz der Wanderer-Schuhwerke erstmals die Milliardengrenze ...« soll es heißen: »Die Milliardengrenze bei den Umsätzen haben die Wanderer-Schuhwerke 1999 erstmals überschritten ...« Begründung: »Aufhänger« ist die Umsatzmilliarde und nicht das Datum.

18.

Keine Presseaussendung ohne Titel und mehrere Untertitel. Dabei steht die wichtigste Information (A) gemäß Pyramidenregel im Titel, die nächstwichtigen Teilinformationen (z.B. B, C und D) in den Untertiteln. Titel und Untertitel werden im Telegrammstil formuliert und sollten möglichst kurz und prägnant sein. Also etwa: »Wanderer überschreitet Umsatzmilliarde«. Titel und Untertitel werden in der Regel in der Gegenwart geschrieben, während der Text üblicherweise im Imperfekt abgefaßt wird – ein Wechsel zurück in die Gegenwart ist aber durchaus möglich.

19.

Eine Presseaussendung bedarf keines Begleitbriefs!

20.

Einige Hinweise für die Presseaussendung per e-mail:
Noch wichtiger als bei der traditionellen Presseaussendung ist es, mittels e-mail den betreffenden Journalisten direkt anzusprechen. Die generelle e-mail-Adresse der Zeitung ist also nutzlos, man braucht die e-mail-Adresse des betreffenden Journalisten.

Man sollte sich bei den betreffenden Journalisten vergewissern, ob sie eingehende e-mails auch wirklich nutzen. Medienvertreter, die die einlangenden Mails grosso modo entsorgen, haben für die eigene Medienarbeit wenig Nutzen.

Zur Jahrtausendwende dürften in Österreich zumindest 50 % der Journalisten Online-Informationen nutzen, aber manche der Onlineworker haben noch dann und wann gern ein Stück Papier in der Hand. Daher der gute Rat, bis auf weiteres zweigleisig zu fahren, also Presseaussendung per e-mail (sofern Adresse vorhanden) und »klassische« Aussendung per Fax bzw. Post.

Für Presseaussendungen per e-mail gelten ganz besonders die Regeln klassischer Presseinfos: Pyramidenaufbau, KISS-Formel, Rückfragehinweis, das Allerwichtigste im Titel!

Das schlechte Beispiel

Wanderer Schuhe erzielten wieder ein hervorragendes Betriebsergebnis

Am vergangenen Mittwoch erklärte der Generaldirektor der bekannten Wanderer Schuhe GesmbH, Konsul Dipl.-Ing. Dr. Karl Berger, daß unsere Firma wieder ein erstklassiges Geschäftsjahr hinter sich gebracht hat und auf dem besten Weg ist, die Konkurrenz zu überrunden. Es wurde auch die neue Damenschuhkollektion »Hermi« auf den Markt gebracht, die bei den eleganten Damen reißenden Absatz findet. Das Team um unseren Generaldirektor Konsul Dipl.-Ing. Dr. Karl Berger freut besonders, daß durch den guten Geschäftsgang der Mitarbeiterstand wiederum aufgestockt werden konnte. Aber nicht nur in Österreich, auch im Ausland sind Wanderer Schuhe beliebt. So haben wir im Vorjahr große Mengen in die USA und andere Länder geliefert. Mit der Mode sind Wanderer-Schuhe auf Du und Du, ständig wird an neuen Kollektionen gearbeitet. Mit diesem Rüstzeug wird unsere Firma sicherlich die Zukunft bestens meistern. Der Umsatz stieg übrigens 1999 um 12 Prozent.

PS. Wir bitten um freundlichen Abdruck dieses Textes und um Übersendung eines Belegexemplars.

Das gute Beispiel

(Ansprechpartner in diesem Fall: Wirtschaftsredakteure von Tageszeitungen, elektronischen Medien und Presseagenturen sowie Journalisten von Wirtschafts-Fachzeitungen.)

WANDERER ÜBERSPRINGT UMSATZMILLIARDE

Wiener Schuhhersteller 1999 mit hoher Exportquote –
Mitarbeiterstand um 10 Prozent gestiegen –
50 Millionen für Neuentwicklungen

Die Milliarden-Umsatzgrenze hat die Wanderer Schuhe GesmbH 1999 überschritten. »12 Prozent Umsatzsteigerung und 5 Prozent Ertragsverbesserung sind das beste Ergebnis seit 1990«, erklärte Direktor Karl Berger am 1. September in Wien.

Die Ausfuhren konnten um 15 Prozent ausgeweitet werden, die Exportquote lag bei 45 Prozent. Hauptabsatzländer sind die USA, Großbritannien und Spanien. Für die Entwicklung neuer Kollektionen wurden im Vorjahr 50 Mill. S aufgewendet. Damit liegt das Unternehmen in Relation zum Umsatz im internationalen Spitzenfeld.

Die gute Geschäftsentwicklung machte die Einstellung weiterer 80 Mitarbeiter notwendig. Derzeit werden insgesamt 590 Arbeiter und Angestellte beschäftigt.

Die steigende Nachfrage sei auf die konsequente Modellpolitik und die schnelle Lieferfähigkeit zurückzuführen, erklärte Firmenchef Karl Berger. Der derzeitige Auftragsstand lasse für 2000 eine weitere Expansion um 7 bis 10 Prozent erwarten.

Beachten Sie beim obigen Text:
A = Umsatzmilliarde und Umsatzsteigerung
B = Exporte
C = Mitarbeiter
D = Entwicklungskosten

E = Gründe für Nachfrage
F = Ausblick 2000

Die 5 W sind im ersten Absatz enthalten:
Wer = Wanderer und Berger
Was = Umsatz und Ertrag
Wann = 1. September
Wo = Wien
Wie = bestes Ergebnis (genauere Erklärung weiter unten)

Pressedienst (Mediendienst)

Pressedienste sind ähnlich gestaltet wie eine Presseaussendung, also Informationen für Medien, die sich jedoch von der Presseaussendung durch nachstehende Merkmale unterscheiden, ansonsten aber nach den gleichen Grundsätzen funktionieren:

a) regelmäßiges Erscheinen,
b) evtl. mit eigenem Titel,
c) pro Ausgabe mit meist mehreren, kurz gefaßten Themen

Gelegentlich werden unter den Begriffen »Pressedienst« und »Mediendienst« auch Unternehmen verstanden, die Informationsdienste herausgeben.

Pressefoto (Medienfoto)

Oft ist es klüger, anstelle einer langatmigen Presseaussendung ein gutes Foto zu versenden. Presseaussendungen sowie Pressemappen für die Pressekonferenz können sehr oft durch Fotos positiv angereichert werden. Aber Foto ist nicht gleich Foto. Zu beachten gilt:

1. Das klassische Pressefoto ist schwarzweiß oder farbig, glänzend, im Format 18 mal 13 cm. Die Versendung von Fotos per e-mail oder ISDN erfolgt im jpg-Komprimierungsverfahren, wodurch hochauflösende Fotos in Druckqualität sichergestellt sind. Pressefotos können auch im Internet gelagert und bei Bedarf von den Journalisten heruntergeladen werden.

2. Das Foto kommt um so besser an, je dynamischer, aktualitätsbezogener, aussagekräftiger und anschaulicher es ist. Personen sollten bei einer Tätigkeit dargestellt sein; Fotos von unbelebten Fabrikshallen und toten Gebäudefassaden geben wenig her. Hier müssen Auftraggeber und Fotograf ihre Kreativität spielen lassen.
3. Ein Foto ohne Text ist wertlos. Der Fototext sollte wie eine Mini-Presseaussendung gestaltet sein: Titel und kurzer Lauftext, aufgebaut nach der Pyramidenregel, ferner der Urhebervermerk für das Foto. Beim klassischen Pressefoto wird der Bildtext entweder auf die Rückseite des Fotos geklebt oder sonstwie mit dem Foto fix verbunden, etwa in einer Schleife über das Bild gelegt und auf der Rückseite verklebt. Aber auch Online-Fotos benötigen einen Text.
4. Es muß überprüft werden, ob die Nutzungsrechte für den geplanten Verwendungszweck erworben worden sind.

Pressefotos dürfen vor allem bei konsumnahen Themen, Produktinformationen, auf das Bild abgestellten Ereignissen (Aktionismus, siehe Seite 284 ff.) und personenbezogenen Informationen nicht fehlen.

Kreative Medienarbeit

Die Möglichkeiten der Kontaktpflege mit Medien sind unerschöpflich, und es liegt in erster Linie am Fachwissen und am Ideenreichtum der PR-Fachleute, effiziente Mittel und Wege der Medienarbeit zu finden. Dabei darf es jedoch nicht um billige Effekte und reine Gags gehen, sondern um mehr oder weniger unkonventionelle Maßnahmen, mit denen die Sachinhalte besser und wirkungsvoller als mit den herkömmlichen Instrumenten transportiert werden können. Fingerspitzengefühl, Kenntnis der anzusprechenden Personen und klare Konzepte sind für die Realisierung ausschlaggebend. Auch die Vernetzung mit PR-Maßnahmen in Richtung anderer Teilöffentlichkeiten sollte bei den Überlegungen eine Rolle spielen.

Die nachstehend angeführten Maßnahmen haben zum Teil traditionellen Charakter, zählen aber nicht zum klassischen Instrumentarium. Hier geht es vor allem darum, diese Aktivitäten kreativ auszugestalten. Zum Teil handelt es sich um ausgefallene Vorschläge, die keineswegs Anspruch auf Vollständigkeit erheben, sondern nur als Anregung gedacht sind. Viele der Maßnahmen sind nicht nur für die Medienarbeit, sondern auch für die Öffentlichkeitsarbeit mit anderen Dialoggruppen von Interesse.

1. Auf fachlicher Ebene

- Podiumsdiskussionen mit Journalisten als Zuhörer oder Teilnehmer;
- Journalistenseminare zu Fachthemen;
- Pressetagungen, Symposien;
- Sponsoring-Aktivitäten (siehe Seite 279);
- Aktionismus (siehe Seite 284);
- Interne Diskussion mit Journalisten;
- Berufung von Journalisten in Fachbeiräte, Juries u. dgl.;
- Schaffung von Journalistenpreisen und -auszeichnungen für besondere Leistungen;
- Übermittlung laufender Publikationen, wie Jahresberichte, Jubiläumsschriften, Tagungsberichte, Forschungsberichte usw.;
- Herausgabe von Graphik-, Comics- und Karikaturendiensten;
- Zurverfügungstellung von Tagungsräumen, Kommunikationszentren usw. für Journalisten;
- Einladung zu sonstigen Veranstaltungen, wie Tag der offenen Tür, Jubiläen, Eröffnungen, Ehrungen, Ausstellungen usw.;
- Mediale Umsetzung von sozialen Leistungen, Patenschaften, der Förderung von Studien und wissenschaftlichen Arbeiten, von Meinungsumfragen, hochrangigen Persönlichkeiten usw.;
- Glückwunschdienst zu Geburtstagen, Neujahr, usw.;
- Schreiben von Leserbriefen;
- Vermittlung guter Informanten für Journalisten;
- Anbieten von Recherchehilfe, Auskunftsdienst für hausferne Themen;
- Besuche in den Redaktionen;
- Ton-, Film-, Video- und Fotodienste;
- Umfragen und fachliche Wettbewerbe unter Journalisten;
- Lieferung von Themenvorschlägen, die mit der eigenen Institution nichts zu tun haben;
- Fach-Stammtisch (Jour fixe) für Journalisten.

Dazu drei konkrete Beispiele:

Eine Bank führt alljährlich unter Wirtschaftsjournalisten (und Geschäftsfreunden) einen fachorientierten Wettbewerb durch, in dem die Publizisten Eckdaten des Wirtschaftsgeschehens für Ende des Jahres prognostizieren müssen. Für die Gewinner, die der Realität am nächsten kommen, gibt es kleine Anerkennungspreise. Diese Form der Kontaktpflege wird von den Medienvertretern sehr geschätzt, sie werden als Experten angesprochen und können sich in ihrem Metier betätigen.

Eine Non-profit-Organisation, die sich mit der Verhütung von Sport- und Freizeitunfällen beschäftigt, führt eine Meinungsumfrage über das Freizeitverhalten der Österreicher durch. Dabei stellt sich u. a. heraus, daß 60 Prozent der Befragten Angst vor Sportausübung haben. Diese Informationen werden Lokalredaktionen mit einer Presseinformation vermittelt, die reißenden Absatz findet.

Ein mittelständischer Hersteller von Betonelementen für den Hausbau mit Sitz in einer Regionalgemeinde veranstaltet einen Wettbewerb »Das schönste Haus in unserem Bezirk« und involviert dabei nicht nur die Bevölkerung seines Umkreises, sondern auch die Lokalpresse und den Lokalrundfunk. Er gewinnt damit zusätzliche Sympathie und mehr Ansehen in seinem Fachbereich Hausbau.

2. Auf sozialer Ebene

- Einladung von Journalisten zu gesellschaftlichen Veranstaltungen;
- Engagement im kulturellen und künstlerischen Bereich: Vernissagen, Ausstellungen, Konzerte;
- Einladung zu sportlichen Ereignissen: Tennisturnier, Kegelabend, Fußballmatch, Sportschießen für Journalisten;
- Jour fixe für Fitness-Aktivitäten.

Drei Beispiele:
Eine sehr sportorientierte Versicherungsgesellschaft lädt die ihr bekannten Journalisten zu Golf-Schnupperkursen ein. Dabei kann nicht nur der persönliche Kontakt gepflegt, sondern auch manches Fachgespräch geführt werden.

Der Direktor eines großen Museums lädt die mit ihm in Kontakt stehenden Journalisten zu seinem privaten »Salon« ein, der einmal monatlich stattfindet.

Ein multinationales Unternehmen veranstaltet einmal jährlich ein Fußballmatch Parlamentarier gegen Journalisten der Innenpolitik. Der Erlös fließt einer karitativen Institution zu. In diesem Fall wird eine Vielfalt an Teilöffentlichkeiten angesprochen: Journalisten der Innenpolitik, Gesellschafts- und Lokaljournalisten (als Berichterstatter), Politiker, karitative Einrichtungen sowie jene Gruppen, die zum Spiel eingeladen und über die Medien angesprochen werden.

Beispiel Pressegraphik

Sachthemen lassen sich nicht nur mit Fotos, sondern auch durch graphische Darstellungen transparenter und verständlicher machen. Dies gilt besonders für Zahlenreihen, Statistiken, Trends, ziffernmäßige Vergleiche u dgl. Graphiken dienen aber nicht nur zur besseren visuellen Vermittlung von Sachinhalten, sondern auch als Gestaltungselemente. Graphiken können einen Geschäftsbericht attraktiver und übersichtlicher machen, aber auch Journalisten verwenden graphische Darstellungen gern zur optischen Auflockerung und Gliederung von Printseiten.

In den vergangenen Jahren haben etliche Unternehmen, Ämter, Interessenvertretungen und andere Institutionen Graphikdienste für Medien herausgebracht, die entgeltlich oder unentgeltlich abgegeben werden und Themen aus den verschiedenen Lebensbereichen verständlich und griffig aufbereiten. Oft werden diese Graphiken als PR-Instrument verwendet, entweder durch die Themenwahl oder durch Nennung des »Absenders«. In beiden Fällen können damit Beiträge zur Steigerung der Kompetenz- und Sympathiewerte geleistet werden.

Auf Graphikdienste spezialisierte Unternehmen, wie in Österreich z.B. »Der Auer« oder die APA, fertigen auf Honorarbasis Graphiken nach dem neuesten technischen Standard an und verteilen diese an Medien. Die Medien können diesen Graphik-Service im Regelfall gratis nutzen. Graphiken werden üblicherweise per e-mail oder ISDN in post-script-File versendet. Diese Seitenbeschreibungssprache garantiert scharfe Wiedergabe.

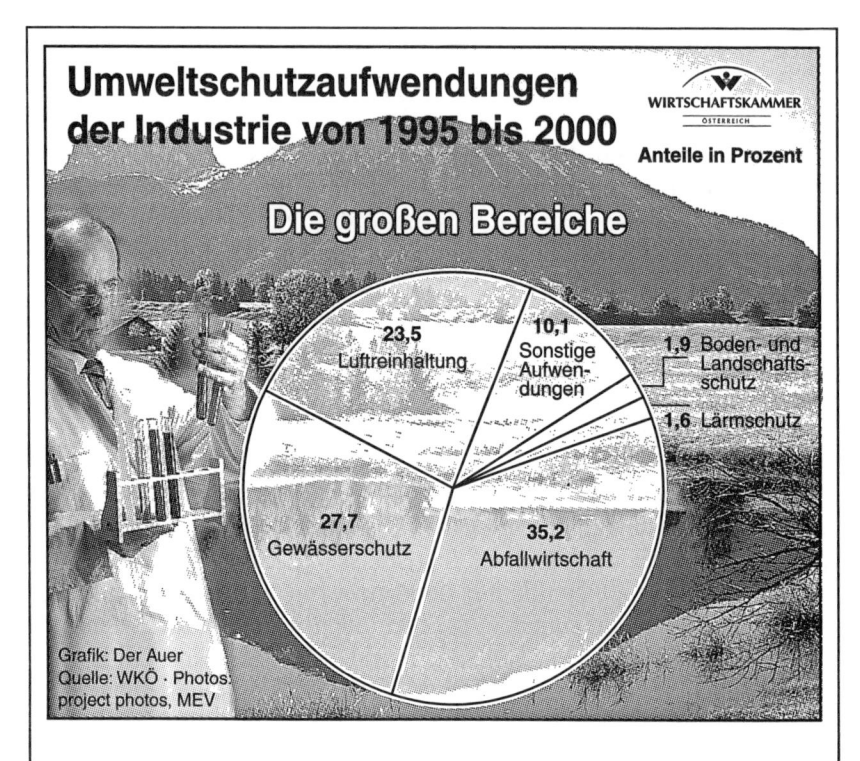

Umweltschutzaufwendungen der Industrie von 1995 bis 2000

WIRTSCHAFTSKAMMER ÖSTERREICH

Anteile in Prozent

Die großen Bereiche

- 23,5 Luftreinhaltung
- 10,1 Sonstige Aufwendungen
- 1,9 Boden- und Landschaftsschutz
- 1,6 Lärmschutz
- 27,7 Gewässerschutz
- 35,2 Abfallwirtschaft

Grafik: Der Auer
Quelle: WKÖ · Photos: project photos, MEV

90 Milliarden für die Umwelt
Von den ermittelten 90 Milliarden ATS Gesamtaufwendungen wurden und werden mehr als ein Drittel (31,6 Mrd. ATS) für die Abfallwirtschaft verbraucht. Jeweils rund ein Viertel fließen in Luftreinhaltung und Gewässerschutz. Der Großteil des verbleibenden Restes wird für Forschungs- und Entwicklungsprojekte eingesetzt.

(Diese Grafiken sind in Schwarzweiß und Farbe verfügbar. Wir versenden die Grafiken für Druckzwecke kostenlos als e-Mail oder point-to-point via ISDN (Leonardo Pro). Auskunft: Der Auer, Tel. 533-7-544. Abdruck honorarfrei.)

Belastbar, aber wenig Leadership-Qualitäten:

Stärken und Schwächen österreichischer Führungskräfte

Ausprägungsgrad der Eigenschaften in Prozent aller bewerteten Führungskräfte

Eigenschaft	Prozent
Belastbarkeit	60
Persönlichkeit	57
Analytisches Denken	56
Lernfähigkeit	56
Strategische Kompetenz	48
Durchsetzungsvermögen	47
Ganzheitliches Denken	46
Leadership	46

Quelle: TRIGON-Studie   Foto: project photos

TRIGON Wirtschaftsgrafik   Grafik: Der Auer

Untersuchung zeigt: Österreichs Manager sind belastbar, aber es mangelt an ganzheitlichem Denken und Leadership

Wien, 19. 5. 1999. Eine unter mehr als 500 Führungskräften in Österreich im Rahmen von Assessment-Center-Beobachtungen und -Auswertungen durchgeführte Untersuchung von TRIGON Entwicklungsberatung zeigt, daß die heimischen Manager zwar ausgezeichnete Noten verdienen, was Belastbarkeit und Persönlichkeit anbelangt, an den Management-Tugenden Durchsetzungsvermögen, ganzheitliches Denken oder Leadership mangelt es jedoch häufig. »Österreichs Führungskräfte sind lernfähige Analytiker, die als belastbare, ausdauernde Persönlichkeiten gesehen werden können. Aber ihre Schwächen liegen in den Bereichen ganzheitliche Sichtweise, Durchsetzungskraft und Leadership. Auch ihre strategischen Fähigkeiten sind unterentwickelt«, präzisiert der für die Durchführung der Untersuchung verantwortliche TRIGON-Experte Franz Biehal. Die Ergebnisse der Studie repräsentieren die Einschätzungen geschulter externer und firmeninterner Beobachter für heimische Führungskräfte bei verschiedenen Aufgabenstellungen (erhoben wurden 15 Management-Kriterien) im Rahmen von TRIGON-Assessment Center. TRIGON ist mit einem Jahresumsatz von rund 50 Mio. S auf dem Gebiet der Personal- und Organisationsentwicklung eines der größten und profiliertesten Beratungs-Unternehmen in Österreich und betreut im In- und Ausland eine Reihe renommierter Firmen und Konzerne.

Zu diesem Bereich zählen auch andere Formen der bildlichen Darstellung, wie etwa die Herausgabe von Karikaturen, Comics, Zeichnungen und ähnlichem.

Beispiel Leserbrief

Leserbriefe sind ein oft vernachlässigtes, aber durchaus effizientes Instrument der Medienarbeit. Denn es ist bekannt, daß diese Rubrik in den Printmedien sehr geschätzt und mit großem Interesse gelesen wird.

Aber offenbar scheint es für institutionelle Kommunikatoren zu einfach und trivial zu sein, Leserbriefe zu schreiben. Da wird für Presseaussendungen und andere Aktivitäten viel Geld und Schweiß geopfert, aber auf das einfachste Mittel, den Leserbrief, kommen nur die wenigsten.

Es müssen auch nicht immer der PR-Verantwortliche oder die Geschäftsleitung sein, die als Absender in Frage kommen. Vielleicht ist in manchem Fall der Betriebsrat oder ein Mitarbeiter gerne bereit, seine Meinung in einem Massenmedium zu publizieren.

Was freilich nicht passieren sollte: daß sich die Firma XY und ihre Repräsentanten als notorische Leserbriefschreiber einen zweifelhaften Ruf erwerben. Daher muß auch mit dieser Maßnahme vorsichtig und gezielt umgegangen werden.

Besonders gut eignen sich Leserbriefe für Themen, die im aktuellen Trend liegen, aber auch für elegante Richtigstellungen, Gegendarstellungen und kontroversielle Diskussionsbeiträge.

Daher sollte das Stiefkind Leserbrief in keinem Medienkonzept fehlen.

Sorgenkind Verteiler

Egal, ob für die Medienarbeit oder für andere Bereiche der Public Relations: Ein guter Verteiler ist der halbe Erfolg. Aber die Erarbeitung und die laufende Wartung eines solchen Verteilers ist beinharte Knochenarbeit und daher ein teures Unterfangen.

Kein Wunder also, daß PR-Agenturen ihre Journalisten-Datenbank wie ihren Augapfel hüten und nicht außer Haus geben. Schließlich ist er für sie bares Kapital, so wie es in anderen Betrieben Maschinen oder Warenlager sind.

Für die Erstellung eines Verteilers braucht man exzellente Branchenkenntnisse, langjährige Erfahrung, Fingerspitzengefühl und viel Ausdauer. Gute Verteiler entwickeln sich wie gute Flaschenweine erst im Laufe der Jahre.

Die Technik spielt dabei eine wesentliche, im Vergleich zur manpower aber eine untergeordnete Rolle. Denn was nützt ein toller Online-Verteiler, wenn die Namen nicht stimmen oder etliche darin enthaltene Personen bereits verstorben sind?

Die Segmentierung des Medienverteilers ist Sach- und Geschmacksfrage. Man kann unterteilen nach:

- regionalen Gesichtspunkten,
- Arten von Medien,
- Sachgebieten (Arten von Redaktionen bzw. Branchen),
- Namen der Redakteure bzw. der freien Journalisten.

Die Auswahl der für die Institution wichtigen Redaktionen bzw. Fachmedien und deren Redakteure wird sich im wesentlichen nach den Tätigkeitsbereichen richten. Bei Unternehmen leiten sich diese Bereiche aus den Produkten bzw. Dienstleistungen ab, analog verhält es sich bei anderen Institutionen.

Die geeigneten Medien und die dazugehörigen Journalisten kann man entweder den einschlägigen Publikationen entnehmen, man »kauft« sie bei professionellen Anbietern oder man erarbeitet sie selbst im Zuge der Medienbetreuung. Insbesondere für die laufende Wartung des Datenbestandes ist ein guter Einblick in die Medienszene, das ständige Studium der Fachmedien der Medienbranche (siehe Seite 450) und natürlich die kontinuierliche Kontaktpflege mit Journalisten vonnöten.

Heute erfolgt das technische Handling nur mehr in Ausnahmefällen über Adressen-Systeme, in der Regel jedoch mittels EDV-Adreßverwaltungssystem.

Noch eine Frage: Wie können Sie feststellen, welche Fachzeitschriften aus einer langen Liste in den Handbüchern die wichtigsten und von der Branche am meisten gelesenen sind? Ganz einfach: Sie werfen einen Blick auf die Auflagenziffer, die vor allem bei den potenten Zeitschriften angegeben ist, und sie fragen ganz einfach ein paar Profis aus der betreffenden Branche, welches Blatt man lesen muß, um fachlich gut informiert zu sein.

Handbücher bzw. Datenbanken auf CD-ROM bzw. Diskette für Medienverteiler

ÖSTERREICH

PRESSEHANDBUCH
Medien und Werbung in Österreich (erscheint jährlich), Wien: Verband österreichischer Zeitungsherausgeber und Zeitungsverleger

ÖSTERREICHISCHER JOURNALISTENINDEX
(erscheint halbjährlich) Wien: Verlag Dkfm. Peter Hoffer (redaktion@index.verlag.at)

TERMIN PRESSE DIENST
Wien: Verlag Dkfm. Peter Hoffer (redaktion@index.verlag.at)

ORF-GESCHÄFTSBERICHT
Wien: Österreichischer Rundfunk (http://home.orf.at)

PUBLIKATIONEN VON LANDESREGIERUNGEN
Niederösterreich: Liste der Regionalzeitungen
Salzburg: Generalinformation Salzburger Medien
Burgenland: Burgenländische Medienliste
Vorarlberg: Medienverzeichnis für Vorarlberg
Tirol: Gesamttiroler Medienverzeichnis
Steiermark: Pressehandliste
Kärnten: Medienliste
Oberösterreich: Medienhandbuch Oberösterreich, Dr. Baumann (Hg.), Linz: Landesverlag

DEUTSCHLAND

LEITFADEN DURCH PRESSE UND WERBUNG Essen: Stamm-Verlag GmbH

DIE DEUTSCHEN VOLLREDAKTIONEN Verlag Dieter Zimpel

KROLL PRESSETASCHENBÜCHER
Motor-Presse, Wirtschaftspresse, Geld und Versicherung, Energiewirtschaft, Touristik-Presse, Automobil-Wirtschaft, Luft- und Raumfahrtpresse, Rundfunk, Fernsehen, Mode

und Textil, Kultur und Kunst, Ernährung, Naturwissenschaft und Medizin, Datentechnik, Arbeit und Soziales. Alle im Kroll-Verlag, D-82229 Seefeld, Obb. Postfach 1153. Enthalten Namen und Adressen aller entsprechenden Journalisten (teils nur Deutschland, teils welt- bzw. europaweit).

Elf Techniken effizienter Medienarbeit

1. Personalisieren
Medien und Medienkonsumenten lieben Geschichten, die nicht nur auf Themen, sondern vor allem auf Personen »aufgehängt« sind. Stellen Sie, wo es geht, interessante Personen in den Vordergrund und bauen Sie um sie herum die Geschichte. Eine Story über einen baufälligen Kirchturm läßt sich viel eindrucksvoller am Schicksal des alten Glöckners darstellen, und die Leistungen einer Fluggesellschaft werden viel sympathischer, wenn dies anhand eines rekordverdächtigen Piloten geschildert wird.

2. Visualisieren
Ein Bild sagt bekanntlich mehr als tausend Worte. Daher überall, wo es geht, Bilder und andere visuelle Hilfsmittel einsetzen. Im Medium Fernsehen ist Berichterstattung ohne Visualisierung überhaupt unmöglich. (Siehe auch Aktionismus, Seite 284 ff.)

3. Lokalisieren und Regionalisieren
Nicht immer sind die überregionale Tageszeitung und die Weltnachrichten im Fernsehen die richtigen Ansprechpartner. Es gibt eine große Vielfalt von regionalen und lokalen Printmedien, und selbst die elektronischen Medien verlegen sich zusehends auf die Regionalisierung (Lokalradios!). Alle diese Medien werden auch von den Konsumenten intensiv genutzt, von den Informationsgebern aber oft links liegengelassen.

Zu einer professionellen Planung und Medienarbeit gehört daher die präzise Analyse der vorhandenen Möglichkeiten auf regionaler Ebene. So bieten z. B. die Programme des Lokalrundfunks unzählige Sendungen, in denen die zu vermittelnde Thematik bestens hineinpaßt. Das gleiche gilt für die lokalen Printmedien. Journalisten dieses

Genres sind oft dankbare Abnehmer für gute Informationen und daher treue Kooperationspartner. Hier schlägt das für den Journalisten so wichtige Prinzip der »räumlichen Nähe« zu.

4. Problematisieren
Durchgestylte und aalglatte Erfolgsmeldungen stoßen bei guten Journalisten von vornherein auf Mißtrauen. Und wahrscheinlich sind sie auch in den seltensten Fällen die echte Wahrheit. Warum also nicht mehr Offenheit und mehr Mut zu heiklen und kritischen Themen? Stories, die auch Probleme des Informanten beinhalten und kontroversiell sind, sind für den Publizisten weit griffiger als blutleere Schönfärbereien.

Ein Thema wird um so spannender und berichtenswerter, je mehr dabei auch die problematische Lage auf dem Weltmarkt, die schwierigen Konkurrenzverhältnisse oder die knappen finanziellen Mittel ins Spiel gebracht werden.

Zu beachten ist freilich, daß Journalisten immer etwas zur Überhöhung neigen, besonders bei kontroversiellen und problembeladenen Fällen. Also Vorsicht bei der Anwendung dieser Technik!

5. Exklusivieren
Für einen ehrgeizigen Journalisten ist eine kleine, aber für ihn exklusive Geschichte oft wertvoller als eine ausgewachsene Sensation, die aber alle anderen Medien auch haben. Dieses Bestreben der Medien, exklusiv zu sein und die Nase immer ein wenig vor der Konkurrenz zu haben, sollte sich die Öffentlichkeitsarbeit zunutze machen.

Dies bedeutet nicht gegenseitiges Ausspielen, sondern den Versuch, gewisse Informationen, die sich dafür eignen, bestimmten Journalisten exklusiv zukommen zu lassen.

6. Distribuieren
Bei der Pflege der Journalistenkontakte ist nicht nur mit Fingerspitzengefühl, sondern auch nach Gesichtspunkten der Fairness vorzugehen. Sicherlich verleiten große und gewichtige Medien dazu, sie zu bevorteilen und Exklusivstories eher ihnen anzubieten als kleineren Medien. Trotzdem ist hier möglichst »gerecht« vorzugehen, vorausgesetzt, man hat immer wieder gute News auf Lager.

Es gibt nämlich viele Gelegenheiten, wo man auf die Präsenz und die Berichterstattung der »Kleinen« sehr wohl Wert legt. Wenn sie aber bei den »heißen« Stories immer übergangen werden, dann kann man kaum erwarten, daß sie bei Allerweltsinformationen Gewehr bei Fuß stehen.

Die Medienpolitik bedarf somit einer Strategie, die die vorhandenen Informationen fair verteilt und in der Zusammenarbeit mit einer Vielzahl von Medien eine Optimierung herbeiführt.

7. Emanzipieren

Öffentlichkeitsarbeit scheitert oft am Egoismus und am engstirnigen Denken des Informanten. Meist wird nur überlegt: Welche Information an Journalisten ist mir selbst von Nutzen und wie stelle ich mich selbst und meine Institution in den Vordergrund? Die Informationsinhalte betreffen bloß die eigenen vier Wände, die eigenen Probleme, die eigenen Erfolge.

Die Erwartungshaltung des Journalisten ist allerdings eine andere: ihn interessieren weitläufige Trends, die Mißerfolge und Erfolge der Konkurrenz, die Probleme und das gesamte Umfeld.

Wer es also schafft, über den eigenen Gartenzaun hinauszuschauen und sein Informationsspektrum auf größere Zusammenhänge, internationale Entwicklungen und nicht unmittelbar »nutzbringende« Themenstellungen zu erweitern, der wird beim Journalisten erhöhte Akzeptanz und größeres Wohlwollen finden. Dazu gehört auch die Recherchehilfe und das Anbieten von Informationen, die mit den eigenen Interessen nichts oder kaum etwas zu tun haben.

Gute Medienarbeit bedeutet also auch ein gewisses Quantum an Selbstlosigkeit, entsprechend der Erkenntnis, daß eine derartige Haltung Vertrauen und Akzeptanz fördert.

Idealfall einer solchen Politik: Man wird zum ständigen Gesprächspartner für den Journalisten, wenn es um Fragen der Branche und des Umfeldes geht. Informanten, deren Telefonnummer fixer Bestandteil in der Datenbank des Journalisten ist, brauchen sich über die weitere Kontaktpflege keine großen Sorgen mehr zu machen.

8. Simplifizieren

Themen und Botschaften müssen auf das Minimum an Aussage reduziert werden, damit sie verstanden und aufgenommen werden. Die KISS-Formel ist bereits besprochen worden (siehe Seite 191). Wer es nicht schafft, seine Informationen massiv zu vereinfachen und in verständliche Worte zu kleiden, wird Kommunikations-Schiffbruch erleiden.

9. Exemplarisieren
Schwierige Zusammenhänge und komplexe Themen können anhand praktischer Beispiele viel besser erklärt werden als mit komplizierten theoretischen Beschreibungen. Insbesondere, wenn es um konkrete Fakten oder Zahlen geht, kann ein anschauliches Beispiel viel zur leichten Verständlichkeit beitragen.

10. Aktualisieren
Journalisten sind, davon war schon die Rede, an neuen, an aktuellen Themen interessiert. Versuchen Sie daher, Ihre Botschaft noch interessanter zu machen, indem Sie einen aktuellen Bezug herstellen und sich vielleicht an einer »heißen« Thematik »anhängen« (»geborgte Aktualität«). Noch besser ist es freilich, wenn die eigene Information so stark und selbsttragend ist, daß damit Aktualität geschaffen wird.

11. Emotionalisieren
Themen, die unter die Haut gehen und betroffen machen, finden bei Journalisten besondere Aufmerksamkeit – weil Betroffenheit beim Leser, Hörer, Zuseher Mediennachfrage auslöst und damit auch der Erfolg des Mediums steigt.

Von Schleichwerbung und zahnlosen Vorschriften

Seit der Begriff »Public Relations« Ende des vorigen Jahrhunderts – 1998 feierte er den 100. Geburtstag – in den USA geboren wurde, ist er mit einer schweren Hypothek belastet: der Aura der Schleichwerbung.
Nicht ohne Grund.
Bis zum heutigen Tag wird unter dem Deckmantel von PR oder Öffentlichkeitsarbeit Irreführung von Konsumenten, Täuschung von Zeitungslesern, Markenwerbung im Fernsehen und Korrumpierung von Journalisten betrieben.
In trauter Eintracht benutzen immer wieder Medienunternehmen,

sogenannte Werbefachleute, Auftraggeber und angebliche Journalisten den Deckmantel der Public Relations, um gegen Entgelt Werbebotschaften an den Mann zu bringen. Auch sogenannte PR-Fachleute tun bei diesem Spiel gelegentlich mit.

Kein Wunder also, wenn das Image der PR-Branche bis heute – trotz großer Fortschritte in die richtige Richtung – ein nicht sehr gutes ist.

Dem Erfindungsreichtum beim Verpacken billiger Produktwerbung in feines PR-Seidenpapier sind offenbar keine Grenzen gesetzt.

Das beginnt beim Angebot von Verlagen, gegen Entgelt sogenannte »PR-Seiten« und »PR-Artikel« zu gestalten, geht über die subtile Form des »Druckkostenbeitrages« in Printmedien und des »Produktionskostenbeitrages« in elektronischen Medien und endet beim Versuch, Journalisten zu korrumpieren, damit diese »his masters voice« vorlagengetreu wiedergeben.

Rundfunkanstalten bieten verbilligte Werbe-Sendezeit unter dem Schlagwort »PR« an, renommierte Zeitungen machen branchenorientierte Beilagen unter dem gleichen Titel schmackhaft, und zweifelhafte Berater vermarkten ihr rein auf Produktwerbung getrimmtes Product-placement-Angebot unter demselben Namen.

Noch subtiler wird es, wenn als Draufgabe zu einem Inserat »Gratis-PR« – die mit redaktioneller Berichterstattung natürlich nicht das geringste zu tun hat – verlangt und gewährt wird. Oder wenn in Printmedien gegen Bezahlung erstklassig aufgemachte Stories erfunden und veröffentlicht werden.

All das schadet natürlich dem Image der PR-Branche. Und führt nicht dahin, daß politisch Verantwortliche oder Unternehmenschefs Öffentlichkeitsarbeit endlich als Managementaufgabe begreifen.

Solange charmante Damen in der Verkaufsförderung als »PR-Ladies« und alerte Herren aus der Werbeabteilung in den Medien als »PR-Profis« tituliert werden, müssen die PR-Fachleute um ihre Selbstfindung kämpfen.

Gibt es eine Gegenstrategie?

Das österreichische Mediengesetz bietet in § 26 eine Leitlinie an. Dort heißt es unter der Überschrift »Kennzeichnung entgeltlicher Veröffentlichungen«:

»Ankündigungen, Empfehlungen sowie sonstige Beiträge und Berichte, für deren Veröffentlichung ein Entgelt geleistet wird, müssen in periodischen Medien als »Anzeige«, »entgeltliche Einschaltung« oder »Werbung« gekennzeichnet sein, es sei denn, daß Zweifel über die Entgeltlichkeit durch Gestaltung und Anordnung ausgeschlossen werden können.«

Interessant wird es in den »Erläuterungen«, wo es heißt:

»... Andererseits wird redaktionellen Beiträgen vom Leserpublikum größeres Vertrauen entgegengebracht als den Anzeigen, weil diese offensichtlich dem Interesse dessen dienen, der dafür bezahlt. Dies führt dazu, daß die Werbung mitunter bestrebt ist, Anzeigen den äußeren Schein redaktioneller Mitteilungen zu geben, um sich damit deren publizistisches Gewicht zu verschaffen. Sogenannte Informations- oder PR-Beiträge und Beilagen sind heute gang und gäbe, ohne daß ihr Anzeigencharakter allgemein bekannt ist. Gegen solche Täuschungen über den publizistischen Charakter entgeltlicher Veröffentlichungen richtet sich gegenwärtig § 26 des Pressegesetzes ...«

Der Gesetzgeber hat also des Pudels Kern getroffen. Bloß: In der Praxis ist das Gesetz kaum exekutierbar. Denn bei einer Anzeige gegen den Medieninhaber wird es nur schwer möglich sein, die Entgeltlichkeit nachzuweisen. Überdies: Wann können Zweifel über die Entgeltlichkeit ausgeschlossen werden? Wann schaut ein Beitrag wie ein bezahltes Inserat aus? Und reicht es, wenn einer der vorgeschriebenen Begriffe zur Kennzeichnung winzigklein am Anfang oder Ende einer »PR-Beilage« steht?

Daher einige Grundregeln für die tägliche PR-Praxis:

1.

Verlangen Sie von Medien keine unbilligen Zugeständnisse. Sie müssen akzeptieren, daß Journalisten Ihre Aussagen und Informationen bearbeiten, umformulieren oder gar wegschmeißen. Werbebotschaften gehören als Inserat deklariert und als solches bezahlt.

2.

Versuchen Sie nicht, mangels werblicher Kreativität bezahlte Schleichwerbung zu placieren. Geben Sie der Werbung, was der Werbung ist. Werbung ist sinnvoll und notwendig, nicht zuletzt auch für das Bestehen einer vielfältigen Medienlandschaft. Aber lassen Sie Werbung professionell gestalten!

3.

Gratisartikel als Draufgabe zu Inseraten sind ein schlechtes Geschäft für Sie. Entweder ist der Preis für die Einschaltung zu hoch, oder das betreffende Medium hat nicht die Kraft und Akzeptanz beim Publikum, die es zu haben vorgibt.

4.

Bei unseriösen Angeboten von Medienseite mit »PR-Artikeln«, »Druckkostenbeiträgen« und ähnlichem bleiben Sie hart, auch wenn dadurch ihre Presseaussendung in den Papierkorb wandert oder gar negative Berichterstattung zu befürchten ist.

5.

Argumentieren Sie in diesem Fall damit, daß die Redaktion entscheiden müsse, ob Ihre Mitteilung wert ist, gebracht zu werden oder nicht.

6.

Trennen Sie auf jeden Fall die mögliche redaktionelle Berichterstattung von der Diskussion über eine Werbeeinschaltung. Falls das Medium für Sie werblich interessant ist, dann geben Sie einen Auftrag – aber auf keinen Fall in Verbindung mit Ihrer Pressekonferenz oder Presseaussendung. Hier bewährt es sich sehr, PR und Werbung auch organisatorisch bzw. personell getrennt zu führen.

7.

Auf lange Sicht wird eine solche klare und ehrliche Linie die meisten Früchte tragen. Wenn Sie PR-Arbeit und Insertionen erst einmal zu vermischen beginnen, werden Sie das Problem kaum wieder los.

8.
Und hüten Sie sich vor Beratern und selbsternannten Experten, die Ihre Imageprobleme mit gekauften Einschaltungen und sonstiger Schleichwerbung zu lösen versprechen!

PR-Instrumentarium für verschiedene Teilöffentlichkeiten

So wie bei der Medienarbeit und der internen Kommunikation gibt es auch bei der PR-Arbeit mit anderen Dialoggruppen eine Anzahl klassischer, herkömmlicher Instrumente und eine Unzahl kreativer Aktivitäten. Die einen wie die anderen müssen aus der Problemstellung heraus für die jeweilige Teilöffentlichkeit maßgeschneidert sein. Die einzelnen Maßnahmenpakete sollen aber auch zueinander im rechten Verhältnis stehen. Viele der Maßnahmen sind überdies nicht auf eine, sondern auf mehrere Teilöffentlichkeiten abgestellt. (Siehe Seite 271 ff.)

Hier einige Beispiele für PR-Aktivitäten, die in unterschiedlichen Teilöffentlichkeiten zum Einsatz kommen können:

- Druckwerke jeglicher Art, wie Bücher, Broschüren, Folder, Informationsdienste, Flugblätter, Manuskripte, Zeitschriften, Jubiläumsschriften usw.;
- Homepage;
- Einladungen in jeder Form;
- Betriebsbesichtigungen und Führungen;
- Vorträge, Reden, Herausgabe eines Vortragsdienstes;
- Seminare, Kolloquien, Tagungen, Schulungen;
- Tag der offenen Tür;
- Podiumsdiskussionen, Round-table-Gespräche, Brainstormings;
- Vorsprachen und Besuche;
- Direct mailings (Informationsbriefe);

- Jour-fixes, Stammtische;
- Wettbewerbe und Incentives;
- Preisausschreiben;
- Zusendung von Fragebogen;
- Einbeziehung der Personen in die eigene Institution: in Beiräte, Jurys, Ausschüsse, Ideensitzungen, Vortragsreihen, interne Diskussionen;
- Kulturelle Veranstaltungen: Vernissagen, Konzerte, Theater, Oper, Kabarett, Lesungen, Autogrammstunden, Kinovorstellungen usw.;
- Sportliche Veranstaltungen: als Zuseher wie auch als Aktive;
- Präsentationen;
- Einladung zu Jubiläen, Ehrungen, Eröffnungen und Einweihungen, Geburtstagsfesten;
- Fachbesichtigungen und Fachreisen;
- Auszeichnungen und Orden;
- Mitgliedschaften;
- Glückwünsche (Glückwunschkartei und Glückwunschdienst).

Beispiele für dialoggruppenorientierte kreative PR-Maßnahmen:

Teilöffentlichkeit Schulen
- Eigene Mitarbeiter halten Vorträge in Schulen zu Fachthemen;
- Herstellung von Overheadfolien-Mappen zu Fachthemen (in Abstimmung mit Schulbehörden und Lehrern);
- Herausgabe von Schulbüchern und Lehrmaterialien (z.B. CD-ROM);
- Einladung von Klassen zu Betriebsbesichtigungen;
- Themenvorschläge an Lehrer für Aufsatzwettbewerbe, Redewettbewerbe, Zeichenwettbewerbe;
- Zurverfügungstellung von Hilfsmitteln für den Unterricht, z. B. EDV-Geräte, Geräte für den Physik-Unterricht;
- Projektarbeiten mit Klassen oder Schülergruppen.

Beispiel aus der Praxis: Eine Bank veranstaltet mit zwei Klassen einer Handelsakademie ein »Börsenspiel«. Beide Klassen werden in die Welt der Börse und der Wertpapiere eingeführt und bekommen ein Grundkapital von je 50.000 Schilling, das sie veranlagen können, jeweils unter Anleitung von Bankfachleuten. Nach einem Jahr wird abgerechnet, Wertzuwächse gehen in die Klassenkassa, die Sieger erhalten einen kleinen Preis.

- Sponsoring von Einrichtungen der Schule, z.B. Kauf von Sport- und Turngeräten;
- Veranstaltung sportlicher Bewerbe, z. B. Fußball-Schülerliga.

Teilöffentlichkeit Anrainer
- Direct mailings mit seriösen, objektivierten Informationen;
- Tag der offenen Tür;
- Beiträge zur Ortsbildgestaltung;
- Aktionen, z. B. »Bürger bemalen die Fabrik«,
  »Nachbarn beobachten die Produktion«,
  »Nachbarn kommen zur Jause«,
  »Mitarbeiter säubern den Wald«.
- Stammtischrunden Mitarbeiter – Anrainer;
- Podiumsdiskussionen;
- Ideenwettbewerbe;
- Einführung eines »Nachbarn-Vorschlagswesens«;
- Anrainermeeting im Betrieb;
- Führungskräfte besuchen Anrainer zu Hause;
- Flugblattaktionen;
- Kinderfest am Werksgelände;
- Unterstützung sozial Bedürftiger der Umgebung;
- Unterstützung lokaler Vereine;
- Hilfe für Seniorenheim und Kindergarten;
- Präsentationen und Demonstrationen;
- Info-Folder »Was tut unser Betrieb?«;
- Theatervorstellung im Betrieb;
- Einladung zu sportlichen Veranstaltungen des Betriebsvereins;
- Gemeinsamer Kegelabend.

Beispiele für PR-Aktivitäten, die keiner Teilöffentlichkeit primär zuzuordnen sind:

- Einrichtung eines Firmenmuseums;
- Sonderbriefmarke, Sonderstempel;
- Soziale Einrichtungen und Aktivitäten, Spenden;
- Vergabe von Forschungsarbeiten;
- Förderung von wissenschaftlichen Arbeiten;
- Stiftungen;
- Annahme von Mitgliedschaften und Übernahme von Ehrenfunktionen;

- Übernahme von Patenschaften;
- Einrichtung eines Kommunikationszentrums;
- Beteiligung an öffentlichen Präsentationen und Veranstaltungen anderer Institutionen, z. B. der Gemeinde, des Landes;
- Gästebetreuungsdienst.

Jubiläen, Ehrungen, Messen, Symposien, Roadshows, Tage der offenen Tür und andere Lustbarkeiten

Alle Veranstaltungen mit PR-Charakter (siehe auch »Event-PR«, Seite 284 ff.) haben eines gemeinsam: Sie müssen langfristig geplant sowie minutiös vorbereitet und durchgeführt werden. Dazu braucht man Leute mit Organisationstalent, Erfahrung und Beharrlichkeit. Schnellschüsse aus der Hüfte gehen oft nach hinten los.

Ein mickriger Messestand, eine lähmende Jubiläumsveranstaltung oder ein chaotischer Tag der offenen Tür sind Imagekiller. Also besser eine gut (und kostspielig) organisierte Veranstaltung als mehrere schlechte.

Derartige Ereignisse sind fast ausnahmslos mehrdimensional wirksam: In den seltensten Fällen wird nur eine Dialoggruppe angesprochen. Es kommt also zu vernetzter Öffentlichkeitsarbeit. Und auf den richtigen »Mix« ist besonderer Wert zu legen, denn so können Synergieeffekte erzielt und die Gesamteffizienz gesteigert werden.

Wer derartige Veranstaltungen organisieren muß, tut gut daran, mit Netz zu arbeiten: Checklists oder, noch besser, Netzpläne erleichtern die Arbeit und steuern das Veranstaltungsschiff in den sicheren Hafen.

Vieles, worauf bei der Vorbereitung von Veranstaltungen zu achten ist, hat Ähnlichkeit mit der Organisation einer Pressekonferenz (siehe Seite 197 ff.). Bei der Erstellung des Ablaufplans ist in jedem Fall auf folgende Fragen einzugehen:

1. Was soll geschehen? – Ablauf der Veranstaltung, Inhalte.
2. Wer macht was? – Genaue Festlegung der Verantwortlichkeiten und Kompetenzen.
3. Wann geschieht was? – Genauer Terminplan für die Durchführung der einzelnen Vorbereitungsschritte.

4. Was kostet wieviel? – Detaillierte Budgetierung.
5. Welche Dialoggruppen werden angesprochen? – Erstellung von Gäste- und Einladungslisten. Werden Journalisten eingeladen? (Vorbereitung wie Pressekonferenz!)
6. Welche Botschaften sollen transportiert werden?

Zu Punkt 1 ist zu fragen:

a) Welche Personen gestalten den Ablauf?
b) Wie sind die Protokollfragen zu lösen?
c) Wo passiert was? (Festlegung der Örtlichkeiten)
d) Welche Ausstattungs- und Hilfsmittel sind nötig (vom Mikrophon bis zum Festzelt)?
e) Welche Bewirtung wird vorbereitet?
f) Welche Parkplatzmöglichkeiten stehen zur Verfügung?
g) Welche Einladungen werden verschickt?
h) Wird ein Programm gedruckt? Wie wird die Veranstaltung angekündigt?
i) Welches Informationsmaterial ist vorzubereiten?
j) Welche Gastgeschenke sind vorzubereiten?
k) Welche festliche Umrahmung ist vorgesehen (von der Blaskapelle bis zum Feuerwerk)?
l) Welche Reden werden gehalten und sind vorzubereiten?
m) Welches interne und externe Personal ist notwendig (vom Ordnerdienst bis zum Fotografen)?

Ein Muster für Netzplan und Checklist auf Seite 199 f. soll Ihnen das Arbeiten erleichtern. Aber Sie werden nicht umhinkönnen, für jede einzelne Veranstaltung einen maßgeschneiderten Ablaufplan auszuarbeiten. Denn schließlich soll jedes derartige Ereignis keine Schema-f-Aktion sein, sondern kreative Elemente und imagekonforme Eigenheiten enthalten. Ein guter Tip: Bildung eines Projektteams, das die Ideen in der Gruppe, etwa im Brainstorming, zusammenträgt, die Konzeption und Leitung einem Fachmann überträgt und bei der Vorbereitung Einzelaktivitäten übernimmt – es sei denn, Ihre Institution verfügt über eine personell bestens gerüstete PR-Abteilung, die solche Dinge im kleinen Finger hat. Ein hausinternes Projektteam ist übrigens auch dann von Nutzen, wenn die Vorbereitungsarbeiten an externe Berater vergeben werden.

PR-Instrumente Sozialbilanz und Sozialbericht

In den siebziger Jahren war die Sozialbilanz *das* Thema der PR-Fachleute. Unter dem Druck der Gewerkschaften und dem Einfluß einer aufkeimenden »neuen Ethik« wurde da und dort die »gesellschaftsbezogene Berichterstattung« als Wunderdroge gegen das miserable Image der Wirtschaft und der Unternehmen gehandelt.

Inzwischen hat sich Ernüchterung breitgemacht. Zwar publizieren etwa in der BRD nach wie vor eine Handvoll Großunternehmen derartige Sozialberichte, der Stellenwert innerhalb des PR-Instrumentariums ist aber eher bescheiden. Immerhin sind etliche der Kritikpunkte an diesem Instrumentarium nicht von der Hand zu weisen. Sozialbilanzen seien die Feigenblätter der Unternehmen, mit denen sie ihre guten Taten hervorstreichen und ihre Sünden überdecken wollen, heißt es da unter anderem. Es wäre viel besser, so wird argumentiert, die Produktions- und Marktleistungen der Unternehmen und ihren Beitrag zu Wohlstand und Sicherheit in den Vordergrund zu stellen und nicht mit Sozialbilanzen nach Entschuldigungen zu suchen. Außerdem könnte durch eine solche soziale Berichterstattung der Eindruck vermittelt werden, Unternehmen seien im Grunde unsozial und nicht gesellschaftsbezogen. Und mancher Arbeitnehmervertreter sieht diese Versuche gar als Schönfärberei und Reinwaschungspolitik.

Die Sozialbilanz also als Neuauflage prähistorischer Formen der PR, so nach dem Motto: »Tu Gutes und rede darüber«, dann wird dein Image schon in Ordnung kommen?

Dieser Vorwurf hat zweifellos etwas an sich, wenngleich die Grundüberlegung für die Erstellung von Sozialbilanzen und Sozialberichten zu verteidigen ist: Endlich sollen die gesellschaftsbezogenen Ziele des Unternehmens transparent gemacht und alle Daten offengelegt werden, die in die Sozialrechnung und in die Wertschöpfungsrechnung eingehen. Alles das ist ja aus den üblichen Bilanzen kaum herauszulesen.

Die *Sozialrechnung* soll alle Aufwendungen zeigen, die das Unternehmen für die Gesellschaft erbringt. Und die *Wertschöpfungsrechnung* soll dokumentieren, wie der vom Unternehmen erwirtschaftete Wertzuwachs auf die verschiedenen Gruppen der Gesellschaft verteilt wird. Der Begriff »Sozialbilanz« ist also gar nicht voll zutreffend.

So weit, so gut. Wo aber bleiben in dieser Rechnung die Kosten, die das Unternehmen in der Gesellschaft verursacht? Wo bleiben die Kosten für Umweltschäden oder für die Entnahme von Ressourcen ohne entsprechende Abgeltung? Dieser Punkt ist in der Tat ein Schönheitsfehler solcher Sozialbilanzen.

Vielleicht sollte man deshalb nicht von einer »Bilanz«, sondern ehrlicher von einer *»gesellschaftsbezogenen Ausgabenrechnung«* oder kurz von einem *»Sozialbericht«* sprechen, dann kann ihm wenigstens nicht der Vorwurf der Einseitigkeit gemacht werden.

Es kommt also vor allem darauf an, wie eine solche Sozialbilanz oder ein Sozialbericht aufgemacht und wie sie verkauft werden.

Wird es als Versuch verstanden, die ansonsten nicht sichtbaren Leistungen des Unternehmens in Richtung Gesellschaft darzustellen und zu quantifizieren, so ist das legitim und Teil einer seriösen PR-Strategie. Alle anderen Interpretationen werden wahrscheinlich das Gegenteil von dem bewirken, was sie bezwecken.

(Siehe Muster Personal- und Sozialbericht BASF Seite 434 ff.)

PR-Kampagne, PR-Aktion, PR-Event

PR-Kampagnen und PR-Aktionen sind Mosaiksteine einer langfristigen und professionell angelegten Öffentlichkeitsarbeit, und nicht mehr. Werden sie isoliert gesehen und sind sie nicht eingebettet in eine Kommunikationsphilosophie, eine PR-Strategie und ein PR-Konzept, dann mögen sie vielleicht Teilerfolge bringen, keineswegs aber langfristige Vertrauensbildung.

Kampagnen und Aktionen, die mit dem Gesamterscheinungsbild nicht übereinstimmen, können sogar zu Imageschäden und Akzeptanzverlusten führen.

Im Sprachgebrauch der Kommunikationsbranche wird unter »Aktion« eine zeitlich begrenzte, oft nur kurzfristige und in sich geschlossene Aktivität verstanden.

Beispiel:

Zeitlich befristete Aufklärungsaktion des Gesundheitsministeriums über Aids, in der Medienaktivitäten, PR-Maßnahmen unter Verwendung klassischer Werbemittel (Plakat) sowie Kommunikationsmaßnahmen hinsichtlich anderer Teilöffentlichkeiten (Informationsmaterial für Ärzte, Podiumsdiskussionen mit Wissenschaftlern usw.) gesetzt werden.

Unter »Event« ist eher eine Aktivität zu verstehen, bei der Ereignisse kreiert und Personengruppen aktiv einbezogen werden (siehe auch S. 284 ff.).

Unter »Kampagne« wird meist eine ebenso in sich geschlossene und zeitlich befristete Aktivität verstanden, doch wohnt diesem Terminus wegen seiner Herkunft aus dem Absatzinstrumentarium eine eher persuative und herrschaftsbezogene Anmutung inne. Der Begriff wird überdies für themenspezifische Aktivitäten von Medien verwendet (»publizistische Kampagne«). Nicht der Einsatz eines vernetzten Instrumentariums, sondern der wiederholte Einsatz von gleichgelagerten Argumenten und Maßnahmen steht im Vordergrund. Aus all diesen Gründen ist dieser Terminus für PR-Aktivitäten nicht sehr geeignet.

Ob PR-Aktion oder PR-Kampagne: Sie sind immer nur so gut wie das langfristige Konzept, in dessen Rahmen sie abgewickelt werden.

Achtung, Urheberrecht!

Wer PR betreibt, muß zwangsläufig dann und wann fremde Hilfe in Anspruch nehmen. Und sehr oft handelt es sich dabei um urheberrechtlich geschützte Leistungen, um »eigentümliche geistige Schöpfungen« (§ 1 Abs. 1 UrhG).

Das ist zum Beispiel der Fall bei der Verwendung eines Fotos für die Titelseite der Mitarbeiterzeitung. Oder bei der Wiedergabe eines Vortrages irgendeines Kapazunders. Oder bei der Verwendung eines Zeichens als Firmenlogo. Und, und, und.

Werden Leistungen von Autoren, Fotografen, Zeichnern, Künstlern, Karikaturisten, Komponisten, Graphikern und ähnlichen schöpferischen Menschen in Anspruch genommen, dann tut man gut daran, sich zuerst einmal zu erkundigen, ob dies erlaubt ist, und zweitens zu fragen, was es kostet.

Wenn zum Beispiel ein Verlag von einem Fotografen ein Bild zur Veröffentlichung in einer Zeitung ankauft, dann heißt das noch lange nicht, daß er dasselbe Foto auch in einem Buch verwenden kann.

Wenn eine Firma einem Graphiker ein Honorar für die Herstellung eines Markenlogos bezahlt hat, dann heißt das noch lange nicht, daß sie dieses Logo auf einem Inserat verwenden kann. Und falls sie die Rechte für die Verwendung im Inserat erworben hat, dann darf sie noch immer nicht aufs Plakat damit. Aber selbst wenn alle Rechte für die Verwendung in Österreich abgegolten worden sind, braucht die Firma fürs Ausland eine neuerliche Zustimmung des Graphikers.

Ähnlich verhält es sich bei urheberrechtlich geschützten Manuskripten oder Artikeln, bei Karikaturen oder künstlerischen Werken.

Ja, selbst wenn Angestellte im dienstlichen Auftrag etwa Bücher verfassen, gelten sie als Urheber, und es liegt nicht eindeutig auf der Hand, daß die Rechte daran dem Arbeitgeber zustehen.

Daher: Hände weg vor gedankenlosem oder gar absichtlichem Diebstahl geistigen Eigentums! Solches Unterfangen kann nämlich teuer zu stehen kommen. Im Zweifelsfall immer einen Fachmann, am besten einen einschlägig tätigen Rechtsanwalt, fragen. Aber auch die Freiberufler, die urheberrechtlich geschützte Leistungen liefern, wissen über ihre Rechte in der Regel bestens Bescheid.

Und im Zweifelsfall sollte immer genau definiert werden, wofür die betreffenden Leistungen konkret verwendet und das genau spezifizierte Angebot verlangt werden! Derartige Vereinbarungen sollten unbedingt schriftlich erfolgen. Auf diese Weise kann man sich viel Ärger ersparen.

Ganz allgemein kann gesagt werden: Honorare für die Erstellung von Texten, Fotos, Zeichnungen usw. enthalten in der Regel *nicht* die Nutzungsrechte! Diese sind, wenn nichts anderes vereinbart, gesondert zu honorieren, wobei die Verwendung genau zu spezifizieren ist.

Werknutzungsrechte können für ein bestimmtes Gebiet, einen bestimmten Zeitraum und für bestimmte Zwecke, z.B. als Veröffentlichungs-, Vervielfältigungs- oder Veränderungsrecht, erworben werden.

Weiß man im vorhinein nicht, wofür man das Werk benötigt, dann sollten möglichst alle Rechte erworben werden. Hier bietet sich ein unbeschränktes Werknutzungsrecht an. Ein Werknutzungsberechtigter hat dann die Möglichkeit, das Werk beliebig zu nutzen.

Vergessen Sie auf eines nicht: Das Werk muß genau beschrieben werden, um lästigen Streitigkeiten aus dem Wege zu gehen.

A) Wesentliche Bestandteile eines Vertrages über die Einräumung der Nutzungsrechte eines bereits bestehenden urheberrechtlich geschützten Werkes:

1. Namen der Vertragsparteien,
2. Detaillierte Beschreibung des Werkes (= Leistung),
3. Art und Umfang der Werknutzungsbewilligung (Was darf damit gemacht werden?),
4. Vereinbarung über eine zeitliche, territoriale oder sachliche Beschränkung des Nutzungsrechtes,
5. Vereinbarung über Kürzungen, Zusätze oder Änderungen des Werkes durch den Erwerber,
6. Vereinbarung über ein Weitergaberecht der Nutzungsbewilligung,
7. Vereinbarung über die Übergabe des Werkstückes,
8. Regelung über die Urheberbezeichnung,
9. Preis für die Nutzungsrechte einschließlich der Kosten für die Herstellung des Werkes,
10. Zahlungsbedingungen,
11. Erfüllungsort und anzuwendendes Recht.

B) Wesentliche Bestandteile eines Vertrages über die Herstellung eines urheberrechtlich geschützten Werkes und die Einräumung der Rechte für dessen Nutzung:

Zu den Bestandteilen laut Version A sollten hinzukommen:

1. Detaillierte Beschreibung des herzustellenden Werkes,
2. Bestimmung, daß der Auftraggeber nach Herstellung des Werkes auf die Nutzungsrechte verzichten kann,
3. Vereinbarung für den Fall von notwendigen Änderungen am Werk,
4. Vereinbarung für den Fall der nicht rechtzeitigen Fertigstellung,
5. Vereinbarung, daß der Auftragnehmer das Werk selbst herstellt oder nicht.

Impressum und Offenlegung

Wer in Österreich ein sogenanntes »Medienwerk« in den Verkehr bringt – das ist laut Mediengesetz 1981 »ein zur Verbreitung an einen größeren Personenkreis bestimmter, in einem Massenherstellungsverfahren in Medienstücken vervielfältigter Träger von Mitteilungen oder Darbietungen mit gedanklichem Inhalt« –, ist »Medieninhaber« oder – falls er ein Medienunternehmen oder einen Mediendienst betreibt – »Verleger«. »Herausgeber« ist übrigens jener, der die grundlegende Richtung eines periodischen Medienwerkes – Erscheinung mindestens viermal jährlich – bestimmt.

Solche Medienwerke brauchen in jedem Fall ein »Impressum« und die »Offenlegung«. Die Verantwortlichen hierfür – Hersteller und Medieninhaber (Verleger) – begehen bei Nichteinhaltung eine Verwaltungsübertretung. Strafbar ist übrigens auch die Nichteinhaltung der Kennzeichnungsbestimmungen für entgeltliche Veröffentlichungen. (Siehe Seite 250 ff.)

Was es hier zu beachten gibt, sagt das Gesetz klar und deutlich:

§ 24. (1) Auf jedem Medienwerk sind der Name oder die Firma des Medieninhabers (Verlegers) und des Herstellers sowie der Verlags- und der Herstellungsort anzugeben.

(2) Auf jedem periodischen Medienwerk sind zusätzlich die Anschriften des Medieninhabers (Verlegers) und der Redaktion des Medienunternehmens sowie Name und Anschrift des Herausgebers anzugeben. Enthält ein periodisches Medienwerk ein Inhaltsverzeichnis, so ist darin auch anzugeben, an welcher Stelle sich das Impressum befindet.

(3) Die Pflicht zur Veröffentlichung des Impressums trifft den Hersteller. Der Medieninhaber (Verleger) hat ihm die hiefür erforderlichen Auskünfte zu erteilen.

§ 25 (1) Der Medieninhaber (Verleger) jedes periodischen Mediums hat alljährlich die in den Abs. 2 bis 4 bezeichneten Angaben zu veröffentlichen. Diese Veröffentlichung ist bei periodischen Medienwerken in der ersten Nummer und jährlich innerhalb des Monats Jänner, falls aber in diesem Monat keine Nummer erscheint, in jeder ersten Nummer nach Beginn eines Kalenderjahres im Anschluß an das Impressum vorzunehmen. Bei anderen periodischen Medien sind diese Angaben im Amtsblatt zur »Wiener Zeitung« binnen einem Monat nach Beginn der Verbreitung des Mediums und im ersten Monat jedes Kalenderjahres zu verlautbaren.

(2) Anzugeben sind mit Namen oder Firma, mit Unternehmensgegenstand, mit Wohnort, Sitz oder Niederlassung und mit Art und

Höhe der Beteiligung der Medieninhaber (Verleger) und, wenn er eine Gesellschaft oder ein Verein ist, der oder die Geschäftsführer, die Mitglieder des Vorstandes und Aufsichtsrates und die Gesellschafter, deren Einlage oder Stammeinlage 25 v. H. übersteigt. Ist ein Gesellschafter seinerseits eine Gesellschaft, so sind auch deren Gesellschafter nach Maßgabe des ersten Satzes anzugeben. Übersteigt eine mittelbare Beteiligung 50 v. H., so ist nach Maßgabe der vorstehenden Bestimmungen auch ein solcher mittelbarer Beteiligter anzugeben.

(3) Ist eine nach den vorstehenden Bestimmungen anzugebende Person zugleich Inhaber eines anderen Medienunternehmens oder Mediendienstes oder an solchen Unternehmen in der im Abs. 2 bezeichneten Art und in dem dort bezeichneten Umfang beteiligt, so müssen auch die Firma, der Betriebsgegenstand und der Sitz dieses Unternehmens angeführt werden.

(4) Zu veröffentlichen ist ferner eine Erklärung über die grundlegende Richtung des periodischen Mediums. Im Sinn des § 2 werden Änderungen und Ergänzungen der grundlegenden Richtung erst wirksam, sobald sie veröffentlicht worden sind.

Zulieferer und Kooperationspartner für PR

Von »Bildagenturen« über »Graphik-Design« und »Internet-Provider« bis hin zu »Werbemittelverteiler« - diese für die tägliche PR-Arbeit in Österreich nützlichen Namen und Adressen finden Sie im jährlich erscheinenden österreichischen »PR-Almanach« (Manstein Zeitschriftenverlag).

PR-Toolbox
(Stand Mai 1999, Quelle: Public Relations Verband Austria, Homepage: http://www.prva.at)

Online-Medien
Österreich

Tageszeitungen:
 Der Standard
 Die Presse

Kleine Zeitung
Kurier Online
Neue Vorarlberger Tageszeitung
OÖ Nachrichten
Salzburger Nachrichten
Tiroler Tageszeitung
Vorarlberger Nachrichten
Wiener Zeitung

Wochenzeitschriften:
APA-Journale: Fachinformation für Führungskräfte nach Branchen gegliedert
Computerwelt: umfassende Informationen über alles Wesentliche aus der Welt der EDV
Der neue Grazer: Steirische Regionalzeitung
Die Ärztewoche: Österreichische Zeitung für Medizin
Falter: Wiener Stadtzeitung
Furche
Industrie: Wochenzeitschrift für Unternehmer und Führungskräfte
News: Infos aus Politik, Wirtschaft, Gesellschaft
Profil: Nachrichtenmagazin für Politik, Wirtschaft, Kultur und Gesellschaft
Tele: Radio- und Fernsehmagazin

Monatsmagazine
A3boom: Branchenmagazin für Marketing-Kommunikation-Medien
Beauty: Lifestyle-Magazin für Frauen
Der Konsument: Monatszeitung mit interessanten Tests für Endverbraucher
Gewinn: Wirtschaftsmagazin
Trend: Wirtschaftsmagazin

ORF
e-mail-Media: e-mail-Adressen von Medien und Journalisten weltweit

Weitere Links zu österreichischen Medien-Sites:
The Austrian Media-Pages – österreichische Medien A-Z
ÖJC-Österreichischer Journalistenclub

Methoden und Maßnahmen der PR • **267**

Online-Dienste
Vienna Online: Wien auf einen Klick: Falter, Stadtprogramm, Unternehmensdatenbank, Forum, Chat, Webrunner etc.
Wien.at: Onlinedienst mit wöchentlichen Updates. Mit regionalpolitischen Inhalten
Wien Online
Niederösterreich Online
Burgenland Online
Styria Online
Oberösterreich Online
Salzburg Online
Carinthia Online
Tirol Online
Vorarlberg Online

Universitäten (.at)
Inst. f. Publizistik- und Kommunikationswissenschaft, Univ. Wien
Universitätslehrgang für Öffentlichkeitsarbeit, Universität Wien
Institut für Publizistik- und Kommunikationswissenschaften (Abt. Öffentlichkeitsarbeit und Organisationskommunikation), Universität Salzburg
Universitätslehrgang für Öffentlichkeitsarbeit/Universität Klagenfurt

Suchmaschinen (.at)
AID – Austrian Internet Directory: Verzeichnis österreichischer Firmen im Internet
Austronaut: österreichischer Ableger von Altavista
Compass-Verlag: Direktzugriff auf über 150.000 östereichische Firmen
Henkel Austria: Index österreichischer Firmen im WWW
Intersearch Österreich

Online-Medien
International

Deutschland
PR-Report: wöchentlicher Informationsdienst für Führungskräfte

Insight: Magazin für Kommunikation
Worldwide Journalist: Magazin für die Kommunikationsbranche
Die Welt
Die Zeit
Frankfurter Allgemeine Zeitung
Süddeutsche Zeitung
taz – Die Tageszeitung
Rheinischer Merkur: wöchentlliche News aus Politik, Wirtschaft, Christ und Welt
Wirtschaftswoche: Wirtschaftsmagazin
Focus
Geo
Spiegel
Stern

Schweiz
Neue Zürcher Zeitung: beachtliche Online-Version des Schweizer Printmediums
Die Weltwoche

UK
Financial Times
Observer
The Economist: britisches Erfolgswirtschaftsmagazin, erscheint wöchentlich
The Guardian
The Telegraph
The Times: beste Wirtschaftsberichterstattung. Top News aus Großbritannien

Übriges Europa
El País: Spanische Tageszeitung
Corriere della Sera: wichtigste italienische Tageszeitung
Le Monde
La Stampa
Liberation
Eindhovens Dagblad: Infos aus den Niederlanden
Svenska Dagbladet: schwedische Tageszeitung

USA/Übersee
Jerusalem Post: israelische Zeitung von hoher Qualität
Business Week
Fortune: Wirtschaftsmagazin
Los Angeles Times
New York Times: in Europa gebührenpflichtig
Newsweek
Time Magazine
Wall Street Journal
Washington Post: die klassische Tageszeitung aus den USA
CNN interactive
MSNBC
E&P Directory of Online
Newspapers

Überblick
The Antenna: Audio and Video on TV station sites
The Global Newsstand: eine Liste der Online-Nachrichtenquellen aus der ganzen Welt

Computer Mediated Communication
Computer Mediated Communication Journal of CMC SEEDS: CMC Definitions
CMC Technology Computer-mediated communications
Elektronische Texte zum Thema CMC
Gesellschaftliche Aspekte der CMC
The Center for the Study of Online Community

Universitäten
Europa
Kommunikationswissenschaft Universität Essen
Institut für Publizistik- und Kommunikationswissenschaft, Westfälische Wilhelms-Universtität Münster
Informationswissenschaft, Universität des Saarlandes
Institut für Kommunikationswissenschaft, München
Medien- und Kommunikationswissenschaft, Mannheim
Institut für Kommunikationswissenschaft, Medienwissenschaft und Musikwissenschaft Berlin

Institut für Publizistik und Kommunikationswissenschaft der Georg-August-Universität Göttingen
Lehrstuhl für Kommunikationswissenschaft und Sozialforschung, Universität Hohenheim
Institut für neue Medien, Rostock
Institut für Journalistik und Kommunikationswissenschaft, Freiburg, CH

USA
ACA-American Communication Association: mit umfangreichen Links zu amerikanischen Universitäten, Medien, Wissenswertes für die PR-Branche etc.

Search Engines:
Alta Vista
Bellnet.com: Verzeichnis deutschsprachiger Webseiten
Excite
Fireball
Infoseek
Lycos: deutschsprachiger Ableger von Lycos International
metacrawler: Seit September 1998 ist der deutsche metacrawler online.
MetaCrawler
MultiCrawl
Paperball: die Suchmaschine für tagesaktuelle Zeitungsartikel
Webcrawler
Web.De: das deutsche Internet-Verzeichnis
Yahoo
Liszt: Hilft bei der der Suche nach Mailing-Listen
DejaNews: Stichwortsuche in Newsgroups
Bigfoot: für die Suche nach e-mail-Adressen

Wichtige Adressen für Kommunikationsprofis

(Stand Mai 1999. Diese Seiten finden Sie aktualisiert auf http://www.prnet.at/prbogner. Dieses Service stellt »Der Auer«-Graphikdienst ab dem Jahr 1999 bis auf weiteres zur Verfügung.)

Presseclub Concordia
PR Verband Austria
Institut für Publizistik- und Kommunikationswissenschaft Salzburg
Institut für Publizistik- und Kommunikationswissenschaft Wien
Prnet – Der neue Content für den aufgeweckten Pressearbeiter
Ges. f. Kommunikationsfragen
OÖ. Presseclub
Österreichische Nationalbibliothek
Österreichischer Rechtsanwaltskammertag
Der Österreichische Journalistenclub – Medienseiten
Pressetreff für Journalisten in Deutschland
Adobe Systems deutschsprachiger Länder – Erfinder des graphischen Standard
APA – Austria Presse Agentur
Auer Graphikdienst
pressetext.austria
Werbe- und PR-Agenturen

In Deutschland bietet der »PR-Guide« (http://www.gpra.de) des Public Relations Forum und der GPRA (Gesellschaft Public Relations-Agenturen e.V.) ein Internet-Angebot rund um das Thema Öffentlichkeitsarbeit.

Die Vernetzung des PR-Instrumentariums

Leute, die technisch begabt sind, bringen es zuweilen zuwege, eine Maschine oder ein technisches Gerät, das in den Streik getreten ist, selbst zu reparieren. Meist tun sie dann nichts anderes, als das Vehikel feinsäuberlich in seine Einzelteile zu zerlegen, diese zu reinigen, genau zu untersuchen, den einen oder anderen Teil auszutauschen – und dann werden die Bestandteile wieder zu einem Ganzen zusammengesetzt. Bleibt zu hoffen, daß das Werkel dann besser funktioniert als vor der Reparatur.
  Nun sind Public Relations ja nicht bloß Imagereparatur, sondern

kontinuierliches öffentlichkeitsorientiertes Verhalten. Aber der Vergleich mit dem Hobbymechaniker ist gar nicht so abwegig: Zuerst wird auch zerlegt, segmentiert. Das passiert bei der Imageanalyse, bei der Festlegung der Teilöffentlichkeiten und nicht zuletzt bei der Erarbeitung von Konzepten und Maßnahmen. Man versucht, die Zielpunkte möglichst genau zu definieren und herauszuarbeiten, damit man besser treffen kann. Denken wir nur an die Medienarbeit, wo es darum geht, genau die richtigen Botschaftsempfänger mit genau den richtigen Informationen anzusprechen.

Je genauer und konkreter das Segmentieren, desto effizienter die eingesetzten Maßnahmen.

Ebenso wichtig wie dieses zielgerichtete Segmentieren ist jedoch die anschließende Vernetzung der einzelnen PR-Elemente.

Teilöffentlichkeiten beeinflussen sich gegenseitig, gehen ineinander über und ergeben im vernetzten System die Gesamtöffentlichkeit. Daraus resultiert auch die Interdependenz von Teilimages.

Besonders in den Begriffen Corporate Identity und Corporate Culture kommt dieses gesamtheitliche Denken in Richtung eines einheitlichen, unverwechselbaren Erscheinungsbildes besonders stark zum Ausdruck.

In der Praxis der PR-Planung ist somit parallel zum Segmentierungsdenken das Vernetzungsdenken notwendig:

Wie wirken sich PR-Aktivitäten in Richtung einer Teilöffentlichkeit auf die anderen Teilöffentlichkeiten aus?

Welche Auswirkungen haben Rückkoppelungseffekte im Gefolge von PR-Maßnahmen auf die eigene Institution und auf die einzelnen Teilöffentlichkeiten?

Wie können PR-Konzepte, PR-Aktionen und PR-Maßnahmen, die für eine bestimmte Teilöffentlichkeit konzipiert sind, für andere Teilöffentlichkeiten genutzt werden?

Ein einfaches Beispiel aus der PR-Praxis:
Ein großes Unternehmen lädt zu seiner Jahresbilanz-Pressekonferenz (angesprochene Teilöffentlichkeit: Wirtschaftsjournalisten) auch den Betriebsrat, die leitenden Mitarbeiter und einige ausgesuchte Geschäftspartner sowie Kommunalpolitiker ein. (Dabei ist der vordere Teil des Raumes für Journalisten reserviert, die anderen Gäste nehmen in den hinteren Reihen als Zuhörer Platz.)

Die primäre PR-Aktivität »Pressekonferenz« wird also zur Kommunikationsschiene zu weiteren wesentlichen Teilöffentlichkeiten. Wird mit dieser Maßnahme beabsichtigt, daß beim anschließenden Buffet z. B. der Betriebsrat mit den Kommunalpolitikern oder die Geschäftspartner mit den leitenden Mitarbeitern zusammentreffen, dann wird so das Netzwerk der Beziehungspflege weiter verdichtet.

Solcherart haben praktisch alle PR-Maßnahmen mehrdimensionalen Charakter. Wesentlich bei einer systematischen PR-Planung ist jedoch, daß diese Interdependenzen nicht zufällig und unkoordiniert, sondern möglichst geplant und systematisch erfolgen.

Ein anderes Beispiel:
Ein Verband pharmazeutischer Unternehmen beschließt im Rahmen seiner Lobbying-Tätigkeit, die Parlamentsabgeordneten, die immer wieder die Pharmabranche betreffende Gesetze zu beschließen haben, über die Probleme und Hintergründe bei der Zulassung eines Medikaments zu informieren. Dazu wird eine Broschüre, die die hohen Investitionen und die lange Entwicklungszeit anschaulich vor Augen fuhrt, speziell für diese Teilöffentlichkeit entwickelt und bei einem Parlaments-Hearing vorgestellt.

In etwas abgewandelter Form kann nun diese Broschüre auch den Dialoggruppen Wissenschaftsjournalisten, Ärzte und Apotheker zur Verfügung gestellt werden. Dies erleichtert nicht nur den Aufbau von mehr Einsicht und Verständnis in das Anliegen der Branche, sondern auch eine Kostenoptimierung.

Ein praktischer Hinweis:
Klopfen Sie bei der Erarbeitung von Maßnahmenkonzepten für eine Dialoggruppe jede einzelne PR-Aktivität darauf ab, inwieweit sie in gleicher oder abgewandelter Form auch für den Einsatz bei anderen Teilöffentlichkeiten tauglich wäre!

Spezialdisziplinen der PR

Spezialisierung und Arbeitsteilung sind gut, Gesamtschau und vernetztes Denken sind besser.

Das Spezialistentum hat gerade in den vergangenen Jahren viel von seinem Glanz verloren – in der Medizin beispielsweise, wo der Facharzt wieder den ganzen Menschen stärker in den Mittelpunkt seiner Betrachtungen stellt. Oder in der Unternehmensorganisation, wo hochspezialisierte, aber blutleere Controller oder Marketingexperten von einer gesamtheitlichen Betrachtungsweise der Unternehmenskultur eingeholt werden.

Ähnlich läuft der Trend in der Öffentlichkeitsarbeit: Vernetztes, disziplinübergreifendes Denken ist gefragt. Was freilich nicht bedeuten darf, daß Spezialwissen und Bearbeitung von definierten Fachsegmenten und Marktnischen auf der Strecke bleiben.

Im Gegenteil: Innerhalb der Public Relations haben sich gerade in der letzten Zeit zahlreiche Spezialdisziplinen herausgebildet, die sich zum Teil begrifflich überschneiden und innerhalb des Kommunikationsinstrumentariums nicht immer ohne weiteres einem bestimmten Bereich zugeordnet werden können. Solche den PR verwandte bzw. z. T. gleichzusetzende Disziplinen sind:

- Corporate Communications
- Corporate Culture
- Corporate Identity
- Corporate Affairs
- Public Affairs
- Kommunikationsmanagement (integrierte, ganzheitliche Kommunikation)
- Organisationskommunikation (Institutionelle Kommunikation)
- Marketing (Beziehungsmarketing)

Absenderbezogene Teilbereiche der PR:
- Firmen-PR
- Politische PR
- Sport-PR
- Dienstleistungs-PR
- Kultur-PR
- Finanz-PR
- Verbands-PR
- Wissenschafts-PR
- Sozial-PR
- Körperschafts-PR
- Produkt-PR

- Personen-PR
- Non-profit-PR (Social PR)

Empfängerbezogene Teilbereiche der PR:
- Human Relations (Inner Relations, Internal Relations, Innerbetriebliche Kommunikation, PR nach innen)
- Medienarbeit (Pressearbeit)
- Investor Relations
- Industrial Relations
- Community Relations (Urban Affairs)
- Governmental Relations
- Environment Relations (Öko-PR)
- PR gegenüber verschiedenen Teilöffentlichkeiten

Weitere Sonderformen in diesem Bereich sind z. B.:
- Lobbying
- Sponsoring
- Aktionismus
- Issue-Management
- Krisen-PR

Regionsbezogene Teilbereiche der PR:
- Lokale PR
- Regionale PR
- Nationale PR
- Internationale PR (Global PR)

Weitere Spezialdisziplinen innerhalb der PR:
- Ghostwriting
- Intermediate writing
- Journalistische Abfassung von PR-Botschaften
- Redaktion und Produktion von Informationsmaterial (Mitarbeiterzeitschriften, Geschäftsberichte, Broschüren).

Spezialisierung ist auch in anderen Teilbereichen der PR möglich.

Lobbying

Mit dem Image des Lobbying verhält es sich ähnlich wie mit dem Image der PR: Es ist angeschlagen und in breiten Kreisen negativ besetzt. Dies dürfte, wie im gesamten PR-Bereich, daran liegen, daß nicht nur mit dem Begriff, sondern auch mit den darunter subsumierten Maßnahmen da und dort Schindluder getrieben wurde und wird.

Dabei ist klassisches Lobbying ein durchaus legitimer und in einer Demokratie geradezu selbstverständlicher Vorgang: Eine Interessengruppe versucht ihre Zielsetzungen (die selbstverständlich ethischen und moralischen Grundsätzen zu entsprechen haben) mittels systematischer Kommunikationsarbeit durchzusetzen. Ansprechpartner sind in diesem Fall in erster Linie Institutionen und Personen der Gesetzgebung und der öffentlichen Verwaltung.

Bekanntlich verfügen die Entscheidungsträger in Legislative und Administration in vielen Fachbereichen nicht über die nötigen Kenntnisse und Erfahrungen, müssen aber sehr oft weitreichende Entscheidungen in kürzester Zeit treffen.

Klar, daß sie sehr oft überfordert sind.

Klar auch, daß sie oft über zuwenig Information verfügen. Weshalb sie sich in ihren Entscheidungen auf jene Informationen stützen müssen, derer sie gerade habhaft werden können.

Freilich gilt auch hier das geflügelte Wort »overnewsed bot underinformed«, aber wer die besseren, stichhaltigeren und glaubwürdigeren Informationen anbietet, der hat Chancen, den Meinungsbildungsprozeß beeinflussen zu können.

Parlamentarier müssen heute Gesetze über Arzneimittelbestimmungen machen, ohne im Detail zu wissen, wie ein solches Präparat überhaupt zustande kommt. Und morgen müssen sie über Grenzwerte für chemische Inhaltsstoffe entscheiden, ohne selbst Experten dafür zu sein.

Deshalb: Wer die besseren Argumente hat – und diese auch an den Mann oder an die Frau bringen kann –, der wird eher gehört.

Nicht verwunderlich also, daß Tausende US-Konzerne in Washington Lobbying-Büros oder -Berater unterhalten. Kein Wunder auch, daß am EU-Sitz in Brüssel Lobbying-Spezialisten einen guten Boden vorfinden.

Dort, wo Lobbying seriös und effizient funktioniert, geht es nicht allein um persönliche Bekanntschaften mit den wichtigen Entscheidungsträgern und um gute Kontakte zu den zuständigen Stellen, sondern vor allem um hochwertiges Fachwissen, Fingerspitzengefühl, langfristig und professionell erstellte Strategien und exzellentes Kommunikations-Know-how.

Wer eine Problematik nicht glasklar analysieren kann, nicht den Mut hat, positive und negative Seiten abzuwägen und zu transportieren, und nicht von der positiven gesellschaftlich-sozialen Wirkung des Anliegens überzeugt ist, wird kein ernstzunehmender Lobbyist werden.

Hier gelten die Grundsätze seriöser PR – Offenheit, Klarheit, Ehrlichkeit, Objektivität und Ausdauer – in ganz besonderem Maße.

Wer nach anderen Prinzipien handelt, mag sich auch Lobbyist nennen, leistet aber auf lange Sicht seiner Sache, der vertretenen Branche und vor allem der demokratischen Gesellschaftsordnung keinen guten Dienst.

Wer meint, Lobbying müsse sich nur in höchsten Regierungskreisen oder im Parlament abspielen, der irrt gewaltig. Jeder Freiberufler, jeder Kleinunternehmer, jeder Vertreter einer Bürgerinitiative hat die Möglichkeit, in seinem regionalen Wirkungsbereich Lobbying zu betreiben.

Und es geschieht ja auch tagtäglich.

Umweltschützer und Bürgergruppen hüpfen uns das laufend vor. Und der ortsansässige Wirt oder der Handwerker hat in der Regel zu den politischen Entscheidungsträgern der Gemeinde einen gut funktionierenden Draht.

Leider funktioniert diese Form der PR meist nur aus dem hohlen Bauch und in Streßsituationen. Dabei ist es relativ einfach, hier konzeptiv und langfristig vorzugehen. Folgende Regeln sind dabei zu beachten:

1. Genaue Definition und Segmentierung der in Frage kommenden Dienststellen und der dort agierenden Personen. Dabei ist zu beachten, daß diese Listen ständig ajouriert werden müssen. Ausgangspunkt ist die PR-Grundüberlegung: primär nicht jene Stellen kontaktieren, die für Marketing und Verkauf wichtig sind, sondern jene, mit denen regelmäßige Vertrauens- und Verständnisbildung notwendig ist. Und zwar in ruhigen Zeiten und nicht erst, wenn der Hut brennt!

Diese Analyse ist nicht einfach, weil es sich dabei sehr oft um Instanzen handelt, die in Phasen der Ruhe und der Problemlosigkeit nicht auffallen. Im lokalen Bereich können dies sein: die Polizei oder Gendarmerie, die für bestimmte Bereiche, etwa Gewerberecht, zuständigen Gemeinderäte, Lehrer und viele andere. Auch hier gilt: Kontakte, durch die man sich in guten Zeiten verständnisvolle Partner macht, sind gerade in schlechten Zeiten von Wichtigkeit.

2. Wie in der gesamten PR-Planung sind auch hier die Kommunikationsinhalte auf der Basis einer Stärken-Schwächen-Analyse festzulegen, aus denen sich dann ein Maßnahmenkonzept ergibt. Termin- und Kostenpläne sind die logische Ergänzung.

3. Im klassischen Lobbying kommen als Kommunikationsmaßnahmen beispielsweise in Frage:
- Regelmäßige Gespräche in Form von Besuchen, Stammtischrunden und Einladungen.
- Regelmäßige schriftliche Informationen in Form von persönlichen Schreiben (direct mailings), zielgruppenspezifischen regelmäßigen Infos, themenspezifischen schriftlichen Aufbereitungen, auch in Form von Statistiken, Graphiken, Fotos, Kurzinfos mit Facherklärungen oder Spezialtips, persönliche Übermittlung von Presseinformationen, Pressediensten, Geschäftsberichten, Factsheets und anderem.
- Einbeziehung dieser Meinungsbildner in gesellschaftliche Ereignisse, Empfänge, Jubiläumsveranstaltungen, Tag der offenen Tür, Sport- oder Kulturveranstaltungen, Firmenfeiern usw.
- Schaffung eigener gesellschaftlicher Ereignisse für diese Gruppen. Ein Beispiel: Fußballspiel der Lehrer der ortsansässigen Schule gegen die Gemeindepolitiker; der Reinerlös geht an ein Pensionistenheim. Kreativität ist hier gefragt, und alles ist erlaubt, was für die Angesprochenen interessant ist und nicht den guten Ton verletzt – vom Osterspaziergang bis zum Bierstammtisch.
- Schaffung eigener fachorientierter Ereignisse für diese Gruppen. Beispiele: Podiumsdiskussionen, Fachvorträge, Einbeziehung als Vortragende in die eigene Mitarbeiterschulung, Einbeziehung als Juroren für Wettbewerbe oder als Beiräte für Fachprobleme (ehrenamtlich!), Übernahme sonstiger Ehrenfunktionen, Einladung als Gäste zu Tagungen und anderen Fachveranstaltungen usw.

Die Liste möglicher Aktivitäten läßt sich beliebig lang fortsetzen. Hier gilt dasselbe wie für die Medienarbeit:

Nach Möglichkeit weg von den klassischen, gängigen 08/15-Maßnahmen und hin zu unkonventionellen, attraktiven und kreativen Aktivitäten. Die Ideen dazu finden sich am leichtesten bei einem Brainstorming mit den eigenen Mitarbeitern – wobei auch gleich ein wichtiger Schritt in Richtung PR nach innen getan wird.

Ein kleines Beispiel aus der Praxis, wie man auf regionaler Ebene verschiedene Bereiche des Lobbying in seine PR-Arbeit integrieren kann:

Der Manager eines Mittelbetriebes in einer Regionalstadt lädt vierteljährlich namhafte Politiker und Interessenvertreter des Bundeslandes zu einem »Hearing« in seinen Betrieb ein. Damit erlegt er gleich mehrere Fliegen auf einen Schlag:

- Kontaktpflege zu wichtigen Meinungsbildnern aus Gesetzgebung und Verwaltung des Landes;
- Einladung von Meinungsbildnern der Verwaltung und von Interessengruppen des Bezirkes und der Gemeinde;
- Einladung sonstiger lokaler »opinion leader«, wie Lehrer, Pfarrer, Arzt und Apotheker, Wirt und Feuerwehrhauptmann;
- Einbeziehung der Mitarbeiter und ihrer Angehörigen, da diese ebenfalls zu den Veranstaltungen eingeladen werden (human relations);
- Teilnahme der regionalen Medienvertreter: dadurch Ansprechen weiterer Dialoggruppen und weitere Bearbeitung der teilnehmenden Gruppen über den Umweg der Medien.

Sponsoring

Sponsoring, wie es da und dort betrieben wird, entspringt allzuoft einer unglückseligen Verbindung von mangelnder Kreativität, Sucht nach Bekanntheit und fehlender Sachkenntnis.

Das durchaus interessante PR-Element Sponsoring wird so zur Verlegenheitslösung mit untauglichen Mitteln. Persönliche Neigungen der Entscheidungsträger auf Sponsorseite, manchmal auch Eitelkeit und Gefälligkeitsdenken werden in vielen Fällen zur Triebfeder für Sponsoring.

Das läuft so, wenn ein Betonerzeuger urplötzlich Pferderennen sponsert oder wenn ein Frisiersalon über Nacht seine Liebe zur Volksmusik entdeckt und einer Kapelle unter die Arme greift.

Alle diese Schnellschüsse und unkoordinierten Öffentlichkeitsauftritte sind in der Regel überflüssig und hinausgeschmissenes Geld. Im schlimmsten Fall können sie sogar dem Image schaden.

Dabei beginnt das Problem schon beim Begriff »Sponsoring«. Er deckt, je nach Lust und Laune seines Verwenders, alles ab: vom Mäzenatentum bis zur Spende an den Kaninchenzüchterverein.

Grundsätzlich lassen sich Sponsoring-Aktivitäten in vier Gruppen einteilen:

1. Sponsoring als integrierter Teil des gesamten Unternehmenskonzeptes
2. Sponsoring einzelner Projekte (Projekt-Sponsoring)
3. Vergabe von Auftragswerken
4. Sponsoring der Tätigkeit von Institutionen oder Personen

Während beim Projekt-Sponsoring vom Gesponserten vorgeschlagene oder bereits fertiggestellte Aktivitäten gefördert werden, nimmt der Sponsor beim Auftragswerk massiv Einfluß auf Art, Inhalt und Umfang der Leistung.

Mit den fürstlichen und kirchlichen Mäzenen vergangener Zeiten hat professionelles Sponsoring von heute nur mehr wenig zu tun. Einstmals Tribut an die schönen Künste, zum eigenen Seelenheil oder zur durchaus eigennützigen Erinnerung für die Nachwelt betrieben, hat sich das Mäzenatentum in der heutigen Wettbewerbsgesellschaft zu einem kommerziell orientierten Sponsoring gemausert. Was nicht heißen soll, daß es nicht auch heutzutage noch Leute, Firmen oder Institutionen gibt, die um der guten Tat willen Künstler, Sportler, karitative Einrichtungen, den Umweltschutz oder sonstige gesellschaftlich wertvolle Bereiche fördern.

Sponsoring freilich in seinem gebräuchlichen Begriffsinhalt schließt Öffentlichkeit und Publizität und zuallermeist auch wirtschaftliche Erfolgsabsicht in sich ein. Weshalb seine eindeutige Zuordnung zu den Bereichen Marketing oder PR auch recht schwierig, wenn nicht unmöglich ist.

Geht man von einem gesamtkommunikativen Denkansatz aus, löst sich das Problem mehr oder weniger von allein. Stellt man hingegen den politischen und gesellschaftsbezogenen Aspekt der PR in den Vordergrund, dann wird die Angelegenheit heikel. Letztlich landet die Problemstellung wiederum beim zentralen Punkt seriöser Öffentlichkeitsarbeit: bei der Frage nach der moralischen, gesellschaftsbezogenen Rechtfertigung.

Aber zurück zur Praxis. Sponsoring existiert mehr oder weniger in allen Lebensbereichen: im Sport, in Kunst und Kultur, in Technik und Wissenschaft, in der Politik und im gesamten sozialen bzw. Non-profit-Bereich. Überall versuchen Sponsoren, durch – meist finanzielle –

Förderung von Personen, Personengruppen oder Institutionen deren Aktivitäten zu unterstützen und damit gleichzeitig Präsenz bei verschiedenen Dialoggruppen, verbunden mit mehr Bekanntheit und einer Verbesserung des Images beziehungsweise des Verkaufserfolges, zu erreichen.

Handelt es sich nicht primär um absatzorientiertes Vorgehen, sondern um die grundsätzliche Schaffung von Vertrauen, Glaubwürdigkeit und Kompetenz, dann kann man derartige Sponsoring-Aktivitäten guten Gewissens dem PR-Instrumentarium zuordnen.

Glaubwürdigkeit, Kompetenz und schließlich Vertrauen werden aber nur zu gewinnen sein, wenn sich Sponsoring-Aktivitäten in die Grundsatzphilosophie, die Gesamtstrategie und schließlich in die PR-Konzepte und deren Umsetzung einordnen lassen.

Was von den Richtungsvertretern der Corporate Identity, der Unternehmenskultur, des modernen Marketing und der seriösen PR gefordert wird – nämlich einheitliches Auftreten in allen Erscheinungsformen, Stimmigkeit aller Aktivitäten und Unverwechselbarkeit in der gesamthaften Präsenz –, das gilt für Sponsoring in besonderem Maße.

Nur das langfristig geplante und in die gesamte Institutions- und Kommunikationsphilosophie eingebettete Sponsoring wird wirkliche Erfolge bringen und ein wertvoller Bestandteil der PR-Politik sein.

Trotzdem passieren immer wieder die gleichen Fehler:

1. Es wird nicht auf die harmonische und langfristige Einfügung des Sponsoring in die Gesamtphilosophie und -kommunikation geachtet.
2. Die Sponsoring-Aktivitäten passen nicht zu den Hauptzielsetzungen und stehen nicht im Einklang zu anderen Kommunikationsaktivitäten.
3. Es kommt zu Schnellschüssen und unüberlegten Einzelaktivitäten außerhalb des Gesamtkonzeptes.
4. Es wird zu vordergründig an kurzfristige Effizienz gedacht und die langfristige Imagebildung und Akzeptanz außer acht gelassen.
5. Der Einsatz von Sponsoring als bloßes Marketing- und Absatzförderungsinstrument führt oft zu herben Enttäuschungen, weil die Werbewirkung ausbleibt und Image- und Vertrauensbildungseffekte nicht berücksichtigt werden.

6. Sponsoring wird isoliert und nicht im Konzert mit anderen Kommunikationsmaßnahmen eingesetzt, weshalb es wirkungslos bleibt oder gar Glaubwürdigkeitsprobleme nach sich ziehen kann.
7. Das Preis-Leistungs-Verhältnis wird oft nicht oder falsch beurteilt.
8. Der Bekanntheitsgrad-Nutzen wird gegenüber dem Image-Nutzen überbewertet.

Entscheidet man sich im Rahmen seiner PR-Konzeption für Sponsoring-Aktivitäten, dann ist die Wahl des gesellschaftlichen Bereiches von besonderer Bedeutung. Nach wie vor stehen Sport und Kultur im Vordergrund, zweifellos gewinnen aber Umwelt, Wissenschaft und Soziales an Bedeutung.

Betrachtet man die moralischen und sozialen Defizite in Wirtschaft und Gesellschaft, dann liegt der Schluß nahe, daß der Nachholbedarf in diesem Sektor zu einer Blüte des Sponsoring führen wird. Zu hoffen ist nur, daß der Merksatz »Tu Gutes und rede darüber« nicht zu jenen Fehlreaktionen führen wird, denen vor allem viele Unternehmer und Manager in den letzten Jahrzehnten erlegen sind: zu glauben, daß mit guten Taten und mit ungeplantem Sponsoring auch der gute Ruf erkauft werden kann. Wer im eigenen Unternehmen nicht für eine auf Ethik und auf die gesellschaftlichen Grundbedürfnisse ausgerichtete Kultur sorgt, dem nützen auch noch so geschickt angelegte Sponsoring-Aktivitäten nichts. Denn am Ende wird die öffentliche Akzeptanz nicht von guten Taten als Alibihandlung, sondern vom tatsächlichen verantwortungsbewußten Handeln abhängen.

Übrigens: Wenn Sponsoring effizient sein soll, dann muß es natürlich von einer professionellen medialen und sonstigen PR-mäßigen Umsetzung getragen sein.

Investor Relations

Darunter verstehen wir heute moderne, strategische Kommunikation von börsennotierten Gesellschaften mit allen relevanten Dialoggruppen des Kapitalmarktes. Investor Relations (IR) stellen also einen Spezialbereich der Finanz-PR dar. Sie begleiten ein Unternehmen bei ihrem ersten Schritt an die Börse (»going-public PR«) und setzen sich in der konsequenten Beziehungspflege dieser Gesellschaft mit den einschlägigen Dialogpartnern fort.

Wie bei allen PR-Maßnahmen steht auch hier die Optimierung des Images und der Glaubwürdigkeit bei den betreffenden Zielgruppen im Vordergrund. Dazu kommen die Pflege des Aktienkurses, die Hebung des Bekanntheitsgrades in der Welt der Börse und des Kapitalmarktes, aber auch die Optimierung des shareholder value und der Aktionärsstruktur. Nicht zuletzt Berichterstattung durch die Börsenanalysten und die Medien ist eine wesentliche Zielsetzung der Investor Relations.

Erfolgreiche Investor Relations erfordern profundes Wissen über die Spielregeln und die Strukturen des Kapitalmarkts, eine enge Vernetzung mit Marketing, Werbung und CI des Unternehmens und die volle Einbindung des Top-Managements. Und selbstverständlich alle anderen Voraussetzungen moderner Öffentlichkeitsarbeit, wie Offenheit, Ehrlichkeit, Schnelligkeit, Professionalität, Kontinuität, Transparenz usw.

Primäre Dialoggruppen für Investor Relations sind:
- Kleinanleger
- Institutionelle Investoren
- Mitarbeiter
- Potentielle Anleger
- Wertpapieranalysten im In- und Ausland
- Wertpapierberater der Banken
- Finanz- und Wirtschaftsjournalisten
- Aufsichtsrat
- Betriebsrat
- »Börsen-Gurus«
- Börsespezialisten in Versicherungen
- Rating-Agenturen
- Vereinigungen von börsennotierten Unternehmen

Das Instrumentarium im Rahmen der Investor Relations unterscheidet sich nicht wesentlich von jenem anderer PR-Bereiche, doch haben sich hier einige Maßnahmen entwickelt, auf die beim Dialog mit den Finanzmärkten kaum verzichtet werden kann:

- Roadshows (Präsentationen im In- und Ausland)

- Investorenseminare
- Analystenpräsentationen
- Conference calls mit Analysten
- Regelmäßige Informationen über die Geschäftsentwicklung
- News service bei kursrelevanten Neuigkeiten
- Werksgespräche und Werksbesichtigungen im Unternehmen
- Summary financial statement (SFS)
- Veranstaltungen für Kleinaktionäre
- Informationsservice für Kleinanleger (via Telefon und Internet)
- Geschäftsberichte und Halbjahresberichte (auch im Internet zum Herunterladen)
- Hauptversammlung
- und selbstverständlich Pressekonferenzen, Kamingespräche, Einzelgespräche mit in- und ausländischen Journalisten.

Aktionismus, Event-PR, Show-PR

Man erinnere sich: Ein Wiener Stadtrat trinkt das Wasser einer neueröffneten Kläranlage, um zu beweisen, wie gut diese funktioniert. Selbstverständlich vor laufenden Fernsehkameras.

Ein Abgeordneter entrollt im Parlament eine Hakenkreuzfahne, um auf die angebliche Kriegsvergangenheit eines Bundespräsidenten hinzuweisen. Selbstverständlich vor laufenden Kameras.

Greenpeace-Leute bedrängen Walfangschiffe oder besteigen Fabriks-Schornsteine, um ihren Protest zu artikulieren. Vor laufenden Kameras, versteht sich.

Regierungsmitglieder fahren in der Hainburger Au mit dem Ruderboot oder wandern in einem entlegenen Tal, damit die geplanten Kraftwerke nicht gebaut werden. Natürlich vor laufenden Kameras.

Denn: Ein Bild sagt mehr als tausend Worte, noch dazu, wenn es im Fernsehen passiert.

Nach den Amerikanern, die im Inszenieren von Ereignissen, insbesondere auf der politischen Bühne, Weltspitze sind, haben hierzulande schon Anfang der siebziger Jahre grüne Gruppierungen auf Aktionismus geschaltet.

Pressekonferenzen und Presseaussendungen alten Stils, Sonntagsreden und großangelegte Eröffnungen sind passé. Das inszenierte Ereignis, telekonform geplant und vorbereitet, ersetzt das klassische Repertoire der PR-Arbeit.

Auf Symbole reduzierte Präsentationen werden primär für das Bild im Printmedium, den Bericht im TV oder das Feature im Radio maßgeschneidert. Die Aktionen werden so konzipiert, daß das Anliegen für den Medienkonsumenten leicht verständlich und emotional besetzt ist, hohen Aufmerksamkeits- und Unterhaltungswert hat und möglichst Alleinstellungscharakter besitzt.

Und immer mehr Politiker, aber auch Künstler und manch andere Gruppierungen erkennen, daß angesichts der Reiz- und Informationsüberflutung und der zunehmenden Abstumpfung der Konsumenten mit diesem Rezept höchster Aufmerksamwert zu erreichen ist.

Überdies ist diese Form der Öffentlichkeitsarbeit äußerst kostengünstig, weil sie in erster Linie vom kreativen Input lebt.

Das Rezept lautet:
Analysiere dein Problem und deine Botschaft, reduziere sie auf das Wesentliche und denke über eine originelle, einmalige Art der medialen Umsetzung nach.

Daß dazu auch die passende Person kommen muß, die im Bild nicht das Gegenteil der beabsichtigten Botschaft vermittelt, ist klar.

Berichtet wird dann in den Medien nicht mehr vom tatsächlichen, sondern vom inszenierten Ereignis. Polit-Show als Unterhaltungselement der Weltnachrichten.

In diesem Simplifizierungskonzept können freilich schwer umsetzbare, wenngleich ebenfalls wichtige Themen auf der Strecke bleiben. Komplexe Informationen und solche mit Tiefgang fallen durch den Rost. Ein solches Aktionismus-Rezept hat seine Vor- und Nachteile – aber es wäre wert, daß sich mancher Unternehmenschef oder Wissenschaftler damit auseinandersetzt. Denn, ehrlich gesagt, was hat er davon, wenn er in gesetzten und fundierten Worten an die Öffentlichkeit tritt, aber seine Information nicht über die Rampe bringt?

Sogenannten seriösen Firmen und Institutionen stünde es manchmal recht gut an, sich ein Beispiel an den Umwelt-Aktionisten zu nehmen und schwer verständliche Sachverhalte anhand von Demonstrationen, Bildern und markigen Beispielen darzustellen. Ohne freilich ins Peinliche abzurutschen, wie jener Bürgermeister einer deutschen Gemeinde, der die Eröffnung des neuen Schwimmbades mit einem Kopfsprung ins kühle Naß zelebrierte – im dunklen Zweireiher, versteht sich.

Die Methode der Verkürzung und der Inszenierung mag aus medien- und gesellschaftspolitischer Sicht ihre Schattenseiten haben, ist aber aus unserer gegenwärtigen und zukünftigen Informationsgesellschaft nicht mehr wegzudenken.

Nun geht es darum, die heikle Grenze zwischen sinnvollem Aktionismus und billiger, werblich begründeter Show-PR zu ziehen.

Wenn die Berater einer Klebstoffirma bei der Suche nach Kreativität auf die Idee verfallen, den stärksten Mann der Welt zu verpflichten, um vor versammelter Presse die Festigkeit des neuen X-Klebers zu demonstrieren, dann mögen sie damit glücklich werden – mit konzeptiver Öffentlichkeitsarbeit hat das jedoch wenig zu tun.

Über Ereignisse und Veranstaltungen im Sinne von Event-PR als Teil einer PR-Konzeption wurde bereits auf den Seiten 257 ff. gesprochen.

Öko-PR

Der Begriff »Öko-PR« hat sich gebildet, so wie die Begriffe »Öko-Marketing« oder »ökosoziale Marktwirtschaft« kreiert worden sind: als Reaktion auf Fehlverhalten in unserem System und unter dem Druck der Umweltschutzbewegung.

Wenn nämlich Public Relations in ihrer Grundkonzeption richtig verstanden werden, dann ist ein Beiwort wie »Öko« gar nicht notwendig. Denn seriöse Öffentlichkeitsarbeit schließt umweltbezogenes Verhalten und ständigen Dialog mit Umwelt-Interessengruppen ein. Die Kommunikation mit umweltbewußten Teilöffentlichkeiten verläuft im Grundsatz nicht anders als mit anderen Dialoggruppen: Strategie, Konzeption und Maßnahmen sind praktisch die gleichen, im kreativen Bereich gibt es so wie in anderen Segmenten der Öffentlichkeit die Möglichkeit zu situations- und empfängerbezogenen PR-Aktivitäten.

Warum also Öko-PR? Das kann nur zwei Gründe haben:

1. Man hängt sich das Mäntelchen von Umweltschutz und Öffentlichkeitsarbeit um, um damit seine Ziele besser durchsetzen zu können. Dann handelt es sich um ethisch nicht gerechtfertigte Pseudo-PR.

2. Man möchte dem Umweltschutz und den Beziehungen zu Dialoggruppen dieses Sektors einen höheren Stellenwert innerhalb der Unternehmens- und Kommunikationsziele zuerkennen. Dann ist das zwar keine neue Form der PR, aber ein durchaus legitimes, ja geradezu verpflichtendes Unterfangen im Rahmen eines neuen PR-Denkens.

Grüne Parteien, Umwelt-Bürgerinitiativen und andere umweltbewußte Gruppen agieren meist sehr emotional, Unternehmen und Behörden hingegen vornehmlich rational. Aus dieser Diskrepanz entstehen auch jene Spannungen, die häufig einen effizienten Dialog verhindern.

Eine der Aufgaben im Umgang mit Umweltgruppierungen ist daher die emotionale Aufrüstung. Dazu gehören:

- Akzeptanz von Ängsten und Gefühlen der Grün-Engagierten;
- Versuch des Verstehens der Motive der anderen Seite;
- Dialog statt Monolog: Gespräche statt Plakate und Inserate;
- PR-Instrumentarium statt Werbeinstrumentarium;
- Die eigene Position auch emotional und nicht nur rational (mit Zahlen und Fakten) transportieren: Aktionismus;
- Zuhören können;
- Im Falle unwahrer Behauptungen und Unterstellungen: harte, klare und präzise Widerlegung;
- Einsatz dialoggeschulter und dialogbereiter Mitarbeiter in der Diskussion. Die besten Argumente kommen nicht an, wenn sie von Personen vorgetragen werden, die nicht in der Lage sind, Sympathien zu erwerben.
- Das wichtigste: Ständiger Dialog mit diesen Gruppen, auch wenn es keine aktuellen Probleme gibt.

Beispiele aus den letzten Jahren zeigen, daß dort, wo man diese Grundsätze beherzigte, Grüngruppierungen ernst nahm und Dialog- und Kompromißbereitschaft signalisierte, das Gesprächsklima wesentlich verbessert und vernünftige Lösungen gefunden werden konnten.

Positive Beispiele für Öko-PR:
- Installierung eines beratenden »Umwelt-Beirates« im Unternehmen, in dem Wissenschaftler, Behördenvertreter, Umweltschützer vertreten sind.

- Sponsoring von Umweltprojekten im Rahmen einer konsequenten Umwelt-orientierten CI.

Produkt-PR

Es gibt Puritaner unter den PR-Leuten, die jegliche Kommunikation, die sich mit Produkten und Dienstleistungen befaßt, von vornherein der Werbung zuordnen.

Umgekehrt behaupten clevere Verkaufsförderer, die von ihnen praktizierte Schleichwerbung sei astreine PR.

Beide Standpunkte sind falsch. Versteht man Öffentlichkeitsarbeit in ihrer politischen und sozioökonomischen Dimension, dann können Verkauf und Produkt-Promotions nicht ihre wesentlichen Zielsetzungen sein. Allerdings steht auch nirgends geschrieben, daß die Vermarktung von Produkten keinen gesellschaftlich relevanten Ansatz in sich birgt.

Also kommt es darauf an, wie diese sogenannten Produkt-PR praktiziert werden. Schließlich kann es ja nicht Aufgabe seriöser PR sein, über Produkte und Dienstleistungen verschämt zu schweigen und sie aus den Gesamtüberlegungen herauszuhalten.

Wenn somit im Rahmen der konzeptiven Gesamt-PR auch über Produkte gesprochen wird und diese Kommunikationsinhalte mit klassischen PR-Instrumenten (z.B. einer Pressekonferenz) transportiert werden, dann ist das durchaus legitim. Es kommt nur darauf an, aufrichtig zu sein und bestimmte Aktivitäten nicht mit falschen Etiketten zu versehen.

Ein Beispiel:
Ein Elektrounternehmen bringt einen neuen Staubsauger auf den Markt und startet aus diesem Anlaß eine großangelegte klassische Werbekampagne. Quasi als Verstärker wird eine »Pressekonferenz« für JournalistInnen von Hausfrauenjournalen auf die Beine gestellt. Genau genommen ist diese Aktivität Teil des Marketing und der Werbung, wenn auch mit Mitteln der klassischen Medienarbeit. Die PR-Spezialisten sollten dazu nur ihr Know-how aus der Medienarbeit beisteuern. Das hat seinen guten pragmatischen Grund: Wenn sie sich in die Reviere der Werbung vorwagen, dann bleiben sie dort auch gefangen. Ansinnen um Gefälligkeitsinserate und Druckkostenbeiträge werden dann auf ihrem Schreibtisch landen.

Daher ist es wesentlich effizienter und ehrlicher, wenn sich die Werbeleute auch um diese Art von Produkt-Betreuung kümmern. Anders liegen die Dinge, wenn die Produktinformation im Rahmen der auf die Interessen der Redaktionen ausgerichteten Medienarbeit passiert. Das Elektrounternehmen, das in einer Pressekonferenz für Wirtschaftsjournalisten über seine Stellung auf dem Markt, die Trends in der Elektrobranche, die eigene Firmenstrategie und die Zukunftspläne informiert, wird natürlich auch über seine Innovationen und Marketingaktivitäten und damit auch über neue Produkte berichten. Hier handelt es sich eindeutig um eine klassische PR-Aktivität.

Journalisten haben für den Unterschied zwischen einer »neutralisierten« Grundsatzinformation und den Versuchen der Schleichwerbung ein feines Gespür. Ihre Beurteilung der ihnen dargebotenen Informationen zeigt sich dann an Umfang und Inhalt der Berichterstattung. Für einen mit der journalistischen Denkweise und Gefühlswelt nicht Vertrauten mögen diese feinen Unterschiede seltsam erscheinen, sie sind jedoch beinharte Realität und bestimmen den Erfolg der Kommunikationsarbeit des Informanten.

Das alles gilt natürlich nicht nur für den Wirtschaftsbereich. Innenpolitik-Journalisten reagieren empfindlich, wenn Politiker Schönfärberei und Selbstbelobigung betreiben. Ähnlich ist es im Kulturbereich, und selbst im Sport schneiden jene Fußballmannschaften in der Medienresonanz besser ab, die ihren Sponsor nicht zu sehr in den Vordergrund schieben und um so mehr zur sportlichen Leistung zu sagen haben.

Der Journalist will eben nicht Handlanger für werbliche Ziele sein, da fühlt er sich mißbraucht. Er will mit guten, für den Leser interessanten Stories glänzen – und dazu zählen eben nicht die tollen Eigenschaften des neuen Produktes; diese haben primär im Inserat oder im Fernsehspot ihren Platz.

Wenn PR im Zusammenhang mit Produkten gemacht werden, dann sind folgende Regeln zu beachten:

1.

Die Produktinformation kann meist nur im Zusammenhang mit breiter angelegten, für die Journalisten interessanten News angeboten werden. Ausgenommen davon sind Fachjournalisten, die ihre Leser just über Produkte informieren wollen, gleiches gilt auch für Medienleute, die Produktvergleiche anstellen oder deren Medium auf eine bestimmte Sparte, z. B. Computer, spezialisiert ist.

2.

Reine Produktinformationen sind für den kritischen Journalisten dann interessant, wenn es sich um etwas Außergewöhnliches handelt, zum Beispiel um das Auto, das mit Wasser betrieben wird. In diesem Moment wird die Produktinformation zur Sensation, der Journalist hat keinerlei Gewissenskonflikte mehr, selbst wenn die von ihm verfaßte Nachricht dem Produzenten Millionen bringt.

3.

Produkt-PR können auch dann funktionieren, wenn die Produktpräsentation von einem journalistisch interessanten und kreativ aufbereiteten Ereignis umrahmt wird. In diesem Fall wird die Produktinformation zum sekundären, aber unabdingbaren Ereignis.

4.

Produkt-PR werden auch dann interessanter, wenn es sich um visuelle Kommunikation handelt. Durch Bilder, egal ob bewegt oder unbewegt, können Ereignisse attraktiver und für das Publikum zumutbar transportiert werden, auch wenn damit Produktinformationen verbunden sind. Das Bild eines Himalaya-Bergsteigers mit dem Yeti könnte ruhig eine Produktinformation beinhalten – die Zeitungen würden es trotzdem bringen, weil der Neuigkeitswert eben alles andere übersteigt. Product Placement und andere Werbetechniken, etwa im Sportbereich, machen sich ebenfalls diese Erfahrungen zunutze. Ganz vorzüglich kann hier Online-PR funktionieren: Produkt-Beschreibungen, Bilder und Filme sind via Internet abrufbar, ja sogar Vergleiche mit anderen Produkten können im Rahmen des rechtlich Erlaubten angestellt werden.

5.

Produkt-PR kommen umso besser an, wenn dabei auf werbliche Bestandteile, wie Nennung oder Abbildung des Firmennamens, verzichtet wird. Journalisten sehen es als durchaus legitim an, über neue Verfahren oder Produktentwicklungen zu berichten, weil bei den Konsumenten ja derartige Informationsbedürfnisse bestehen. Die Produkt- oder Firmennennung wird allerdings oft bereits als Werbung verstanden. Dies ist auch der Grund, warum beispielsweise in elektronischen Medien die Repräsentanten von Unternehmen beim Interview mit »Elektronikfachmann« oder »Kaufhaus-Generaldirektor« ohne Zusatz des Firmennamens genannt werden. Interessanterweise wird hier großzügiger vorgegangen, wenn es sich um Investitionsgüter und nicht um Konsumgüter handelt. Offizielle Begründung: Radiohörer oder Fernseher werden kaum Stahlrohre oder Zylinderpressen kaufen. Tatsächlich dürfte dahinter freilich die Meinung stehen, daß Konsumartikelunternehmen ihre Botschaften gefälligst in den Werbeblocks placieren sollen. Bemerkenswert dabei ist, daß Kultur- und Sportinstitutionen, die ja auch durchaus kommerzielle Interessen haben, ziemlich hemmungslos »Produktinformationen« über die Rampe bringen dürfen, übrigens auch in den Printmedien.

Personen-PR

Was für die Institution (das Unternehmen) gilt, gilt ebenso für die Person: Öffentlichkeitsarbeit ist eine Frage, wie mit Menschen umgegangen wird.

Dabei hat der einzelne gegenüber einer Organisation beachtliche Startvorteile. Er kann das wichtigste Kommunikationsinstrument, das Gespräch, intensiver einsetzen und auf Ersatzaktivitäten leichter verzichten.

Wer sich aber nicht nur auf sein Talent zur Kommunikation verläßt, sondern bereit ist, ähnlich einer Institution ein maßgeschneidertes PR-Konzept zu erarbeiten und durchzuziehen, der wird sich noch leichter tun.

Die Auswahl der wichtigsten Dialoggruppen und die Image-Schwachstellenanalyse samt Formulierung des Ziel-Images sind so wie bei einer Institution wichtige Vorarbeiten für die PR-Strategie.

Für die Führungskraft in Wirtschaft, Politik und Verwaltung bieten sich aus der Vielzahl möglicher PR-Instrumente für Aufbau und Festigung des Personen-Images an:

Im Bereich der Medienarbeit:
- laufende informelle Kontakte mit Journalisten;
- bewußte Kontaktpflege ohne kausale Berichterstattung;
- Backgroundinformationen für Medien über die Branche, über Entwicklungen und Trends;
- Schaffung von Kompetenz als Sprecher der Institution oder als Sprecher für einen Spezialbereich (in Abstimmung mit Unternehmensleitung und PR-Abteilung);
- Unterstützung von Journalisten bei Recherchearbeiten;
- Teilnahme an »Firmenveranstaltungen« seitens der Journalisten, auch im gesellschaftlichen oder sportlichen Bereich;
- Erfahrungsaustausch mit Journalisten bei gleichgelagerten Interessen im kulturellen oder sportlichen Bereich;
- Natürlich steht der Person überdies das gesamte übrige Spektrum der Medienarbeit zur Verfügung.

Im Bereich anderer Dialoggruppen:
- Mitgliedschaft bzw. leitende Funktion in Vereinen, Klubs und Institutionen;
- Mitarbeit in Interessenvertretungen;
- Übernahme politischer Funktionen;
- Übernahme von Lehraufträgen und Vorträgen an Schulen und Universitäten;
- Halten von Vorträgen im Auftrag bzw. in Abstimmung mit der eigenen Institution, in Vereinen, vor Interessengruppen, bei Veranstaltungen;
- Teilnahme an öffentlichen Diskussionen, Round-table-Gesprächen;
- Übernahme der Funktion als Kontaktperson zu wissenschaftlichen und politischen, kulturellen oder sportlichen Institutionen, Behörden, Interessenvertretungen, Schulen u. dgl.;
- Veröffentlichung von Aufsätzen und Stellungnahmen in Fachpublikationen;
- Abfassung von persönlichen Meinungen für die Publikumspresse;
- Schreiben von Leserbriefen;
- Veröffentlichung von Büchern;
- Persönliche Einladung von bestimmten Personengruppen zu privaten Diskussionsrunden (Salons), Essen, Heurigen oder – oftmals am geeignetsten – zu sich nach Hause;

- Einbeziehung einzelner Teilöffentlichkeiten zu persönlichen Anlässen (Geburtstag, Weihnachtsfeier usw.);
- Einladung bestimmter Personengruppen zu sportlichen oder kulturellen Veranstaltungen.

Selbstverständlich ist hier der Kreativität des einzelnen keine Grenze gesetzt, er kann je nach Talent und Mut aktiv werden: Warum nicht ein Schnapsturnier für Lokalpolitiker oder eine Lesung aus eigenen Gedichten für Kulturbeflissene veranstalten?

Übrigens: Bilder und Zitate können heutzutage in idealer Form über Internet abrufbar gemacht werden. Und VIPs oder solche, die sich dafür halten, verfügen über eine eigene Homepage.

Eines der wohl effizientesten Rezepte zur persönlichen Kompetenzgewinnung ist die Spezialisierung auf ein allgemein interessantes Detailgebiet, von dem ausgehend dann verschiedenartige Aktivitäten gestartet werden können. Ideal ist es, wenn dabei die persönlichen Interessen und die des Unternehmens auf einen Nenner gebracht werden können.

Ein Beispiel aus der Praxis:
Der Leiter eines 1 000-Mann-Unternehmens im Waldviertel beschäftigt sich nicht nur mit seinem Betrieb, sondern auch mit Wirtschaft, Gesellschaft und Kultur seiner Region. Auch in der Medienarbeit seines Unternehmens gibt er immer wieder Statements über die Region ab. Im Laufe der Jahre avanciert dieser Manager zu einer Zentralfigur für wirtschaftspolitische Aussagen über die Region Waldviertel. Medien und Politiker können kaum an seiner Meinung vorbei, wenn dieses Thema zur Diskussion steht.

Also: Aneignung von Kompetenz in der Öffentlichkeit durch Engagement und Fachwissen sowie durch Kontaktpflege.

Derselbe Manager lädt einmal jährlich Freunde, Journalisten und Meinungsbildner zu einer Rätselfahrt in seine Region ein, was nicht nur der Kontaktpflege, sondern auch dem Vertrautmachen wichtiger Persönlichkeiten mit dieser Gegend dienlich ist.

Ein andermal berichtet besagter Geschäftsführer seiner Führungsmannschaft, daß er Mitteilung über den beabsichtigten Besuch von Scheich XY aus einem Staat des Nahen Ostens erhalten habe. Diese Visite sei für das Unternehmen wegen möglicher Großaufträge von eminenter Bedeutung und es müsse alles getan werden, um diesen

Betriebsbesuch optimal abzuwickeln. Leider sei er aber an dem Besuchstag wegen einer unaufschiebbaren Auslandsreise nicht im Betrieb. Deshalb müsse die Führungsmannschaft die Vorbereitungen und die Abwicklung der Betriebsbesichtigung des hohen Gastes übernehmen.

An besagtem Tag steigt der Firmenchef, stilecht als Araber verkleidet, ein paar Stationen entfernt in den Zug und läßt sich am Bahnhof seines Betriebssitzes von der Belegschaft den roten Teppich ausrollen. Während der Betriebsbesichtigung spricht er ein Kauderwelsch von (angeblichem) Arabisch und Englisch und freut sich insgeheim, mit welcher Begeisterung seine Mitarbeiter bei der Sache sind. Als er sein Geheimnis lüftet, spricht er seinen Leuten höchstes Lob und Anerkennung aus, was diese nach anfänglicher Betroffenheit mit Begeisterung annehmen. Einziger Eingeweihter des Spektakels ist der Redakteur der Lokalzeitung, die auch prompt in großer Aufmachung über das Ereignis berichtet.

Fazit: Die ganze Region spricht über den »Waldviertler Scheich«, und bei den Mitarbeitern hat sich der Chef wiederum ein Stück Sympathie und Menschlichkeit erworben.

Nun muß man nicht unbedingt solch ausgefallene Ideen haben, um das eigene Image zu pflegen, das Beispiel zeigt jedoch im Ansatz, wie vorgegangen werden kann.

Ein Grundsatz ist jedoch bei der Personen-PR zu beachten: Aufgesetzte Images und Aktivitäten, die nicht mit der Identität und dem Charakter der Person in Einklang stehen, können das Gegenteil von dem bewirken, was beabsichtigt ist. Gerade in der Politik gibt es immer wieder Beispiele dafür, wie versucht wird, einem Menschen eine künstliche Identität zu verpassen.

Erfolgreich hingegen sind jene Meinungsführer, deren Auftreten offen, glaubhaft und auf ihre Person abgestimmt ist. Dieses Personen-Image kann natürlich in einzelnen Punkten betont und in einer bestimmten Richtung gepflegt werden. Die Aus- und Weiterbildung in Rhetorik, Medienverhalten, Dialektik und Argumentationstechnik kann dabei eine wesentliche Hilfe sein, die Persönlichkeit jedoch nicht ersetzen.

Intermediate Writing (Interwriting)

Ärgern Sie sich auch oft über unverständliche Gebrauchsanweisungen für technische Artikel, hochwissenschaftliche Beipackzettel bei Medikamenten oder über Firmenbroschüren, die nur so von Fachausdrücken strotzen?
 In allen diesen Fällen haben Kommunikationslaien diese Botschaften produziert. Diese Leute mögen zwar ausgezeichnete Techniker, Mediziner und anderwärtige Experten sein – aber sie können sich nicht in der Sprache der Botschafts-Empfänger ausdrücken. Was für den Autor solcher Informationsschriften simpel und klar ist, ist für den Leser oft ein Mysterium. Ja, sogar manche Informationen in den täglichen Nachrichten würden einer Übersetzung von der Muttersprache in die Muttersprache bedürfen. Und genau das machen jene Experten, die sich auf »Intermediate Writing«, kurz »Interwriting«, spezialisiert haben. Sie übersetzen von der Fachsprache in die für den Botschaftsempfänger verständliche »Normalsprache«.
 Solche Arbeit erfordert sehr viel Wissen und Erfahrung, einerseits auf dem Fachgebiet, das in der Information behandelt werden muß, andererseits die Kenntnis des Mechanismus der Kommunikation, der publizistischen Grundsätze und des Verständnisniveaus der Anzusprechenden. Im Grunde ist diese Aufgabe Teil jeder PR-Arbeit, weil ja auch Presseaussendungen, Direct mailings an Politiker und andere PR-Instrumente mit denselben Problemen zu kämpfen haben. Welch hohe Qualifikation für die erfolgreiche Umsetzung dieser Aufgabe nötig ist, zeigt die Etablierung einer eigenen Spezialdisziplin, eben des »Interwriting«.

Krisenfeuerwehr PR?

Es passiert tagtäglich: PR-Berater werden händeringend um Hilfe gebeten,
- weil die politische Partei nach einer Wahlschlappe am Boden liegt;
- weil der Rindfleisch- oder ein anderer Skandal dem Land großen Schaden zufügt;
- weil bekanntgeworden ist, daß man einen Spitzensportler des Dopings überführt hat;

- weil bei einer Bergwerkskatastrophe Menschen verschüttet wurden;
- weil sich der Operndirektor mit dem Ensemble zerstritten hat;
- weil der Buchhalter des Mittelbetriebes mit der Kassa durchgegangen ist und die Medien darüber berichten wollen;
- weil, weil, weil ... – der Gründe gibt es unzählige.

PR-Leute – solche, die es können, und solche, die davon profitieren, daß andere es können – werden angeheuert und sollen nun Krisenfeuerwehr spielen.

Bloß: Dieses Unterfangen funktioniert nur bedingt. Das ist so wie bei der Zeckenimpfung: Zu spät verabreicht, kann sie keine Wunder mehr wirken.

Jene aber, die vor dem Malheur den guten Rat, kontinuierliche und geplante Öffentlichkeitsarbeit zu machen, in den Wind geschlagen haben, erwarten nun Wunderdinge von den PR-Spezialisten und machen damit den zweiten entscheidenden Fehler.

Also: Wenn eine Institution keine konzeptive Öffentlichkeitsarbeit betrieben hat und Probleme mit der Öffentlichkeit bekommt, dann braucht sie natürlich professionelle Krisen-PR. Aber das ist nur die zweitbeste Lösung.

Die beste und effizienteste Öffentlichkeitsarbeit für Krisensituationen ist die konzeptive PR-Arbeit in guten Zeiten, gerade dann, wenn ihre Notwendigkeit nicht unbedingt einzusehen ist. Eine derartige antizyklische PR-Arbeit wirkt dann wie eine Krisenversicherung.

Um Mißverständnissen vorzubeugen: Versicherungen vermögen einen Schaden nicht zu verhindern, sie können ihn aber minimieren und beherrschbar machen.

Gute PR-Gesinnung und PR-Arbeit offenbaren sich somit nicht in guten, sondern in schlechten Zeiten. Goodwill, Vertrauen und Glaubwürdigkeit bei den wichtigen Dialoggruppen sind das Fundament, das dem Imagegebäude den festen Halt gibt – selbst wenn es im Gemäuer da und dort bröselt.

Da verhält es sich wie im Privatleben eines jeden Menschen: Gute Freunde, die einem vertrauen und zu einem halten, werden erst in Notsituationen besonders wichtig. Aber man muß sie in guten Zeiten als Freunde und Partner behandeln, um dieses Vertrauen zu rechtfertigen.

Schon der selige Freiherr von Knigge hat 1878 in seinem Klassiker »Über den Umgang mit Menschen« Sätze geschrieben, die sich vorzüglich mit den PR-Grundsätzen decken: »Sorge dafür, daß du durch Haltung und Leistung des Vertrauens deiner Umwelt würdig bist, daß du dich so verhältst, daß die anderen dein Verhalten als angenehm und liebenswürdig empfinden, daß sie genügend von dir und deinem Tun und Lassen wissen und daher auch Anlaß haben, es zu verstehen, daß sie gut von dir denken können, weil sie überzeugt sein dürfen, daß du bei allem, was du tust und läßt, auch bereit bist, Rücksicht auf diejenigen zu nehmen, die davon betroffen werden. Du wirst es dann leichter haben, und der Erfolg deines Trachtens und Wirkens wird nie ausbleiben.«

Die eigentliche Krisen-PR wird somit im Laufe der kontinuierlichen PR-Arbeit vorbereitet und antizipiert. Sie ist Teil der Grundsatzphilosophie und der laufenden Kommunikationsmaßnahmen.

Welches Klein-, Mittel- oder Großunternehmen, so kann man hier fragen, verfügt in guten Zeiten etwa über eine konkrete »emergency list«, in der alle im Notfall zu verständigenden Personen und Stellen enthalten sind und wo Anweisungen für richtiges Verhalten gegeben werden? Und wenn ein Unternehmen eine solche Frage mit »ja« beantwortet: Steht auf dieser Liste auch der PR-Verantwortliche bzw. der PR-Betreuer an oberster Stelle, der im Notfall entsprechende Maßnahmen gegenüber den Medien und anderen wesentlichen Gruppen der Öffentlichkeit treffen kann?

Der PR-Krisenplan

In einem PR-Krisenplan sollte etwa für folgende Probleme vorgesorgt sein:

1. Wer ist im Rahmen der Öffentlichkeitsarbeit wofür zuständig? Wer tritt gegenüber den Medien auf? Wer informiert die Mitarbeiter? Wer informiert andere wichtige Teilöffentlichkeiten wie Behörden, Geschäftsfreunde, Aktionäre, Banken, Lieferanten usw.?
2. Mit welchen Mitteln werden diese Informationen weitergegeben? (Hier sind »schnelle« Informationsmittel notwendig: e-mail, Telefon, Fax, Flugzettel, Aushang, Rundbriefe usw.)
3. Wie kann die »Krisenfeuerwehr« im Notfall erreicht werden? (Privattelefonnummern, Mittelsleute, Stellvertreter)

4. Liegen alle Adressen, Namen, Telefonnummern, Fax-Nummern und e-mail-Adressen der zu verständigenden Institutionen und Personen, inklusive Journalisten-Datenbank, auf?
5. Welche Grundsatzinformationen dürfen und sollen im Notfall gegeben werden? (Firmendaten, Firmengeschichte, Sprachregelungen, verantwortliche Organe, Ergebnisziffern, Eigentümer usw.)
6. Aus welchen Personen wird sich der Krisenstab zusammensetzen? (Ansprechpartner, Namen, Funktionen)
7. Wo sind mögliche Ansatzpunkte für eventuelle Krisen? (Gefährliche Produkte, gefährliche Verfahren, heikle Betriebsgeheimnisse, gefährdete Produktlinien usw., wenn es um ein Unternehmen geht. Analog dazu in anderen Institutionen.)
8. Welche technischen und sonstigen Hilfsmittel stehen für die Abwendung von Krisensituationen zur Verfügung? (Kommunikationsverbindungen, Ersatzproduktion usw.)
9. Wie kann in welcher Krisensituation reagiert werden? (Vorbereitete Gegenmaßnahmen, Untersuchung von Fallbeispielen, Durchspielen von Szenarien usw.)
10. Welche Maßnahmen sind in weiterer Folge zu ergreifen? (Information von Zweigstellen, neue Anweisungen für Mitarbeiter, internationale Kontakte, konzeptive Reaktivierungsmaßnahmen usw.)

Wenn derartige Problemstellungen in guten Zeiten zumindest durchdiskutiert und vorbereitet werden, ist in der Krisensituation schon viel gewonnen, vielleicht der Schaden gar halbiert. Denn nichts ist schlimmer, als unvorbereitet in ein Malheur hineinzugeraten. Gerade im Chaos passieren die größten Dummheiten: Journalisten werden nicht beachtet, wodurch sie womöglich Halbwahrheiten und Gerüchte verbreiten; für die Schadensbewältigung wichtige Personen werden vergessen; der Überblick über das Geschehen geht verloren.

Gerät eine Institution unvorbereitet und ohne vorherige professionelle PR-Aktivitäten in eine Krise, dann wird die Krisen-PR grundsätzlich ebenso nach Konzept abzulaufen haben wie im Falle langfristiger Planung.

Allerdings im Zeitraffertempo und unter Konzentration auf das Wesentlichste. Aber Grundsätze und Methodik gelten für eine solche PR-Arbeit ebenso wie bei Vorbereitung in »Friedenszeiten«.

Freilich, die besten PR-Spezialisten sind dann gerade gut genug.

Schnell und gut: Online-Relations

Gerade in der Krisen-PR eröffnen die Online-Relations eine neue Qualität, was Tempo und Präzision der Information betrifft. Für Journalistenanfragen kann ein Internet-Schreibtisch eingerichtet werden. Aktuelle Fragen werden so kompetent und schnell beantwortet. Die Homepage kann beispielsweise stündlich geändert und so können Medien und andere Interessenten mit den aktuellsten Nachrichten versorgt werden. Hier gilt ganz besonders: Wer schnell und gut informiert, behält das Gesetz des Handelns, erwirbt Kompetenz und steuert den Dialog. Die Qualität der Berichterstattung wird letzlich auch von den zur Verfügung stehenden Fotos bestimmt.

So nutzbringend die Online-Kommunikation hier auch sein kann – sie kann auch Probleme bringen. Etwa dann, wenn bestimmte Themen erst durch die öffentliche Diskussion via Internet transparent und aktuell werden. So sah sich etwa McDonald's einem öffentlichen Diskurs über seine Geschäftspraktiken konfrontiert, der online seinen Ausgang nahm.

In der Medienarbeit wird in Krisenfällen abzuwägen sein, welche Strategie, welche Konzepte und welche Maßnahmen zum gegebenen Zeitpunkt die richtigen sind.

- Blitz-Pressekonferenz oder Einzelgespräche?
- e-mail, Fax oder Schnell-Info vor Ort?
- Blitz-Infos auf der Homepage?

Das Schlechteste ist in jedem Fall: Vogel-Strauß-Politik, Totschweigen und Vertuschen. Und Lügen haben im Krisenfall ganz besonders kurze Beine.

Klaus Apitz bringt in seinem Buch »Konflikte, Krisen, Katastrophen« eine Reihe klassischer Fallbeispiele für nicht bewältigte Krisen-PR, aus denen wegen seiner Exemplarität der Fall Sandoz des Jahres 1986 hier wiedergegeben sei:

Am 1. November 1986 um 0.19 Uhr meldeten fast gleichzeitig Sandoz-Mitarbeiter und eine Patrouille der Kantonatspolizei Basel Feuer in der Lagerhalle 956 auf dem Werksgelände der Baseler Sandoz AG. Innerhalb von Minuten entstand in Lagerhalle 956 – 60 Meter breit, 100 Meter lang – ein Inferno pausenloser Explosionen, dreißig Meter hoher Feuerbälle und ein dumpfer Knall. Stundenlang Großalarm. 15 Mann der werkseigenen Feuerwehr und Sicherheitsabteilung und später 160 Feuerwehrleute und 47 Beamte der Kantonatspolizei versuchen das Inferno einzudämmen. Löschfahrzeuge haben Schlauchleitungen zum Rhein verlegt, man versucht Wasserwände hochzuziehen. Rundherum, nur einen Steinwurf entfernt, lagern Tonnen von explosionsgefährdetem Natrium, 200 Meter entfernt befinden sich Druckfässer mit Phosgen, jenem Gas, das im Dezember 1984 im indischen Bhopal den bisher größten Chemieunfall (2 000 Tote) auslöste.

Um 3.43 Uhr, nachdem wenige Minuten zuvor eine stinkende riesige Chemikalienwolke auf das Baseler Zentrum zutreibt, löst die Baseler Polizei Katastrophenalarm aus. Sirenen heulen. Polizeiwagen mit Lautsprechern rasen durch die Straßen: »Alle Fenster und Türen schließen!« Im Radio alle 15 Minuten die Warnung: »Die Häuser nicht verlassen.«

Die Einsatzzentrale ist längst komplett: Der Polizeikommandant, der Kantonsarzt, der Kantonschemiker, der Landschreiber, der Chef des Lufthygieneamtes, der Zivilschutzchef, der Regierungspräsident. Um 5.00 Uhr beschließt die Einsatzzentrale, den Betrieb aller öffentlichen Verkehrsmittel einzustellen. Alle Lebensmittellager der Region werden angewiesen, ihre Lüftungen abzuschalten, an den Milchsammelstellen und bei der Trinkwasserversorgung werden routinemäßige Proben entnommen. Regierungsrat Karl Schneyder vom Krisenstab Basel-Land umreißt anschließend seine Hauptaufgabe: »Auf die Bevölkerung beruhigend zu wirken und alles zu vermeiden, was zur Panikstimmung führen könnte ...«

Am 1. November 1986, um 7.02 Uhr, erfolgt Entwarnung. Der Brand sei gelöscht, die Lage unter Kontrolle. Noch in dieser Nacht teilt die Unternehmensleitung der Sandoz AG mit, daß »chemische, größtenteils harmlose Substanzen« freigeworden seien.

Aber schon Tausende von toten Fischen, die einige Stunden nach der Einleitung des Löschwassers im Rhein gefunden werden, lassen die Öffentlichkeit an den Sandoz-Aussagen zweifeln. Mit den gigantischen Wassermengen, die den Brand eindämmen sollten, gelangten über die Abflußrohre auch etwa 20 Tonnen Chemikalien sowie mindestens 200 Kilogramm hochgiftiges Quecksilber in den nahegelegenen Rhein. Damit wurde die Baseler Chemie-Katastrophe zu einem Krisenthema entlang des gesamten Rheins. Am 3.11. wurden zwischen Basel und Karlsruhe 150.000 tote Aale – fast der gesamte Bestand – aus dem Rhein geborgen.

Im Verlaufe des November 1986 schaltete der Verband der Chemischen Industrie eine aufwendige Anzeigenkampagne, deren emotionale Überschriften offensichtlich von Kommunikations-Strategen mitentworfen wurden. Hier hieß es: »Lieber Rhein, ... Lieber Fluß«. Im darunter stehenden Text unter anderem: »... die Belastung mit Schwermetallen ist in den vergangenen Jahren um mehr als 90 Prozent gesenkt worden ...«.

Ungeheures Informationsbedürfnis der Öffentlichkeit ...
Obgleich der Sandoz AG von Fachleuten ein hervorragendes Image testiert wurde und das Unternehmen bisher in dem Ruf stand, eine mustergültige Sicherheitspolitik und Öffentlichkeitsarbeit betrieben zu haben, mußte der Verantwortliche der Konzernleitung, Hans Winkler, in einem Spiegel-Interview vom 17. November 1986 zugeben: »Ich muß einräumen, daß wir überfordert sind. Vor allem von dem ungeheuren Informationsbedürfnis der Öffentlichkeit wurden wir überrumpelt.«

Wer über Krisenkommunikation nachdenkt, mag sich diese Aussage des neunundfünfzigjährigen promovierten Chemikers und Leiters des Bereichs Technik, zuständig für ökologische Katastrophenfolgen und Information der Öffentlichkeit, auf der Zunge zergehen lassen. Was am ersten November 1986 Sandoz passiert ist, kann in jeder Minute jedem anderen Unternehmen in sehr ähnlicher Form passieren Und wenn Großunternehmen der Chemie, deren Risiken sicherlich zu den höchsten zählen, im nachhinein derartige Eingeständnisse machen müssen, sollte spätestens dies den Verantwortlichen ein Handlungssignal sein.

Auch die Aussage von Hans Winkler zu den Inhalten der Öffentlichkeitsarbeit sind lehrreich. Winkler: »Wenn wir versuchen, etwas zu erklären, wird der Inhalt unserer Aussagen oft mißverstanden.«

Nichts gelernt!
Der nachfolgende Kommentar ist ein wörtliches Zitat aus der Frankfurter Allgemeinen Zeitung vom 25.11.86, dem wirklich nichts mehr hinzuzufügen ist:
»Die Liste der Umweltsünder liest sich in jüngster Zeit wie ein Gotha der Großchemie. Kaum ein illustrer Name, der nicht in die Schlagzeilen geraten ist. Nach den Schweizer Unternehmen sind es jetzt Betriebe der deutschen Großchemie, die trotz gegenteiliger Versicherungen Umweltschäden angerichtet haben. Es ist der traurige

Nachweis erbracht, daß Vorkommnisse wie in der Schweiz auch hier möglich sind.
Die Reaktion der Unternehmen aber ist beschämend. Da wird über die Menge gestritten, die aus welchen Ursachen auch immer in den Rhein gelangt ist, da muß ein Rheinanlieger stückweise zugestehen, daß nicht ein paar Kilogramm, sondern zwei Tonnen Schadstoffe außer Kontrolle geraten sind. Hier hat eine Kläranlage versagt, dort ist ein Rohr durchgerostet. Was nützt eigentlich eine noch so sorgfältig ausgearbeitete »Störfallverordnung«, wenn sie in den Unternehmen so wenig beachtet wird? Was nützen die Hinweise auf das dichte Geflecht von Gesetzen zum Schutze der Bevölkerung, wenn sich in einem Monat so viele Unglücke häufen? Was ist noch von der vielzitierten Eigenverantwortung der Chemie zu halten?

Es fällt der chemischen Industrie offensichtlich außerordentlich schwer, aus den Vorkommnissen in der Schweiz zu lernen. Anders ist es kaum erklärlich, daß nach wie vor versucht wird abzuwiegeln. Es sind nicht Grüne oder technologie- und industriefeindliche Kreise, die hier den Schaden anrichten, es ist die Chemie selber, die auf die empfindlich gewordene Öffentlichkeit so falsch reagiert.«

Regierungen unter Druck

In den ersten Tagen des Dezembers 1986 beschließt die Bundesregierung schärfere Sicherheitsvorschriften für die Chemie als unmittelbare Folge des Sandoz-Unfalls und einiger weiterer Störfälle der Großchemie am Rhein. Der erst 1986 bestellte Bundesumweltminister Wallmann erklärte vor dem Bundestag, daß ein Teil der Störfallverordnung noch im Jahr 1986 (!) geändert werden soll, das bedeutet unter anderem, daß Pflanzenschutzmittel und weitere Chemikalien auf die Liste gefährlicher Stoffe gesetzt werden. Wallmann gibt jedenfalls bekannt, sofort die Störfallkommission umzubesetzen. Durch Verwaltungsvorschriften will die Bundesregierung unverzüglich anordnen, daß in Anlagen mit entsprechendem Gefährdungspotential geschlossene Kühlkreisläufe und Sensoren für die Ermittlung von Schäden und Schadstellen eingebaut werden. Eine Verschärfung des Chemikalien- und Pflanzenschutzmittelgesetzes kündigte Wallmann für den Beginn der neuen Legislaturperiode 1987 an.

Weiterhin versicherte Wallmann, daß Gebote und Verbote zur Verhinderung von Stör- und Unfällen überall dort verschärft würden, wo dies geboten sei. Gleichzeitig erwartet die Bundesregierung Fortschritte durch freiwillige Zusagen der Industrie. Die Dringlichkeit der angekündigten Novellierung der Störfallverordnung begründet Wallmann damit, daß vieles, was in den vergangenen Wochen geschehen sei, von dieser Verordnung gar nicht erfaßt wurde. Von 1980, dem ersten Jahr, in dem die novellierte Störfallverordnung wirksam wurde, bis Mitte 1986 seien nur 14 Störfälle vermeldet worden, seit Juni 1986 jedoch bereits 15 Vorfälle.

Wallmann sagte vor dem deutschen Bundestag, daß er vermute, daß es in den vergangenen Jahren mindestens 100, wenn nicht gar 200 oder mehr Vorfälle gegeben habe, die der Öffentlichkeit nicht bekannt geworden sind, weil sie nach der bisherigen Störfallverordnung nicht meldepflichtig waren. Fast zeitgleich am 3. Dezember 1986 gab auch die Vereinigte Bundesversammlung in Bern eine Regierungserklärung zum Sandoz-Fall ab. Der Schweizer Bundespräsident und Innenminister Igli nannte die Tatsache bedrückend, daß die Schweiz in einer einzigen Nacht ihren in Jahren aufgebauten Ruf als ein im Umweltschutz führendes Land verloren habe. Es gelte jetzt vor allem, mit raschem Handeln das Vertrauen in die Behörde und in die chemische Industrie der Schweiz innerhalb und außerhalb der Grenzen wiederherzustellen.

Ein Akt der Selbstachtung
Am Tag nach der Sondersitzung der Vereinigten Bundesversammlung in Bern vom 1. Dezember 1986 bat Marc Sieber seinen Arbeitgeber, den Baseler Chemiekonzern Sandoz AG, um seine vorzeitige Pensionierung. Sieber war mehr als 20 Jahre lang »Leiter des Publizitätsdienstes« des Baseler Chemiekonzerns. Die Konzernleitung nahm ihm unmittelbar nach der Umweltkatastrophe am 1. November 1986 die Verantwortung für die Informationspolitik aus der Hand und übergab sie einer anderen Abteilung des Hauses ...

Erinnert dieser Fall vielleicht irgendwie an die Bergwerkskatastrophe in Lassing oder den seligen österreichischen Wein-Skandal?
Vorfälle wie bei Sandoz passieren täglich, in kleinen wie in großen Betrieben, im Bereich der öffentlichen Hand, in praktisch allen Lebensbereichen. Nur in den seltensten Fällen wird Krisen-PR vorausschauend und professionell betrieben.
Ein positives Beispiel ist dagegen die österreichische Casino AG, die

seit Jahrzehnten Marketing und PR gleichermaßen professionell betreibt. Als im Jahre 1988 im Gefolge eines Casino-Skandals in Deutschland ihr Generaldirektor ins Gerede kam, wählte er die einzig richtige Strategie: volle Offenheit, auch was seine persönlichen Verhältnisse und Kontakte zur deutschen Casino-Szene betraf. Der Goodwill bei den Medien und in Meinungsbildnerkreisen sowie die umfassende Informationsbereitschaft reduzierte den Schaden auf ein Minimum – andernfalls hätten ausgelöste Spekulationen, Halbwahrheiten und eine wahrscheinlich überwiegend negative Medienkampagne zu einer Existenzbedrohung für das Unternehmen werden können.

Issue Mananagement

Issues sind Themen von allgemeinem Interesse, die ein Unternehmen, eine Institution, eine politische Partei, kurzum jemanden, der in der Öffentlichkeit steht, vital betreffen. Es sind Themen, mit denen man sich zwangsläufig beschäftigen muß, die kritisch, dramatisch, von großem Nutzen oder von hohem Interesse für bestimmte Gruppen sind. Themen also, die bereits im Anmarsch sind oder die in der Luft liegen.

Sensibles Beobachten von gesellschaftlichen Entwicklungen, Branchentrends, Berichten in den Medien und anderen Indikatoren sind Voraussetzungen für das Aufspüren solcher Issues. Das Umgehen mit derartigen für die Öffentlichkeit relevanten Themen wird heute unter Issue Management verstanden. Das Wesentliche dabei ist die langfristige zeitgerechte Vorbereitung, das intensive Auseinandersetzen mit der Thematik und die Schaffung von Strukturen für den Umgang mit einem solchen Thema. Insofern hat Issue Management sehr viel mit Krisen-PR zu tun, insbesondere jener Form der Krisen-PR, die man als »vorbeugende« Krisen-PR bezeichnet. Es lassen sich jedoch deutliche Unterschiede zwischen den zwei Disziplinen erkennen:

- Issues können nicht nur negative Themen oder solche Themen, die Krisen nach sich ziehen, sondern durchaus auch positive Themen sein.
- Issues sind Themen, die im gesellschaftlichen Umfeld entstehen, also gleichsam aus der öffentlichen Betroffenheit »herauswachsen«.

Krisen hingegen können auch nur unternehmens-/institutionsbezogen sein.

Ein Beispiel: Bricht in einem Unternehmen ein Brand aus, dann ist hier sicher Krisen-PR am Platz (im Krisenplan sollte für ein derartiges Ereignis kommunikative Vorsorge getroffen worden sein). Als Issue ist ein solcher Brand allerdings nicht zu bezeichnen. Hingegen kann die globale Klimaveränderung ein solches Issue sein. Organisationen, die davon betroffen sind, z. B. Kraftwerke, tun gut daran, sich mit diesem Thema intensiv zu beschäftigen und ihre künftige Kommunikation darauf auszurichten.

In der Planungs- und Vorbereitungsphase sind beim Issue Management praktisch die gleichen Schritte zu setzen wie bei Krisen-PR (siehe S. 295 ff).

PR für Kleinbetriebe und Freiberufler

Kleinbetriebe und Freiberufler benötigen Öffentlichkeitsarbeit für ihren Erfolg wie einen Bissen Brot, vielleicht noch mehr als Mittel- und Großbetriebe.

Allerdings haben die Kleinen einen beachtlichen Startvorteil: Sie betreiben in der Tat viel mehr Öffentlichkeitsarbeit als ihnen bewußt ist.

Wo nämlich Großunternehmen ihre Kommunikation mühsam und aufwendig organisieren müssen, dort klappt es im Kleinbetrieb oft von allein.

Ein Beispiel dafür ist etwa die innerbetriebliche Information. Bei einem Rechtsanwalt mit einigen Mitarbeitern funktioniert das tägliche Gespräch bestens. Jeder weiß, was der andere tut, Informationslücken treten nur selten auf.

Je größer jedoch die Organisationseinheit wird, desto weniger klappt diese »informale« Kommunikation. Es müssen Methoden und Instrumente gefunden werden, um jedem Mitarbeiter jene Informationen zukommen zu lassen, die er benötigt.

Ähnlich verhält es sich bei anderen PR-Problemen, z.B. im Umgang mit den Nachbarn. Während im Großunternehmen die Kontaktpflege mit den Anrainern zum Problemfall werden kann und daher ausgeklügelte Strategien für diesen Bereich ausgearbeitet werden müssen, ist die Kommunikation mit den Nachbarn für den Kleinbetrieb (hoffentlich!) Selbstverständlichkeit und wird überhaupt nicht als PR-Frage gesehen. Viele PR-Funktionen, für die in der Großinstitution Geld ausgegeben werden muß, hat der Kleine längst als Teil seiner Geschäftspolitik erkannt und kann sie daher ohne zusätzliche Kosten abhaken. In sein PR-Konzept sollte er sie aber trotzdem aufnehmen.

Dazu gehören etwa:
- Bereiche der PR nach innen;
- Kontaktpflege mit Lokalmedien, Lokalpolitikern und -ämtern, gewissen Behörden (z. B. Gewerbebehörde oder Finanzamt), Anrainern, lokalen Bevölkerungsgruppen und Schulen, lokalen Meinungsbildnern (Arzt, Apotheker, Gendarm, Wirt, Lehrer, Feuerwehrhauptmann usw.);
- PR-Veranstaltungen, wie Teilnahme am Stammtisch, Einladung verschiedener Personengruppen in den Betrieb, Referate vor lokalen Vereinen oder in der Schule, im Seniorenclub usw.;
- Sponsoring von Wohltätigkeitsveranstaltungen des lokalen Fußballklubs, des Altenheims oder Kindergartens, der freiwilligen Feuerwehr, des Polizeisportvereins, der Kirche, des Gemeindeballs usw.;
- Informationsmittel für die lokale Bevölkerung, wie etwa Homepage, Flugblätter, Informationen in der Gemeindezeitung, Aufdrucke auf Plakaten, Postwurfsendungen;
- Graphische Gestaltung bzw. Design von Briefpapier, Visitenkarten, Aufschriften am Geschäft oder am Hauseingang, Folder über den Betrieb, Mitarbeiterkleidung usw.

Eigentlich ganz schön viel an »unbewußter« PR, die von Kleinbetrieben und Freiberuflern gemacht wird, nicht wahr? Jetzt geht es nur noch darum, das Ganze in ein Konzept zu integrieren, die Maßnahmen aufeinander abzustimmen, sie professionell umzusetzen und dort, wo Lücken bestehen, zusätzliche Instrumente einzuführen. Denn Image, Glaubwürdigkeit und Vertrauen in der öffentlichen Meinung braucht der Kleine ebenso wie der Große. Die Unterschiede liegen nicht im Grundsätzlichen, sondern bloß in den Methoden und Instrumenten.

Wenn sich der Große an die überregionalen und vielleicht sogar internationalen Medien wendet, dann sind es für den Kleinen eben die

Regionalzeitungen. Wenn der Große vielleicht Eingang in die Fernsehnachrichten findet, dann ist es für den Kleinen eine Sendung im Lokalradio, die er mit Themen beliefern kann.

Wenn der Große seine Politikerkontakte im Parlament oder in den Ministerien pflegt, dann ist es für den Kleinen der Bürgermeister oder der Bezirkshauptmann, mit dem er reden muß.

Im wesentlichen ist für den Kleinen ebenso wie für den Großen das gesamte Kommunikationsinstrumentarium einsetzbar – es muß nur maßgeschneidert und in seiner Anwendung auf die Möglichkeiten und Ziele der jeweiligen Institution, die PR betreibt, zurechtgestutzt werden.

Einstellung und Engagement hinsichtlich der PR sind in jedem Fall unabhängig von Branche und Firmengröße: Die 70 Prozent WOLLEN haben für alle Gültigkeit, bei den 30 Prozent TUN gibt es Unterschiede, was die verwendeten Instrumente und deren Einsatz betrifft.

Im übrigen braucht der Klein- und Mittelbetrieb, aber ebenso der Freiberufler, genauso eine »Unternehmensphilosophie« und genauso Ziele wie die Großinstitution. Wahrscheinlich hat er sie in der Regel auch viel konkreter formuliert als der Große – allerdings nur im Kopf und nicht auf dem Papier.

Wer jedoch seine Grundsätze und seine Ziele schriftlich exakt formuliert, der hat erstens die Gewähr, daß er und seine Mitarbeiter sich immer wieder darauf berufen können. Und zweitens wird beim Formulieren manche Unklarheit beseitigt und manche Lücke ausgefüllt.

Denn wer da meint, ein Unternehmer, und sei er noch so klein, mache sein Geschäft nur des Geldes wegen, macht es sich sehr einfach. Und liegt sicher falsch damit. Denn sind es außer Geld nicht Macht und Einfluß, ist es nicht die Chance zur Selbstverwirklichung und zum Leistungsbeweis, die die wirklichen Triebfedern für den Schritt in die Selbständigkeit darstellen?

Was soll also das Gefasel vom Unternehmer, der ohnehin nur auf Profit aus ist? Gerade der Kleinunternehmer will Geltung und Selbstbestätigung erreichen, ja oft genug will er sogar etwas Gutes für seine Umwelt tun, will ehrenamtlich Funktionen übernehmen, will übers Geldverdienen hinaus zeigen, wozu er taugt.

All das macht das Wesen von Public Relations aus. Wer also sagt, Kleinbetriebe und Selbständige bräuchten keine Öffentlichkeitsarbeit, der ist voll und ganz auf dem Holzweg.

Organisation der PR im Kleinbetrieb und bei Freiberuflern

Wenn die geringe Größe einer Firma die Etablierung einer PR-Abteilung oder die Anstellung eines PR-Beauftragten nicht erlaubt, bieten sich folgende Organisationsmöglichkeiten an:

1. Der Chef (die Chefin) übernimmt nicht nur die Funktion des »PR-Trägers« so wie im Großbetrieb, sondern kümmert sich auch um die Stabsarbeit, wie Planung, Durchführung, Pflege von Einzelkontakten usw.

2. Man überträgt die Stabsarbeit einer geeigneten Person im Unternehmen. Dabei hängt es nicht so sehr von der Hauptfunktion dieser Person ab, sondern von deren Engagement und Eignung für die Kommunikationsarbeit. Grundvoraussetzung ist jedenfalls die »Nähe zur Macht«, also der ständige Zugang zum Chef und zu allen relevanten Informationen. In der Praxis kann die PR-Stabsfunktion von der Chefsekretärin, dem Sekretär der Geschäftsleitung, dem Personalleiter oder auch anderen Personen wahrgenommen werden.

3. Egal, ob es der Chef selbst oder der/die von ihm Beauftragte ist – den ständigen Kontakt mit einer PR-Agentur oder dem PR-Berater hat der jeweilige PR-Verantwortliche zu halten.

Ob eine externe Beratung in Anspruch genommen wird, hängt nicht unbedingt von der Firmengröße, wohl aber vom PR-Know-how im Unternehmen, dem beabsichtigten Umfang der PR-Tätigkeit und den vorhandenen eigenen Kapazitäten ab. (Siehe auch Seite 103 ff.)

Verbands-PR

»Die Öffentlichkeitsarbeit für mich und meine Branche soll ruhig die Interessenvertretung machen. Dafür zahle ich ja Mitgliedsbeitrag.«

Dieser Ausspruch eines Unternehmers alter Schule steht stellvertretend für viele Meinungen, die da lauten: nur nichts mit den Medien und der Öffentlichkeit zu tun haben müssen; dafür ist ja der Verband oder die übergeordnete Behörde da.

Egal, ob es sich um Universitäten, Schulen, Dienststellen der öffentlichen Hand oder Firmen handelt, das Delegieren der angeblich unangenehmen und gefährlichen PR-Arbeit »nach oben« hat System.

Was dabei übersehen wird, sind die stark veränderten gesellschaftlichen und sozialen Rahmenbedingungen:

- Verbände und Interessenvertretungen haben in der Öffentlichkeit nicht mehr die Glaubwürdigkeit von ehedem.
- Ihre Parteienstellung kostet sie fallweise Akzeptanz, nimmt ihnen die Objektivität.
- Große Einheiten und intransparente Strukturen schaffen Mißtrauen und Antipathie.
- Hingegen sind im »Small is beautiful«-Trend Meinungen und Kritik von kleinen und geschlossenen Einheiten erwünscht und genießen höhere Glaubwürdigkeit.
- Im Zeitalter der Personalisierung, vor allem in den Medien, kommen Einzelpersonen mit mutigen und klaren Aussagen besser zu Wort als bürokratische Einheiten.
- Eine Vielzahl von Einzelmeinungen setzt sich besser durch als die Meinung nur einer großen Institution, noch dazu, wenn diese sich immer wieder zu Wort meldet (Abstumpfungseffekt).

Kurzum: In einer demokratischen, kritischen und pluralistischen Gesellschaft ist die Initiative des einzelnen gefragt und nicht nur die Stimme der beauftragten Interessenvertreter.

Zwar mag es dadurch zu einem Übermaß an gleichartigen Informationen kommen, nach dem Selektionsprinzip wird aber unter dem Strich das Engagement des einzelnen für das Gruppeninteresse einen positiven Effekt bringen.

Fragen Sie doch einmal die PR-Verantwortlichen der diversen Interessenvertretungen! Sie leiden unter dem mangelnden PR-Bewußtsein ihrer Mitglieder, wünschen sie sich aktiv und artikulationsbereit, um so die Gesamtprobleme viel besser transportieren zu können als mit lapidarer Verbandsmeinung. Sie wünschen sich Mitglieder, die bereit sind, in Medien Meinungen zu äußern, zu Fernseh- oder Rundfunk-Diskussionen zu gehen und die Branchenprobleme mit ihren eigenen, unverwechselbaren Worten in die Öffentlichkeit zu schreien.

Aber die PR-Strategen der Verbände werden meist im Regen stehengelassen, sie müssen sich mit gewundenen Formulierungen durchlavieren, um es ja möglichst allen Mitgliedern recht zu machen.

Und gerade hier liegt die große Chance für risikobereite und engagierte Klein- und Mittelunternehmer, Freiberufler, Universitätsprofessoren, Bürgerinitiativler und andere: mit kernigen, pointierten und sachlich einwandfreien Informationen an die Öffentlichkeit zu treten und so für das eigene Anliegen, aber auch für das Gruppeninteresse Aufmerksamkeit und schließlich Glaubwürdigkeit zu erringen.

Alle neuen, engagierten Strömungen – denken wir nur an die Umweltschützer oder an politische Gruppen – haben so für Aufmerksamkeit und Vertrauensaufbau gesorgt. Warum sollten das etablierte und staatstragende Gruppen – ob nun aus Wirtschaft oder Wissenschaft – nicht mit den gleichen Mitteln tun?

Freilich, Risikobereitschaft und Frustrationstoleranz gehören zu dieser Teilnahme an der öffentlichen Diskussion dazu. Wer kennt nicht die Fälle, wo der Neid der Konkurrenz, die Schadenfreude jener Mißgünstigen, die sich im geschützten Winkel der Nicht-Öffentlichkeit verbergen, oder die Kopfwäsche der vorgesetzten Dienststelle manchem Engagierten den Mut zum Auftreten in der Öffentlichkeit ordentlich vermiest haben?

Umgekehrt sind es aber gerade jene Manager, Wissenschaftler, Sportler, Künstler und Beamte, die mit dem Feeling für Öffentlichkeitsarbeit und dem Mut zu klaren, öffentlich ausgesprochenen Worten hervorragende Positionen und vorzeigbare Erfolge erkämpft haben.

Entlasten Sie also Ihre Interessenvertretung vom Druck, alles selbst über die Rampe bringen zu müssen. Unterstützen Sie die Anliegen Ihrer Branche durch Eigeninitiative in der Öffentlichkeit. Versuchen Sie im arbeitsteiligen Verfahren nach dem Synergie-System mehr herauszuholen, als die Summe der Einzelaktivitäten es vermag.

Damit erfüllen Sie nicht nur eine gesellschaftliche Verpflichtung, sondern tragen auch zur Eigenprofilierung bei.

PR für Non-profit-Organisationen, Staat und Behörden

Was charakterisiert eine Non-profit-Institution?
Macht sie keine Gewinne?
Widmet sie sich nur edlen sozialen Zielen?
Muß sie öffentliches, darf sie nicht privates Eigentum sein?

Darf sie an ihren Produkten oder Dienstleistungen nichts verdienen? Darf sie nur ehrenamtliche Mitarbeiter beschäftigen?

Diese Fragen zeigen bereits, wie schwierig eine Abgrenzung zwischen Profit- und Non-profit-Institutionen ist. Trotzdem soll hier der Versuch einer Differenzierung anhand verschiedener Eckdaten gemacht werden:

1. Die Begriffe Non-profit-PR, Social Communications, Soziales Marketing und Social PR werden sehr oft synonym verwendet.
2. Die Orientierung an Non-profit bedeutet nicht unbedingt die Erfüllung von sozialen, also der Gemeinschaft dienlichen Zielsetzungen.
3. Umgekehrt kann die Gewinnorientierung durchaus mit der Erfüllung sozialer Aufgaben verknüpft sein.
4. Ein wesentliches Kriterium für die Zuordnung zum Non-profit-Bereich ist die Art der Verwendung eines Überschusses oder Gewinns: Er wird für die Zielsetzung der Institution reinvestiert (im Profit-Unternehmen wird er unter Umständen an die Eigentümer verteilt).
5. Non-profit-Institutionen gehören in der Regel nicht Einzelpersonen, dies ist jedoch auch nicht auszuschließen.
6. Die Art der Tätigkeit bzw. der Unternehmenszweck sind kein schlüssiger Beweis für eine Zuordnung. Soziale Anliegen werden nicht nur von Non-profit-Institutionen verfolgt (siehe Privatspitäler); Non-profit-Institutionen verfolgen nicht immer »soziale« Anliegen (Beispiel: »Verein der Hausbesitzer«).
7. Die klassische Abgrenzung zwischen PR, Corporate Identity, Marketing und Werbung wird im Non-profit-Bereich schwieriger. Hier erlangt der ganzheitliche Ansatz – gleiche Inhalte, unterschiedliche Bezeichnungen – besondere Bedeutung.
8. Nicht schlüssig ist auch die Zuordnung hoher moralischer und ethischer Standards zur Non-profit-PR, da diese Standards grundsätzlich auch Profit-Institutionen abverlangt werden müssen.
9. Soziale Anliegen lassen sich in den Medien in vielen Fällen vergleichsweise leichter transportieren als »kommerzielle« Anliegen.
10. Soziale Anliegen bewegen sich im Gegensatz zu kommerziellen Botschaften sehr oft mehr im emotionalen als im rationalen Bereich.
11. In vielen Non-profit-Institutionen besteht der Betriebszweck ausschließlich oder vornehmlich aus Kommunikation (z. B. Amnesty International, Interessenvertretungen), während im kommerziell

orientierten Unternehmen der Betrieb im engeren Sinn (Produktion, Verkauf usw.) und die Kommunikation neben- und miteinander existieren. Kommunikation ist im Non-profit-Bereich sehr oft primäre Managementaufgabe.
12. Grundsätze und Instrumente der PR gelten gleichermaßen für Profit- und Non-profit-Institutionen.

Dem Verein, dem Ministerium, der Interessenvertretung, dem Opernhaus, dem Amt oder der Bürgerinitiative stehen die gleichen Methoden und Techniken der PR zur Verfügung wie dem kommerziellen Unternehmen. Aber so wie der Handelsbetrieb andere Dialoggruppen und einen anderen Maßnahmen-Mix verwenden wird als das Industrieunternehmen, bedarf auch die Non-profit-Organisation einer maßgeschneiderten PR-Konzeption.

Grundverständnis, Planungsschritte und der Werkzeugkasten bleiben jedoch unverändert. So kann z. B. im öffentlichen Sektor mit Online-PR Bürgerservice groß geschrieben werden. Mit entsprechender EDV-Infrastruktur können so Tausende Anfragen gleichzeitig beantwortet und der Dialog mit dem Bürger intensiviert werden. Oft haben Non-profit-Institutionen auf Grund ihrer Nähe zur öffentlichen Meinung und der starken Verankerung von Kommunikationsaufgaben in ihrer Zielhierarchie den primär marketing- und produktionsorientierten Wirtschaftsunternehmen in Sachen PR einiges voraus.

So ist eine sehr anspruchsvolle Form der Öffentlichkeitsarbeit, nämlich der Aktionismus (siehe Seite 284), ein für Non-profit-Institutionen sehr gut geeignetes Instrument, das beispielsweise von Greenpeace und Amnesty International, die sehr professionelle PR betreiben, gezielt eingesetzt wird.

Umgekehrt können bürokratische Strukturen, feste Kompetenzregelungen und starre Organisationsabläufe, wie sie in manchen Behörden üblich sind, konzeptive Öffentlichkeitsarbeit sehr behindern. Aber wer sagt denn, daß es nicht Unternehmen gibt, bei denen Entscheidungen oder Interviews viel schwerer zu bekommen sind als in manchen sehr effizient arbeitenden Dienststellen der öffentlichen Hand?

Womit sich wieder beweist: Auf das Wollen kommt es an; das Tun kommt dann ganz von allein.

Teil 7
Kosten und Effizienzkontrolle der PR

Wieviel darf Öffentlichkeitsarbeit kosten?

Die Beantwortung dieser Frage hängt ganz von der Definition der PR-Aktivitäten ab.

Extremfall Nummer eins: Ein Rechtsanwalt definiert 60 Prozent seiner gesamten Arbeit als Öffentlichkeitsarbeit: die laufende Kontaktpflege mit Kollegen, der Interessenvertretung, den Medien, den Richtern und Staatsanwälten, den Besuch von Vorträgen und Seminaren, die ausführlichen, nicht-fachbezogenen Gespräche mit seinen Mitarbeitern, Schulungen und Kurse für Mitarbeiter, die gesellschaftlichen und sportlichen Verpflichtungen, bei denen ebenfalls die Kontakte gepflegt werden

Extremfall Nummer zwei: Der gleiche Rechtsanwalt ordnet alle die im ersten Beispiel genannten Tätigkeiten seinen juristischen geschäftlichen Aufgaben zu. Da Werbung in den Medien (wozu etwa auch die Abhaltung einer Pressekonferenz gezählt werden würde) auf Grund der Standesregeln verboten ist, hat dieser Rechtsanwalt nach eigener Meinung überhaupt keine Ausgaben für PR.

Nach dem gleichen Muster könnte man bei der Zuordnung der PR-Aktivitäten eines Industriebetriebes vorgehen: Bei sehr weiter Auslegung der PR-Tätigkeit müßten etwa die Kosten für Schulungen, Personalsuchinserate oder für die Sprechausbildung der Telefonistin ebenso zu den PR-Ausgaben gezählt werden wie das Fahrsicherheitstraining der Lkw-Chauffeure oder die diversen Mitgliedsbeiträge der Chefs bei Vereinen und Institutionen. Ganz zu schweigen von den Repräsentationsauslagen oder den anteiligen Gehaltskosten für Sitzungen mit dem Betriebsrat und anderen Gremien.

Nimmt man jedoch die Aufwendungen für PR-Tätigkeiten im engeren Sinne, wie sie in Teil 6 beschrieben werden, dann kann man diese Kosten etwa nach folgendem Schema gliedern:

- Personal- und Sachkosten der hauseigenen PR-Abteilung bzw. eines PR-Beauftragten;
- Honorar- und Sachkosten externer Berater;
- Sachkosten für diverse Veranstaltungen (Pressekonferenzen, Jubiläumsveranstaltungen, Tage der offenen Tür, Diskussionsrunden, Feiern, Ehrungen usw.);
- Kosten der Medienarbeit (Einladungen, Medienveranstaltungen, Prä-

sentationen, Journalistenehrungen, Journalistenwettbewerbe, Reisespesen usw.);
- Büro- und Verwaltungskosten;
- Sonstige Reise- und Repräsentationsspesen für PR-Aufgaben;
- Sachkosten für »kreative« PR-Aktivitäten;
- Herstellungskosten für diverse Drucksorten, Informationsmaterial, Info-Dienste usw., kurzum alle Ausgaben, die sich aus der Erarbeitung und Realisierung des PR-Konzepts ergeben.

Die immer wieder genannte Faustregel, daß in einem Industriebetrieb für PR drei Promille bis ein Prozent vom Umsatz ausgegeben werden sollen, ist ebenso falsch wie irreführend. Denn erstens kommt es auf die Branche an – bei Investitionsgütern verhält es sich in der Regel anders als bei Konsumgütern –, und zweitens fallen bei guter Öffentlichkeitsarbeit beachtliche Fixkosten an, die von der Betriebs- und Umsatzgröße unabhängig sind. Eine gut gemachte Pressekonferenz kostet für ein Architekturbüro nahezu ebensoviel wie für einen multinationalen Konzernbetrieb. Und drittens hängt die Budgetierung natürlich von der Struktur des Unternehmens, von seiner Ausgangssituation und von der gewünschten Kommunikationsintensität ab.

Wer sein kaputtes Image möglichst schnell wieder aufpäppeln will, wird im Unternehmen und in der Kommunikation viel mehr tun müssen als ein florierender Betrieb, der seit Jahren erfolgreiche Öffentlichkeitsarbeit betreibt.

Selbstverständlich kann Öffentlichkeitsarbeit auch dann effizient sein, wenn sich der Firmenchef selbst oder eine von ihm beauftragte Kraft, die sich im »learning by doing«-Verfahren die notwendigen Kenntnisse aneignet, um die PR-Agenden kümmert.

Wie gesagt: Wenn Einstellung und Engagement stimmen, kann man mit Selbststudium und vorsichtiger Einarbeitung auch gewisse Erfolge erzielen.

Professioneller läuft es natürlich bei Einschaltung eines Beraters oder Schaffung einer eigenen PR-Stelle. Dann sind freilich Fixkosten von einer halben Million Schilling (ca. 40.000 Euro) im Jahr die Untergrenze, es sei denn, man arbeitet bruchstückhaft und setzt nur fallweise Einzelaktivitäten. Aber davon ist abzuraten, weil PR ja nur dann sinnvolle Ergebnisse bringen, wenn sie kontinuierlich und nach langfristigen Plänen betrieben werden. Betriebe ab einer Größenord-

nung von einigen hundert Mitarbeitern werden in der Regel PR-Etats in Millionenhöhe brauchen, sofern sie ihre Kommunikationsaufgaben wirklich ernst nehmen. Aber viele der Ziele seriöser Öffentlichkeitsarbeit sind ohne zusätzliche Ausgaben zu erreichen, viele der Aufgaben in die übliche Geschäftstätigkeit ohne Kosten einzubauen. So kostet es fast nichts, wenn:
- die Telefonistin gezielt und freundlich Auskunft gibt;
- die Firmenfahrzeuge mit Vor- und Rücksicht gelenkt werden;
- das optische Erscheinungsbild der Firma durchdacht und stimmig ist und konsequent auf vielen visuellen Trägerelementen verwendet wird;
- die eigenen Mitarbeiter gut informiert und motiviert sind;
- regelmäßig persönliche Kontakte mit den Repräsentanten der wichtigsten Teilöffentlichkeiten gepflegt werden;
- sich das Unternehmen gegenüber den Anrainern und der Umwelt freundlich und rücksichtsvoll verhält;
- Anfragen und Beschwerden offen und ehrlich beantwortet werden;
- die Bereitschaft zum Gespräch und zur konstruktiven Konfliktaustragung besteht;
- das Unternehmen sich keiner moralisch oder sozial bedenklichen Geschäftspraktiken bedient.

Wieviel darf seriöse PR-Beratung kosten?

Wir sind gewohnt, einem guten Rechtsanwalt oder Steuerberater ordentliche Honorare zu zahlen, vor allem dann, wenn die Leistung stimmt. In der PR-Branche setzt sich dieses Denken erst langsam durch.

Wir investieren in wertvolle Maschinen, weil wir diese für die Produktion brauchen. Wir investieren in Lkw und Verkaufslokale, weil wir diese für den Vertrieb brauchen. Und wir investieren auch massiv in Mitarbeiter, weil wir erkannt haben, daß sie Kapital für das Unternehmen darstellen.

Viele Führungskräfte haben aber noch nicht erkannt, daß Investitionen in den guten Ruf, also Investitionen für Kommunikationsaufgaben, ebenso wichtig sind.

Betrachtet man die Ausgaben für PR als Investition, dann wird die

Budgetierung leichter und schlüssiger, auch wenn die Berechnung des return on investment in diesem Bereich noch erhebliche Schwierigkeiten bereitet.

Für externe PR-Beratung gibt es heute ähnlich wie bei anderen Berufsgruppen unverbindliche Honorarrichtlinien. Die vom Public Relations Verband Austria (PRVA) unverbindlich empfohlenen Honorarsätze beziehen sich sowohl auf Full-Service als auch auf die Betreuung einzelner Fachbereiche. (Siehe Seite 440 f., in der Schweiz und Deutschland sind ähnliche Honorare üblich.)

Schwachstelle der PR: die Effizienzkontrolle

Der Meinungsanalytiker Burnsroper hat einmal gesagt: »Das Messen von PR-Effektivität ist nur ein wenig leichter als das Messen eines gasförmigen Körpers mit dem Gummiband.«

Dem diffizilen Problem der Meßbarkeit von Resultaten der Öffentlichkeitsarbeit kann man sich grundsätzlich von zwei Seiten nähern.

These 1:
Die Effizienz von PR soll man nicht messen, weil es
1. unmöglich ist und
2. den Grundsätzen seriöser PR widerspricht.
Frei nach dem Prinzip: »Moral hat man oder hat man nicht. Aber es gehört sich nicht, zu messen, wieviel sie einem bringt.«

Tatsächlich hat Öffentlichkeitsarbeit sehr viel mit Moral zu tun, sie ist einerseits Gewissen und andererseits Dialog des Unternehmens.

Wer im Privatbereich dauernd überlegt, wieviel ihm jedes Gespräch mit Freunden und Bekannten bringt, und dauernd darüber nachdenkt, mit wem er die für ihn effizientesten Kontakte pflegen soll, der wird bald als Materialist und Egoist verschrien sein und kein allzu gutes Image haben.

Warum sollte es bei einem Unternehmen anders sein? Wenn Öffentlichkeitsarbeit das Korrektiv zu Marketing und Verkauf, zu Umsatz- und Ertragsmaximierung sein soll, dann ergibt sich von selbst, daß eine Quantifizierung im üblichen Sinn unmöglich, ja kontraproduktiv sein muß.

Wie soll man auch jenen Teil von PR, der mit Verhalten, Überzeugung und der Bereitschaft, soziale und gesellschaftliche Pflichten zu übernehmen, zu tun hat, auf seine wirtschaftliche Effizienz hin überprüfen können?

Wenn durch ein positives PR-Verständnis in der Öffentlichkeit Akzeptanz und Wohlwollen für das Unternehmen aufgebaut werden, dann kann dies lebensbedrohende Entwicklungen abwenden und die Existenz des Betriebes absichern. Aber gerade diese Form der Öffentlichkeitsarbeit kostet Geld und kann sogar kurz- und mittelfristigen Effizienzzielen entgegenwirken.

Ein einfaches praktisches Beispiel:
Ein chemischer Betrieb erzeugt Produkte, die schwer umweltverträglich sind. Aus grundsätzlichen Überlegungen entschließt sich das Management aus freien Stücken, die umweltschädlichen Erzeugnisse aus der Produktion zu nehmen. Dies bedeutet zwar kurzfristig Marktverlust, Kosten und negative Effizienz, langfristig ist die Maßnahme jedoch geeignet, das Vertrauen der Verbraucher und der öffentlichen Meinung zu gewinnen und damit die Erfolgschancen des Unternehmens zu erhöhen.

Das Beispiel läßt sich auch subtiler fassen: Wer seine Mitarbeiter gut behandelt, keine Hire-and-fire-Politik betreibt, bei seinen Produktionsmethoden auf die Umwelt freiwillig Rücksicht nimmt, den Leuten keine sinnlosen Produkte einredet und jederzeit Rede und Antwort steht, bei dem wird es um die kurzfristige ökonomische Effizienz solcher Maßnahmen schlecht bestellt sein. Langfristig freilich sitzt er vielleicht auf dem längeren Ast als die Konkurrenz und kann in schwierigen Zeiten auf den Vertrauensvorschuß der Öffentlichkeit zählen.

So idealistisch diese Überlegungen auch klingen mögen, sie gewinnen gerade in der heutigen Zeit immer mehr an Bedeutung. Unternehmen, die den »schnellen Rubel« machen – hohe kurzfristige Effizienz –, geraten gegenüber Firmen, die gesellschaftsbezogen denken – hohe langfristige Effizienz –, immer mehr in Bedrängnis.

Bei der Effizienzmessung der PR-Politik als Teil der Geschäftspolitik ist somit die Fristigkeit ein wesentliches Kriterium. Kurzfristiger Ineffizienz kann durchaus langfristige Effizienz gegenüberstehen.

These 2:
Die Effizienz von PR muß man messen, um
1. keine unnötigen Kosten zu verursachen und
2. die Führungskräfte von der Notwendigkeit von PR zu überzeugen.

Humanisten unter den Managern (davon gibt es etliche erfolgreiche) werden sich eher zur These 1 bekennen und sagen: Dialog und gesellschaftliche Akzeptanz sind ein Teil meiner unternehmerischen Tätigkeit.

Den Technokraten freilich, die gewohnt sind, wirtschaftliche Zusammenhänge vor allem in Ziffern auszudrücken, wird man andere Argumente liefern müssen. Einfach Gutes für die Gesellschaft zu tun in der Hoffnung, daß das einmal zurückkommt, ist für diese Spezies von Unternehmensleitern zuwenig.

Und in der Tat ist das Verlangen eines Effizienznachweises legitim. Zu oft nämlich flüchten sich unqualifizierte Kommunikationsleute in die Ausrede, PR sei nicht meßbar.

Zwar ist PR-Politik im eigentlichen Sinn, weil nur langfristig wirksam, in der Tat schwer meßbar. Ohne weiteres meßbar ist jedoch die Qualität eines PR-Konzepts oder einzelner PR-Maßnahmen.

Qualitative Methoden anwenden!

In Zusammenarbeit mit Fachleuten lassen sich eindeutige Kriterien über die Güte von Planung und Durchführung aufstellen. Dazu ist es jedoch notwendig, eine PR-Maßnahme in möglichst viele Detailschritte zu zerlegen und vor allem eine möglichst konkrete Zieldefinition vorzugeben.

Am Beispiel der Pressekonferenz (Seite 197 ff.) läßt sich verdeutlichen, wie die einzelnen Arbeitsschritte evaluiert werden können. Anhand des Ablaufs der Pressekonferenz und des darauffolgenden Echos kann sodann die Zielerreichungsqualität überprüft werden.

Im Bereich der Medienarbeit ist da und dort die Evaluierung über den »Anzeigen-Schilling« üblich, also das Messen der bedruckten Zeitungsfläche an den Anzeigenkosten. Diese Methode mag zwar manchem Product-Manager als Erfolgsnachweis dienen, ist jedoch aus der Perspektive seriöser PR-Arbeit abzulehnen. Ganz abgesehen vom problematischen Bewertungsansatz, sprechen auch rein sachliche Gründe gegen eine derartige Effizienzkontrolle:
1. Redaktionelle Berichterstattung hat in der Regel eine höhere Glaubwürdigkeit als Werbebotschaften, die als solche erkennbar

sind, wobei die Fläche in Quadratmillimetern von sekundärer Bedeutung ist.
2. Die Berichterstattung der Medien hängt nicht nur von der Abwicklung der Medienarbeit, sondern auch vom Thema, von anderen gleichzeitigen Ereignissen und vielem anderen ab.
3. Eine geringe Resonanz auf eine Presseinformation muß nicht immer mangelnde Effizienz bedeuten. Die Berichterstattung kann zu einem späteren Zeitpunkt in größerem Zusammenhang erfolgen. In negativen Situationen oder bei heiklen Themen kann ein nicht erschienener Artikel wertvoller sein als ein erschienener.
4. Die Quantität der Berichterstattung sagt nichts über deren Qualität aus.

Detailanalyse (»Qualitätsmanagement«)

Eine seriöse Evaluierung der Medienberichterstattung hat daher nicht nach quantitativen, sondern nach qualitativen Kriterien zu erfolgen. Dazu bedarf es einer fachlichen Detailanalyse.

Anhand der formulierten Zielsetzung kann die Effizienz einer Pressekonferenz etwa mit folgenden Fragestellungen eruiert werden:

1. Entsprach der Ablauf der Pressekonferenz dem Plan?
2. Waren die eingeladenen Journalisten anwesend?
3. War die Grundstimmung bei der Veranstaltung positiv?
4. Wurden seitens der Firmenleitung die wesentlichen Botschaften vermittelt?
5. Hat das Thema das erwartete Interesse ausgelöst?
6. Waren die Fragen der Journalisten konstruktiv?
7. Sind in den Berichten über die Pressekonferenz die beabsichtigten Kernbotschaften durchgekommen (Inhaltsanalyse, Medienresonanzanalyse)?
8. In welchen Medien sind in weiterer Folge noch Berichte zu erwarten?
9. Sind die Kommentare in den Medien positiv, neutral, negativ?
10. Sind die Reaktionen von dritter Seite auf die Medienberichte positiv, neutral, negativ?

Ähnlich kann bei der Bewertung jeder einzelnen PR-Aktivität vorgegangen werden.

Soll die Effizienz eines Maßnahmenpaketes bzw. eines PR-Konzepts in seiner Durchführung überprüft werden, lassen sich folgende Kriterien aufstellen:
- Setzen von Prioritäten und deren Einhaltung,
- Realisierung der Teilziele und Teilmaßnahmen,
- Budgeterfüllung,
- Kosten-Nutzen-Analyse bei der Projekterfüllung,
- Messen von Zwischenergebnissen,
- Berichtswesen und Dokumentation über die Zielerreichung.

Selbstverständlich gibt es auch im PR-Bereich Fälle, wo quantitative Meßmethoden funktionieren. Wenn z. B. das Gesundheitsministerium eine zeitlich befristete Aufklärungsaktion gegen das Rauchen unternimmt und am Ende dieser Kampagne eine Umfrage ergibt, daß ein höherer Prozentsatz der Bevölkerung auf Zigaretten verzichtet, dann ist das sicher eine taugliche Form der Effizienzkontrolle in einem Teilbereich der PR.

Effizienzkontrolle durch Meinungsforschung

Da Öffentlichkeitsarbeit unter anderem das Ziel hat, Meinungen zu bestätigen oder zu verändern, bietet sich die Meinungsforschung als Instrument der Effizienzkontrolle an.

Wenn ein Unternehmen in regelmäßigen Abständen, z.B. alle 3 Jahre, sein Image nach ein- und derselben Methode analysiert, etwa mittels Polaritätsprofil (siehe Seite 141), dann lassen sich daraus Schlüsse über Imageveränderungen und deren Ursachen ziehen.

Nehmen wir an, eine Schokoladefabrik betreibt intensive Öffentlichkeitsarbeit, analysiert ihr Image in Dreijahresabständen und es stellt sich heraus, daß sich dieses in wichtigen Punkten wesentlich verbessert hat. Die Folge wird sein:

Die Abteilung Produktion weist auf die gestiegene Qualität der Schokolade hin.

Die Marketingleute verweisen auf die neuen Produkte und die Werbekampagnen.

Der Betriebsrat lobt den Einsatz der Mitarbeiter.

Die Geschäftsleitung und die PR-Leute werden es dann schwer haben, den Beitrag der Öffentlichkeitsarbeit zur Imageverbesserung nachzuweisen.

Im umgekehrten Fall, also wenn die Gunst der Öffentlichkeit nach unten sinkt, werden sich freilich alle über die miesen Public Relations beschweren.

Aber so ist eben Kommunikationsarbeit: wichtig, aber unbedankt.

Die Qualität von Öffentlichkeitsarbeit kann auch durch Befragung von Dialoggruppen, in deren Richtung Öffentlichkeitsarbeit betrieben wurde, gemessen werden. Hier wird beim Wissen, bei den Einstellungen und beim Verhalten der Dialoggruppen angesetzt. Mittels Meinungsforschung werden die Kommunikationsleistungen einzelner Kommunikationsmaßnahmen bei bestimmten Dialoggruppen bewertet. Es kommen dabei, je nach Aufgabenstellung, Repräsentativerhebungen, schriftliche Befragungen, Gruppendiskussionen, Telefoninterviews, Experteninterviews oder Leitfadengespräche in Frage.

Inhaltsanalyse und Medienresonanzanalyse

Inhaltsanalysen untersuchen und bewerten Berichte und Aussagen von Medien und anderen Dialoggruppen.

Eine Weiterentwicklung solcher Inhaltsanalysen stellen Medienresonanzanalysen dar. Darunter versteht man EDV-gestützte, empirische Instrumentarien zur Beobachtung der veröffentlichten Meinung. Die Ergebnisse werden üblicherweise in Graphik- und Tabellenform dargestellt. Die PR-Wissenschaft verfügt heute bereits über sehr ausgereifte Methoden der Medienresonanzanalyse, die Nachteile liegen jedoch in einer sehr zeitaufwendigen und teuren Umsetzung. Man kann dabei zwischen Langzeit-, taktischen und ad-hoc-Analysen unterscheiden. Ausgangspunkt sind üblicherweise Clipping-Datenbanken. Es können z.B. die Akzeptanz des Unternehmens, des Managements oder der Produkte, regionale Schwerpunkte der Berichterstattung, die Qualität der verwendeten Argumente, die Qualität der angesprochenen Themen, die Intensität der Medienberichterstattung im zeitlichen Verlauf, das redaktionelle Umfeld des betreffenden Artikels oder Beitrages, Trends, die in Verbindung mit dem Thema aufgezeigt werden, von den Journalisten verwendete Stilformen und viele andere Themen untersucht werden.

Die Medienresonanzanalyse kann auch Aussagen über die Art und Weise der Botschaftsveränderung durch die Journalisten (Fremdsteuerung) bzw. die Intensität der Umsetzung der eigenen Aussagen

(Selbststeuerung) liefern. Die einzelnen Untersuchungsergebnisse werden üblicherweise in Form von Kennzahlen dargestellt.

Inhaltsanalyse bzw. Medienresonanzanalyse stellen sehr taugliche Instrumentarien insbesondere bei der Bewertung von Medienarbeit dar, werden jedoch aufgrund des relativ hohen Zeit- und Kostenaufwandes in der Praxis selten eingesetzt.

Messung des Nutzerverhaltens

Durch Beobachtung der Nutzung von Informationsmaterial, wie Broschüren, Geschäftsberichte, Folder und dgl. sowie die Teilnahme der angesprochenen Dialoggruppen an Veranstaltungen diverser Art können Aussagen über die Qualität der eingesetzten Kommunikationsinstrumente gemacht werden.

Das Betriebsklima

So wie bei den externen Öffentlichkeiten kann auch im Betrieb das Image erhoben und für die Effizienzkontrolle verwendet werden. Auch das Betriebsklima kann bedingt als Gradmesser herangezogen werden. Indikatoren können sein:

- die Höhe der personellen Fluktuation,
- die Zahl der Krankenstände,
- die Bereitschaft zur Überstundenleistung,
- die Teilnahme an Firmenveranstaltungen,
- die Beteiligung am betrieblichen Vorschlagswesen,
- die Häufigkeit von Gehaltsforderungen,
- die Präzision und Qualität der Arbeitsleistung,
- das Interesse für hausinterne Karriere,
- u. a.

PR als Krisenversicherung

Für jene Führungskräfte, die allen diesen Erklärungsversuchen, warum PR im Unternehmen notwendig sind, nur wenig Sympathie abgewinnen können, nun der Versuch eines rechnerischen Ansatzes.

Dafür muß man jedoch einige Prämissen setzen:

1. Jedes Unternehmen kann irgendwann einmal in eine Krise kommen. Diese kann absatzpolitischer Natur sein, es kann ein Produktionsfehler auftreten, ein Brand ausbrechen, eine Entführung oder eine Umweltkatastrophe passieren. Dadurch kommt es möglicherweise zu einem Umsatz- und Ertragseinbruch, ja zur Existenzgefährdung.
2. Durch langfristige Öffentlichkeitsarbeit ist es möglich, Verbündete und Vertrauen zu gewinnen, Informationskanäle zu schaffen und Akzeptanz zu erringen, auch wenn dies unmittelbar keine sichtbaren Erfolge zeitigt. Im Krisenfall allerdings können dadurch Umsatz- und Ertragseinbrüche gemildert werden.

Wir gehen nun davon aus, daß die langfristige Kontaktpflege zu den einzelnen Teilöffentlichkeiten erst dann Zinsen trägt, wenn der Problemfall eintritt. Es kommen nun jene Investitionen zum Tragen, die Jahre hindurch getätigt worden sind. Weil bereits gute Kontakte da sind und die Medien und Meinungsbildner einen Vertrauensvorschuß geben, fällt der Schaden für das Unternehmen geringer aus, als wenn dieses in der Vergangenheit die Öffentlichkeit gemieden und ein Inseldasein geführt hätte.

Ein Fallbeispiel:
Ein Unternehmen der chemischen Industrie (Letztverbraucherprodukte) entschließt sich, aus Grundsatzüberlegungen und aus Gründen der »Krisenversicherung« kontinuierliche Öffentlichkeitsarbeit zu betreiben. Bei einem Jahresumsatz von 600 Mill. S und einem jährlichen Gewinn vor Steuern von 80 Mill. S werden jährlich vier Mill. S für PR-Maßnahmen im engeren Sinn ausgegeben. Im Rahmen dieser PR-Arbeit werden Medien und wichtige Meinungsträger laufend über Produktion, Verkauf, Geschäftspolitik und Vorsichtsmaßnahmen gegen Unglücksfälle informiert und überdies ein intensiver Dialog mit einer Vielzahl von Öffentlichkeiten geführt. Nach 10 Jahren kommt es im Betrieb trotz größter Sicherheitsvorkehrungen aus menschlichem Versagen eines Mitarbeiters zu einem Brand, der infolge der Löscharbeiten eine Verseuchung des Grundwassers zur Folge hat.

Durch die moderate Berichterstattung in den Medien, die umfassende Informations- und Entsorgungspolitik, die guten Kontakte zu Behörden, Politikern und Interessenvertretungen kann der Schaden im Rahmen gehalten werden: Innerhalb von drei Jahren liegt der

Umsatzrückgang bei 20 bzw. 10 bzw. 5 Prozent, der Gewinnrückgang (vor Steuern) liegt bei 30 bzw. 20 bzw. 10 Prozent.

Ohne den entsprechenden Goodwill und infolge der fehlenden Kommunikations-Infrastruktur hätte der Umsatzrückgang jedoch 40 bzw. 20 bzw. 10 Prozent betragen, der Gewinn hätte sich um 80 bzw. 40 bzw. 20 Prozent reduziert.

Dieses vereinfachte Rechenbeispiel geht also davon aus, daß innerhalb von 10 Jahren 40 Mill. S (ohne Berücksichtigung von Zinsen und Steuerleistungen) für PR ausgegeben wurden und der fiktive Schaden infolge guter PR-Arbeit im 1. Jahr nach dem Unglück um 40 Mill. S geringer ist, im 2. Jahr um 16 Mill. S und im 3. Jahr um 8 Mill. S.

Rechenvariante 1: Ohne Einbeziehung der Zinsenrechnung und der betriebsspezifischen Aspekte der Besteuerung kann aus diesen Betrachtungen eine Formel entwickelt werden, die eine »Rendite« der PR-Aufwendungen ausdrückt. Diese Formel wie auch jene in Variante 2 stellt das Problem in vereinfachter Form dar und erlaubt eine für die Fragestellung vereinfachte Berechnung, wobei jedoch mathematische Details und mögliche Varianten außer Ansatz bleiben.

S1 = Schaden ohne PR
S2 = Schaden mit PR
n = Zahl der Jahre, in denen Gewinneinbußen stattfinden
R = Rendite
A = Aufwendungen für PR vor dem Schadensfall

$$R = \left[\frac{\sum_{i=1}^{n} (S_1^i - S_2^i) - A}{n} \right] \cdot \frac{1}{A} \cdot 100$$

Für das konkrete Beispiel lautet die Rechnung:

$$R = \left[\frac{\{(64-24)+(32-16)+(16-8)\}-40}{3} \right] \cdot \frac{1}{40} \cdot 100 =$$

$$= \frac{24}{3} \cdot \frac{1}{40} \cdot 100 = 20\%$$

Rechenvariante 2: Mit Zinseszinsrechnung (angenommener Jahreszinsfuß 10 Prozent) und Steuerbelastung (vereinfacht angenommen mit insgesamt 50 Prozent). Beim Ansatz der jährlichen Ausgaben für PR wird davon ausgegangen, daß sich die Steigerungsraten mit den jährlichen Inflationsraten kompensieren.

s = Steuersatz = 50 % = 0,5
q = 1+i
i = Zinssatz = 10 % = 0,1
A_S = A (1s)

$$R = \left[\frac{\sum_{i=1}^{n} |(S_1^i - S_2^i) \cdot (1-s)| \frac{1}{q^i} - A_S}{n} \right] \cdot \frac{1}{A_S} \cdot 100$$

Für unser konkretes Beispiel lautet die Rechnung:

$$R = \left[\frac{\{(64-24) \cdot 0,5 \cdot \frac{1}{1,1} + (32-16) \cdot 0,5 \cdot \frac{1}{1,1^2} + (16-8) \cdot 0,5 \cdot \frac{1}{1,1^3}\} - 20}{3} \right] \cdot \frac{1}{20} \cdot 100 =$$

$$= \frac{(18,18 + 6,51 + 3,00) - 20}{3} \cdot \frac{100}{20} = 12,8 \%$$

[genauer wäre: statt q q_S = 1+i (1-s)]

Ohne Ansatz bleibt in diesen Beispielen, daß die 40 Mill. S Ausgaben für PR ja nicht nur der Schadensmilderung im Unglücksfall dienen, sondern während der 10 Jahre auch schon andere positive Effekte bewirkt haben.

Der fiktive Schaden muß auch nicht unbedingt in einer Reduktion von Umsatz oder Gewinn bestehen. Dieser Schaden infolge schlecht oder gar nicht betriebener PR kann ebensogut in Form nicht realisierter Gewinne entstehen – beispielsweise infolge Ablehnung eines eingereichten Projektes, einer fehlenden Betriebsgenehmigung, unmöglich gewordener Exporte oder anderer Fehlschläge.

Es kann auch sein, daß der entsprechende Schaden nicht gleich, sondern infolge langfristiger Imageverschlechterung erst viel später eintritt. Die dargestellte Methode des Effizienznachweises von PR in Form einer »Investition« oder »Versicherung« kann somit nicht als allgemein gültiges und alleiniges Instrument, sondern nur als fallweise anwendbar und als Ergänzung zu den grundsätzlichen Überlegungen zur Effizienzkontrolle gesehen werden.

Grundprämisse kann und muß bleiben, daß Öffentlichkeitsarbeit als integrierte Managementfunktion unverzichtbarer und unersetzbarer Teil des planerischen Handelns ist, wobei bei der Konzeption und Durchführung Optimierungsprozesse notwendig sind.

Ein Effizienznachweis im Sinne der »Krisenversicherung« kann dabei bloß als zusätzliches Argument verwendet werden und bietet einen neuen Erklärungszugang für die Notwendigkeit von Öffentlichkeitsarbeit.

Teil 8
Die Zukunft der PR

Es besteht kein Zweifel: Dem gesellschaftsorientierten Denken und Handeln gehört die Zukunft – und damit den Public Relations und denen, die sie beherrschen. Allerdings klaffen in fast keiner anderen Disziplin Theorie und Praxis so weit auseinander wie bei den Public Relations.

Ein Legitimierungsprozeß aller staatstragenden Instanzen und des Staates selbst ist nötig. Die verlorengegangene Glaubwürdigkeit vieler Institutionen muß zurückgeholt werden. Das schreit geradezu nach mehr ehrlichem Dialog und mehr verantwortlichem Handeln. Helmut A. Gansterer, renommierter österreichischer Wirtschaftsjournalist, überdies einer der wenigen Ökonomie-Essayisten, definierte einmal die »philosophische Ästhetik« von Unternehmen so: »Die sinnliche Ausstrahlung der Firmen im Wege der Öffentlichkeitsarbeit, im wesentlichen ein Zeugnis ihrer Verantwortungsreife und Ethik.«

Angeblich entscheiden sich in den USA bereits mehr als 10 Prozent der Konsumenten im Zweifelsfall für Produkte solcher Firmen, die ethische Grundwerte hochhalten, sich um die Umwelt kümmern, etwas für die Dritte Welt tun und eine offene Informationspolitik betreiben. Wendezeit und Wertewandel führen auch hier zu einer Zäsur: Bekanntheit, Image und sozioökonomische Verantwortung gewinnen wie in einem kommunizierenden Gefäß zuungunsten von Preis, Menge und anderen materiellen Kriterien an Bedeutung.

Die Frage, wieviel soziale und ökologische Verantwortung ein Unternehmen oder irgendeine andere Organisationseinheit zu übernehmen bereit ist, wird immer gewichtiger. Gewinnerzielung, Substanzerhaltung und andere, ehedem primäre Zielsetzungen bleiben bestehen, soziale und gesellschaftsorientierte Aufgaben treten jedoch als zumindest gleichberechtigt hinzu. Vernetztes Denken holt immer mehr auf gegenüber isoliertem Spezialistentum, Ethik füllt die Hohlräume des Wissens, Gefühl bekommt mehr Stellenwert gegenüber Verstand, Kommunikation kompensiert die Mängel von Gruppenegoismen.

Wer diese Phänomene nicht rechtzeitig erkennt, der wird nicht mehr die Zeit dazu haben, das Steuer herumzureißen. Wie anders als mit Kommunikationsstrategien sollen wir die Krisen und Konflikte dieser Welt lösen? Joachim Kath sagt in seinem Buch »Infogaps« gar: »Alle unsere Probleme sind letztlich auf fehlende oder mangelhafte Kommunikation zurückzuführen. Durch Infogaps werden Krisen, Konkurse, Kräche, Krankheiten und Kriege ausgelöst.«

Nicht umsonst ist in unserer kritischen und aufgeklärten Gesellschaft die öffentliche Meinung – neben Grund und Boden, Arbeit, Kapital und Organisation – zum 5. und unabdingbaren Produktionsfaktor geworden. Nun heißt es mit dieser öffentlichen Meinung sorgsam umgehen, sie sich zum Verbündeten und nicht zum Gegner zu machen.

Das Rezept dazu heißt Public Relations – im Denken wie im Handeln.

Professionelle Public Relations werden sich aber nicht nur in ihren traditionellen Anwendungsbereichen des gesellschaftlichen Lebens, wie Wirtschaft, Politik oder Sport, wesentlich ausdehnen, reorganisieren und verjüngen. Sie haben auch in bislang von ihnen wenig berührten Sektoren Einzug gehalten: in Kultur und Kunst, Wissenschaft und Ausbildung, und insbesondere im Staatsapparat selbst: bei den öffentlichen Händen, den Verwaltungseinheiten und nicht zuletzt den politischen Institutionen, wo mancherorts noch immer Öffentlichkeitsarbeit mit Propaganda verwechselt wird.

Die Rechtfertigung und damit der Effizienznachweis der Public Relations liegt vor diesem sozialen Hintergrund für kommerziell orientierte Institutionen in der Existenzsicherung und damit der Stärkung der Marktposition. Es sollte nicht mehr zu diskutieren sein, was Öffentlichkeitsarbeit einem Unternehmen bringt. Public Relations müssen vielmehr als *Voraussetzung* für betriebswirtschaftliches Handeln als unabdingbar angesehen werden. Nach dem Grundsatz: Ohne Akzeptanz und Zustimmung in der Öffentlichkeit kein Markterfolg, ohne Einbettung in das gesellschaftliche Umfeld kein betriebswirtschaftlicher Erfolg. Inseldenken und Hausherrenmentalität haben ausgespielt.

In nicht kommerziell ausgerichteten Einheiten stellt sich das Legitimationsproblem der PR noch weniger. Die Geschäftspolitik von Institutionen aller Art, die innerhalb der Gesellschaft agieren, hat längst nicht mehr bloß ökonomische, regionale oder spartenbegrenzte Bedeutung, sie ist Gesellschaftspolitik par excellence. Zwar muß auch die Öffentlichkeitsarbeit der Zukunft mit den ökonomischen Zielen der betreffenden Organisation verknüpft sein, sie wird aber immer weniger unmittelbar den ökonomischen Zielen dienen.

Seitdem auch Unternehmen aus ihrer quasi-privaten Sphäre herausgetreten sind und sich in ihr Umfeld integrieren müssen (was bislang nur unzureichend gelungen ist), wird ihr Wirken auch als politisch relevant erlebt. Dies trifft für alle möglichen Beziehungsfelder zu, angefangen von den Auswirkungen auf den Arbeitsmarkt bis zu den Folgen für die Umwelt. In logischer Folge wird daher auch die Öffentlichkeitsarbeit immer stärker in ihrer politischen Dimension erkannt und verstanden werden.

Und wahrscheinlich wird irgendwann auch den ärgsten Skeptikern klar werden, daß diese politische und demokratische Funktion der Public Relations als Verpflichtung des Unternehmens gegenüber der Gesellschaft anzusehen ist und nicht bloß als nützliches Instrument der Absatzpolitik.

Gerade in Zeiten, in denen selbst liberal-bürgerliche Parteien von »ökosozialer Marktwirtschaft« sprechen und Unternehmer und Manager die »neue Ethik« entdecken, wo von einer »Umwelt- und Technik-Moral« und einem »Haus Europa« gesprochen wird, just zu diesem Zeitpunkt schlägt die Stunde der profunden Public Relations und ihrer Jünger.

Bis dieses »Neue PR-Denken« jedoch zu einer grundlegenden Umorientierung der Macher und Verantwortlichen geführt hat, wird es noch einiger Veränderungen bedürfen:

1.

Professionalisierung und Basisverbreiterung der PR-Branche, sowohl auf Berater- als auch auf institutionsinterner Seite. Dazu zählen nicht nur Ausbildung und Förderung des Nachwuchses, sondern auch die Weiterbildungsbereitschaft der etablierten PR-Fachleute, insbesondere auf theoretischer Ebene, was freilich einer gewissen Portion Selbsterkenntnis bedarf.

2.

Verwissenschaftlichung des Fachbereiches Public Relations: Intensivierung der Forschung, Erarbeitung gültiger Theorien, Schaffung von Lehrstühlen für PR usw.

3.

Verstärkte Information der Meinungsträger und Verantwortlichen in allen Lebensbereichen über Wesen und Funktion zeitgemäßer PR. Dazu ist natürlich das Erkennen von Fehlentwicklungen und der Notwendigkeit eines Umdenkens erforderlich. Die entsprechenden Weiterbildungs- und Schulungsangebote müssen weiter intensiviert werden.

4.

Im Bereich der Medien brauchen speziell die Journalisten einen höheren Wissensstand bezüglich der Rolle seriöser Öffentlichkeitsarbeit, um diese in ihre eigene Tätigkeit besser einordnen, sich gegen unprofessionelle PR besser wappnen, gleichzeitig aber die Möglichkeiten guter Öffentlichkeitsarbeit richtig nutzen zu können. Gleichzeitig würde eine vielfältige und kommerziell abgesicherte Medienlandschaft seriöse Medienarbeit begünstigen.

5.

Innerhalb der Kommunikationsbranche sollte der Wildwuchs zurückgedrängt und das Dickicht gelichtet werden. Ein »Kommunikations-Eintopf« anstatt strategischen Kommunikationsmanagements, Wildern in fremden, nicht vertrauten Revieren und Scharlatanerie mit diffusen Schlagwörtern - all das schadet der Branche, verunsichert die Auftraggeber und steht einer Professionalisierung im Wege. Im PR-Bereich selbst ist die Abgrenzung gegen unseriöse Praktiken und ein fundierter Berufszugang anzustreben.

6.

Eine Herausforderung für verantwortungsvolle Public Relations stellt die gigantische technologische Revolution dar, allen voran die neue Welt der Online-Medien. Hier entsteht eine neue Riesen-Plattform für seriöse Öffentlichkeitsarbeit – aber auch eine eminente Gefahr in Richtung Mißbrauch dieser neuen Kommunikationswelt, Irreführung der User und Verlust der Beziehungsebene zwischen Absender und Empfänger.

So wie die Dinge liegen, winken den PR-Gurus in den kommenden Jahrzehnten Milch und Honig. Der Bedarf nach besserer, professionellerer und seriöserer Kommunikation in unserer Gesellschaft ist gegeben, auf Sicht wird sich also in dieser Sparte der Kreisel schneller drehen.

Alle jene, die sich mit der Materie intensiv beschäftigen, Zeit und Arbeit in diese Profession investieren und ehrlich an die Probleme herangehen, werden im Zentrum dieses Kreisels Akzeptanz und Erfolg finden, egal, ob sie Public Relations als Manager, Künstler, Freiberufler, Beamte oder Fachberater vorleben und umsetzen.

Jene Trittbrettfahrer aber, die mit dem Kürzel PR das schnelle Geld machen wollen, ohne die dazugehörige hohe Verantwortung zu übernehmen, werden früher oder später von der Fliehkraft abgeworfen werden wie unnützer Ballast.

ANHANG

Teil 9
Fallbeispiele

Die nachstehenden Fallbeispiele entstammen Einreichungen zum österreichischen Staatspreis für Public Relations der Jahre 1996 bis 1998. Sie wurden teils mit dem Staatspreis, teils mit staatlichen oder PRVA-Anerkennungen ausgezeichnet. Es handelt sich dabei nicht um PR-Gesamtkonzeptionen, sondern um in sich geschlossene PR-Projekte, die von Grundsatzphilosophie, Analyse und Strategie bis hin zur PR-Umsetzung reichen. Dabei werden in den meisten Fällen Philosophie und Ziele der betreffenden Institution kurz vorgestellt, ebenso die der Gesamtkonzeption und dem dargestellten Projekt vorausgehende Imageanalyse und die Dialoggruppen-Segmentierung.

Die Fallbeispiele veranschaulichen das breite Feld der Public Relations ebenso wie die Vielzahl ihrer kommunikativen Umsetzungsmöglichkeiten.

Projekt »Sura za Afrika Festival 1996 – Die Gesichter Afrikas«

PR-Träger: VIDC Wiener Institut für Entwicklungsfragen und Zusammenarbeit

Kein externer PR-Berater

1. AUSGANGSSITUATION

Im Spannungsfeld Globalisierung und Regionalisierung droht der afrikanische Kontinent an die Wand gedrückt zu werden. Heute wird Afrika von Beobachtern oft bereits als »verlorener Kontinent« bezeichnet. Katastrophenmeldungen wie Hungersnöte, Bürgerkriege, explodierendes Bevölkerungswachstum und wirtschaftlicher Niedergang der afrikanischen Länder prägen die Medienberichterstattung ebenso wie die Images in breiten Bevölkerungskreisen.

Seite an Seite mit all diesen Problemen und Katastrophen gibt es aber auch das »andere Afrika«. Ein Afrika mit vielfältigsten Kulturen, Traditionen, Gesellschaften und Entwicklungen, voller farbenfroher und positiver Bilder und Eindrücke. Das Afrika des intellektuellen Aufbruchs, der kreativen Lebens- und Überlebenskunst und der lebendigen Kulturen, das in unseren Breiten viel zu wenig bekannt ist.

Dieses »andere Afrika« einer breiten Öffentlichkeit näherzubringen, einen aktiven Dialog über das Wesen Afrikas herzustellen, Stereotypen aufzubrechen und Alternativen aufzuzeigen, war die Idee des österreichweiten Kultur- und Bildungsfestivals »Sura za Afrika '96 – Die Gesichter Afrikas«. Entwickelt und getragen wurde das Projekt vom Wiener Institut für Entwicklungsfragen und Zusammenarbeit (VIDC) in Kooperation mit der österreichischen Entwicklungszusammenarbeit im Außenministerium.

2. ZIELSETZUNG

Das Festival »Sura za Afrika – die Gesichter Afrikas« verfolgte im wesentlichen folgende Zielsetzungen:
- Afrikanische Kunst und Kultur als Transportmittel zur interkulturellen Verständigung zu nutzen;
- Schaffung eines gleichberechtigten Dialogs zwischen den Kulturen und Kulturschaffenden;
- Integration der Dialoggruppen Politik, Verwaltung, Diplomatie, Wirtschaft und Wissenschaft (v. a. Entscheidungsträger);
- Ansprechen neuer, latenter Dialoggruppen;
- Einbindung und damit mittelfristige Stärkung lokaler und nationaler entwicklungspolitischer Gruppen und Initiativen;
- Schaffung eines Images des aufgeschlossenen Österreich;
- Präsentation der Ideen und Aktivitäten sowie der afrikanischen Schwerpunktländer der Österreichischen Entwicklungszusammenarbeit;
- Aufzeigen von alternativen Denk- und Handlungsmöglichkeiten jedes einzelnen (Kulturaustausch, Gastfreundschaft, Toleranz, fairer Handel, bewußtes Reisen);
- Vermittlung entwicklungspolitischer Inhalte und Etabilierung des Nord-Süd-Dialogs als eine der zentralen Zukunftsfragen;
- Strukturen zu schaffen, die eine langfristige Auseinandersetzung mit »Afrika« ermöglichen.

3. DIE DIALOGGRUPPEN

Das Projekt richtete sich an folgende Dialoggruppen, die von innen nach außen und mit abnehmendem Anspruch (von Integration zu Information) angesprochen wurden:

- Aktive Dialoggruppen (Integration, Kooperation)
- Entwicklungspolitische Initiativen, Gruppen und NGOs
- in Österreich lebende und engagierte afrikanische Personen und Gruppen
- mit entwicklungspolitischen und interkulturellen Fragen beschäftigte Entscheidungsträger aus Politik, Verwaltung, Wirtschaft und Kultur (inkl. in Österreich ansässige internationale Organisationen)
- engagierte Kommunen (z. B. Städtepartnerschaften)
- engagierte Multiplikatoren (Lehrer, Hochschullehrer, ausgewählte Journalisten, Prominenz)

Bewußte Dialoggruppen (Dialog, nachhaltiges Bewußtsein)
- Politik: Bundesregierung, Landesregierungen, Parlament, Bundesrat, Diplomatie
- Verwaltung: Ministerien, Länder, Gemeinden, internationale Organisationen
- österreichische und internationale Medien
- politisch und kulturell engagierte Einzelpersonen und Gruppen
- Migranten
- Kulturveranstalter und -einrichtungen, Kunstschaffende

Latente Dialoggruppen (Information, Dialog, nachhaltiges Interesse)
- allgemein Kulturinteressierte
- politisch Interessierte
- Konsumenten
- Ferntouristen
- »breite« Bevölkerung; »Passanten«

4. DIE MASSNAHMEN

Für die Durchführung des Festivals war es für die Veranstalter wesentlich, den Kultur- und Kunstbereich integrativ mit dem Bildungs- und Informationsbereich zu verknüpfen.

Die genannten Zielsetzungen sollten durch ein differenziertes Maßnahmenpaket erreicht werden:

4.1. Österreichweites Kulturfestival unter dem Motto »Bühne-Bildung-Begegnung«

Im Zentrum der Aktivitäten stand ein österreichweites Kulturprogramm in den Bereichen Musik, Tanz und Theater.

An insgesamt 40 österreichischen Orten wurden an die 120 Veranstaltungen mit rund 300 afrikanischen Künstlern durchgeführt, die von rund 60.000 Personen besucht wurden. Neben der Päsentation zeitgenössischer afrikanischer Kunst und Kultur lag ein Schwerpunkt in der Gegenüberstellung und gemeinsamen Präsentation afrikanischer und österreichischer Kunst (z. B. gemeinsame Tournee der Gruppe Ghorwane aus Mozambique mit der Wiener »Tschuschenkapelle« oder dem Projekt »Begegnung am Kitzbüheler Horn«, Rangeln und Ringen, Musik und Tanz mit afrikanischer und österreichischer Beteiligung).

Die Ausstellung »Die andere Reise. Afrika und die Diaspora« in der Kunsthalle Krems zeigte zeitgenössische afrikanische Kunst und wurde von rund 11.000 Personen besucht.

Bei allen Veranstaltungen wurden Hintergrundinformation zu den Herkunftsländern, den österreichischen Bezugspunkten und entwicklungspolitischen Fragen vermittelt.

4.1.1. Afrikanische Märkte und Begegnungszentren in Wien und den Landeshauptstädten

Das verbindende Element der Veranstaltungen bildeten Begegnungszentren und afrikanische Märkte in Wien und den Landeshauptstädten: Orte der Kommunikation und Begegnung.

Als Beispiel dient der afrikanische Markt am Wiener Rathausplatz: Zwischen 80.000 und 100.000 Personen besuchten diesen Markt, konzipiert als Ort der Kommunikation, des Feierns sowie des Austauschens und des Handels von Informationen und Waren. Afrikanische Gastronomie, Marktzelte, afrikanische Filmnächte, das »Dialogzelt Afrika« (gestaltet und programmiert von in Österreich tätigen afrikanischen Organisationen), das »Eine-Welt-Café« (Produkte des fairen Handels), eine permanent bespielte Bühne, das Kinderworkshop-Zelt und das zentrale Informationszelt des VIDC bildeten die Schwerpunkte des Marktes.

4.1.2. Schulkampagne »Afrika«

Mit Unterstützung des Bundesministeriums für Unterricht und kulturelle Angelegenheiten und in Kooperation mit der Österreichischen UNESCO-Kommission wurde eine österreichweite Schulkampagne zum Thema Afrika durchgeführt. Lehrer und Schüler waren eingeladen, sich mit Themen wie Alltagskultur in Afrika, zeitgenössische afrikanische Kunst und vor allem mit »Afrika - Österreich, Unterschiede und Gemeinsamkeiten« zu befassen. Zur Unterstützung und Beratung der Schulen wurde in der UNESCO-Kommission ein Koordinationsbüro eingerichtet. Über vierzig - großteils afrikanische - Workshopleiter veranstalteten etwa fünfzig verschiedene Workshops für Kinder und Jugendliche aller Altersstufen in ganz Österreich. Ingesamt 120 österreichische Schulen nahmen an diesem Programm teil, einige Schulen entwickelten daraus langfristige Projekte.

4.2. Dialogprogramm Politik, Wissenschaft, Wirtschaft
Eine intellektuelle und politische Auseinandersetzung mit aktuellen Nord-Süd-Fragen sowie die Vorantreibung des politischen Dialogs standen im Zentrum der Maßnahmen für diese Dialoggruppen.

4.2.1. Eröffnungsveranstaltung »Afrika - Partner Österreichs« in der Wiener Börse
Im Rahmen der festlichen und kulturell umrahmten Auftaktveranstaltung »Afrika - Partner Österreichs« des Außenministeriums in den Festsälen der Wiener Börse wurde den wesentlichen politischen Entscheidungsträgern, dem diplomatischen Corps sowie Meinungsführern aus Medien, Kultur, Wirtschaft und entwicklungspolitischen Organisationen das Festival präsentiert sowie die außenpolitischen Leitlinien der österreichischen Bundesregierung (Afrika 2000) vorgestellt. Der Außenminister der Republik Kap Verde, einem Schwerpunktland der österreichischen Entwicklungszusammenarbeit, sprach über »Die Zukunft Afrikas«, Bundeskanzler Vranitzky, Staatssekretärin Ferrero-Waldner und UN-Vertreter gaben Stellungnahmen ab.

4.2.2. Workshops Wirtschaft, Wissenschaft, Politik
In den österreichischen Landeshauptstädten fanden Workshops und Diskussionsveranstaltungen in Zusammenarbeit mit den Universitäten und der Wirtschaftskammer statt, an denen namhafte afrikanische und österreichische Wissenschaftler Input-Referate hielten. Themen solcher Workshops waren u. a. »Ökonomie - die Rolle Afrikas in der Weltwirtschaft«, »Demokratie und Partizipation«, »Kommunikation - Afrika im globalen Dorf« u. a.

4.2.3. Wiener Memorandum
Einige der hochrangigen afrikanischen Intellektuellen und Vertreter von Basisorganisationen trafen sich eine Woche lang in Wien und

entwickelten gemeinsam mit österreichischen Kollegen ein Szenario für das nächste Jahrtausend, das einerseits an afrikanische Eliten gerichtet war, aber auch die Verantwortung Europas nicht ausnahm. Sie erarbeiteten das »Wiener Memorandum«, welches in einem parlamentarischen Hearing unter Patronanz von Präsident Heinz Fischer vorgestellt und im Rahmen einer Pressekonferenz präsentiert wurde.

4.3. Medienprogramm

Eine der zentralen Maßnahmen der Öffentlichkeitsarbeit bestand in der Betreuung der österreichischen Medien sowie in der Kooperation mit ausgewählten Partnern.

4.3.1. Medienprogramm Österreich – Afrika

Das Medienprogramm lief über einen Zeitraum von rund einem Jahr und hatte zum Ziel, das Bild dieses Kontinents in den österreichischen Medien differenziert und aus unterschiedlichen Blickwinkeln darzustellen. Am Medienprogramm nahmen 15 österreichische und acht afrikanische Journalisten teil. Von Juni 1995 bis Mai 1996 reisten die österreichischen Journalisten (profil, Standard, Kurier, Wiener Zeitung, Salzburger Nachrichten, Presse, Kleine Zeitung, Falter, ORF/Ö1) in verschiedene afrikanische Länder und berichteten in Österreich in unterschiedlichsten Formen über ihre Recherchen.

Die acht afrikanischen Journalisten kamen im Juni nach Österreich und erhielten in österreichischen Medien (u. a. Kurier, Presse, profil, Standard, Falter, Kleine Zeitung) die Möglichkeit, über ihre Eindrücke von Österreich (u. a. Gespräche mit Parlamentariern) und das Festival »Sura za Afrika« zu berichten.

4.3.2. Medienkooperation Ö1

Aus diesem Medienprogramm entwickelte sich unter anderem das Ö1-Schwerpunktprogramm »Sura za Afrika – die Gesichter Afrikas«, das zwischen Februar und Juni über 60 verschiedene Sendungen zum Thema Afrika brachte, die mittlerweile auch auf CD erschienen sind.

4.3.3. Allgemeine Medienarbeit

Die allgemeine Medienarbeit bestand aus klassischen Instrumenten wie überregionalen und regionalen Pressekonferenzen sowie v. a. der Betreuung regionaler Medien.

Erwähnenswert ist dabei vor allem, daß das von regionalen Medien sehr intensiv wahrgenommen wurde, was über 400 unterschiedliche

Berichte in Print- und elektronischen Medien belegen. Dazu gehören auch Programmschwerpunkte in 3sat sowie der Sendeleiste »Thema« des ORF, die in Kooperation mit der Österreichischen Entwicklungszusammmenarbeit im Außenministerium entstanden.

4.4. Evaluierung

Während des Festivals arbeitete eine Gruppe von afrikanischen und österreichischen Experten im Rahmen eines »Participant observation workshop«. Mit der Methode der teilnehmenden Beobachtung und aus Gesprächsergebnissen mit Besuchern, Veranstaltern, Teilnehmern, Medien und auch dem »Nicht-Publikum« wird derzeit ein Bericht erarbeitet, der die Wirkungen und Folgen des Festivals untersucht.

5. RESÜMEE

Mit dem Festival »Sura za Afrika – Die Gesichter Afrikas« konnten die genannten Zielsetzungen zu einem großen Teil erreicht werden. Besonders erwähnenswert ist dabei:

Rund 200.000 Personen wurden direkt erreicht und nahmen zu einem großen Teil auch aktiv am Festival teil (Schulprogramm, Märkte, Begegnung).

Die öffentliche politische Diskussion über Afrika und die österreichischen Beziehungen zu diesem Kontinent erreichte einen neuen Höhepunkt und bestimmte nachhaltig die Szene (Wiener Memorandum, Afrika 2000 etc.).

Das Medienprogramm sowie das erfolgte Medienecho ermöglichten erstmals eine abseits von Katastrophenmeldungen differenzierte Berichterstattung. Erstmals erhielten afrikanische Journalisten »Raum« in österreichischen Medien.

Die Integration der in Österreich lebenden Afrikaner, die Vernetzung lokaler Initiativen und die Schulkampagne ergaben eine Reihe von Folgeprojekten, die im Sinne der Nachhaltigkeit des Projekts hoch einzuschätzen sind.

6. KOSTEN

Das Budget des Projektes betrug über öS 1,000.000,–.

»Konsument«-Leser-Lobby

PR-Träger: Verein für Kosumenteninformation (VKI)

Kein externer Berater

1. ALLGEMEINER HINTERGRUND

1.1. Wer ist der Verein für Konsumenteninformation (VKI)?
Der VKI ist die österreichische Konsumenteninformation und Mitglied der weltweiten (»Consumers International«) sowie europäischen (Bureau Europèen des Unions de Consommateurs) Konsumentenvereinigung. Die Finanzierung erfolgt ausschließlich aus den Erlösen von Publikationen, Forschungsaufträgen und Beiträgen der vier Sozialpartner sowie des Bundes.

1.2. Was sind seine Aufgaben?
Der VKI vertritt die Interessen der Verbraucher und ist eine gemeinnützige Einrichtung. Seine Aufgaben sind:
- Österreichs Konsumenten über Eigenschaften von Konsumgütern und Dienstleistungen zu informieren;
- Dem Konsumenten seine Rechte transparent zu machen;
- Die Position des Konsumenten im Wirtschaftsgeschehen zu stärken;
- Der VKI ist bei seiner Tätigkeit generell zu Objektivität verpflichtet. Die Bevölkerung attestiert ihm hohe Glaubwürdigkeit und Kompetenz.

1.3. Wie kommuniziert er mit der Öffentlichkeit?
Wichtigstes Kommunikationsmittel des VKI ist das monatlich erscheinende Testmagazin »Konsument«. Charakteristika von Konsument sind:
- Das Testmagazin enthält keine Inserate;
- Die publizierten Tests werden vorwiegend in eigenen Labors durchgeführt;
- Die Testkriterien unterliegen international anerkannten Standards;
- Erhebungen, Marktrecherchen und Produkt-Einkäufe erfolgen anonym – das heißt, es wird immer die normale Verbraucher-Situation nachvollzogen.

Seit der Gründung von Konsument (1961) stieg die Auflage von ursprünglich 6 000 auf derzeit 120.000 Exemplare – davon gehen rund

100.000 an Abonnenten. Mit einer Reichweite von 21 Prozent nimmt das Testmagazin innerhalb Österreichs Printmedien-Landschaft eine beachtliche Position ein. Dies war nur durch Auf- und Ausbau des Bekanntheitsgrades sowohl des VKI als auch des Testmagazins »Konsument« möglich, der durch kontinuierliche Öffentlichkeitsarbeit erreicht wurde. Denn ein Werbebudget stand dem VKI bis vor kurzem nicht zur Verfügung.

Die PR-Aktivitäten umfassen:
- Kontinuierliche Medienarbeit in Form von:
  - Pressekonferenzen
  - Presseaussendungen
  - Info- und Service-Diensten
  - Journalisten-Seminaren
- Lobbying bei politischen Entscheidungsträgern
- Lobbying in verschiedenen Gremien
- Ausstellungen und Info-Veranstaltungen

2. AUSGANGSSITUATION

Auf Österreichs Konsumenten kommen härtere Zeiten zu. Gesetzliche Grundlagen zum Kosumentenschutz sind zwar da, aber es hängt wesentlich von der Eigeninitiative des einzelnen ab, davon zu profitieren. Mehr denn je wird nur der clevere, informierte und selbstbewußte Konsument seine Vorteile und Rechte zu nutzen wissen. Dies vor allem aus drei Gründen:

Stichwort Sparpaket: es beeinflußt wesentlich den privaten Konsum. Viele sind gezwungen, genauer zu kalkulieren.

Stichwort EU: Die Gemeinschaft hat bei all ihren Entscheidungen den mündigen Verbraucher vor Augen. Sie setzt auf das Prinzip: weniger Regelungen – mehr Entscheidungsfreiheit des einzelnen aufgrund von Informationen.

Stichwort Budget-Konsolidierung: Auch der Konsumentenschutz und seine Einrichtungen bleiben davon nicht verschont. Die Mittel werden knapper, der Staat wird sich – wie in anderen Bereichen auch – zunehmend zurückziehen. Verbraucher-Angelegenheiten werden dadurch mehr zur Privatsache.

Der VKI muß auf diese absehbaren »Privatisierungs-Tendenzen« reagieren. Denn um problembewußt selbst Entscheidungen treffen zu können, brauchen Konsumenten das nötige Rüstzeug.

Informationen sind wichtig – aber Informationen allein reichen nicht aus, um Verbraucher fit für den härteren Kosumentenalltag zu machen. Die neue Herausforderung für den VKI in seiner PR-Arbeit lautet deshalb, neben dem Modell »Public Information« weitere Kommunikations-Modelle aufzubauen.

3. AKTION: »Konsument«-Leser-Lobby

3.1. Die Idee

Im Sinne eines »Learning by doing« lädt der VKI alle »Konsument«-Leser ein, bei bestimmten Themen aktiv mit dem »Konsument« zusammenzuarbeiten und ihre Sicht der Dinge darzulegen.

Grundgedanke: Hunderttausend österreichische Konsumenten erkennen Schwachstellen in den einzelnen Märkten. »Konsument« ist ihr Sprachrohr und versucht, im Dialog mit Branchen- und Interessenvertretungen Lösungen zu erarbeiten.

3.2. Die Zielsetzungen

- Mehr Nähe zum Konsumenten;
- Interaktive Kommunikation aufbauen;
- Vom passiv Informationen konsumierenden Leser zum aktiven Konsumenten;
- Mobilisierung der Konsumenten, Probleme auf den Tisch zu legen;
- Aktivierung von Anbietern und deren Interessenvertretern;
- Aktivierung von Behörden und politischen Entscheidungsträgern;
- Gemeinsam vom Problem zur Lösung kommen;
- Positive Veränderungen in den Märkten bewirken;
- Problembewußtsein bei Konsumenten und Wirtschaft stärken;
- Aus der Leser-Lobby Erkenntnisse für Testarbeit und andere Aktivitäten des VKI gewinnen.

3.3. Die Tonalität

- Positive Grundstimmung;
- Gemeinsam mit Anbietern und Nachfragern lösen wir das Problem;
- Faire Spielregeln;
- Erfahrungen aus der Praxis;
- Nicht pseudowissenschaftlich angehaucht.

3.4. Die Teilöffentlichkeiten

Interaktiver Dialog mit:
- »Konsument«-Lesern
- Branchen- und Interessenvertretern
- Behörden und politischen Entscheidungsträgern

Public Information an:
Medienvertreter

3.5. Die Methodik

Aufbau eines Dialogs mit Konsumenten
Aufgrund seiner Reichweite ist das Testmagazin »Konsument« dafür die ideale Kommunikationsschiene. Drei- bis viermal im Jahr wird dem Magazin eine Frage-Antwort-Karte zu einem definierten Thema beigeheftet. Das Thema wird im Heft durch einen redaktionellen Beitrag oder Test unterstützt und problematisiert.

Die Auswahl des Themas erfolgt zu Beginn der Aktion durch den VKI, in der Folge kommen die Themenvorschläge von den Lesern selbst.

Die Textierung der Frage-Antwort-Karte erfolgt gemeinsam mit einem Meinungsforschungsinstitut, um wissenschaftliche Relevanz sicherzustellen.

Aufbau eines Dialogs mit Branchen- und Interessenvertretern
Der VKI lädt - abhängig vom Thema - Vertreter der betroffenen Branchen- und Interessengruppen zu einem gemeinsamen Round-Table-Gespräch ein. Die Ergebnisse der statistischen Auswertung der Leser-Lobby-Aktion werden bekanntgegeben, gemeinsam wird versucht, zu Problemlösungen zu kommen.

Weiterführung des Dialogs
Das Testmagazin Konsument berichtet über die Aktion:
- Aus Sicht der Leser
- Aus der Sicht der Branchen- und Interessenvertreter
- Über Auswirkungen und weiterführende Maßnahmen

Das Thema der Aktion wird laufend im Auge behalten: Sobald dazu neue Aspekte auftauchen - sei es von Konsumenten- oder Wirtschaftsseite -, wird darüber berichtet. Maßnahmen werden durch Erhebungen und Tests überprüft.

Begleitende Medienarbeit
Medienvertreter werden kontinuierlich über Themen und Ergebnisse der Leser-Lobby-Aktionen informiert und sorgen durch ihre Berichterstattung für Problembewußtsein in einer breiten Öffentlichkeit.

3.6. Die Maßnahmen
»Konsument«-Leser-Lobby: Wie super ist Ihr Supermarkt?

Die Aktivierung der Leser
Unter dem Tittel: »Clever Einkaufen: die Tricks im Supermarkt« wurde in der April-Ausgabe des Testmagazins »Konsument« über Einkaufen im Supermarkt berichtet. Motto: Wer die Tricks der Marketing-Strategen kennt, tut sich leichter, nicht mehr Geld auszugeben als ursprünglich geplant.

Das Heft enthielt zusätzlich auf der Umschlagklappe die Frage-Antwort-Karte der ersten Leser-Lobby-Aktion: Mit der Frage »Wie super ist Ihr Supermarkt?« wurden die Leser aufgefordert, durch Ausfüllen dieser Karte mitzuhelfen, Ärgernisse und Mißstände zu beseitigen.

Auf der Rückseite des Magazins wurde die Leser-Lobby-Aktion vorgestellt und kurz erläutert, welche Idee ihr zugrundeliegt. Ein kleines Geschenk – ein 5-Schilling-Münzenhalter für den Supermarkt-Einkaufswagen, versehen mit dem für die Aktion kreierten Logo – erwartete jeden Einsender und diente als zusätzliche Motivation.

Die Resonanz der Leser war erfreulich hoch: Bereits nach drei Wochen konnten 2 000 Antwortkarten ausgewertet werden, die für den Erfolg dieser aktivierenden Aktion sprechen. Die Auswertung zeigte klar, was Konsumenten im Supermarkt in erster Linie stört:
- Nicht lagernde Sonderangebote
- Schlechte Preisauszeichnung
- Flaschenrückgabe-Automaten, die sich zu Ungunsten des Verbrauchers verrechnen

Der Dialog mit der Wirtschaft
Im Round-Table-Gespräch mit den Supermarkt-Managern wurden alle Probleme offen und konstruktiv diskutiert. Zum Teil waren sie den Wirtschafts-Vertretern bekannt, zum Teil sahen sie darin neue Ansatzpunkte für ihre Arbeit. Für die meisten Probleme wurden Lösungsansätze gefunden:
- Durch bessere Schulung und Instruierung der Mitarbeiter sollen die

Schwierigkeiten mit Sonderangeboten, die zumeist auf Logistik-Probleme zurückzuführen sind, in den Griff gebracht werden.
• Eine Grundpreisauszeichnung wird Konsumenten Preisvergleiche erleichtern.
• Durch neue Software soll das Problem der Verrechnungsfehler bei Flaschenautomaten bald der Vergangenheit angehören.

Die Veröffentlichung im »Konsument«
Im Juni-»Konsument« wurde über das Ergebnis der Leser-Lobby-Aktion berichtet: aus der Sicht der Leser und jener der Supermarkt-Manager. Versprochene Problemlösungen wurden vorgestellt, gleichzeitig erfolgte die Ankündigung, deren Verwirklichung in Zukunft genau zu beobachten. Die Leser wurden ihrerseits aufgefordert, weitere Erfahrungen »Konsument« mitzuteilen.

Die Medienarbeit
Sowohl zum Start der Leser-Lobby als auch zur Präsentation der Ergebnisse der Aktion »Wie super ist Ihr Supermarkt?« wurden Pressekonferenzen abgehalten, die auf großes Interesse stießen. So schlossen sich die NÖN der Aktion an und publizierten in zwei Ausgaben der Wochenzeitung die Frage-Antwort-Karte.

Zahlreiche Printmedien und der ORF berichteten über die Aktion und deren Ergebnisse.

Die für Konsumentenschutz zuständige Ministerin Christa Krammer unterstrich bei der Pressekonferenz, sich verstärkt für die Grundpreisauszeichnung bei Lebensmitteln einzusetzen. Eine entsprechende Richtlinie der EU soll Ende 1998 in Kraft treten.

3.7. Die Reaktionen und Auswirkungen
Die »Konsument«-Leser-Lobby wurde von beiden Dialoggruppen – Konsumenten und Wirtschaft – positiv aufgenommen und stieß bei den Medien auf großes Interesse. Das feed-back ist äußerst ermunternd:

Konsumenten beteiligen sich aktiv an der Aktion und teilen schriftlich und telefonisch – über die Frage-Antwort-Karte hinaus – ihre Erfahrungen und Anregungen mit. Die Themenvorschläge, die sie zu weiteren Lobby-Aktionen gemacht haben, führen zu einer Fortsetzung des Dialogs.

Die Round-Table-Gespräche werden von den Branchen- und Interessenvertretern als gutes Beispiel für dialogorientierte Kommunikation und Problemlösung gesehen. Die Standpunkte der Konsumenten liefern ihnen wichtige Hinweise für kundenorientiertes Handeln. Dazu zwei Zitate aus der Kundenzeitung »Nah & Frisch«, die Anfang September 1996 an alle Nah & Frisch-Einzelhändler ging:

»In erster Linie sollte sich die Branche die Ergebnisse schnell zunutze machen und für jene Schwachstellen Problemlösungen suchen, über die sich die Konsumenten am meisten ärgern«. Und, nachdem die Wünsche der Konsumenten aufgelistet werden: »An Ihnen liegt es jetzt, diesem Anforderungsprofil zu entsprechen, schnell etwaige Schwachstellen in Ihrem Geschäft zu erkennen und darauf zu reagieren.«

Der VKI gewinnt durch den Dialog mit Konsumenten und Wirtschaft wichtige Aufschlüsse für seine weitere Arbeit.

3.8. Der Ausblick

Nach der Leser-Lobby-Aktion »Wie super ist Ihr Supermarkt?« wurde auf Anregung der Leser bereits eine weitere Aktion zum Thema »Lebensmittelkennzeichnung: Haben Sie den Überblick?« durchgeführt.

Die letzte Aktion für dieses Jahr startete mit der September-Ausgabe des »Konsument«, in der die Leser aufgefordert wurden, ihrer Bank ein Zeugnis auszustellen. Wie zufrieden sind Konsumenten mit ihrer Bank? Ein spannendes Thema – die Ergebnisse werden im November vorliegen.

Leser-Lobby-Aktionen werden 1997 fortgesetzt.

3.9. Das Budget

Für die »Konsument«-Leser-Lobby wurden im Jahresbudget 1996 öS 700.000,– veranschlagt.

Eine neue Währung für Europa

PR-Träger: Oesterreichische Nationalbank

Externer Berater: Skills in PR

1. RAHMENBEDINGUNGEN/STATUS QUO

»Jahrhundertprojekt«: Die geplante Einführung einer gemeinsamen

Währung in den Staaten der Europäischen Union im Jahre 1999 (»Wirtschafts- und Währungsunion« – WWU) ist für die Notenbanken der beteiligten Länder auch eine enorme kommunikative Herausforderung: Wirtschaft und Bevölkerung müssen auf die seit über 50 Jahren größte Umstellung im Geld- und Zahlungsverkehr vorbereitet werden. Insbesondere gilt es, das Vertrauen der Bürger in die neue Währung sicherzustellen; ein Scheitern dieser Bemühungen hätte unabsehbare Folgen für die europäische Wirtschaft.

Position der OeNB zur Währungsunion: Die OeNB sieht die Währungsunion als notwendigen nächsten Integrationsschritt, um die Vorteile des Binnenmarkts im Handel miteinander und mit Drittstaaten voll nützen zu können. Über die bloße Kosten-Nutzen-Rechnung hinaus ist die gemeinsame Währung die logische Ergänzung des gemeinsamen Marktes und damit auch ein wesentlicher Schritt im europäischen Einigungsprozeß. Wobei die mit einem so weitreichenden Unterfangen verbundenen Risiken und Belastungen keineswegs negiert werden sollen; sie müssen aber bewältigt werden, wenn man es mit der Integration Europas ernst meint.

Schwieriges politisches Umfeld: Für Österreich ist die Entscheidung über die Teilnahme an der Währungsunion bereits durch den EU-Beitritt gefallen – falls die Konvergenzkriterien erfüllt werden. In der seinerzeitigen Beitrittsdiskussion stand das Thema aber nicht im Vordergrund; viele Bürger haben offenbar erst im nachhinein realisiert, daß sie mit dem »Ja« zur EU auch der Währungsunion zugestimmt haben. Zu dem Gefühl, in dieser wichtigen Frage (und nicht nur in dieser) »überfahren« worden zu sein, kommt noch, daß die Währungsunion als Auslöser für das unpopuläre Sparpaket angesehen wird.

Skepsis gegenüber dem Euro: Neben diesen politischen Aspekten zeigen die Meinungsumfragen, daß rund zwei Drittel der österreichischen Bevölkerung auch dem Projekt Europawährung als solchem noch skeptisch gegenüberstehen. Im Vordergrund steht dabei die Angst vor einem Verlust der Geldwertstabilität. Darüber hinaus gibt es eine starke emotionale Bindung der Österreicher an den Schilling als Symbol für den wirtschaftlichen Erfolg der Zweiten Republik.

Vertrauen in die OeNB: Zugleich wünschen aber fast drei Viertel der Befragten zur Einführung des Euro eine Informationskampagne durch die Oesterreichische Nationalbank; die Umfrage bescheinigt der OeNB auch das höchste Vertrauen unter allen staatlichen Institutionen.

Erstes Kommunikationskonzept für die Währungsunion: Angesichts dieser Situation hat die OeNB bereits im Herbst 1995 – vor dem EU-Gipfel in Madrid, auf dem der Name »Euro« beschlossen und der Zeitplan für die Währungsunion festgelegt wurde – als erste EU-Notenbank ein begleitendes Kommunikationskonzept für die Umstellungsphase entwickelt und unmittelbar nach dem Madrider Gipfel mit der Umsetzung begonnen. Dieses Konzept, das u. a. auf einer psychologischen Studie des Instituts für Motivforschung basiert, ist stark dialogorientiert und sieht ein stufenweises Heranführen der Bürger an das Thema bis zur Umstellung des Bargelds im Jahre 2002 vor. Die Durchführung wird laufend mit der Bundesregierung, den Sozialpartnern und dem Banken- und Finanzsektor abgestimmt.

Einstieg in den Dialog: In der »Einstiegsphase« von Ende 1995 bis Mitte 1996 wurden die Österreicher erstmals in größerem Ausmaß mit dem Thema Währungsunion konfrontiert, und die Notenbank konnte in der öffentlichen Diskussion – sowohl aktiv als auch reaktiv – ihrer Führungsrolle gerecht werden.

Modell für Europa: Vom Europäischen Währungsinstitut (EWI) in Frankfurt wird das österreichische Konzept als Modell für die Vorgangsweise in anderen Ländern angesehen. Mit dem EWI werden diesbezüglich bereits gemeinsame Pilotprojekte durchgeführt. Auch die Europäische Kommission hat die österreichische Vorgangsweise positiv beurteilt.

Regelmäßige Wirkungskontrolle: Der Erfolg der gesetzten Maßnahmen wird durch vierteljährliche Meinungsumfragen über die Einstellung zur Währungsunion (»OeNB-Barometer«) überprüft und die Vorgangsweise, falls erforderlich, entsprechend angepaßt. Befragt wird jeweils eine repräsentative Auswahl der erwachsenen österreichischen Bevölkerung (2 000 Personen). Das erste »OeNB-Barometer« wurde im Februar 1996 durchgeführt, das zweite lief im Mai 1996. Naturgemäß haben sich die Einstellungen in dieser kurzen Zeitspanne noch kaum signifikant verändert.

Gewachsen ist die Gruppe derer, die damit rechnen, daß der Euro in den nächsten Jahren kommen wird: Februar 81 Prozent, Mai 84 Prozent.

Die Zahl der Euro-Skeptiker insgesamt ist etwa gleichgeblieben: Februar 61 Prozent, Mai 60 Prozent. Die Gruppe der starken Gegner scheint etwas zurückgegangen zu sein: Februar 31 Prozent, Mai 29 Prozent.

Zurückgegangen ist auch die Zahl derer, die negative Auswirkungen auf die Währungsstabilität in Österreich befürchten: Februar 46 Prozent, Mai 43 Prozent.

2. KOMMUNIKATIONSZIELE

- Stärkung des Vertrauens der Bürger in das Projekt Europawährung und die Fähigkeit der beteiligten Staaten, erfolgreich eine gemeinsame Währung einzuführen;
- Abbau von Ängsten im Zusammenhang mit der geplanten Umstellung, insbesondere was den von vielen befürchteten Geldwertverlust betrifft;
- Sicherstellung einer möglichst reibungslosen Umstellung durch zeitgerechte und umfassende Information aller Betroffenen über die Modalitäten (Service-Funktion).

3. DIALOGGRUPPEN

Interne Öffentlichkeit
- Management
- Mitarbeiter
- Repräsentanzen im Ausland und Zweiganstalten

Multiplikatoren
- Sozialpartner und Interessenvertretungen
- Politiker, Parlamentarier und Parteien
- Professionelle Kommunikatoren (Journalisten, PR-Leute, Werber)
- Notare
- Wirtschaftsprüfer
- Rechtsanwälte
- Lehrer und Hochschulprofessoren

- Europa-Institutionen
- Kirchliche Institutionen

Professionelle Währungsverwender (»Fachöffentlichkeit«)
- Banken und Finanzunternehmen
- Rechnungsprüfungs- und Versicherungsunternehmen
- Hersteller und Betreiber von Verkaufsautomaten
- Öffentliche Verwaltung
- Internationale Großunternehmen (Anmerkung: Die parallel laufende operative Vorbereitung der Umstellung, die ebenfalls einen intensiven Kontakt mit den professionellen Währungsverwendern bedingt, ist nicht Gegenstand dieses Konzepts)
- Breite Öffentlichkeit
- Bevölkerung
- Betriebe
- Schüler
- Medien

»Schneeballsystem«: Die Kommunikation über die Währungsunion kann naturgemäß nicht von der OeNB allein getragen werden. Ein derartiger Ansatz wäre auch gar nicht realisierbar, da andere Kompetenzträger – etwa politische Institutionen oder der Banken- und Finanzsektor – auf jeden Fall über dieses Thema kommunizieren müssen. Da es sich bei der Währungspolitik um ein komplexes und hochspezialisiertes Thema handelt, benötigen diese Institutionen dazu die fachliche Unterstützung der Notenbank. Ein wesentlicher Aspekt der Kommunikationsarbeit ist daher die Aufbereitung entsprechender Unterlagen und die Bereitstellung von Materialien, die auch an Letztverbraucher weitergegeben werden können. Dadurch ergibt sich ein positiver »Schneeballeffekt«, der eine durchgängige Aussage »durch alle Instanzen« sicherstellt.

4. STRATEGISCHE LEITLINIEN

Vertrauen durch Vertrautes: Vertrauen entsteht am besten durch Bezüge zu Faktoren, zu denen bereits Vertrauen existiert. Dies bedeutet, daß die Kommunikationsarbeit für die neue Währung an die bisherige Stabilitätspolitik der OeNB anschließen muß, die Stabilität über den Euro nicht untergraben werden darf (auch im Hinblick auf den –

mittlerweile eher unwahrscheinlichen – Fall, daß die Währungsunion verschoben wird oder überhaupt nicht zustande kommt). Vielmehr muß das Vertrauen der Bürger in den Schilling schrittweise auch auf den Euro übertragen werden.

Stabilität transparent machen: Kernstrategie der Kampagne ist daher, die Gründe für die Stabilität des Schilling aufzuzeigen und zugleich zu vermitteln, daß die gemeinsame europäische Währung nichts anderes ist als die Ausweitung der Stabilitätszone auf ein größeres Gebiet. Indem man transparent macht, daß der harte Schilling auf realen Werten basiert – einer starken Wirtschaftsleistung und einer verantwortungsbewußten Finanzpolitik –, die auch dem Konzept der gemeinsamen Währung zugrunde liegen, wird es möglich, das Vertrauen in die Währungsstabilität allmählich vom Symbol Schilling »abzukoppeln« und damit eine Grundlage für die Akzeptanz einer auf gleichen Faktoren beruhenden »Nachfolgewährung« zu schaffen.

Reduktion auf ein verständliches Maß: Bei dieser Erklärung dürfen die Empfänger aber nicht mit komplizierten währungspolitischen Details überfordert werden. Es gilt, jene wesentlichen Faktoren herauszuarbeiten, die dem »Normalbürger« ein Grundverständnis der Zusammenhänge ermöglichen.

Stabilität als österreichischer Wert: Zu vermeiden ist auch, daß die Rahmenbedingungen für die Währungsunion (Konvergenzkriterien) als »Diktat aus Brüssel« empfunden werden. Vielmehr ist Österreich eines jener Länder, deren erfolgreiche Stabilitätspolitik nun auch von anderen in Europa übernommen wird – zum gemeinsamen Vorteil aller Beteiligten.

Vertrauen auf europäische Notenbanken ausdehnen: Durch die Erläuterung der wirtschaftlichen Hintergründe der erfolgreichen Stabilitätspolitik soll keineswegs das Vertrauen der Österreicher in ihre Notenbank ausgehöhlt werden; ein zentraler gesellschaftlicher Wert wie die Währungsstabilität benötigt eine vertrauenswürdige Institution, die über seine Erhaltung wacht und dabei nur dem Gemeinwohl verpflichtet ist. Vielmehr muß dieses Vertrauen nun auf die Notenbanken im künftigen Europäischen Zentralbankensystem ausgedehnt werden, die gemeinsam den Kurs der europäischen Währungspolitik bestimmen werden.

Adäquates Auftreten (»Dignität«): Natürlich muß die Kommunikation über die Währungsunion von den Empfängern wahrgenommen werden. Dieses Ziel bedingt eine gewisse Auffälligkeit der Maßnahmen, die aber nicht auf Kosten eines für die OeNB adäquaten Auftretens erreicht werden darf. Hier gilt es, eine Balance zwischen zeitgemäßer, service-orientierter Kommunikation und der Dignität einer Notenbank zu finden.

Zuversicht, aber keine Zusage: Ein Projekt wie die Währungsunion birgt klarerweise Risiken, die auch durch professionelles Vorgehen nicht vollständig ausgeschlossen werden können. Diese Risiken dürfen nicht verschwiegen und es dürfen keine Zusagen gemacht werden, deren Erfüllung nicht garantiert werden kann. Indem die OeNB aber klarstellt, daß sie – gemeinsam mit ihren ebenso kompetenten europäischen Partnern – auch künftig alles unternehmen wird, um die Stabilität der Währung zu erhalten (sozusagen als »Anwalt der Sparer«), gibt sie den Menschen Sicherheit, ohne unrealistische Erwartungen zu wecken.

Dialog und Hilfestellung: Die Einführung des Euro wird für jedermann große Veränderungen bringen. In diesem Prozeß sieht sich die OeNB – neben ihren währungspolitischen und organisatorischen Aufgaben – auch als »Coach« für die Bevölkerung, dem es obliegt, durch beständigen Dialog und praktische Hilfestellungen den Bürgern die Umstellung zu erleichtern.

Integration in die Gesamtkommunikation der OeNB: Die Vorbereitung auf die Währungsunion ist in den nächsten Jahren das mit Abstand wichtigste Thema für die Kommunikation der OeNB. Sie wird auch bei anderen anfallenden Notenbankthemen immer mit eine Rolle spielen – etwa bei der aus Sicherheitsgründen geplanten Einführung neuer Schilling-Banknoten oder der Inbetriebnahme des neuen Geldzentrums der OeNB (beides im Herbst 1997). Alle Aussagen, die bei solchen Anlässen getroffen werden, müssen daher mit den Zielen und Strategien des Kommunikationskonzepts für die Währungsunion in Einklang gebracht werden.

5. PHASEN DER KOMMUNIKATIONSARBEIT

Zeitplan für die Währungsunion, der diesem Konzept zugrunde liegt:

Ende 1995 – Einigung auf den Namen »Euro« und Festlegung des weiteren Zeitplans für die Einführung der gemeinsamen Währung auf dem EU-Gipfel in Madrid.

Anfang 1998 – Bestimmung der Teilnehmerländer (je nach Erfüllung der Konvergenzkriterien im Jahre 1997) durch die EU-Finanzminister

1. Jänner 1999 – Beginn der Währungsunion, Fixierung der Wechselkurse, schrittweise Umstellung des Buchgeldes in den Teilnehmerländern auf Euro

1. Halbjahr 2002 – Umtausch des nationalen Bargelds in Euro-Banknoten und -Münzen (bis spätestens 30. Juni 2002)

Stufenweises Vorgehen: Die Heranführung der Bürger an das komplexe Thema Währungsunion kann nur schrittweise erfolgen. Nur wenn zuerst eine Vertrauensbasis für den Euro geschaffen wird, kann man erwarten, daß auch die notwendigen Sachinformationen – etwa über den Umstellungsmodus – aufgenommen und verarbeitet werden. Das Konzept sieht daher ein stufenweises Vorgehen vor, bei dem jede Stufe auf der vorhergehenden aufbaut, wobei es naturgemäß Überlappungen gibt:

- Übertragung des Stabilitätskonzepts vom Schilling auf die Europawährung (1995-1997)
- Vorbereitung auf die Währungsunion und die Einführung des Euro (1996-1998)
- Vorbereitung auf das gemeinsame europäische Geld und die Aufgabe des Schilling (1998-2002)

Flexible Handhabung: Es versteht sich von selbst, daß die Diskussion des Themas Währungsunion nur beschränkt gesteuert werden kann, da sie einer Vielzahl von nationalen und internationalen Einflüssen unterliegt. Somit kann in der Praxis auch die vorgesehene stufenweise Abfolge der Schwerpunkte nur bedingt eingehalten werden: Wenn in der Öffentlichkeit Fragen diskutiert werden, die laut Konzept in eine spätere Stufe gehören würden, muß die Notenbank dennoch dazu Stellung nehmen. Daraus ergibt sich die Notwendigkeit einer flexiblen Handhabung des Konzepts, welche die eigenen Ziele und Strategien ebenso im Auge behält wie die äußeren Einflußfaktoren.

6. OPERATIVE UMSETZUNG

Strategische Führung durch die OeNB: Die strategische Führung des Projekts und sämtlicher Aktivitäten erfolgt durch die Abteilung »Sekretariat des Direktoriums/Öffentlichkeitsarbeit«, die dem Generaldirektor der OeNB direkt untersteht. Diese zentrale Steuerung ist angesichts der politischen Relevanz des Themas und der Komplexität des Programms ein entscheidender strategischer Aspekt. Die Notenbank hat außerdem die Führung der »Arbeitsgruppe Informationsarbeit« innerhalb der ARGE WWU, einem »Koordinationsgremium für innerösterreichische Maßnahmen« im Hinblick auf die Umstellung auf die gemeinsame europäische Währung übernommen.

Zusammenarbeit mit externen Spezialisten: Für die Durchführung des Programms wurde eine Reihe von Spezialisten aus verschiedenen Kommunikationsdisziplinen verpflichtet.

Funktion der PR-Agentur: Die Agentur berät die Abteilung »Sekretariat des Direktoriums/Öffentlichkeitsarbeit« in allen strategischen und inhaltlichen Fragen und ist für die operative Durchführung der Maßnahmen (mit Koordination aller beteiligten externen Partner) zuständig, wobei zum Teil auch eigene Leistungen eingebracht werden.

7. MASSNAHMEN

Zeitlicher Rahmen: Wie bereits ausgeführt, handelt es sich bei dem vorliegenden Konzept um ein Langzeitprojekt, das erst nach der Jahrtausendwende abgeschlossen sein wird. Die nachstehend angeführten Maßnahmen betreffen die »Einstiegsphase« in die öffentliche Diskussion von Ende 1995 bis Mitte 1996. Die meisten Instrumente werden auch künftig weiter eingesetzt werden. Einige bereits konkret geplante Maßnahmen für die nächsten Monate sind am Ende dieses Kapitels aufgeführt.

Verhältnismäßigkeit der eingesetzten Mittel: Der Umfang der Aktivitäten mag – im Vergleich zu anderen PR-Projekten – gewaltig erscheinen, ist jedoch vor dem Hintergrund der Bedeutung der Aufgabe zu sehen. Ein Projekt wie die Währungsunion muß der Öffentlichkeit in dem Ausmaß erläutert werden, das für das erforderliche Verständnis und die Vertrauensbildung notwendig ist. Die Öffentlichkeitsarbeit ist hier Bestandteil der gesetzlichen Aufgabe der OeNB als »Hüterin der Währung«.

8. BISHER DURCHGEFÜHRTE MASSNAHMEN (1995/1. Halbjahr 1996):

Newsletter »Europa-Report«
Zielgruppen: Banken- und Finanzsektor, öffentliche Verwaltung, Multiplikatoren, Bildungsbereich, Medien, interessierte Öffentlichkeit (Anfragen beim Servicetelefon) etc. Auflage: 40.000 – 70.000 Stück, jeweils mit einem Themenschwerpunkt. Verteilung: über den Direktversand und auf Anfrage

Oktober 1995 bis Juni 1996:
»Das Europäische Währungssystem«
»Warum eine Europäische Wirtschafts- und Währungsunion?«
»Madrid – ein Meilenstein auf dem Weg zur Währungsunion«

In Planung bis Ende 1996:
»OeNB und Europäisches Währungsinstitut im Euro-Dialog« (erschienen September 1996)
»Euro-Einführung in Theorie und Praxis« (volkswirtschaftliche Zusammenhänge)
»Öffentlichkeitsarbeit für den Euro«
»Rechtliche Fragen der Wirtschafts- und Währungsunion«

Informations-Folder
Zielgruppen: Breite Öffentlichkeit, Multiplikatoren, Fachöffentlichkeit
Verteilung: über das Filialnetz von Banken, Institutionen und Unternehmen sowie Direktversand aufgrund von Bestellungen beim OeNB-Servicetelefon

»Die Zukunft unseres Geldes«
Inhalt: »Was bringt die Wirtschafts- und Währungsunion?«
Breite Öffentlichkeit und Multiplikatoren, Auflage 2 Mio. Stück, Auslieferung Jänner 1996 – bereits wenige Tage nach dem Gipfel von Madrid im Dezember 1995

»So werd' ich zum Euro«
Inhalt: »Der Übergang zur Wirtschafts- und Währungsunion«
Breite Öffentlichkeit und Multiplikatoren, Auflage 1,5 Mio. Stück, auch in englischer Sprache verfügbar, weitere Sprachen in Vorbereitung

»Der Plan für die Einführung des Euro«
Inhalt: »Szenario für den Übergang zu einer gemeinsamen Währung«
Fachöffentlichkeit, Auflage 350.000 Stück

Broschüren
»Die OeNB als Unternehmen«
Inhalt: Darstellung der wichtigsten Aufgaben der OeNB, auch im Hinblick auf den Übergang zur gemeinsamen Währung, für Multiplikatoren

In Planung bis Ende 1996:
»Der Weg zur Wirtschafts- und Währungsunion«
Aktualisierte Neuauflage einer bereits 1993 aufgelegten Informationsbroschüre für die Fachöffentlichkeit
Inhalt: Szenario des Übergangs zur WWU; dazu Kurzfassung in Form eines Folders für die breite Öffentlichkeit

»Notenbank und Währung«
Aktualisierte Neuauflage einer Informationsbroschüre für AHS und BHS, Auflage ca. 50.000 Stück

OeNB-Homepage im Internet
mit Informationen auf Basis der oben angeführten Druckprodukte

OeNB-Servicetelefon
Seit 1. Jänner 1996, in allen Druckprodukten publiziert, bisher ca. 4500 Anfragen

Volkswirtschaftliche Tagung »Auf dem Weg zur Wirtschafts- und Währungsunion« (10. - 11. April 1996)
Jährliche Tagung der OeNB für Wirtschaft, Banken, den öffentlichen Sektor und die Medien; breite Berichterstattung in den Medien; auch die Volkswirtschaftliche Tagung 1995 »Die Zukunft des Geldes - Das Geld der Zukunft« stand bereits unter einem Euro-Thema.

Veranstaltungsreihe »Euro-Dialog«
Gemeinsame Initiative von OeNB und Europäischem Währungsinstitut (EWI), Modellprojekt für ähnliche Veranstaltungen in anderen Ländern; für die Fachöffentlichkeit und Multiplikatoren

- Workshop »Kapitalmarkt – Einführung der Einheitswährung« (20. Mai 96)
  Teilnehmer: Plattform Bundeskreditsektion Kapitalmarkt »Einheitliche Europäische Währung«, Vertreter des deutschen Kapitalmarktes, EWI, OeNB

- Tagung + Pressekonferenz »Die Zukunft unseres Geldes« (21. Mai 96)
  Teilnehmer: Multiplikatoren und Fachöffentlichkeit, EWI-Präsident Alexandre Lamfalussy, Spitzenvertreter der OeNB; anschließend Treffen mit den Sozialpartnern

- Workshop »Auf dem Weg zum Euro im Zahlungsverkehr« (29. Mai 96)
  Teilnehmer: Studiengesellschaft für den Zahlungsverkehr (STUZZA), Sektion Geld und Kredit, OeNB, EWI

- Tagung »Die gemeinsame europäische Währung und ihre Einführung« (5. Juni 96)

- Experten-Konferenz gemeinsam mit dem EWI und dem WIFO.
  Teilnehmer: Banken, Industrie, Gewerbe, Politik, öffentliche Verwaltung, Medien

- Arbeitsgespräch »Rechtsfragen« (14. Juni 96)
  Teilnehmer: BMJ, BMF, Hauptverband der Banken, OeNB, EWI

- »Euro-PR-Kommunikationskreis« (13. März und 25. Juni 1996)
  Regelmäßige Gesprächsrunden mit den PR-Verantwortlichen der Banken

Beteiligung an Messen
im ganzen Bundesgebiet mit einem eigenen Informationsstand (1996 insgesamt acht Termine geplant); Durchführung von Fragespielen zur Währungsunion und zur Stabilität des Schilling mit Gewinnmöglichkeit (Wissens- und Meinungsfragen)

Ausstellung
»Die österreichische Währungspolitik – Voraussetzung für Stabilität und Europareife« (Wanderausstellung gemeinsam mit dem Wirtschafts- und Gesellschaftsmuseum für Schulen in allen Bundesländern)

Vortragstätigkeit zum Thema WWU/Euro
Pro Jahr rund 500 Referate von OeNB-Experten in Bildungseinrichtungen und bei Veranstaltungen, auf Basis aufbereiteter Unterlagen

Medienarbeit
Angesichts der extrem starken – oft täglichen – Präsenz des Themas in praktisch allen Medien, die sich mit Politik- und Wirtschaftsberichterstattung befassen, wurden bisher – mit Ausnahme der bereits erwähnten Pressekonferenz mit EWI-Präsident Lamfalussy – keine Medienveranstaltungen speziell zu diesem Thema durchgeführt. Die Medienbetreuung konzentriert sich auf Einzelkontakte für eine vertiefende Hintergrundberichterstattung sowie die Beantwortung von Journalistenfragen (oft mehrmals täglich). Das Thema Währungsunion kommt aber selbstverständlich auch auf den regulären Pressekonferenzen der OeNB (z. B. Geschäftsbericht, Präsentation der Zahlungsbilanz) immer zur Sprache.

Wirkungskontrolle/Meinungsforschung
»Psychologie des Geldes«
- Qualitative Untersuchung – Grundlage für das vorliegende Konzept »OeNB-Barometer«
- Quantitative Umfrage zum Meinungsklima über die Währungsunion, 4 mal jährlich, Beginn Februar 1996
- Fragen zur Europäischen Währung und zur Stabilität des Schilling
- Meinungsbefragung bei Messebesuchern, mit angeschlossenem Gewinnspiel

Maßnahmen für die interne Öffentlichkeit
- Laufende Informationsveranstaltungen und Seminare
- Beiträge über die WWU in der Mitarbeiterzeitschrift »DER SCHILLING«
- Schnell-Info für Mitarbeiter

- Argumentarium zu Fragen der Wirtschafts- und Währungsunion
- Positionen der Notenbank zu den wichtigsten Themen der WWU; wird laufend aktualisiert
- Alle Broschüren und Folder sind auf Anfrage erhältlich.

Beispiele für weitere geplante Maßnahmen für 1996/97
- Themenarchiv »Wirtschafts- und Währungsunion«
Zusammenfassende Texte zu den wichtigsten WWU-Themen für Journalisten
- Ausstellung »Geld und Stabilität im Wandel der Zeit«
Anpassung der Zahlungsmittel an die jeweiligen Wirtschaftssysteme; Rolle des Geldes bei der Entwicklung der Gesellschaft; Währungsstabilität als zentrales Ziel, das sich durch alle Systeme durchzieht; Einsatz in allen Bundesländern 1997 und Folgejahre.
- CD-ROM »Notenbank und Währung«
Darstellung der Aufgaben einer Notenbank mit Sonderteil »Wirtschafts- und Währungsunion«, Einsatz in Schulen
- Schüler- und Lehrerkoffer »Euro-WWU«
bestehend aus WWU-Broschüre, CD-ROM, Folienset etc.
- Referentenset »Euro-WWU«
bestehend aus Rednerdienst (Textmodule für Referenten), Broschüre WWU, Folienset OeNB/EWI etc.
- Eröffnung des neuen Geldzentrums der OeNB (OENB II) in Wien-Alsergrund im Herbst 1997 (die Errichtung des Gebäudes steht in direktem Zusammenhang mit der künftigen Aufgabenverteilung unter den europäischen Notenbanken in der Währungsunion).

Beilagen zu diesem Konzept:
Newsletter »Europa-Report«
»Das Europäische Währungssystem«
»Warum eine Europäische Wirtschafts- und Währungsunion?«
»Madrid – ein Meilenstein auf dem Weg in die Währungsunion«
Informations-Folder
»So werd' ich zum Euro«
»Die Zukunft unseres Geldes«
»Der Plan für die Einführung des Euro«
Presseberichte »Volkswirtschaftliche Tagung 1996«
Presseberichte Euro-Dialog »Die Zukunft unseres Geldes«

9. KOSTEN

Das Budget des Projekts betrug über öS 1,000.000,–.

Öffentlichkeitsarbeit für das Donaukraftwerk Freudenau 1987 bis 1998

PR-Träger: Verbund Österreichische Elektrizitätswirtschafts AG

Kein externer Berater

1. AUSGANGSSITUATION

Das langjährige Unternehmensziel der »DoKW« war der rasche und kostengünstige Ausbau der Donau zur Stromerzeugung und als Wasserstraße im Auftrag des Eigentümers Verbund und damit der Republik Österreich.

Schwerpunkt war die technische Umsetzung, wobei die Ökologie marginal in die Planungen einfloß und der Dialog lediglich mit den unmittelbar Betroffenen geführt wurde.

Der Wertewandel Mitte der achtziger Jahre setzte neue Schwerpunkte in den Bereichen Ökologie und Kommunikation. Nach den Ereignissen von Hainburg zur Jahreswende 1985 war das Image der »DoKW« stark angegriffen. Trotz massiver Anti-Kraftwerks-Kampagnen sprach sich aber mehr als die Hälfte der österreichischen Bevölkerung prinzipiell für den Bau weiterer Wasserkraftwerke aus.

Im 11-Punkte-Programm der österreichischen Bundesregierung vom 4. Jänner 1985 hieß es dezidiert: »Mit den Vorbereitungen für die Staustufe Wien ist unverzüglich zu beginnen.« Dies war der Auftakt zu grundsätzlichen Planungen für das Kraftwerk und damit auch zu einer projektbegleitenden Öffentlichkeitsarbeit.

2. DIALOGGRUPPEN

- Meinungsbildner aus Politik (Bund und Länder), aus Behörden, Institutionen, der Fachöffentlichkeit und der Wirtschaft sowie der Medien und der Gesellschaft
- Medienvertreter

- Interessierte Bürger mit dem regionalen Schwerpunkt Wien und Donauraum
- Mitarbeiter

3. ZIELDEFINITION

- Aufbau eines Dialogs mit der relevanten Öffentlichkeit und Schaffung einer Vertrauensbasis;
- Erreichung der Akzeptanz zur Planung und Errichtung eines Donaukraftwerks in Wien;
- Positive Bewertung durch die Öffentlichkeit während der Projektdauer.

4. STRATEGIE

- Neupositionierung des Unternehmens und Schaffung eines positiven Images
- Schaffung einer neuen Corporate Identity
- Versprechen: Transparenz in allen Phasen der Planung und Realisierung
- Ständiger Dialog mit der Öffentlichkeit
- Von der Baustelle zur Schaustelle

5. UMSETZUNG

1986 – 1987	Corporate-Identity-Projekt Neues Corporate Design; Unternehmensname: »Donaukraft«
1986 – 1988	Wettbewerb »Chancen für den Donauraum« gemeinsam mit der Stadt Wien
1988 – 1989	PR-Veranstaltungen »Wassersport-Opening«, »Donauraum-Traum«
1991	Informationskampagne vor der Volksbefragung in Wien
1992 – 1998	Baubegleitende Öffentlichkeitsarbeit »Einhalten der Versprechen«
1993 – 1998	Info-Center und Führungen auf der Baustelle
1998	DONAUSTROMFEST Inbetriebnahme des Kraftwerks

6. CORPORATE IDENTITY-PROJEKT

Das CI-Projekt wurde von Beginn an von Mitarbeitern des Unternehmens mitgetragen. Es ging um die Aufarbeitung des Problems, durch die Ereignisse von Hainburg ganz plötzlich zu »Betonierern« und »Buhmännern der Nation« geworden zu sein. Die wesentlichen Ergebnisse des Projekts waren ein gemeinschaftlich erarbeitetes Unternehmensleitbild zur Erhöhung der Motivation und Identifikation der Mitarbeiter mit dem Unternehmen sowie die Schaffung eines neuen Corporate Designs und des Namens DONAUKRAFT.

7. WETTBEWERB »CHANCEN FÜR DEN DONAURAUM«

Um den schwierigen technischen und ökologischen Anforderungen an ein Großkraftwerk in einer Millionenstadt gerecht zu werden, riefen die Stadt Wien und Donaukraft 1986 den internationalen Wettbewerb »Chancen für den Donauraum« ins Leben. Neben den Experten waren auch alle Wienerinnen und Wiener eingeladen, sich zu beteiligen.

Bei einer Ausstellung der Zwischenergebnisse brachten die Besucher eine Reihe von Ideen und Vorschlägen ein, die in die weiteren Planungen einflossen. 1988 empfahl die Wettbewerbsjury unter anderem den Aufstau der Donau in Wien.

8. PR- UND INFORMATIONSAKTIVITÄTEN

Grundprinzip: Abbau von Kommunikationsschwellen
                Information in direktem Dialog
Maßnahmen:
- Zwei Großveranstaltungen, »Wassersport-Opening« und »Donauraum-Traum«, Schwerpunkte: Informationen zu Freizeitaktivitäten im Donauraum
- Medienschaltungen und Broschüren mit dem Angebot zum Dialog (Info-Telefon)
- Direktinformation durch Experten bei Veranstaltungen im Wiener Raum
- Kamingespräche mit Meinungsbildnern aus Politik, Institutionen und Medien

9. DONAUKRAFT-VOLLEYBALLTEAM

Durch Sponsoring eines Volleyballklubs der ersten Spielklasse ab der Spielsaison 1989/90, mit dem neuen Namen »Donaukraft«, erfolgte ein hoher positiver Imagetransfer infolge der sportlichen Erfolge und der daraus resultierenden Medienpräsenz.

Von Beginn an wurde durch breite und erfolgreiche Volleyball-Jugendarbeit auch Zugang zu der Zielgruppe Kinder/Jugendliche bzw. Lehrer gesucht und gefunden.

10. INFORMATIONSKAMPAGNE VOR DER VOLKSBEFRAGUNG IN WIEN

Bei einer Volksbefragung im Mai 1991 konnte die Wiener Bevölkerung über den Bau des Donaukraftwerks Freudenau und eine Weltausstellung in Wien abstimmen.

Eine kurze, aber intensive Informationskampagne hatte das Ziel, eine hohe Beteiligung an der Abstimmung und die Akzeptanz des Kraftwerks im Dialog mit der Öffentlichkeit zu erreichen.

Kernaussagen: Das Versprechen eines Dialogs und der transparenten Baudurchführung.

Die wichtigsten Maßnahmen:
- Medienschaltungen mit Testimonialkampagne und Sonderthemen
- Direct Mailing an alle Haushalte
- Direktinformationen durch Experten an Punkten mit hoher Publikumsfrequenz
- Sonderschiffsfahrten auf der Donau; Kontakt zu rd. 80.000 Personen
- Informationstelefon mit rd. 1 200 Kontakten
- Diskussionsveranstaltungen in 110 Firmen
- Durch ein begleitendes Monitoring wurden Informationsdefizite erhoben und diese durch gezielte Maßnahmen ausgeglichen.

11. BAUBEGLEITENDE ÖFFENTLICHKEITSARBEIT

Grundprinzip: Einhalten der Versprechen

Maßnahmen:
- Medienarbeit – ständige Kontakte und Pressefahrten

- Kontinuierliche Information der Medien mit offener Ansprache auch möglicher Negativthemen, wie Verkehrsprobleme bei Brückenhebungen, Schwarzarbeiter auf der Baustelle u. a.
- Direktinformation bei Großveranstaltungen: Donauinselfest, Wiener Citymarathon, Wiener Ferienspiel
- Inserate: baubegleitende Information mit Angebot zum Dialog (Info-Telefon)
- Broschüren, regelmäßig aktualisiertes Informationsmaterial
- Zielgruppenorientierte Information: Bezirksfeste, regionale Informationsveranstaltungen

12. FÜHRUNGEN UND INFO-CENTER AUF DER BAUSTELLE

Grundprinzip: Von der Baustelle zur Schaustelle

- Einrichtung eines Informationszentrums auf der Baustelle
- Führungen ab Baubeginn für alle Interessierten nach Anmeldung
- Regelmäßige Führungen am Wochenende ohne Anmeldung
- Frei zugängliche Aussichtshügel auf der Donauinsel mit Informationstafeln

13. DONAUSTROMFEST 2. BIS 7. JUNI 1998

Den Abschluß und Höhepunkt des baubegleitenden Dialogs mit der Öffentlichkeit bildete das Donaustromfest zur Inbetriebnahme des Kraftwerks.

Motto: Ganz Wien geht hin

Infolge der Neustrukturierung des Verbundkonzerns galt es, neben dem »gelernten« Dialogpartner DONAUKRAFT den neuen Partner Verbund an diesem attraktiven Ort der Begegnung in der Öffentlichkeit zu positionieren.

Das Event gliederte sich in 3 Teile:

- Festakt mit rd. 500 Meinungsbildnern aus Politik, Verwaltung, Wirtschaft und Medien – offizielle Inbetriebnahme durch Bundesminister Farnleitner und Bürgermeister Häupl
- Interne Feier für alle am Projekt mitarbeitenden Mitarbeiter des Konzerns

- Publikumsfest für die breite Öffentlichkeit an einem Wochenende
  - Tage der offenen Tür: Informationen im und rund ums Kraftwerk
  - Präsentation des neuen Informationszentrums STROMHAUS
  - Donaukapitän: Schiffsfahrten im Kraftwerksbereich
  - Wasserspaß: Aktivitäten im neugeschaffenen Freizeitbereich
  - Eröffnung des Radwegs über das Kraftwerk zur Donauinsel
  - Freudenau-Show: Barockkonzert auf der Kraftwerksbühne, Lichtshow und Feuerwerk, Freudenau-Clubbing

14. ERFOLGSKONTROLLE

- Baubegleitendes Monitoring: Erhöhung der Akzeptanz in allen Bereichen seit Baubeginn, eindeutig positive Beurteilung durch die Hälfte der Befragten zu Bauende
- Volksbefragung 1991: mehr als 40 % Beteiligung, rd. 73 % Zustimmung
- Medienbefragung 1991: trotz möglicher Negativthemen grundsätzlich positive Berichterstattung während der gesamten Bauzeit
- 90.000 Teilnehmer an Baustellenführungen
- 60.000 Besucher des Donaustromfestes; davon besichtigten zwei Drittel das Kraftwerk.

15. SCHLUSSFOLGERUNG

Die vor Projektbeginn zugesagte und während der gesamten Projektdauer eingehaltene Transparenz und Dialogbereitschaft wurde voll angenommen und gewährleistete eine reibungslose Abwicklung des Projekts.

16. BEILAGEN

Imagekontrolle, Auszug 1998
Broschüren vor der Volksbefragung 1991
Kinderbroschüre 1993
Flugblatt Baustellenführungen 1993
Flugblatt Freudenau, deutsch und englisch, (1. Auflage 1994)
Mutation nach CD-Richtlinien Verbund 1997
Freudenau-Folder, Auswahl 1992-1997

Einladung zum Festakt 1998
Direct Mail an alle Wiener Haushalte, 1998
Internetauftritt 1998
Inserat in Tageszeitungen 1996
Inserat in Tageszeitungen 1997

17. KOSTEN

Das Budget des Projekts betrug über öS 1,000.000,–.

cross culture bei den Bregenzer Festspielen

PR-Träger: Bregenzer Festspiele GmbH

Kein externer Berater

1. AUSGANGSSITUATION

Oper gilt ganz allgemein als »elitäre« Kunst: Die klassischen Opernhäuser werden in der Regel vor allem von älteren, wohlhabenden Menschen besucht; die Jungen »schalten ab«, wenn allein das Wort Oper fällt. Sie verbinden Oper in erster Linie mit lauten Arien, schwülstiger Musik und affektiertem Publikum. Die Bregenzer Festspiele haben 1995 in ihren Unternehmensleitlinien festgelegt, daß »die Integration der Jugend als aktiver Bestandteil der Festspielprogramme eine ständige Erneuerung beschleunigen, neue Kreativpotenziale erschließen und schließlich auch das Publikum von morgen an die Festspiele heranführen soll«. Durch die außergewöhnliche Atmosphäre der Seebühne, zeitgemäße Inszenierungen und den daraus folgenden Eventcharakter ist es den Festspielen schon bisher gelungen, ein Publikum zu begeistern, das sonst nur selten in Opernhäusern anzutreffen ist. Ziel ist es, dieses Publikum für zukünftige Opernbesuche zu interessieren und Schwellenangst abzubauen. Insbesondere bei Jugendlichen sollte dieser Ansatz verstärkt und ein Dialog eröffnet werden. Zu diesem Zweck wurde 1996 cross culture ins Leben gerufen.

2. PROBLEMSTELLUNG

Die Festspiele finden außerhalb der Schulzeit statt. Schon deshalb konnten wir uns nicht auf den Zugang zu den Jugendlichen über die Schule begnügen. Auch deshalb, weil hier häufig nur die »braven« Schüler angesprochen werden, vor allem aber, weil die berufstätigen Jugendlichen nicht erreicht werden. Ein weiteres Problem bilden die Jugendkarten: Die Reduktion auf den Normalpreis führt zu einem erheblichen Einnahmenverlust (insbesondere bei ausverkauften Veranstaltungen). Trotzdem dürfen nicht nur begrenzte – und womöglich schlechte – Karten zur Verfügung gestellt werden. Die Jugendlichen dürfen nicht als »Füllmenge« betrachtet werden, sondern müssen als Publikum ernst genommen werden.

3. ZIEL

- Junge Menschen sollen sich mit den Themen der Festspiele auseinandersetzen.
- Die Festspiele sind am Puls der Zeit und bieten nicht museales Musiktheater.
- Oper ist (zumindest in Bregenz) eine zeitgemäße Ausdrucksform.

4. ZIELGRUPPEN

- Junge Menschen von 14-20 Jahren im Umkreis von 100 km
- Lehrer und Lehrlingsausbilder
- Schulklassen und Projektgruppen
- cross culture Kerngruppe (kein Jugendverein)

5. STRATEGIE

Die klassischen Schnittpunkte waren für die Festspiele hier die richtige Strategie. Es ging nicht darum, ein neues Programm für Jugendliche zu machen, sondern das Programm der Festspiele in die Sprache der Jugendlichen zu übersetzen (inhaltlich und graphisch) sowie gleichzeitig Möglichkeiten anzubieten, tiefer in die Materie des Theaters einzutauchen, Theater zum Erlebnisort zu machen. Zudem bilden einige Jugendliche die cross culture Kerngruppe, die aktiv in die Gestaltung und Konzeption der einzelnen Aktivitäten eingebunden ist. Es gibt keinen »Jugendclub« der Festspiele, da diese Art der Bindung

(Beitrittserklärung, Vereinssitzung etc.) von den Jugendlichen nicht gewünscht wird. Es gibt lediglich einen Adressenstamm, der regelmäßig über die Aktivitäten informiert wird. Eine weitere Strategie besteht darin, möglichst viele Kooperationen (Bank Austria, regionale Tageszeitungen, ÖBB, Rundfunksender, Vorarlberg Online, Österreichisches Kulturservice, ...) einzugehen, um die Kosten gering zu halten.

6. DURCHFÜHRUNG, AKTIONEN

Jugendbeauftragter (cross culture team)
Er hat ein offenes Ohr für die Jugendlichen, koordiniert und organisiert gemeinsam mit dem PR-Verantwortlichen alle cross culture Aktivitäten. Nur dem künstlerischen Leiter gegenüber verantwortlich, steht der Jugendbeauftragte auch in der Festspielhierarchie an einflußreicher Stelle.

fringe
fringe bietet eine Plattform für Einblicke, neue Perspektiven und aktive Auseinandersetzung mit Kultur. fringe ist ein Podium für Jugendliche, ein Forum, auf dem über die eigenen Ideen diskutiert werden kann. Eine Bühne, auf der Welten zusammenfinden. Auf dem Programm finden sich Workshops ebenso wie Ausstellungen und »schräge« Veranstaltungen, bei denen der lustvolle Zugang zur Kultur im Mittelpunkt steht.

cross culture night
Sie ist der Höhepunkt der cross culture Aktivitäten: eine Voraufführung des Spiels auf dem See nur für Jugendliche. Das Rahmenprogramm des Abends bilden Führungen mit Blick hinter die Kulissen und Einführungsvorträge speziell für Jugendliche. Zudem erklärt der Bühnenbildner seine Ideen. Nach der Aufführung gibt es den midnight talk – bei dem die Künstler Rede und Antwort stehen – sowie eine Party zum Ausklang. 6 000 Jugendliche nehmen jedes Jahr an der cross culture night teil. Die Benützung der ÖBB ist für die Besucher an diesem Abend gratis.

cross culture cinema
Auf dem Programm des cross culture cinema stehen Kult und Kultur: Open air auf der Seebühne oder in der neuen Werkstattbühne gab es

bisher Filme wie »Pulp Fiction«, »Hamlet«, »Romeo und Julia«, »Comedian Harmonists« und Fritz Langs »Metropolis« mit Live-Jazz.

cross culture Zeitung
Die cross culture Zeitung wird von Jugendlichen gemeinsam mit einem Profi-Journalisten im Rahmen eines fringe-Workshops geschrieben und später anstelle eines Programmheftes bei der cross culture night verteilt. Die Zeitung ermöglicht es, eigene Zugänge zu den Opernstoffen zu finden und in das »Zeitungsmachen an sich« hineinzuschnuppern.

Bregenz goes Berlin
Vorarlbergs Jugendliche nehmen im Rahmen von cross culture und in Zusammenarbeit mit dem Deutschen Theater Berlin (das seit 1993 regelmäßig bei den Bregenzer Festspielen gastiert) das Kulturangebot Berlins unter die Lupe. Auf dem Programm stehen der Besuch von Proben sowie Diskussionsrunden mit Regisseur und Schauspielern. Im Deutschen Theater haben die Bregenzer Festspiele einen engagierten Kooperationspartner gefunden, der gerne Einblicke in den »Theateralltag« und hinter die Kulissen gewährt.

groove gershwin
Bei groove gershwin waren neue Variationen der Gershwin-Songs gefragt. Ob in DJ-Manier oder »unplugged« – die Jugendlichen waren aufgefordert, Gershwins Musik auf ihre Weise zu interpretieren. Der Sieger erhielt neben einem Geldpreis eine Aufnahme im Tonstudio und einen Auftritt im Rahmen der Premierenfeier von »Porgy and Bess«.

cross culture net contest
Rund 100 Beiträge – Texte, Fotos, Graphiken – von Jugendlichen zum Thema »ausgegrenzt« sowie über 100.000 page views, so lautet die Bilanz des cross culture net contest 1997. Gestaltet wurde die Homepage des Wettbewerbs von Schülern der 7. Klasse eines Bregenzer Gymnasiums, die auch den Sieger kürten.

Lehrlingswettbewerb
Drei Skulpturen zum Thema »ausgegrenzt« entstanden 1997 auf Initiative der Vorarlberger Elektro- und Metallindustrie, gestaltet von Lehrlingen in enger Zusammenarbeit mit den Bregenzer Festspielen.

7. ERFOLGSKONTROLLE

Die hohe Beteiligung der Jugendlichen bei den einzelnen Aktivitäten sowie die hohe Medienresonanz (der ORF gestaltete ein eigenes »Österreich Heute am Sonntag«: »Porgy and Bess, eine Volksoper der Jugend«) sind Indizien für den Erfolg des cross culture Programms. Allein in diesem Jahr haben 15.000 Jugendliche an Veranstaltungen teilgenommen. Ein weiteres Indiz ist die interne Karriere, die der Begriff cross culture in den letzten zwei Jahren bei den Bregenzer Festspielen gemacht hat. Die aktive Einbeziehung der Jugendlichen hatte auch ein Umdenken innerhalb des Unternehmens zur Folge: Je mehr man sich mit einer Dialoggruppe beschäftigt, umso wichtiger wird sie einem ...

PS.: Das cross culture Programm ist ein Lernprogramm. Es wäre unwahr zu sagen, daß das oben angeführte Konzept 1996 so beschlossen und dann so durchgeführt wurde. Vielmehr war und ist cross culture ein ständiger Anpassungsprozeß zwischen den Dialogpartnern. Das Konzept ist letztendlich das bewußte »miteinander Wollen«, die Absicht, Kultur lustvoll zu leben.

8. KOSTEN

Das Budget betrug zwischen öS 150.000,– und öS 300.000,–.

Ein kommunikativer Turnaround – Investor Relations der Böhler-Uddeholm AG

PR-Träger: Böhler-Uddeholm AG

Externer Berater: Scholdan & Company

1. AUSGANGSSITUATION

Böhler-Uddeholm ist eines der größten österreichischen Unternehmen und einer der weltweit führenden Hersteller von Edelstahl und Edelstahlprodukten. Die Böhler Uddeholm-Gruppe beschäftigt rund 9 000 Mitarbeiter und erzielte im Geschäftsjahr 1996 einen Umsatz von 17,1 Milliarden Schilling. Der Konzern entstand 1991 aus der Fusion des österreichischen Edelstahlerzeugers Böhler mit dem schwedischen Edelstahlproduzenten Uddeholm. Seit April 1995 ist die Böhler-Uddeholm AG an der Wiener Börse notiert.

Bis Anfang 1995 war Böhler-Uddeholm ein verstaatlichtes Unternehmen, zu 100 % im Besitz der Österreichischen Industrieholding AG (ÖIAG). Bis zu diesem Zeitpunkt war der Edelstahlkonzern in der breiten Öffentlichkeit unbekannt und ließ im besten Falle mit Nachrichten aufhorchen, die im wesentlichen aus dem negativen Image der »Verstaatlichten« einerseits und der Krise in der österreichischen Stahlindustrie andererseits resultierten. Böhler-Uddeholm verfügte weder über eine Abteilung bzw. Mitarbeiter, die sich mit Öffentlichkeitsarbeit beschäftigten, noch gab es im Unternehmen eine Strategie, die langfristig geplante Kommunikationsmaßnahmen für die relevanten Teilöffentlichkeiten zum Inhalt hatte.

Durch das Privatisierungsgesetz der Österreichischen Bundesregierung wurde festgelegt, daß Böhler-Uddeholm ab 1995 durch entsprechende Börsengänge aus öffentlichem Eigentum in mehrheitlich private Hände übertragen werden mußte. Aus dem verstaatlichten Unternehmen sollte ein an der Wiener Börse notierter Konzern werden, der durch entsprechende Aktivitäten, Bekanntheit und wirtschaftlichen Erfolg Aktionäre und Investoren aus dem In- und Ausland für ein Investment in die »Edelstahl-Aktie« gewinnen mußte. Eine denkbar schwierige Ausgangssituation für ein Unternehmen, das bis dahin keine aktive Kommunikationspolitik betrieben hatte und über keinerlei entsprechende Instrumentarien und Ressourcen verfügte.

Heute, zwei Jahre später, hat sich das Bild von Böhler-Uddeholm radikal und umfassend verändert. Der Konzern zählt zu den Aushängeschildern der österreichischen Industrie, gilt als einer der international erfolgreichsten Edelstahl-Hersteller, ist fast täglich in den Medien präsent, wird als eine der erfolgreichsten Aktien an der Wiener Börse gehandelt und gilt für viele andere heimische börsennotierte Gesellschaften als Vorbild für professionelle, moderne Unternehmenskommunikation und transparentes Informationsverhalten.

Im folgenden soll beschrieben werden, wie dieser kommunikative Turnaround bewerkstelligt wurde. Wir wollen nicht ein einzelnes losgelöstes Projekt in den Mittelpunkt unserer Beschreibung stellen, sondern zeigen, wie quasi aus dem Nichts durch sorgfältig geplante Kommunikationsmaßnahmen, eine klare Strategie und eine zielstrebige

Umsetzung das gesamtheitliche Bild des Unternehmens innerhalb der vergangenen zwei Jahre in der Öffentlichkeit tiefgreifend und nachhaltig in eine positive Richtung verändert wurde.

2. DIE STRATEGIE

Nach einer Börsennotierung ist die Aufmerksamkeit der Öffentlichkeit verstärkt auf das betroffene Unternehmen gerichtet, vor allem wenn es sich um einen Kandidaten aus der ehemaligen »Verstaatlichten« handelt. Der Bedarf an kommunikationspolitischen Maßnahmen wächst für den Börsenneuling massiv und es entsteht ein enormer Druck auf das Unternehmen, sich nach außen hin zu öffnen. Eine Börsennotierung mit einer breiten Streuung der Aktie beim Publikum ist ohne offensive Kommunikation schlichtweg unmöglich. Vor allem das Leben nach der Börsennotiz als Publikumsgesellschaft ist ohne den permanenten Dialog mit eben diesem »Publikum« zum Scheitern verurteilt. Ganz abgesehen davon, schreibt das Börsegesetz notierten Gesellschaften ein gewisses Mindestmaß an Publizität vor. Deshalb herrschte bei Böhler-Uddeholm dringender Handlungsbedarf und es wurden die folgenden strategischen Schwerpunkte gesetzt:

- Der Vorstand entschloß sich zu einer proaktiven Kommunikationspolitik und zu einer uneingeschränkten Unterstützung aller geplanten kommunikationsfördernden Maßnahmen.
- Es wurde eine Abteilung für Öffentlicheitsarbeit installiert, mit zwei Personen besetzt und mit einem adäquaten Budget ausgestattet.
- Kommunikationsziele wurden in das Leitbild des Unternehmens aufgenommen und als Bekenntnis zu einer aktiven Kommunikationspolitik festgeschrieben.
- Der Vorstandsvorsitzende, Claus J. Raidl, machte es sich zur persönlichen Aufgabe, diese Grundhaltung nach innen und außen als oberster Repräsentant des Unternehmens vorzuleben und einen offenen Dialog zwischen Unternehmen und Öffentlichkeit anzustreben.
- Als operatives Rüstzeug wurde die Disziplin der Investor Relations (IR) gewählt, eine komplexe Form der Öffentlichkeitsarbeit mit besonderem Schwerpunkt auf den Zielgruppen des Kapitalmarktes sowie mit Einbeziehung der Zielgruppen aus den »klassischen« Public Relations.

- Daraus resultierend wurden die relevanten Maßnahmen sowie Ziele mit einem entsprechenden Zeithorizont definiert.

3. DIE ZIELDEFINITION

Böhler-Uddeholm sollte als Konzern und von seiner operativen Tätigkeit her einer breiten Öffentlichkeit vorgestellt werden. Das Unternehmen war primär vom negativen Image, das aus den Zeiten der verstaatlichten Industrie stammte, zu befreien und mußte neu positioniert werden. Der Bekanntheitsgrad des Unternehmens war signifikant zu erhöhen.

Es sollte in den Jahren 1996 und 1997 die mediale Präsenz von Böhler-Uddeholm spürbar erhöht werden.

Die Qualität der Investor Relations-Tätigkeit des Unternehmens sollte bereits 1996 ein Niveau erreicht haben, das deutlich über dem österreichischen Durchschnitt liegt und die gesetzlichen Mindestanforderungen bei weitem übertrifft.

Das Informationsverhalten von Böhler-Uddeholm sollte das Vertrauen der Anleger in die Aktie bestärken, eine faire Bewertung (Aktienkurs) des Titels ermöglichen und dazu beitragen, daß das Unternehmen als sogenannter »Blue Chip« eingestuft wird.

Auch wenn Österreich nur eine minder ausgeprägte Börsen- und Aktienkultur hat, so sollte die Seriosität im Informationsverhalten von Böhler-Uddeholm beispielgebend für ein österreichisches börsennotiertes Unternehmen sein. Offenheit und Wahrhaftigkeit in der Unternehmenskommunikation sowohl in wirtschaftlich guten wie auch in schlechten Zeiten (zyklische Industrie!) sollten bei Anlegern und in der breiten Öffentlichkeit vertrauensbildend für die Anlageform »Aktie« wirken.

Neben den klassischen Zielgruppen sollte Böhler-Uddeholm besonderes Augenmerk auf jene zwei Teilöffentlichkeiten legen, die oft in den Hintergrund geraten:
- Jene Mitarbeiter im Konzern, die auch als Aktionäre an ihrem »eigenen« Unternehmen beteiligt sind (Mitarbeiteraktionäre).
- Und die sogenannten »Kleinanleger«, die im Gegensatz zu den großen professionellen institutionellen Anlegern weniger leicht einen Dialog mit dem börsennotierten Unternehmen führen können.

4. DIE DIALOGGRUPPEN

Aus dem Umstand, daß Böhler-Uddeholm einerseits eine börsennotierte Gesellschaft und andererseits ein Industrieunternehmen ist, ergibt sich folgende Struktur in der Dialoggruppendefinition:
- Wirtschafts- und Finanzjournalisten im In- und Ausland
  Überregionale Tageszeitungen und teilweise regionale Tageszeitungen
  Wirtschaftsmagazine
  Agenturdienste (APA, Reuters, Bloomberg, AP Dow Jones)
  Elektronische Medien (Wirtschaftsredaktion in Hörfunk und TV)
- Finanzanalysten im In- und Ausland
- Bestehende und potentielle institutionelle Anleger im In- und Ausland (Pensionsfonds, Investmentfonds, Versicherungen etc.)
- Bestehende und potentielle Kleinanleger im Inland
- Wertpapierberater in den inländischen Banken
- Mitarbeiter und Mitarbeiteraktionäre sowie deren Angehörige
- Opinion Leader in Industrie, Politik und Kapitalmarkt, aber auch unter Kunden und Lieferanten
- Aufsichtsrat der Böhler-Uddeholm AG

5. DIE UMSETZUNG

Für die Zielgruppe Wirtschafts- und Finanzjournalisten:
- Zumindest zwei Pressekonferenzen jährlich (Bilanz- und Halbjahresbilanz);
- Hindergrundgespräche und Pressefahrten (Werksbesichtigungen) zur Vertiefung spezieller Themen;
- Interviews mit dem Vorstandsvorsitzenden (telefonisch oder persönlich);
- Quartalsweise Presseaussendungen über die Geschäfts- und Ergebnisentwicklung;
- Zusätzliche Presseaussendungen über alle Ereignisse, die für den Kapitalmarkt und die Öffentlichkeit von Relevanz sind.

Für die Zielgruppe Finanzanalysten:
- Zumindest zwei größere Präsentationen jährlich;
- Zumindest vier Conference calls zu den Quartalsergebnissen jährlich;

- Regelmäßige Einzelgespräche (persönlich oder telefonisch) mit dem Vorstandsvorsitzenden, Finanzvorstand oder Investor Relations-Verantwortlichen;
- Alle Presseaussendungen werden auch an die Analysten verschickt;
- Werksbesichtigungen;
- Gedruckter Halbjahres- und Geschäftsbericht.

Für die Zielgruppe der bestehenden und potentiellen institutionellen Anleger:
- Regelmäßiger Kontakt via Telefon oder Internet;
- Einzelpräsentationen und Roadshows mit größeren Präsentationen;
- Alle Aussendungen an die Medien werden auch an Investoren verschickt;
- Publikationen (Halbjahresbericht; Geschäftsbericht; Quartalsbericht);
- Tag der offenen Tür für Investoren.

Für die Zielgruppe der bestehenden und potentiellen Kleinanleger:
- Eigene Homepage im Internet unter http://www.buag.co.at;
- Permanente Hotline unter der Nummer 0660/7574 »Stock around the clock«;
- Hauptversammlung im Mai;
- Einmal jährlich im Sommer Aktionärsfahrt mit Werksbesichtigung;
- Böhler-Uddeholm-Stand auf der »Gewinn«-Messe im Herbst, wobei täglich ein Vorstandsmitglied den Aktionären Rede und Antwort steht;
- »Adventtreffen« für Aktionäre im Dezember;
- Publikationen (Geschäftsbericht, Aktionärsbrief);
- Präsentationen für diverse lokale Aktionärsclubs in mehreren österreichischen Städten.

Für die Zielgruppe Wertpapierberater:
- Zwei größere Präsentationen jährlich;
- Homepage im Internet;
- Publikationen (Geschäftsbericht; Halbjahresbericht).

Für die Zielgruppe Mitarbeiter und Mitarbeiteraktionäre sowie deren Angehörige:
- Konzerninterne Faxhotline für Mitarbeiter, über die alle Aussendungen an die Medien den Mitarbeitern zugänglich gemacht werden;

- Diverse Aushänge und schwarzes Brett;
- Dreimal jährlich eine Ausgabe des Mitarbeitermagazins »Special Steel«. Dieses Mitarbeitermagazin wird in einer Auflage von 12.000 Stück in drei Sprachen produziert und größtenteils an die Heimadressen der Mitarbeiter verschickt.
- Spezialbroschüren, z. B.: »Börsen-ABC für Mitarbeiteraktionäre«;
- In jeder größeren Tochtergesellschaft wurde ein Mitarbeiter zum »Börsebeauftragten« nominiert und geschult, um Kollegen bei Fragen zum Kapitalmarkt entsprechend informieren zu können;
- Der Geschäftsbericht und der Halbjahresbericht wird den Mitarbeiteraktionären zugeschickt;
- Die Mitarbeiter können natürlich auch die Telefon-Hotline als Informationsmedium und das Internet mit e-mail als Dialogmedium nützen.

Für die Zielgruppe Opinion leader:
- Beteiligung von Managern aus dem Böhler-Uddeholm-Konzern bei Vorträgen, Podiumsdiskussionen und Symposien;
- Briefe und persönliche Gespräche;
- Einladungen zu Präsentationen über die Entwicklung von Böhler-Uddeholm;
- Beiträge in wissenschaftlichen Publikationen, Festschriften und ähnlichen Druckwerken.

Für die Zielgruppe Aufsichtsrat:
- Alle Aussendungen und Publikationen werden auch den Aufsichtsratsmitgliedern zugestellt;
- Quartalsweise Informationen über den Geschäftsverlauf in Aufsichtsratssitzungen.

Sonderfall Börsengang
Die beiden Börsengänge im März 1995 und im März 1996 stellen ein eigenes und sehr spezielles »Vehikel« für Investor Relations dar. Die Zielgruppen, die bei einem Börsengang angesprochen werden, entsprechen exakt den weiter oben angeführten Dialoggruppen. Die Umsetzung erfolgt mittels jener bereits beschriebenen Instrumentarien, die auch in der regulären Investor Relations-Tätigkeit eingesetzt werden (Pressekonferenzen, Publikationen, Präsentationen, Roadshows, Mitarbeiterinformation etc.), allerdings komprimiert in einem Zeitraum von etwa drei Wochen.

6. DIE ERFOLGSKONTROLLE

Bei der Erfolgskontrolle analysiert Böhler-Uddeholm primär zwei Aspekte: einerseits die Medienresonanz und andererseits die Kapitalmarktresonanz.

Erfolgskontrolle bei der Medienresonanz:
Grundsätzlich werden sämtliche Clippings gesammelt, dokumentiert und den Führungskräften im Konzern täglich zum Lesen zur Verfügung gestellt. Die halbjährliche Auswertung analysiert die Quantität (wie oft wird über Böhler-Uddeholm berichtet), die Penetration (gibt es bei dem einen oder anderen Medium Defizite gegenüber dem durchschnittlichen Level) und die Qualität (wird das Unternehmen nur genannt oder wird ausführlich berichtet, werden Zitate gebracht etc.).

Erfolgskontrolle bei der Kapitalmarktresonanz:
Hier wird untersucht, ob alle führenden Banken den Böhler-Uddeholm-Konzern analysieren und dies in Form von Analyseberichten für die Kapitalmarktteilnehmer publizieren. Darüber hinaus wird beobachtet, ob Aktionäre Informationsdefizite (z. B. in der Hauptversammlung) artikulieren oder sich darüber zufrieden äußern. Schließlich ist in einem gewissen Ausmaß auch der Kurs der Böhler-Uddeholm-Aktie im Verhältnis zu verschiedenen Indizes (z. B. ATX) ein Gradmesser für erfolgreiche Investor Relations.

7. KOSTEN

Das Budget betrug über öS 1,000.000,–.

Teil 10
Service

Der Athener Kodex (Code d'Athenes)

Angenommen vom Centre Européen des Relations Publiques – C.E.R.P. – anläßlich der Generalversammlung in Athen am 11. Mai 1965 und vom Public Relations Verband Austria.

Internationale ethische Richtlinien für die Öffentlichkeitsarbeit

angesichts der Tatsache, daß alle Mitgliedsstaaten der Vereinten Nationen deren Charta respektieren, die den »Glauben an die Menschenrechte und an die Würde und den Wert der menschlichen Person« proklamiert, und daß die PR-Fachleute deshalb wie auch aus den natürlichen Bedingungen ihres Berufes heraus diese Charta kennen und ihre Grundsätze beherzigen sollten;

angesichts der Tatsache, daß der Mensch neben seinen Rechten Bedürfnisse nicht nur physischer oder materieller Art, sondern auch geistiger, moralischer oder sozialer Art hat und daß der Mensch diese Rechte nur in dem Ausmaß auch wirklich ausüben kann, in dem diese Bedürfnisse erfüllt werden;

angesichts der Tatsache, daß die auf dem Gebiet der Öffentlichkeitsarbeit tätigen Personen weitgehend dazu beitragen können, die geistigen, moralischen und sozialen Grundbedürfnisse des Menschen zu befriedigen;

eingedenk schließlich des Umstandes, daß die Benutzung der Kommunikationsmittel, die den gleichzeitigen Kontakt mit Millionen Einzelmenschen möglich machen, den PR-Fachleuten ein Machtmittel in die Hand gibt, dessen Anwendung aus ethischen Gründen einer wirksamen Einschränkung unterliegen muß.

Aus all diesen Gründen erklären die unterzeichneten PR-Organisationen, daß sie sich den nachstehenden Kodex zur Richtschnur machen und daß jede Übertretung seitens eines ihrer Mitglieder im Rahmen der Berufsausübung, soweit dem Rat Beweise vorgelegt werden können, als grober Verstoß betrachtet wird, der eine entsprechende Ahndung nach sich zieht.

Deshalb soll jedes Mitglied dieser Verbände

1. zur Verwirklichung dieser geistigen und moralischen Grundbedingungen beitragen, die es dem Menschen erlauben, seine un-

veräußerlichen Rechte auszuüben, die ihm durch die weltweite »Erklärung der Menschenrechte« zugesichert sind;
2. die Schaffung von Kommunikationsformen und -mitteln fördern, die es durch Ermöglichung des freien Informationsflusses dem einzelnen erlauben, sich unterrichtet, angesprochen und mitverantwortlich zu fühlen;
3. sich bei den jeweils gegebenen Umständen so verhalten, daß es das Vertrauen all derer erwirbt, mit denen es in Kontakt kommt;
4. sich der Tatsache bewußt sein, daß die enge Verbindung zur Öffentlichkeit in diesem Beruf es mit sich bringt, daß nach seinem Verhalten auf den ganzen Berufsstand geschlossen wird;
5. in der Ausübung seines Berufes die allgemeine »Erklärung der Menschenrechte« respektieren;
6. die individuelle Würde der Person und das Recht der eigenständigen Meinungsbildung achten;
7. die geistigen und psychologischen Voraussetzungen für einen echten Meinungsaustausch schaffen und den Partnern die Möglichkeit geben, ihren eigenen Standpunkt zu vertreten;
8. in jedem Fall so handeln, daß den Interessen beider Seiten – des Auftraggebers und der angesprochenen Öffentlichkeit – Rechnung getragen wird;
9. seinen Versprechungen und Verpflichtungen nachkommen, die unzweideutig festgelegt werden müssen, und bei jeder Gelegenheit loyal und ehrenhaft handeln, um das Vertrauen der Auftraggeber, aber auch des jeweiligen Publikums zu bewahren.

Dagegen soll jedes Mitglied dieser Verbände es unterlassen,

10. die Wahrheit anderen Ansprüchen unterzuordnen;
11. Informationen aus unkontrollierten oder unkontrollierbaren Quellen zu verbreiten;
12. sich für Aktionen oder Vorhaben herzugeben, die gegen die Moral verstoßen, die Menschenwürde verletzen oder in den Bereich der Persönlichkeit eingreifen;
13. irgendwelche Methoden oder Mittel anzuwenden, mit deren Hilfe unbewußte Antriebe manipuliert oder hervorgerufen werden können, wodurch der einzelne seiner Urteilsfähigkeit und der Verantwortlichkeit für sein Handeln beraubt werden könnte.

90 Thesen zu Grundfragen der Public Relations

Seit 1981 veranstaltet der Public Relations Verband Austria jährlich einen »PR-Tag« mit einem aktuellen, den drängenden Fragen der Zeit adäquaten Generalthema. Bei solchen Veranstaltungen hat der Autor dieses Buches, 1981 bis 1990 Präsident des PR-Verbandes, Grundthesen aufgestellt, die gesammelt wesentliche Aussagen über das »Neue PR-Denken« und die Weiterentwicklung der PR in den vergangenen 20 Jahren vermitteln.

10 THESEN ZUM THEMA »PUBLIC RELATIONS ALS UNTERNEHMENSAUFGABE«

1. These:
Wir leben im Zeitalter der Kommunikation. Erst vor wenigen Tagen hat Bundeskanzler Helmut Schmidt sinngemäß gesagt: »Die Probleme zwischen den USA und Europa bezüglich Rüstung und Atomschlag sind in erster Linie ein Kommunikationsproblem.« Nach der Dominanz von Produktion, Vertrieb und Organisation ist es nun die Kommunikation, die immer mehr an Bedeutung zunimmt. Die Zeit der einsamen Entscheidungen und des Inseldaseins von Unternehmen ist endgültig vorbei.

2. These:
Stützt sich auf ein Zitat: Niemand geringerer als ein gewisser *John D. Rockefeller* schrieb vor fast 70 Jahren an einen Journalisten namens Ivy Lee: »Ich habe den Eindruck, daß mein Vater und ich von der Presse und von den Menschen in diesem Lande sehr mißverstanden werden. Ich möchte von Ihnen einen Rat haben, wie wir unsere Position klarstellen können.«

Dieser Satz könnte genausogut heute von irgendeinem Generaldirektor geschrieben worden sein.

Daher meine 2. These: Die Unternehmen und ihre Manager haben ein gestörtes Verhältnis zur Öffentlichkeit und zu den Medien.

Funktion und Rolle der Kommunikation werden in unseren Unternehmungen noch nicht voll begriffen. Man hat noch nicht realisiert, daß das beste Produkt nichts nützt, wenn das Image nicht stimmt und die öffentliche Meinung anders liegt. Dazu nur ein Stichwort: Zwentendorf.

3. These:

Es wäre übertrieben, zu behaupten, daß mangelndes Kommunikationsverständnis eine Ursache für betriebliche Mißerfolge und Pleiten ist. Aber es gibt zweifelsohne gewisse Parallelen zwischen Pleiten und unternehmerischem Führungsstil. Und das Kommunikationsverhalten ist ein wesentlicher Teil des Führungsstils.

4. These:

Viele der Angriffe auf die Unternehmer und auf die Marktwirtschaft resultieren aus mangelnder Kommunikation, aus mangelnder Rücksichtnahme auf öffentliche Interessen, aus falschem unternehmerischen Rollenverständnis in der Gesellschaft, aus übertriebenem Marketingdenken klassischer Prägung.

5. These:

Konzeptive unternehmerische Kommunikation ist eine Verpflichtung des Unternehmers gegenüber der Gesellschaft und ein wichtiges Führungsinstrument. Echte unternehmerische Kommunikation ist demokratischer Führungsstil nach innen und nach außen, oder, um es anders zu sagen: Führen durch Informieren.

6. These:

Betriebliche Kommunikation ist eine der letzten echten Rationalisierungsreserven unserer Tage.

Die Reserven in Produktion, Vertrieb und Verwaltung sind weitgehend ausgeschöpft. Wo noch viel Potential vorhanden ist, das ist im menschlichen, im kommunikativen Bereich.

7. These:

Unternehmerische Kommunikation ist ein Teil der Freiheit, wie wir sie im Westen verstehen.

Sie ist ein Teil eines freiheitlich-demokratischen Systems, genauso wie die Meinungs- oder die Pressefreiheit. An den Unternehmen liegt es, diese Freiheit zu nützen.

8. These:
Nach dem heutigen Stand der Literatur und fundierter Lehrmeinungen kann betriebliche Kommunikation mit dem Begriff der Public Relations gleichgesetzt werden.

Wenn es auch neue Disziplinen gibt – ich denke da an Corporate Identity oder Corporate Communications –, so decken heute die Public Relations das gesamte Kommunikationsspektrum ab, von der innerbetrieblichen Information über die Imagepolitik, von der Medienarbeit bis zur Positionierung des unternehmerischen Erscheinungsbildes in der Öffentlichkeit.

9. These:
Public Relations sind keine Feuerwehr.

Unternehmerische Kommunikation funktioniert nur langfristig und aufrichtig. Deshalb ist die derzeitige Konjunktur für PR-Berater zugleich erfreulich für diese Branche und gefährlich, weil oft viel zu spät Kommunikation auf Knopfdruck betrieben wird. Zu dieser These gehört auch die Feststellung: PR sind kein Werbungsersatz, keine Schleichwerbung und keine Hilfsfunktion des Vertriebs.

10. These:
Unternehmerische Kommunikation und PR sind eine Chance und ein Ausweg für unser Wirtschaftssystem und für das Image der Unternehmer.

Überspitzt formuliert, könnte man sagen: Unser freiheitlich-marktwirtschaftliches System wird langfristig nur dann überleben, wenn die Kommunikation mit der Umwelt verbessert wird und die Unternehmer es verstehen, ihre Funktion, ihre Leistungen und ihre Rolle in der Gesellschaft nicht nur gut auszuüben, sondern sie auch den Menschen verständlich zu machen.

10 THESEN
ZUM THEMA »UNTERNEHMERISCHE KOMMUNIKATION DIE LETZTE RATIONALISIERUNGSRESERVE«

1. These:
Unsere arbeitsteilige und spezialisierte Wirtschaft bedingt straffere und langfristiger geplante Organisationsformen. Durch die Arbeitsteilung geht aber der natürliche Informationsfluß verloren, der in kleinen Einheiten selbstverständlich ist. Daher: Kommunikation muß organisiert sein, um einen möglichst reibungslosen Betriebsablauf zu gewährleisten.

2. These:
Während jedoch im Produktions- und manipulativen Bereich eines Unternehmens oder einer Organisation die Rationalisierungsreserven weitgehend ausgeschöpft und nur noch durch neue Technologien wesentliche Fortschritte zu erzielen sind, steckt die organisierte Kommunikation noch in den Kinderschuhen.

3. These:
Die institutionelle Kommunikation wird in Firmen wie in Organisationen in ihrer Bedeutung kraß unterschätzt, weil sie nicht wie andere Leistungen greifbar und ihre Effizienz schwer quantifizierbar ist.

4. These:
Bei Reorganisationsmaßnahmen und Aktivitäten zur Steigerung der Produktivität stehen die Faktoren Produktion und Verwaltung an vorderster Stelle. Der Verbesserung der Kommunikation wird kaum oder nur ungenügend Augenmerk geschenkt.

5. These:
Ein wesentlicher Grund für die mangelhafte institutionelle Kommunikation – oder PR – ist aber nicht nur die fehlende Griffigkeit dieses Bereiches, sondern die Angst vor Verlust von Macht durch Abgabe von Information. Denn verstärkte und organisierte Kommunikation bedingt Vertrauen zum Informationsempfänger und Selbstbewußtsein des Informationsgebers.

6. These:

Intensive und konsequente Kommunikation mit den Medien bedeutet Aufbau von Goodwill und Image bei den Journalisten und in der Öffentlichkeit – in der veröffentlichten und in der öffentlichen Meinung – und stellt de facto eine Rationalisierung der Kommunikationswege dar. Die gesteigerte Effizienz läßt sich in einem gestärkten Vertrauenssockel und einer objektiveren und kontinuierlicheren Berichterstattung ablesen.

7. These:

Tatsächlich ersichtlich wird diese Rationalisierung der Medienkommunikation aber nicht in guten Zeiten, sondern in Problembereichen und dann, wenn es Schwierigkeiten gibt. Allerdings lautet die Alternative für den Journalisten dann nicht vertuschen oder nicht berichten, sondern objektiv berichten und den Standpunkt der betroffenen Firma in die Berichterstattung einbeziehen.

8. These:

Die gezielte Kommunikation mit anderen Gruppen der Öffentlichkeit – als Beispiele nenne ich nur Umweltschützer, Politiker, Lehrer oder Studenten – vermag ebenso wie die mediale Kommunikation Vertrauen zu bilden, Sachverhalte verständlich zu machen und Verbündete zu gewinnen. Aus der Sicht des gesamten betrieblichen Erfolges ist somit auch dieser Teil der Kommunikation ein beachtliches Rationalisierungsinstrument.

9. These:

Und schließlich stellt die verbesserte Kommunikation mit den eigenen Mitarbeitern ein Rationalisierungspotential dar, das von vielen Unternehmen weit unterschätzt wird. Mehr Information und Motivation im wohlverstandenen Sinn – nämlich als Teil einer vom Mitarbeiter gewünschten job satisfaction – wäre in vielen Unternehmen auch heute weit wirkungsvoller als so manche lang vorbereitete und mit hohen Investitionen verbundene Ausgabe für neue Maschinen oder effizientere Arbeitssysteme. Und mehr und bessere innerbetriebliche Kommunikation würde auch manche Diskussion über Arbeitszeitverkürzung ad absurdum führen.

10. These:
Wenn man unter Rationalisierung also die effizientere und wirtschaftlichere Gestaltung von betrieblichen Abläufen versteht, dann ist die externe und interne Kommunikation – und somit die Public Relations, denn unter diesem Begriff fassen wir heute das Spektrum der institutionellen Kommunikation zusammen – ein wesentlicher Faktor für solche Rationalisierungsmöglichkeiten. Ein Faktor, der allzuoft und allzugern übersehen wird, weil er unbequem erscheint. Ein Faktor, in dem wahrscheinlich ebenso große Reserven schlummern wie in der rein technischen oder manipulativen Rationalisierung. Ein Faktor, der aber nur von wenigen beherrscht wird.

Die Public Relations sind jene Fachdisziplin, die den Unternehmensleitungen die Grundlagen und das Instrumentarium für die Rationalisierung durch Kommunikation an die Hand geben.

10 THESEN ZUM THEMA
»PRODUKTIONSFAKTOR ÖFFENTLICHE MEINUNG«

1. These:
Die öffentliche Meinung ist heute mehr denn je für Erfolg oder Mißerfolg eines Unternehmens ausschlaggebend. Dies ist die Folge einer aufgeklärten Gesellschaft, eines wachsenden Problembewußtseins der Öffentlichkeit für wirtschaftliche und gesellschaftliche Zusammenhänge und nicht zuletzt geänderter Einstellungen gegenüber dem Konsum, den Grundwerten, der Umwelt oder den menschlichen Bedürfnissen.

2. These:
Die öffentliche Meinung kann auch dann über Erfolg oder Mißerfolg entscheiden, wenn das Unternehmen im herkömmlichen Sinn durchaus erfolgreich arbeitet: wenn es erstklassig organisiert ist, exzellente Produkte herstellt und einen guten Markt vorfindet. Die klassischen Erfolgsfaktoren sind heute nicht mehr ausreichend. Ist nämlich die öffentliche Meinung gegen das Unternehmen gerichtet, nützen das beste Produkt und eine erstklassige Organisationsform nichts. Beispiele dafür sehen wir täglich in jenen Bereichen, die als sensibel anzusprechen sind: der Pharmaindustrie, der Chemieindustrie, der E-Wirtschaft.

3. These:
Die öffentliche Meinung hat heute für die Akzeptanz und die Existenz eines Unternehmens den Stellenwert eines Produktionsfaktors erster Ordnung. So gesehen muß den klassischen Produktionsfaktoren Kapital, Grund und Boden, Arbeit und Management (dieser Faktor ist etwas jüngeren Ursprungs) ein neuer, fünfter hinzugefügt werden: die öffentliche Meinung. Wobei die klassischen Produktionsfaktoren ohnehin einer Adaption bedürfen: Man kann heute das Kapital als Geld oder Investitionsfaktor, Grund und Boden als Umweltfaktor, die Arbeit als Personalfaktor und das Management als Führungsfaktor bezeichnen. Das 5. Element, die öffentliche Meinung, tritt als »Imagefaktor« zu diesen klassischen Faktoren hinzu.

4. These:
Öffentliche Meinung und veröffentlichte Meinung sind zweierlei. Zwar vermag die veröffentlichte Meinung – also die Medienmeinung – die öffentliche Meinung stark zu beeinflussen, letztere hängt aber noch von einer Reihe anderer Faktoren ab. Das Gewicht der veröffentlichten Meinung darf sicher nicht unterschätzt, bestimmt aber auch nicht überschätzt werden. Eine negative Imagebildung allein auf die veröffentlichte Meinung schieben zu wollen, ist billig und in vielen Fällen unzutreffend. Die Fehler liegen sehr oft im dispositiven Faktor.

5. These:
Die Macht und das Gewicht der öffentlichen Meinung veranlassen viele Unternehmen – noch mehr aber beispielsweise die Politik –, sich ebendieser öffentlichen Meinung zu unterwerfen. Dies ist vor allem dann falsch, wenn diese öffentliche Meinung von außen manipuliert, aus egoistischen Motiven uneinsichtig oder einseitig ist. Unterwerfung unter die öffentliche Meinung ist Selbstaufgabe und kein Ersatz für intensive und offene Information bzw. Kommunikation.

6. These:
Das Negieren der öffentlichen Meinung und das Vorbeiagieren an ihr ist unverantwortlich und gefährlich. Um langfristig erfolgreich arbeiten zu können, ist die Einbeziehung der öffentlichen Meinung in die Unternehmenspolitik unerläßlich. Nur bei Akzeptanz der öffentlichen

Meinung als Produktionsfaktor und bei realistischer Beurteilung können optimale Entscheidungen getroffen werden. Vogel-Strauß-Politik und Hausherrenmentalität sind unzeitgemäß und unvertretbar.

7. These:

Das Einbeziehen der öffentlichen Meinung in unternehmerische Entscheidungen hat eine hohe gesellschaftspolitische Relevanz. Nur solche Unternehmen und solche Wirtschaftssysteme werden langfristig überleben können, die die öffentliche Meinung als positiven Faktor in ihre Entscheidungen miteinbeziehen, dazu aber die nötige kritische Distanz und das entsprechende Selbstbewußtsein aufbringen. Den Gruppen der Öffentlichkeit das Recht auf Mitbestimmen und Mitgestalten abzusprechen, heißt gegen die Gesellschaft agieren und die eigene Lebensberechtigung untergraben.

8. These:

Unternehmer und Management haben die Verpflichtung, die öffentliche Meinung als positive Realität einer demokratischen Gesellschaftsordnung anzuerkennen und danach zu handeln: Einbeziehung der legitimen öffentlichen Interessen in die eigene Politik, offene und ehrliche Kommunikation, Rücksichtnahme auf vitale, sozio-ökonomische Bedürfnisse wie Umweltschutz, Mitbestimmung, Existenzsicherung, politische Auseinandersetzung.

9. These:

Die bewußte Manipulation der öffentlichen Meinung, durch wen auch immer, ist abzulehnen. Die Verwendung unseriöser Praktiken innerhalb des Kommunikationsinstrumentariums und unwahre oder irreführende Informationen schaden langfristig dem Informationsgeber und dem gesellschaftlichen System. Sie untergraben Vertrauen und Glaubwürdigkeit und kommen in Form von Ablehnung, Meinungsboykott und Vergiftung des Klimas bumerangartig zum Absender zurück. Kommunikationsarbeit muß langfristig angelegt, ehrlich und vertrauensfördernd sein.

10. These:

Den philosophischen Unterbau und das Instrumentarium zum konstruktiven Umgang mit der Öffentlichkeit liefern die Public Relations, die institutionelle Kommunikation. Nur Unternehmen und Organisationsformen, die sich gezielt einer aktiven und seriösen Kommunikationsstrategie bedienen, werden die Herausforderungen der aufgeklärten und kritischen Gesellschaft meistern. Nur wer bereit ist, die öffentliche Meinung nicht als notwendiges Übel, sondern als politische Notwendigkeit und als Chance zur Auseinandersetzung anzuerkennen, wird auf Dauer Vertrauen und Sympathie aufbauen können. Nur wer sich bewußt und selbstbewußt dieser öffentlichen Meinung als Partner stellt, wird in ihr einen Verbündeten gewinnen können. Und auf Dauer akzeptiert werden.

ZEHN THESEN ZUM THEMA
»PUBLIC RELATIONS – DER WEG AUS DER ISOLATION –
MODELLE FÜR DEN UMGANG
MIT DER ÖFFENTLICHEN MEINUNG«

1. These:

Die Wirtschaft – darunter verstehen wir in den westlichen Demokratien im wesentlichen die Unternehmungen und ihre Interessenvertretungen – leidet, global gesehen, unter einem fortschreitenden Imageverlust. Vertrauensschwund und zunehmende Kritik kennzeichnen die marktwirtschaftlich orientierten Systeme. Die Unternehmen und ihre Manager fühlen sich angegriffen, in die Defensive gedrängt und isoliert.

2. These:

Die sogenannten sensiblen Sektoren unserer Wirtschaft stellen Reagieren vor Agieren und ziehen sich oft in die Isolation zurück. Sie sind in vielen Fällen der Konfrontation mit der veröffentlichten und der öffentlichen Meinung nicht gewachsen und vermissen Strategien zur eigenen Artikulation.

3. These:

Politiker und ihre Institutionen befinden sich im Gegensatz dazu höchst selten in der Isolation. Sie wissen, daß die Auseinandersetzung mit der öffentlichen Meinung notwendig ist – trotzdem leiden sie ebenso wie die Wirtschaft unter Vertrauensschwund und steigender Systemkritik.

4. These:
Sowohl in der Wirtschaft als auch in der Politik ist jedoch evident, daß die Bemühungen, Kommunikation zu betreiben, in vielen Fällen auf reine Information – also Monolog statt Dialog – beschränkt bleiben. Kommunikation im ursprünglichen Sinn bedeutet jedoch Eingehen auf die Bedürfnisse des Gegenübers, Einbeziehen der anderen Meinung in die eigene Meinungsbildung. Kurzum: Echte Kommunikation setzt demokratisches Verhalten voraus.

5. These:
Vor allem in Institutionen, also etwa in Unternehmungen oder in Parteien, wird sehr oft nicht begriffen, daß die eigenen Standpunkte nur dann durchzusetzen sind und Vertrauen nur dann aufzubauen ist, wenn Verständnis beim Gegenüber besteht und wenn Bedürfniserwartungen der Betroffenen befriedigt werden können.

6. These:
Dies bedeutet: Information und Kommunikation sind nur dann sinnvoll und erfolgreich, wenn sie nicht nur Botschaften an den Mann bringen, sondern wenn sie diese Aussagen verständlich machen können, d.h. reine Informationsabladung bringt nichts, der Empfänger muß empfangen können und empfangen wollen.

7. These:
Gestörte Kommunikationskanäle verhindern, daß Übereinstimmung mit der öffentlichen Meinung erzielt wird. Diese öffentliche Meinung – die sich in der Praxis aus einer Vielzahl von meist emotional bedingten Einzelmeinungen zusammensetzt – wird aber immer mehr zum entscheidenden Faktor für Erfolg oder Mißerfolg einer Institution. Unternehmerischer oder politischer Erfolg wird heute sehr oft nicht durch Leistung und Leistungsbereitschaft, sondern durch die Bewertung seitens der öffentlichen Meinung begründet.

8. These:
Die klassischen Begriffe von Public Relations sind tot. PR von heute sind nicht mehr bloße Pressearbeit, »Tu Gutes und rede darüber« oder billige Schleichwerbung. Unter PR verstehen wir heute kommunikations-, umwelt- und sozialorientierte Managementstrategien, die das

Ziel haben, Verständnis und Vertrauen in der Öffentlichkeit zu schaffen – durch Leistung und Leistungstransparenz.

9. These:
In der Medienarbeit – sie umfaßt heute nur noch einen Teil fortschrittlicher PR-Arbeit – gibt es nach wie vor viel Ignoranz und Unprofessionalität. Journalisten werden noch oft als Befehlsempfänger, als Sensationshascher oder als käufliche Subjekte betrachtet, anstatt in ihnen aufgeklärte und gleichwertige Gesprächspartner zu sehen, denen man interessante News und Problemlösungen bieten muß, um sie zur Feder greifen zu lassen. Umgekehrt haben aber viele Journalisten ein ebenso gestörtes Verhältnis zu ihren Informanten: Sie nehmen ihnen nur allzuoft gar nicht den guten Willen zur aufrichtigen Information ab, sie wenden sich mit Entsetzen ab, wenn ihnen jemand – am Ende gar ein gewinnorientiertes Unternehmen – Informationen anbietet.

10. These:
Modelle für den Umgang mit der öffentlichen Meinung haben daher die offene und ehrliche Kommunikation anstelle von Manipulation und Meinungsmache in den Vordergrund zu stellen. Zielsetzungen betriebswirtschaftlicher oder politischer Art bedürfen einer Ergänzung – manchmal vielleicht sogar eines Ersatzes – durch sozioökonomische Ziele. Politisches und wirtschaftliches Agieren verlangt heute Offenheit, Klarheit, Durchschaubarkeit, Ehrlichkeit und Verläßlichkeit – kurzum Vertrauenswürdigkeit. Aufgabe der Public Relations moderner Prägung ist es, diese moralische Grundhaltung mit dem notwendigen Kommunikationsinstrumentarium zu vereinen.

**10 THESEN
ZUM THEMA »KOMMUNIKATION UND EMOTION
PUBLIC RELATIONS JENSEITS VON DATEN UND FAKTEN«**

1. These:
Emotion ist unverzichtbarer und integrierter Bestandteil jeglicher menschlicher Kommunikation.

2. These:
Die Frage der bewußten Einbindung von Emotion in menschliche Kommunikationsvorgänge, insbesondere im Bereich der institutionellen Kommunikation, ist nur mit moralischen Maßstäben bewertbar.

3. These:
Die gezielte Manipulation von Menschen durch Einsatz bzw. Ansprache der Emotion und unter Ausnutzung von Vorurteilen, Ängsten, Schwächen, fehlendem Wissen oder falscher Informationen ist strikt abzulehnen.

4. These:
Die PR-Techniken vergangener Jahrzehnte funktionieren heute nicht mehr: Einseitige Meinungsmache, ja selbst die bloße Bereitschaft zum Dialog reichen nicht mehr aus. Heute brauchen wir die stetige Auseinandersetzung mit anderen Meinungen, die Einbeziehung legitimer Bedürfnisse der Öffentlichkeit in die eigene Politik und die verstärkte Rücksichtnahme auf öffentliche Anliegen – ohne dabei die eigene Überzeugung über Bord zu werfen.

5. These:
Während auf der politisch-sozialen Ebene meist die Emotion den Kommunikationsvorgang dominiert – und die Sachinformation manchmal zu kurz kommt –, wird im wirtschaftlichen Bereich oftmals ausschließlich mit Daten und Fakten operiert.

6. These:
Das Instrumentarium des Marketing und insbesondere der Werbung nutzt emotionelle Techniken sehr intensiv und vornehmlich zur Förderung des Verkaufs bzw. der Schaffung von Produktvorteilen.

7. These:
Die institutionelle Kommunikation – also der Informationsaustausch einer Institution, eines Unternehmens, einer Branche oder der Wirtschaft als Ganzes – arbeitet hingegen primär mit Sachargumenten, ohne die emotionelle Basis für deren Akzeptanz beim Publikum zu schaffen. Die Kritiker und Gegner des marktwirtschaftlichen Systems bedienen sich hingegen betont emotioneller Methoden.

8. These:
Das Kommunikationsmuster der »Wirtschaft« als Synonym für Unternehmen und Verbände hat in der Vergangenheit in erster Linie den Kopf, den Bauch und die Beine seines Gegenübers angesprochen – nicht aber das Herz und die Seele.

9. These:
Institutionelle Kommunikation – und darunter verstehen wir Public Relations im modernen Sinn – muß also im Gegensatz zum Marketing klassischer Prägung nicht bloß die Befriedigung materieller Wünsche und Bedürfnisse zum Ziele haben, sondern vor allem auch immaterielle, emotionale Wünsche und Erwartungen erfüllen – etwa den Wunsch nach umfassender Information oder nach Berücksichtigung unterschiedlicher Argumente.

10. These:
Nur wenn Wirtschaft und Gesellschaft darauf verzichten, alles ausschließlich mit Daten und Fakten erklären zu wollen, und imstande sind, den Menschen Vertrauen, Sicherheit, Geborgenheit und schlußendlich Sympathie zu vermitteln, können die konkreten Sachargumente und Anliegen verstanden und aufgenommen werden.

Dies alles funktioniert nur auf Basis einer systematischen, ehrlichen und langfristigen Kommunikation. Die Disziplin, die diese Zielsetzungen in einer Managementstrategie verwirklichen kann, heißt Public Relations.

10 THESEN ZUM THEMA
»PUBLIC RELATIONS – STRATEGIE FÜR DEN KRISENFALL?«

1. These:
Die Krisen in unserer heutigen Gesellschaft sind zu einem wesentlichen Teil durch schlechte Kommunikation verursacht. Diese Kommunikationskrisen gibt es in der Politik, der öffentlichen Verwaltung, der Wirtschaft und in anderen Bereichen.

2. These:
Krisenerscheinungen in Unternehmen und anderen Institutionen sind

in vielen Fällen Krisen der internen Kommunikation, sie sind »hausgemacht«. Wohlverstandene innerbetriebliche Kommunikation – human relations – kann die Mitarbeiter-Motivation verbessern, das Wir-Gefühl stärken und damit Krisen verhindern helfen.

3. These:

Viele Institutionen – von Unternehmen bis zu politischen Parteien – haben die Rolle langfristig geplanter und professionell durchgeführter interner und externer Kommunikationsarbeit noch nicht erkannt.

4. These:

Konzeptive Kommunikation wird oftmals erst bei Sichtbarwerden von Krisensymptomen begonnen. Damit verbundene Fehlschläge werden dann oft den befaßten Kommunikationsfachleuten und nicht der versäumten langfristigen Kommunikationsarbeit zugeordnet.

5. These:

Kommunikationsarbeit kann aber selbst bei Einsatz als »Feuerwehr« noch gewisse Erfolge erzielen, wenn sie fachmännisch durchgeführt wird und realistische Ziele ansteuert.

6. These:

Institutionen, die sich in Krisensituationen von Public Relations Wunderdinge versprechen, erleben arge Enttäuschungen. Kommunikationsberater, die Institutionen in Krisensituationen Wunderdinge versprechen, handeln unverantwortlich – der eigenen Branche und dem Auftraggeber gegenüber.

7. These:

Professionelle Public Relations befassen sich unter anderem mit der Beobachtung von gesellschaftlichen und branchenspezifischen Strömungen. Sie haben die Aufgabe, die gewonnenen Erkenntnisse in das gesamthafte Kommunikationsverhalten der Institution einzubringen. Damit schaffen sie die Grundlage für die Verhinderung von Krisen.

8. These:

Die Bewältigung von Krisensituationen durch langfristige Kommunikationsarbeit kann als Indikator für die Effizienz dieser Tätigkeit angesetzt werden. Hier liegt ein Ansatz zur Lösung des Problems der Erfolgskontrolle von PR-Arbeit.

9. These:
Wirklich fachmännische Kommunikationsarbeit offenbart ihre Erfolge nicht in »guten Zeiten«, sondern in Krisen. Erst dann kann die Saat aufgehen, die in jahrelanger, konsequenter PR-Tätigkeit in den Boden gelegt wurde.

10. These:
Hauptproblem konzeptiver Public Relations ist daher: dem Management klarzumachen, daß Kosten für kontinuierliche PR-Tätigkeit in Wirklichkeit Investitionen zur Verhinderung von Krisen des Unternehmens bzw. der Institution sind.

**10 THESEN
ZUM THEMA »PROFIT VERSUS NON-PROFIT:
DIE ETHISCHE DIMENSION
ZEITGEMÄSSER ÖFFENTLICHKEITSARBEIT«**

1. These:
Die Grundsätze moderner Public Relations, etwa der Athener Kodex, beinhalten nicht primär Rezepte oder Instrumentarien, sondern ethisch-moralische Aufträge. Seriöse Öffentlichkeitsarbeit ist somit ohne Zugrundelegung moralischer Maßstäbe undenkbar.

2. These:
Die zwiespältige Historie der PR – von Meinungsmanipulation über politische Propaganda bis zu Schleichwerbung – bedarf einer starken Korrektur in Richtung Moral, damit die Öffentlichkeitsarbeit ihrer Rolle gerecht werden kann.

3. These:
Sinkende Glaubwürdigkeit, Demokratieverdrossenheit, Systemkritik und schwindendes Vertrauen in die Institutionen erfordern dringend das Entstehen einer »neuen Ethik« im politischen und wirtschaftlichen Handeln.

4. These:
Diese »neue Ethik« ist der Rettungsanker für das Fortbestehen unseres pluralistisch-freiheitlichen Wirtschafts- und Gesellschaftssystems.

5. These:
Die Herausforderung neuer Techniken und Technologien – beispielsweise Gentechnologie, Atomkraft, Weltraumrüstung – bedingen zwingend ein »Nachrüsten« im Moralbereich und insbesondere in der Ethik der Kommunikation.

6. These:
In einer aufgeklärten und pluralistischen Gesellschaft übernimmt die professionelle Kommunikation eine hohe Verantwortung. Unwahre, unvollständige oder manipulative Information untergräbt die Glaubwürdigkeit des Systems, das von der öffentlichen und veröffentlichten Meinung auch an der Seriosität seines Kommunikationsverhaltens gemessen wird.

7. These:
Moralisch fundierte Kommunikation erfordert die Einbeziehung immaterieller Interessen der Gesellschaft in ihre Strategien und Maßnahmen. Einseitig materielle – sprich rein absatzorientierte – Kommunikation leistet Systemkritik und Konsumverweigerung Vorschub.

8. These:
Moralische Grundsätze gelten für die Kommunikation im Profit-Bereich gleichermaßen wie im Non-profit-Bereich. Die Frage, ob der Erfolg einer Institution einzelnen Eigentümern oder der Gesellschaft zugute kommt, darf für die ethische Ausrichtung der Geschäftspolitik nicht entscheidend sein.

9. These:
Derzeit befinden wir uns noch weitgehend im Stadium der »Moral durch äußere Zwänge«. Langzeit-Ziel muß jedoch eine »Moral durch innere Überzeugung« sein, die automatisch einen Abbau der Glaubwürdigkeitsdefizite bewirken würde.

10. These:
Fortschrittliche Public Relations, die die gesamthafte Kommunikation einer Institution – und deren Grundhaltung – umfassen, sind ohne ein moralisch-ethisches Fundament undenkbar. Moralisch legitimierte Öffentlichkeitsarbeit beinhaltet jedoch die Chance, die Werte einer freien Gesellschaftsordnung verständlich zu machen und langfristig zu erhalten.

10 THESEN ZUM THEMA »GLOBAL PR: NEUE STRATEGIEN FÜR NEUE MEDIEN – ABSCHIED VON DER KLASSISCHEN MEDIENARBEIT?«

1. These:
Die Notwendigkeit, wirtschaftliche, politische, soziale oder kulturelle Probleme – etwa das Image eines Landes – grenzüberschreitend oder weltweit mit Hilfe von Kommunikationsmaßnahmen zu lösen, erfordert auch in der Öffentlichkeitsarbeit neue Strategien und Methoden.

2. These:
In der Medienbranche – z. B. Satelliten-TV – und in einzelnen Wirtschaftsbereichen, etwa im Markenartikel-Marketing, ist dieser Prozeß schon relativ weit fortgeschritten, in den Public Relations besteht traditionellerweise ein Nachholbedarf.

3. These:
Auch die Mitgliedschaft in der Europäischen Gemeinschaft erfordert die Entwicklung entsprechenden Know-hows und notwendiger Ressourcen auch in der PR-Branche.

4. These:
Grenzüberschreitende und weltweite PR-Aktivitäten funktionieren nach anderen Gesetzen als lokale Öffentlichkeits- und Medienarbeit. Sie erfordern andere Betriebsgrößen, internationale Kooperationen und entsprechend geschultes Personal.

5. These:
In der Medienarbeit sind Inhalte von überregionaler Bedeutung und

mit gesamtwirtschaftlichem oder gesamtpolitischem Konnex gefragt. »Schrebergarten-PR« mit rein produkt- oder unternehmensinternen Botschaften können nicht reüssieren.

6. These:

Sowohl bei den klassischen als auch bei den »neuen« Medien ist ein Trend zur Verkommerzialisierung festzustellen. Bislang redaktionelle Berichterstattung wird zunehmend von bezahlten Einschaltungen und indirekt honorierten Beiträgen verdrängt.

7. These:

Medien, die eine absolut saubere Trennung zwischen Redaktion und bezahlten Einschaltungen praktizieren, werden immer rarer. Es gibt kaum mehr Medien, in denen nicht »Infomercials« angeboten werden.

8. These:

Unternehmen und politische Institutionen versuchen immer mehr, absatzorientierte Botschaften in den Medien unterzubringen, was umgekehrt den Markt der »Infomercials« stimuliert.

9. These:

Die Tatsache, daß immer mehr Informationsanbieter den Medien gegenüberstehen, erfordert neue, medienspezifische Methoden und Instrumentarien der Medienarbeit.

10. These:

Die verstärkte Selektion des Informationsangebotes in den Medien bedeutet eine eminente Herausforderung an qualitativ hochwertiger Kommunikationsarbeit. Neben dem verbesserten Instrumentarium in der Medienarbeit wird in Zukunft mit anderen Teilöffentlichkeiten verstärkt kommuniziert werden müssen. Moderne PR werden durch ein Weniger an klassischer Pressearbeit und ein Mehr an direkter Auseinandersetzung mit einer Vielzahl von Dialoggruppen gekennzeichnet sein.

10 THESEN
ZUM THEMA »WERTEWANDEL IN DER WENDEZEIT –
PR FÜR DAS SCHÖNE, GUTE UND WAHRE«

1. These:
Der im Gang befindliche Wertewandel mit Symptomen wie Konsumkritik, Umweltbewußtsein oder Politikverdrossenheit bedingt eine Qualitätssteigerung in den Bereichen Wahrheit, Offenheit und demokratische Gesinnung.

2. These:
Gleichzeitig sind schwindendes Vertrauen in die staatstragenden Instanzen und die verlorene Glaubwürdigkeit der Institutionen Folgen geänderter Wertstrukturen in einer aufgeklärten und kritikorientierten Zeit.

3. These:
Die Nachfrage nach neuen Werten konzentriert sich auf die immaterielle, emotionale und ethische Ebene. Materialistisch-rationale Ziele treten in den Hintergrund.

4. These:
Sichtbares Zeichen der neuen Werteskala ist die steigende Bedeutung jener Sektoren des gesellschaftlichen Lebens, die sich im Non-profit- und im sozialen Bereich bewegen und hohen moralischen Ansprüchen genügen.

5. These:
Die Infragestellung traditioneller Werte geht einher mit einem erhöhten Informations- und Kommunikationsbedürfnis der Menschen. Ein zentrales Merkmal dieses Wertewandels ist das ganzheitliche und vernetzte Denken.

6. These:
Die mit Produktion und herkömmlicher Wertschöpfung befaßten Institutionen, insbesondere die traditionelle Wirtschaft, stehen unter erhöhtem Legitimationszwang und müssen beständig ihre Leistung und ihr gesellschaftsorientiertes Handeln nachweisen.

7. These:
Die intensive und professionelle Kommunikationspolitik der Institutionen in den Sektoren Umwelt und alternative Lebensformen zwingt die traditionellen Werten und Führungsstrukturen verhafteten Institutionen – etwa Wirtschaftsunternehmen, politische Parteien, öffentliche Hände – zum Überdenken ihres Verhaltens und ihrer Kommunikationspolitik.

8. These:
Im Non-profit-Bereich werden unternehmerische Hauptzielsetzungen und Kommunikation zu einem Ganzen. In vielen Fällen stellt die institutionelle Kommunikation sogar die Haupttätigkeit dar. Dies bedeutet insgesamt eine wesentliche Aufwertung des kommunikationspolitischen Instrumentariums und der Kommunikation als Unternehmensphilosophie.

9. These:
Grundsätze, moralische Maßstäbe und Methoden der Kommunikation von Non-profit- und sozialen Institutionen unterscheiden sich in der Theorie nicht von jenen gewinnorientierter Organisationen. In der Praxis lassen sich bei letzteren meist wesentliche Defizite feststellen, insbesondere in den Dimensionen Offenheit, Kontinuität, Professionalität und Wahrheitstreue.

10. These:
Wertewandel, höhere moralische Maßstäbe und das Wachstum des Non-profit-Bereiches stellen an die seriöse institutionelle Kommunikation und damit an die Public Relations gewaltige Anforderungen. Sie sind aber gleichzeitig die Basis für Wachstum, ethische Selbstfindung und Professionalisierung der Branche.

Fallbeispiel einer Unternehmensphilosophie: Johnson-WAX: Was wir glauben

EINLEITUNG
Die Umwelt, in der wir leben und arbeiten, verändert sich heute schneller als je zuvor. Das mag Verwirrung, Unsicherheit und Mangel an Vertrauen erzeugen.

Deshalb ist es für uns alle wichtig, die Grundsätze, die uns seit der Gründung des Unternehmens geleitet haben, erneut zu formulieren und darzulegen.

Diese Grundsätze wurden schon einmal in den erinnerungswürdigen Worten von H. F. Johnson sen. in einer Rede am Weihnachtsabend 1927 aus Anlaß der Auszahlung der Gewinnbeteiligung an die Mitarbeiter so zusammengefaßt:

»Das Wohlwollen unter den Menschen ist das einzig Dauerhafte, die einzig wahre Substanz in jedem Unternehmen. Der Rest ist Schatten.«

Mit dieser Überzeugung ist es uns ernst. Sie spornt uns an, zu allen Zeiten aufrichtig zu handeln, die individuelle Würde jedes Menschen zu achten, gewissenhaft und bewußt moralische und soziale Verantwortung zu übernehmen, uns intensiv zu bemühen, unsere Fähigkeiten und Möglichkeiten dort einzusetzen, wo sie sich am besten zum Wohl des Unternehmens verwirklichen lassen, und in allem, was wir tun, unser Bestes zu geben.

Diese Prinzipien setzen wir mit einer Reihe grundsätzlicher Überzeugungsthesen in die Praxis um. Sie beziehen sich auf die folgenden fünf Zielgruppen, für die wir uns verantwortlich fühlen und deren Vertrauen wir gewinnen und erhalten müssen:

Mitarbeiter
Wir glauben, daß die Grundlage des Erfolgs des Unternehmens in erster Linie in unseren Mitarbeitern liegt.

Verbraucher
Wir sind überzeugt von der Notwendigkeit, den bleibenden »Goodwill« der Verbraucher zu gewinnen und zu erhalten.

Öffentlichkeit
Wir glauben an unsere verantwortungsvolle Führungsrolle innerhalb der freien Marktwirtschaft.

Gastländer und Gemeinden
Wir glauben, daß wir verpflichtet sind, zum Wohle der Länder und Gemeinden beizutragen, in denen wir tätig sind.

Weltgemeinschaft
Wir glauben an unsere Verpflichtung zur internationalen Verständigung.

Dieses sind unsere Grundsätze und Überzeugungen. Wir sichern und bewahren sie, indem wir ein Privatunternehmen bleiben. Und wir setzen sie nachdrücklich in die Tat um, indem wir durch Wachstum und Weiterentwicklung Gewinne erwirtschaften – Gewinne, die es uns gestatten, mehr für die Menschen zu tun, auf die wir angewiesen sind.

WAS WIR GLAUBEN
Wir glauben, daß die Grundlage des Erfolges des Unternehmens in erster Linie in unseren Mitarbeitern liegt, und wir verpflichten uns:

- *Für gute Beziehungen zwischen allen Mitarbeitern zu sorgen, einander zu achten und miteinander die gemeinsam gesteckten Ziele zu erreichen, indem wir*
  - ein Betriebsklima schaffen, das alle Mitarbeiter veranlaßt, offen ihre Anliegen vorzubringen und ihre Meinung zu äußern, in dem sicheren Bewußtsein, gebührende Beachtung zu finden;
  - uns mit den Vorschlägen und Problemen unserer Mitarbeiter sorgfältig auseinandersetzen;
  - die freie Verständigung zwischen Firmenleitung und Mitarbeitern – und umgekehrt – fördern;
  - Mitarbeitern die Möglichkeit geben, am Prozeß der Entscheidungsfindung teilzunehmen;
  - die menschliche Würde eines jeden Mitarbeiters achten und das Recht auf seine Privatsphäre respektieren.

- *Unsere Geschäfte so zu führen, daß wir unseren Mitarbeitern und Pensionären Sicherheit bieten können, indem wir*
  - die Arbeitsplätze ohne Rücksicht auf konjunkturelle Schwankungen, soweit irgend möglich, sicherstellen;
  - eine langfristige Politik planvoll geordneten Wachstums verfolgen.

- *Zu Chancengleichheit bei Einstellung und Beförderung, indem wir* allein Qualifikation, Leistung und Berufserfahrung als Hauptkriterien bei der Einstellung und Beförderung von Mitarbeitern gelten lassen.

- *Mitarbeiter absolut leistungsgerecht zu bezahlen und ihren Beitrag zum Erfolg des Unternehmens dadurch anzuerkennen, daß*
  – Gehälter und Sozialleistungen gewährt werden, die denen in unserer Branche und am jeweiligen Ort zumindest voll vergleichbar sind;
  – wir zusätzlich zu diesen voll konkurrenzfähigen Gehalts- und Sozialleistungen unsere seit langem geübte Tradition fortsetzen, unsere Mitarbeiter am Gewinn zu beteiligen.

- *Die Gesundheit aller Mitarbeiter zu schützen und ihre Sicherheit am Arbeitsplatz zu gewährleisten, indem wir*
  – die Arbeitsumwelt angenehm und sicher gestalten;
  – für einen guten berufsspezifischen Gesundheitsdienst sorgen.

- *Die Anlagen und Fähigkeiten unserer Mitarbeiter weiterzuentwickeln, indem wir*
  – Berufsausbildung in der Praxis und Programme für berufliche Fortbildung bieten;
  – durch Förderungsprogramme und persönliche Fortbildung auf berufsbezogenen Interessengebieten den Mitarbeitern helfen, Aufstiegschancen im Unternehmen wahrzunehmen.

- *Möglichkeiten und Bedingungen zu schaffen, durch die Selbstverwirklichung und persönliche Zufriedenheit gefördert werden, indem wir*
  – Freizeitprogramme für Mitarbeiter und Pensionäre anregen und unterstützen;
  – Programme entwickeln, die eine Humanisierung der Arbeit bewirken können;
  – die alte Tradition fortsetzen, größten Wert auf beste Qualität und gute Ausstattung in unseren Büros und Produktionsstätten zu legen.

- *Verbrauchern in aller Welt nützliche Produkte zu liefern und Dienstleistungen anzubieten, indem wir*

- uns ständig auf die sich wandelnden Wünsche und Bedürfnisse der Verbraucher einstellen;
- einen hohen Qualitätsstandard erarbeiten und halten;
- Neuprodukte und Dienstleistungen entwickeln, die den bestehenden und denen der Konkurrenz deutlich wahrnehmbar überlegen sind und vom Verbraucher als solche anerkannt werden.

- *Produkte zu entwickeln und zu vertreiben, die umweltfreundlich und gefahrlos für Gesundheit und Sicherheit des Verbrauchers sind, indem wir*
  - uns an alle Vorschriften und Verordnungen halten und sie da übertreffen, wo der Firmenstandard höhere Anforderungen stellt;
  - klare und zweckmäßige Gebrauchsanweisungen für eine sichere Anwendung unseren Produkten beigeben, was Warnungen vor Mißbrauch durch Text oder entsprechende Symbole einschließt;
  - wo erforderlich, Mißbrauch durch entsprechende Schutzmaßnahmen verhindern;
  - neue Technologien für Produkte erforschen, die zur Umweltverbesserung beitragen.

- *Intensive Verbraucheraufklärungs- und Dienstleistungsprogramme zu entwickeln und durchzuführen, indem wir*
  - Informationen für Verbraucher herausgeben, die unsere Produkte und ihre richtige Anwendung eingehend erläutern;
  - alle Anfragen, Beschwerden und Dienstleistungs-Anforderungen von Verbrauchern schnell, gründlich und angemessen erledigen.

- *Die erfolgreiche Existenz unseres Unternehmens für die Zukunft zu sichern, indem wir*
  Gewinne erwirtschaften, die es uns erlauben, im Sinne planvollen Wachstums und Fortschritts weiter zu investieren.

- *Unsere Geschäfte fair und anständig zu führen, indem wir*
  - alle unlauteren Geschäftspraktiken meiden;
  - Lieferanten wie Kunden im Sinne solider kaufmännischer Gepflogenheit behandeln;
  - unsere Erzeugnisse so verpacken und beschriften, daß der Verbraucher informiert wird und sich ein richtiges Urteil bilden kann;
  - unsere Werbung so gestalten, daß sie wahrheitsgemäß ist und dem guten Geschmack entspricht;

– uns nicht auf Bestechungspraktiken einlassen.
- *Die Gewinne unseres Unternehmens mit denen zu teilen, die zu seinem Erfolg beigetragen haben, indem wir*
  – Mitarbeitern eine Gewinnbeteiligung geben;
  – einen Teil unserer Gewinne zum Wohle der Gemeinwesen abgeben, in denen wir tätig sind;
  – uns zum Nutzen der Verbraucher um die Entwicklung ständig verbesserter Erzeugnisse und Dienstleistungen bemühen.
- *Weiten Kreisen der Öffentlichkeit ein besseres Verständnis für unser Unternehmen zu vermitteln, indem wir*
  die Öffentlichkeit laufend und eingehend über das vielseitige und interessante Wirken der Firma unterrichten.
- *Den Rat und das unabhängige Urteil von Bürgern der Länder einzuholen, in denen wir tätig sind – als Hilfe und Unterstützung für die zentrale wie lokale Firmenleitung –, indem wir*
  – in den Beirat einer jeden Firma Direktoren aus dem betreffenden Gastland wählen;
  – auf den Gebieten des Rechts- und Bankwesens, der Werbung und der Wirtschaftsprüfung angesehene Berater und Firmen heranziehen, die uns bei der Führung unserer Geschäfte nach höchsten professionellen Maßstäben behilflich sind.
- *Einen Beitrag zum wirtschaftlichen Wohle eines jeden Landes und jeden Gemeinwesens zu leisten, in dem wir tätig sind, wobei wir*
  – sicherstellen, daß sich neue Investitionen konstruktiv in die wirtschaftliche Entwicklung eines jeden Gastlandes und des örtlichen Gemeinwesens einfügen;
  – uns vorzugsweise ortsansässiger Zulieferer und Dienstleistungsbetriebe bedienen, sofern sie in Qualität und Preis konkurrenzfähig sind.
- *Zur sozialen Entwicklung eines jeden Landes und jeden Gemeinwesens beizutragen, in welchem wir tätig sind, durch*
  – das Angebot qualifikationsfördernder Ausbildungsprogramme;
  – die Beschäftigung von Personal und Management aus dem betreffenden Lande, wo immer dies durchführbar ist;
  – unser Engagement in sozialen, kulturellen und Bildungsvorhaben, die zur Verbesserung der Lebensqualität beitragen.

- *Gute Mitbürger zu sein, indem wir*
  die Gesetze, Verordnungen und Traditionen eines jeden Gastlandes achten und befolgen.
- *Im internationalen Handel und bei Investitionen verantwortungsbewußt zu handeln, indem wir*
  – erforderliche Gewinne für die Wiederanlage in dem Betrieb belassen, der sie erwirtschaftet hat, und indem wir regelmäßig angemessene Dividenden ausschütten;
  – innerhalb der Unternehmensgruppe eine Preispolitik verfolgen, wie sie unter ähnlichen Bedingungen auch mit fremden Firmen geübt würde;
  – für Tantiemen, Lizenzen und Dienstleistungen Vereinbarungen treffen, die recht und billig sind und nicht zu versteckten Gewinnverschiebungen führen;
  – Devisengeschäfte auf das für eine normale Geschäftsabwicklung und zum Schutze unseres Umlaufvermögens angemessene Maß beschränken.
- *Den Austausch von Ideen, Techniken und Personal zu fördern, indem wir*
  – uns für die schnelle Weitergabe neuer Technologien an Lizenznehmer und Tochtergesellschaften einsetzen, bei gleichzeitigem Schutz unserer Rechte und Investitionen;
  – regionale und weltweite Treffen zum Austausch und zur Verbreitung von Informationen veranstalten;
  – wo immer dies möglich ist, Personal zur Unterstützung in den verschiedenen beruflichen Aufgaben koordiniert einsetzen, um somit optimale Fähigkeiten der Mitarbeiter in allen Bereichen zu entwickeln;
  – Personalaustausch fördern, um die Fähigkeiten und die Spannweite der Erfahrung zu erweitern;
  – uns als Unternehmen aktiv an nationalen und internationalen Aktivitäten – nichtpolitischer Natur – beteiligen mit dem Ziel, das internationale Geschäftsklima zu verbessern.

Diese Unternehmensgrundsätze »Was Wir Glauben« – Originaltitel »THIS WE BELIEVE« – wurden im September 1976 (!) auf der internationalen Johnson-WAX-Management-Konferenz in Washington D.C.,

USA, von über 200 Delegierten aus 55 Johnson-Niederlassungen in der ganzen Welt nach eingehender Diskussion verabschiedet.

Für eilige Leser: Kleines Medien-Einmaleins

Das Wichtigste im Kontakt mit Journalisten ist nicht das Buffet oder das Pressegeschenk, sondern die

INFORMATION.

Pressemitteilungen ohne Informationsgehalt sind wertlos und verärgern den Journalisten.
Daher:

Frage 1: *Was* habe ich zu sagen?
Frage 2: *Wie* sage ich es?

I MÜNDLICH:

Dazu muß man die Journalisten aber erst einmal kennen. Also:

1. Zuerst braucht man eine Liste der wichtigsten Medien mit den für das Thema richtigen Journalisten.
2. Dann führt man mit diesen Journalisten erst einmal ein unverbindliches Gespräch bei einem Kaffee oder gleich in der Redaktion. Meist genügt ein einfacher Anruf! Und: Es muß nicht unbedingt der Chefredakteur sein. Journalisten haben wenig Zeit – halten Sie sie daher nicht unnötig auf.
3. Dann müssen Sie den Journalisten freilich hin und wieder »Munition« liefern.
Doch Vorsicht: keine besonderen Vorteile für die wichtigsten Blätter oder TV! Behandeln Sie möglichst alle gleich gut! Sonst haben Sie die »Kleinen« bald gegen sich.
Das geht durch
a) gleichzeitige und gleich große Information zu einem bestimmten Thema;

b) gleichmäßige Verteilung von Informationen nach dem Prinzip »Einmal der Gigl, einmal der Gogl«.

II MITTELS PRESSEAUSSENDUNG:

a) bundesweit

Eine genaue Zeitabstimmung ist nötig, damit alle Zeitungen, Agenturen und Radio/TV möglichst gleichzeitig die Mitteilung bringen können.

Sie haben dabei mehrere Möglichkeiten:

1. Weitergabe eines »Waschzettels« (Presseinformation-Vordruck) per Post (1-2 Tage Postlauf!) – heute kaum mehr in Verwendung.
Redaktionsschlußzeiten beachten!
Wenn nach Redaktionsschluß übermittelt, kommt die Meldung erst in die nächste Nummer!

2. per e-mail oder Fax.
So wie bei Zustellung Redaktionsschlußzeiten beachten!
   Halten Sie ein paar Stunden Reserve, denn zumeist haben die Wirtschafts-, Kultur- oder Politik-Redaktionen etwas früher Redaktionsschluß als etwa die Seite 1!
   Hinweis: Bis zur Jahrtausendwende sollten Sie Presseaussendungen sowohl konventionell (Fax, Post) als auch – wo möglich – per e-mail versenden. 1999 war die Umstellung der Journalisten voll im Gang.

Begleitbrief oder nicht?
Bei einer normalen, kurzen Presseaussendung auf entsprechendem Medien-Informationspapier (mit Absender und Rückfragehinweis) ist ein Begleitbrief nicht nötig, unter Umständen sogar hinderlich.
   Im ersten schriftlichen Kontakt mit der Redaktion wäre ein Brief mit kurzer Vorstellung (wenn dies noch nicht persönlich erfolgt ist) und dem Versprechen auf objektive Information sehr vorteilhaft.
   Schreiben Sie auf keinen Fall Floskeln wie »Über einen Abdruck würden wir uns sehr freuen« oder »Wir hoffen, daß Sie für diese Mitteilung Verwendung haben« u. ä. m.
   Auch die Bitte um Belegexemplare ist überflüssig.

Zur Medienbeobachtung müssen Sie

1. die mit Material versorgten Zeitungen abonnieren (es erscheint nicht immer gleich in der nächsten Ausgabe!) bzw. die Sendungen aufzeichnen oder
2. Medienbeobachtungsdienste mit der Dokumentation der betreffenden Artikel bzw. der Aufzeichnung der Sendungen beauftragen.

b) lokal

Wollen Sie eine Pressemitteilung z. B. nur für die Bundesländer-Presse herausgeben, dann gelten die obigen Regeln ebenso (besonders bezüglich Redaktionsschlüssen).

Beachten Sie überdies bitte:

1. Das Medien-Informationspapier:
Am besten ist eine graphische Gestaltung analog dem sonstigen »Gesamt-Erscheinungsbild«.

2. Presseaussendung an wen?
Entweder einfach »an die Redaktion« (aber an die richtige!) oder noch besser an den zuständigen Ressortleiter oder Fachredakteur. Eine Pressemitteilung an den falschen Redakteur landet in den meisten Fällen im Papierkorb (und nicht in der richtigen Redaktion).

3. Inhalt:
Beschränken Sie sich auf das Allerwichtigste. Formulieren Sie:
- kurz,
- prägnant,
- objektiv und sachlich (auch bei Kritik!),
- keine Superlative,
- keine Polemik,
- leicht verständlich,
- kurze Sätze,
- kurze Wörter.

Wichtig: Das Wichtigste immer zuerst!
Titel: Möglichst kurz (bis 4 Wörter), plus mehrere Untertitel, die den Inhalt erklären.

Denken Sie immer daran, für wen die Mitteilung gedacht ist:
- für die Seite »Innenpolitik«,

- für die Seite »Wirtschaft«,
- für die Seite »Kultur« etc.

Und denken Sie an den Informationsstand der Leser! Also: keine fachlichen Details, lieber kürzer als zu lang, da sonst die Redaktion kürzt! Faustregel: eine A4-Seite genügt meistens.

4. Und das Presserecht?

Am besten, Sie machen auf jeden Fall ein Impressum am Fuße des Informationspapieres, so kommen Rückfragen auch an die richtige Adresse.

5. Noch ein paar Tips:

In der Regel ja keinen Hinweis auf die Tatsache, daß Sie Kunde im Inseratenteil der Zeitung sind!

Sperrfrist: »frei für Blätter vom 20. Mai« bedeutet z.B., daß diese Mitteilung erst in der Zeitung, die am 20. Mai erscheint, verwendet werden darf. Man schreibt dies aber nur dann auf die Presseinformation, wenn ein echter Grund vorliegt: z.B. wenn die betreffende Veranstaltung erst zu einem bestimmten Zeitpunkt stattfindet, die Information aber schon im voraus erfolgt. Grundsätzlich gilt: auf Sperrfrist möglichst verzichten!

III PRESSEGESPRÄCH ODER PRESSEKONFERENZ?

Sie können die Stimmung und den Inhalt der Berichterstattung durch die Art der Veranstaltung steuern:

1. Eine *Pressekonferenz* ist etwas Offizielles: mit einer größeren Anzahl Journalisten, mit protokollarisch gestellten Fragen und ebensolchen Antworten, mit den Veranstaltern am Tischkopf oder an einem Rednertisch. Hier gilt: Gesagt ist gesagt, Rückzieher oder vertrauliche Mitteilungen sind nicht möglich. Auch unangenehme Fragen müssen beantwortet werden; dafür haben Sie Ihre Information breit gestreut und sozusagen eine »offizielle« Verpflichtung erfüllt.

Wichtige Tips:
a) Keine langen Reden und Vorträge! Eine halbe Stunde ist schon zuviel!
Mehr Zeit für Fragen und Diskussion freihalten.

b) Unbedingt einen Waschzettel (eventuell in einer Pressemappe, mit Fotos, Graphiken, fact sheet, Anwesenheitsliste) mit den wichtigsten Inhalten Ihrer Mitteilungen vorbereiten (am besten zu Beginn verteilen).
c) Unbedingt vorher ein Briefing (Generalprobe) durchführen, bei dem sämtliche möglichen Fragen durchgespielt werden.
d) Möglichst eine Anwesenheitsliste machen, um die Journalisten namentlich ansprechen zu können.

Termin: Regelfall ein Wochentag vormittags, Beginn zwischen 9 und 11 Uhr, Ende nicht nach 12 Uhr (inklusive Bewirtung). Durchschnittliche Dauer: 1 Stunde. Wochenendtermine: Nur in besonderen Ausnahmefällen. Abendtermine: eher nicht, allerdings in kleinem Rahmen (siehe Pressegespräch) unter Umständen recht vorteilhaft. Nachmittagstermine: bei Tagesmedien praktisch unmöglich (Redaktionsarbeitszeit!).

Stimmen Sie Ihren Termin mit dem Fachverband, den Interessenverbänden u. a. Koordinationsstellen ab!

Es gibt z. B. in Wien einen »Termin-Presse-Dienst«, der praktisch alle Presseveranstaltungen, z. T. auch in den Bundesländern, sammelt und Auskünfte über freie Termine gibt bzw. Ihren Termin vormerkt.

Die Einladung:
Meist genügt ein nett geschriebener Brief mit Themen-, Orts- und Zeitangabe (Empfänger siehe Presseaussendung).

Das Thema muß zügig und interessant formuliert sein, keine ausführliche Themenbeschreibung!

Keine große Bitte um das Kommen, kein Hinweis auf Pressegeschenke, kein großer Hinweis auf Buffet oder Essen (eventuell: »anschließend Buffet«).

Gleiches gilt für eine graphisch gestaltete, gedruckte Einladung.

Freilich ist die Programmabfolge unter Umständen für den Journalisten interessant.

Es kann auch telefonisch, mit e-mail oder Fax eingeladen werden.

Schriftliche Einladungen sollen ca. 2 Wochen vor der Veranstaltung ausgeschickt werden.

Das Einladungs-Nachfassen
1–3 Tage vor der Veranstaltung sollte die Redaktion (der betreffende

Redakteur) angerufen und möglichst *unverbindlich* gefragt werden, ob er oder ein Vertreter kommt. Grundangabe: Zur Planung der Veranstaltung erforderlich. Bei Absage hilft in der Regel auch das eifrigste Bitten nichts! Oder: Nachfassen mit e-mail, Fax.

Der Ort
Wenn die Möglichkeit besteht, in eigenen Räumlichkeiten, ansonsten in einem guten Hotel oder Restaurant bzw. an anderen Schauplätzen mit den geeigneten Räumen (nach Möglichkeit Pressekonferenz und Essen nicht am gleichen Tisch).

Für Mutige: Internet-Konferenz, bei der die Journalisten von ihrem Arbeitsplatz aus mit dem Veranstalter kommunizieren.

Der Ablauf
Eventuell Aperitifs
Begrüßung und Dank für Erscheinen
Vorstellung der anwesenden Personen
Kurze Themendarstellung (eventuell von 2–3 Rednern), nicht gelesen, *in freier Rede!*
Diskussion
Schlußwort (keine Bitte um eifrige Berichterstattung!).

Buffet oder Essen
Nicht aufwendig, nicht groß ankündigen!
Unbedingt dafür sorgen, daß Vertreter der eigenen Organisation unter den Journalisten an den Tischen sitzen.

Pressegeschenk – ja oder nein?
Wenn überhaupt, dann nur eine kleine symbolische Aufmerksamkeit – wichtig ist die Idee, nicht der Wert!

Wenn ja, dann nach der Veranstaltung verteilen; es ist aber überhaupt kein Fehler, außer der Pressemappe (mit Bleistift und Schreibblock) nichts zu verteilen!

2. Ein *Pressegespräch* ist die inoffizielle, interne, kleinere, legerere Veranstaltung. Das beginnt bei der Lokalauswahl und endet beim Programmablauf. Sie können u. U. auch per Telefon einladen, im Gespräch gewissen Themen ausweichen und um Vertraulichkeit bitten bzw. Zwischenfragen der Journalisten zulassen. Auf keinen Fall

eine offizielle Sitzordnung mit Vorsitz etc., sonst wird es zur Pressekonferenz!
Ansonsten gilt natürlich alles bei der Pressekonferenz Gesagte.

Noch ein Hinweis:
Bei Begrüßung der Journalisten: Nicht nach dem Namen fragen, sondern in bereitgelegte Liste eintragen lassen.

Noch einige kleine Tips:
Denken Sie an
Fotografen
Parkplatzreservierung (Parkgutscheine mit Einladung versenden)
Garderobe
Gästeliste
Mineralwasser
Schreibutensilien
evtl. Zigaretten, Feuer und Aschenbecher
Hinweisschilder beim Eingang
Telefonanschluß
evtl. Namensschilder von Rednern
Liste der anwesenden Vertreter des Gastgebers (evtl. in Pressemappe).

Checkliste für Besprechungen, Tagungen und Schulungsmaßnahmen (Siemens)

Es ist nicht nur verdrießlich, sondern kann auch den Erfolg einer Veranstaltung in Frage stellen, wenn ein wichtiger Punkt bei der Vorbereitung übersehen wurde.

Um solche Fehler zu vermeiden, wurde die vorliegende Checkliste entwickelt und bei einer Reihe von Schulungsmaßnahmen erprobt.

Es wird kaum eine Veranstaltung geben, bei der alle Punkte der Checkliste Verwendung finden können. Wer damit arbeiten will, muß deshalb erst eine Informationsauswahl treffen.

Setzen Sie zu jedem Punkt der Checkliste, der für Ihre Problemlösung von Bedeutung ist, ein x in die Spalte »Maßnahme erforderlich?«

Dadurch reduzieren Sie das Informationsangebot und passen es Ihrem tatsächlichen Bedarf an.

Nur wenn Vorbereitungsmaßnahmen rechtzeitig begonnen werden, kann ohne nervenaufreibende Hetze gearbeitet werden. Deshalb ist die Zuordnung von Terminen zu jedem einzelnen Punkt vorgesehen.

Tragen Sie den Termin der frühestmöglichen Erledigung in die Spalte »Maßnahme kann frühestens erfolgen am« ein.

Der für die Erledigung einer Maßnahme spätest zulässige Endtermin wird in die Spalte »Maßnahme muß spätestens erfolgt sein am« eingetragen.

Die Checkliste erleichtert mit diesen Terminzuordnungen die Überwachung und Steuerung der Vorbereitungsmaßnahmen. Bei umfangreichen und wichtigen Projekten, bei denen Fehler schwerwiegende Folgen haben können, kann sich der Planungsaufwand lohnen, ein Balkendiagramm oder einen manuell rechenbaren Netzplan zu erstellen.

Auf der folgenden Seite finden Sie dazu ein Abhängigkeitsmodell. Die Zahlen in den Kreisen sind die Nummern der einzelnen Checklistenpunkte. Wenn Sie einen Netzplan erstellen wollen, so brauchen Sie nur die bereits gekennzeichneten Knoten und Nummern (x bei »Maßnahme erforderlich«) zu berücksichtigen. Alle anderen Knoten lassen Sie einfach weg.

Ein Netzplan ist damit bei Bedarf sehr rasch zu erstellen, da ja die gegenseitigen Abhängigkeiten bereits festgelegt sind.

Quelle: Werneck, Tom: Checkliste für Besprechungen, Tagungen und Schulungsmaßnahmen, Siemens-Verlag, München.

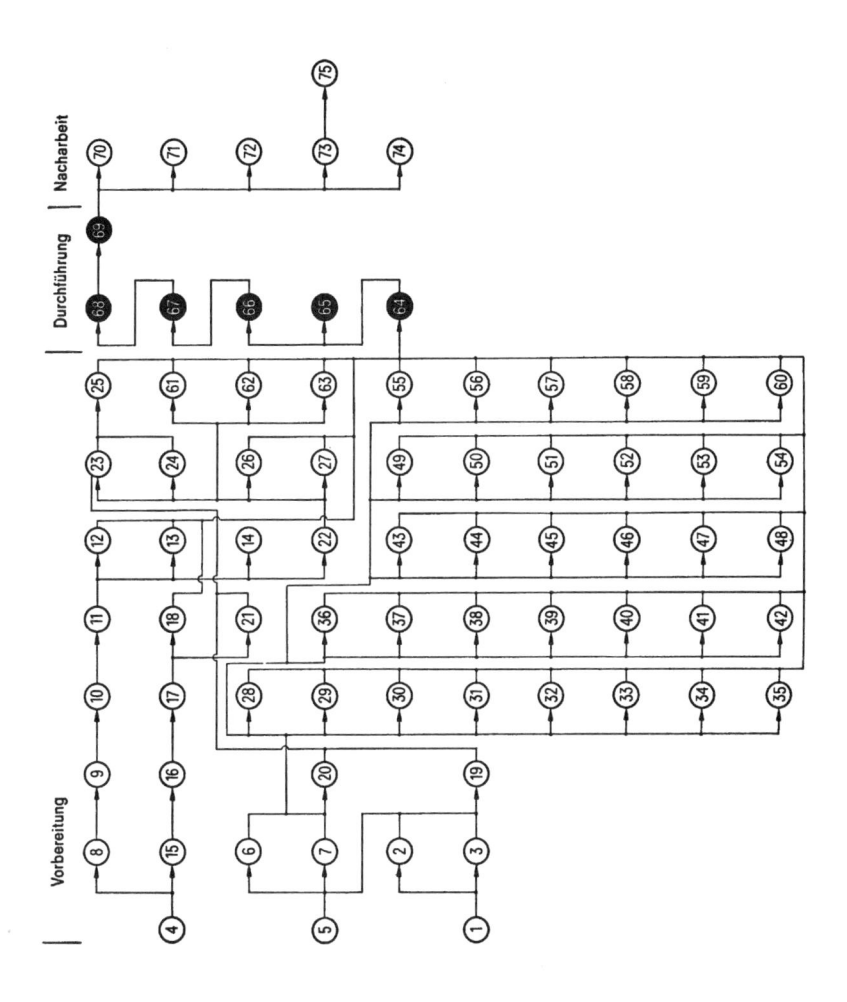

Checkliste für Besprechungen u. a. • **423**

Veranstaltung			Abteilung		Telefon		Ort, Datum
Bearbeiter							

	Maßnahme erforderlich?	Maßnahme kann frühestens erfolgen am	Maßnahme muß spätestens erledigt sein am	Erledigungsvermerk	Bemerkung
Vorbereitung					
Inhalt des Programms					
① Themen und Inhalte festlegen.					
② Reihenfolge (Tagesordnung) festlegen.					
③ Zeitplan (incl. Pausen und Pufferzeiten) festlegen.					
Ort der Veranstaltung					
④ Geschätzte Zahl der Anwesenden (Teilnehmer, Referenten, Beobachter, Gäste, Presse usw.)					
⑤ Veranstaltung wird im Hause/ extern durchgeführt.					
⑥ Im Hause: Raum/Räume reservieren.					
⑦ Extern: Welche Hotels stehen zur Verfügung? Dazu erforderliche Informationen: Größe und Anzahl der verfügbaren Räume, wieviele verfügbare Betten (Einzel/Doppel), Preis, Nebenleistungen, Anreise- und Parkplatzmöglichkeiten, welche technischen Hilfsmittel können bereitgestellt werden, bis wann muß Reservierung vorliegen?					

	Maßnahme erforderlich?	Maßnahme kann frühestens erfolgen am	Maßnahme muß spätestens erledigt sein am	Erledigungsvermerk	Bemerkung
Referenten/Gesprächsleiter					
⑧ Wer kommt als Referent zu welchem Thema in Frage?					
⑨ Abfrage, ob Interesse und Zeit vorhanden. Dazu Informationen: Thema und damit verbundene Zielvorstellungen, Adressatenkreis, Zeit und Ort, gewünschte Form der Darstellung, verfügbare Zeit, technische Voraussetzungen des Vortragsraumes, Kopier- und Vervielfältigungsmöglichkeiten, Honorarvorstellungen.					
⑩ Einladung					
⑪ Zusage des Referenten/Gesprächsleiters.					
⑫ Zimmerreservierung					
⑬ Bestätigungs- und Dankschreiben					
⑭ „Steckbriefinformationen" über Referenten/Gesprächsleiter zur Vorstellung/Einführung durch Gesprächsleiter/Veranstalter.					
Teilnehmer					
⑮ Auswahl					
⑯ Einladung. Dazu Information: Zweck der Veranstaltung, Ort und Zeit, Zusage erforderlich bis zum					
⑰ Zusage der Teilnehmer					
⑱ Zimmerreservierungen					

Form des Programms

	Maßnahme erforderlich?	Maßnahme kann frühestens erfolgen am	Maßnahme muß spätestens erledigt sein am	Erledigungsvermerk	Bemerkung
⑲ Titelblatt: Veranstalter, Veranstaltung, Teilnehmerkreis, Ort, Zeit, Graphik.					
⑳ Allgemeine Informationen: Anreise- und Abreisemöglichkeiten (Überprüfung, ob Bahn- und Flugpläne pünktliche Anreise erlauben, ob sich durch Umstellung auf Sommer-/Winterfahrplan Änderungen ergeben), Parkplätze, Anfahrskizze oder Stadtplan/Karte. Telefonische Erreichbarkeit während der Veranstaltung, Telexanschluß des Veranstaltungshauses, Fernkopiereranschluß, Hinweis auf Freizeitmöglichkeiten und dazu erforderliche Ausrüstung, Abendveranstaltungen, kulturelle Möglichkeiten und Modus der Karten-/Platzreservierung. Kostenregelung.					
㉑ Teilnehmerliste: Namen, Vornamen, Titel, Funktion, Firma, Abteilung/Bereich, Ort, Land.					
㉒ Genau aufgegliederte Programm/Tagesordnung.					
㉓ Auflage: .... Stück. Druck/Vervielfältigung/Kopie.					
㉔ Anlagen zum Programm a) Zeichnungen Anzahl: ..... Stück b) Tabellen Anzahl: ..... Stück c) Prospekte Anzahl: ..... Stück d) Muster Anzahl: ..... Stück e) Fotos Anzahl: ..... Stück					

Checkliste für Besprechungen u. a. • **427**

	Maßnahme erforderlich?	Maßnahme kann frühestens erfolgen am	Maßnahme muß spätestens erledigt sein am	Erledigungsvermerk	Bemerkung
f) Bücher Anzahl: ...... Stück g) Informationsmaterial Anzahl: ...... Stück h) Aufgaben Anzahl: ...... Stück i) Sonstiges Anzahl: ...... Stück Reihenfolge der Anlagen:					
㉕ Programm verschicken bis zum: .... a) an Teilnehmer b) an Referenten c) an Tagungsleiter d) an Sonstige:					

Vorabinformationen für Gesprächsleiter/Referenten

㉖ Welche Zusatzinformationen sind für den Gesprächsleiter erforderlich a) Technische Informationen b) Organisatorische Informationen c) Sachliche Hinweise zur Durchführung der Veranstaltung					
㉗ Welche Zusatzinformationen sind für die Referenten erforderlich? a) Technische Informationen b) Organisatorische Informationen c) Sachliche Hinweise zur Durchführung der Veranstaltung					

Veranstaltungsraum und Technik

㉘

A)

428 • Service

Maßnahme erforderlich?	Maßnahme kann frühestens erfolgen am	Maßnahme muß spätestens erledigt sein am	Erledigungsvermerk	Bemerkung

B)
C)
D)
E)
F)
G)

⟶ = Blickrichtung zum Referenten

	Maßnahme erforderlich?	Maßnahme kann frühestens erfolgen am	Maßnahme muß spätestens erledigt sein am	Erledigungsvermerk	Bemerkung
29 Anzahl der Sitzplätze					
30 Rednerpult					
31 Mikrofon, Verstärker, Lautsprecher					
32 Belüftung, Klimatisierung, Heizung					
33 Beleuchtung					
34 Verdunklung					
35 Projektionsfläche					
36 Filmprojektor					
37 Diaprojektor					
38 Epidiaskop					
39 Arbeitsprojektor, Folien, Stifte					
40 Anlage für Tonbildschau					

	Maßnahme erforderlich?	Maßnahme kann frühestens erfolgen am	Maßnahme muß spätestens erledigt sein am	Erledigungsvermerk	Bemerkung
㊶ Tonbandgerät a) Spule zu Spule b) Kassette c) Mono/Stereo d) Zweispur-/Vierspur-Gerät e) Laufgeschwindigkeit: .... cm/sec					
㊷ Videorecorder, Kamera, Monitor, Mikrofon, Bänder/Kassetten, schwarz-weiß/Farbe, leer/bespielt					
㊸ Anzahl der erforderlichen elektrischen Anschlüsse					
㊹ Wo sind die Anschlußmöglichkeiten im Raum?					
㊺ Verlängerungskabel erforderlich? a) Anzahl b) Länge					
㊻ Mehrfachstecker erforderlich? Anzahl: .... Stck.					
㊼ Tafel, Schwamm, Lappen, Wasser, Kreide weiß/Farben					
㊽ Flipchart, Filzschreiber, Papier					
㊾ Filztafel, Haftbilder Magnettafel, Haftbilder					
㊿ Stockwand, Papier, Nadeln					
㊼ Kartenständer					
㊽ Zeigestock, Zeigelampe, Teleskopkugelschreiber					
㊾ Reservematerial: a) Ersatzbirnen für Arbeitsprojektor b) Reservebänder für Video/Tonband					

Checkliste für Besprechungen u. a. • **431**

	Maßnahme erforderlich?	Maßnahme kann frühestens erfolgen am	Maßnahme muß spätestens erledigt sein am	Erledigungsvermerk	Bemerkung
c) Leerspulen für Video/Tonband/Film d) Reservepapier für Flipchart/Steckwand e) Reservefolien für Overheadprojektor f) Filzstifte für Arbeitsprojektor und Flipchart/Steckwand					
54 Büromaterial a) Locher b) Hefter c) Büroklammern d) Schreibmaschine, Rechenmaschine e) Kopiergerät, Vervielfältigungsapparat f) Klebstoff, Klebefilm g) Sonst.					
55 Arbeitsplatz der Teilnehmer a) Block, Bleistift, Kugelschreiber b) Programm, Unterlagen c) Ordner, Schnellhefter d) Namensschilder zum Aufstellen e) Namensschilder zum Anstecken f) Aschenbecher					
56 Blumen, Dekoration					
Begleitpersonal					
57 Hilfspersonal/Vorführer a) Bestellung b) Einladung, Zeit, Ort c) Welches Gerät d) Kleidung e) Zimmerbestellung f) Honorar					
58 Protokollführer					

	Maßnahme erforderlich?	Maßnahme kann frühestens erfolgen am	Maßnahme muß spätestens erledigt sein am	Erledigungsvermerk	Bemerkung
Bewirtung					
(59) Während der Veranstaltung (vormittags und/oder nachmittags) a) Zigaretten, Zigarren, Streichhölzer b) Keks, Kleingebäck c) Brötchen, kalte Platten d) Kaffee, Tee e) Saft, Mineralwasser f) Suppe, heiße Brühe g) Kosten trägt Veranstalter/Teilnehmer					
(60) Frühstück, Mittagessen, Abendessen a) Vorherige Festlegung von Speisen und Getränken oder Wahl nach Karte b) Vorbestellung, Platzreservierung c) Kosten trägt Veranstalter/Teilnehmer d) Zusätzliche Gäste					
Begleitveranstaltungen					
(61) Theater/Konzert, Sportveranstaltungen a) Kartenbestellung b) Kartenabholung c) Fahrzeuge					
(62) Besichtigung/Ausflugsfahrt a) Terminplan b) Vorbestellungen, Platzreservierungen c) Fahrzeuge					
(63) Geselliges Beisammensein, Kegelabend a) Vorbestellung b) Fahrzeuge					
Durchführung					
(64) Begrüßung, Begrüßungsdrink					
(65) Eröffnung a) Zweck und Ziel der Veranstaltung b) Organisatorische Hinweise c) Änderungen des Programms					

Checkliste für Besprechungen u. a. • **433**

	Maßnahme erforderlich?	Maßnahme kann frühestens erfolgen am	Maßnahme muß spätestens erledigt sein am	Erledigungsvermerk	Bemerkung
⑥⑥ Protokollführung					
⑥⑦ Einführung der Referenten a) „Steckbrief" b) Thema					
⑥⑧ Diskussionsleitung					
⑥⑨ Abschluß a) Rückschau, Ergebniszusammenfassung b) Entscheidungen, Anweisungen c) Weiteres Vorgehen festlegen d) Ausgabe von Informationsmaterial					
Nachträgliche Maßnahmen					
⑦⓪ Protokolle an die Teilnehmer					
⑦① Sonstiges Informationsmaterial an die Teilnehmer					
⑦② Dankschreiben an Referenten/Gesprächsleiter					
⑦③ Abrechnungen mit a) Hotel b) Restaurant c) Referenten/Gesprächsleiter d) Begleitpersonal e) Sonstige					
⑦④ Erstellung eines Berichts über die Veranstaltung					
⑦⑤ Gesamtkostenermittlung					

Personalbericht und Sozialbericht 1998 der BASF AG

Größter Anteil geht an die Mitarbeiter
Wertschöpfung: Aniliner erhielten 5,4 Milliarden Mark oder 62,5 Prozent.
Wichtiger Maßstab zur Beurteilung der Leistungsfähigkeit des Unternehmens ist die Wertschöpfung. Sie wird aus der Gewinn- und Verlustrechnung abgeleitet und gibt an, welcher Wertzuwachs im Unternehmen durch die Höherveredelung oder Umwandlung von Rohstoffen und Vorprodukten zu verkaufsfähigen Produkten geschaffen wurde.

Berechnung der Wertschöpfung
Die Wertschöpfung errechnet sich aus der Unternehmensleistung abzüglich Vorleistungen und Abschreibungen. Gegenüber dem Vorjahr verringerte sich die Unternehmensleistung im vergangenen Geschäftsjahr um fast 6,2 Prozent auf 23,72 Milliarden Mark.

21,05 Milliarden davon waren Umsatzerlöse (Verkauf von Unternehmensprodukten). Der Rest waren Beteiligungen an Unternehmen im In- und Ausland sowie Zinsen aus Bankguthaben oder Wertpapieren. Der Unternehmensleistung stehen die Vorleistungen anderer gegenüber: gekaufte Roh-, Hilfs- und Betriebsstoffe sowie Werkvertragsleistungen, z. B. für Investitionen und Reparaturen. Weiter zu nennen sind Energielieferungen, Mieten und Versicherungsbeiträge, aber auch zugekaufte Handelswaren, die das Sortiment der BASF-Aktiengesellschaft ergänzen. Insgesamt summieren sich die Vorleistungen auf 13,58 Milliarden Mark. Sie sind ebenso von der Unternehmensleistung abzuziehen wie die Abschreibungen (1,36 Milliarden Mark), in denen der Wertverlust des Firmeneigentums durch Alter und Abnutzung zum Ausdruck kommt. Das Ergebnis aus dieser Berechnung ist die Nettowertschöpfung der BASF-Aktiengesellschaft. Sie stieg gegenüber dem Vorjahr um rund 5 Prozent auf 8,59 Milliarden Mark.

Wie sich die Wertschöpfung verteilt
Mit 62,5 Prozent erhielten die Mitarbeiter den größten Teil der Wertschöpfung. Das waren im Berichtsjahr rund 5,4 Milliarden Mark.
Auf Kapital- und Kreditgeber entfielen 18,1 Prozent der Wert-

Wertschöpfung 1998 – Berechnung und Verteilung (Millionen DM)

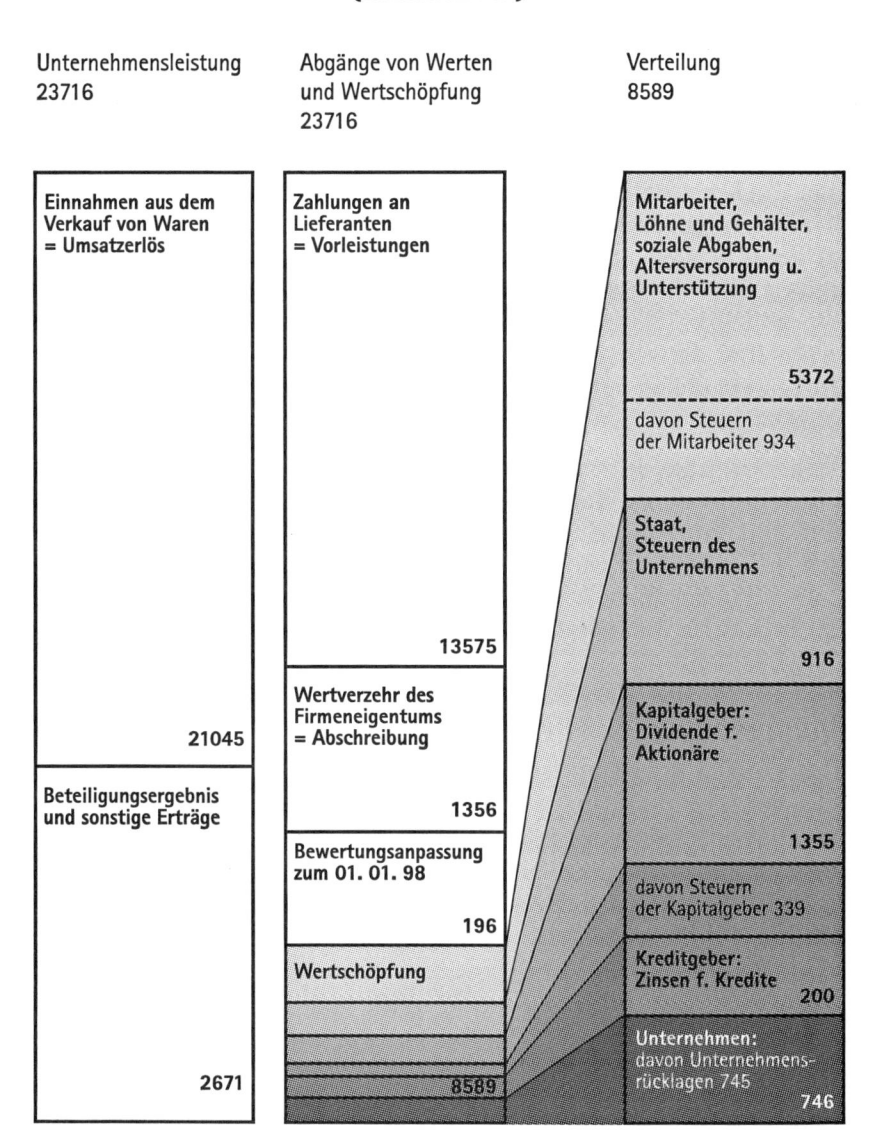

Unternehmensleistung	Abgänge von Werten	Verteilung
23716	und Wertschöpfung	8589
	23716	

Einnahmen aus dem Verkauf von Waren = Umsatzerlös

Zahlungen an Lieferanten = Vorleistungen

Mitarbeiter, Löhne und Gehälter, soziale Abgaben, Altersversorgung u. Unterstützung

5372

davon Steuern der Mitarbeiter 934

Staat, Steuern des Unternehmens

13575

916

21045

Wertverzehr des Firmeneigentums = Abschreibung

Kapitalgeber: Dividende f. Aktionäre

Beteiligungsergebnis und sonstige Erträge

1356

1355

Bewertungsanpassung zum 01. 01. 98

davon Steuern der Kapitalgeber 339

196

Wertschöpfung

Kreditgeber: Zinsen f. Kredite

200

Unternehmen: davon Unternehmensrücklagen 745

2671

8589

746

Quelle: Personal- und Sozialbericht 1998 der BASF AG

schöpfung (1,6 Milliarden Mark). Davon werden allein 1,36 Milliarden Mark als Dividende ausgezahlt, sofern die Hauptversammlung am 29. April 1999 dem Vorschlag von Vorstand und Aufsichtsrat zustimmt. Den drittgrößten Wertschöpfungsanteil beanspruchte der Staat. 0,92 Milliarden Mark, das sind 10,7 Prozent der Wertschöpfung, wandte das Unternehmen für Einkommens-, Ertrags-, Verbrauchs- und sonstige Steuern auf. Rechnet man hier die 934 Millionen Mark auf Lohn- und Kirchensteuern der Mitarbeiter sowie die 339 Millionen Mark der Kapitalertragssteuer der Aktionäre auf die Dividendensumme hinzu, so ergibt das einen Gesamtbetrag von 2,19 Milliarden Mark. Somit stiegen die Steuereinnahmen aus der Unternehmenstätigkeit der BASF gegenüber dem Vorjahr um 6,7 Prozent.

Der Rest der Wertschöpfung in Höhe von 746 Millionen Mark (8,7 Prozent) entfallen auf das Unternehmen; 745 Millionen Mark wurden den Gewinnrücklagen zugeführt.

Ausblick: Anstieg der Investitionen geplant
Die Investitionen in Sachanlagen erreichten 5,67 Milliarden Mark, das sind 30,1 Prozent mehr als im Vorjahr. Für Anlagen und Einrichtungen in Deutschland wurden 2,54 Milliarden Mark ausgegeben, davon 1,08 Milliarden Mark bei der BASF Aktiengesellschaft. Für dieses Jahr ist ein Anstieg der Investitionen auf 5,3 Milliarden Mark geplant.

Muster einer Stellenbeschreibung für den/die Leiter/in einer Pressestelle

Die folgende Stellenbeschreibung bezieht sich auf die entsprechende Position in Unternehmen und Verbänden. Sie wurde vom Bundesfachausschuß Wirtschaft und Verwaltung des Deutschen Journalisten-Verbandes 1990/91 erarbeitet.

AUFBAU EINER STELLENBESCHREIBUNG FÜR EINE(N) LEITER/IN DER PRESSESTELLE

1. Stellenbezeichnung:
2. Rang des Stelleninhabers:
3. Kostenstelle:

4. Unterstellung (der Stelleninhaber untersteht):
5. Überstellung (dem Stelleninhaber sind unterstellt):
6. Der Stelleninhaber vertritt:
7. Der Stelleninhaber wird vertreten von:
8. Vollmachten:

Aufgabenstellung
(im Rahmen der Unternehmensziele):

- *Information nach außen*
  - Kontakte zu allen Medien sowie zu den Öffentlichkeitssegmenten (»Öffentlichkeiten«) des Unternehmens u. ä. Das Unternehmensgeschehen nach innen und außen darstellen.
  - Alle Mittel und Möglichkeiten einer sachgerechten Information nutzen.
  - Die Stelle soll stets vertrauenswürdiger, sachneutraler Partner der Öffentlichkeit sein. So können in krisenhaften Situationen Verständnis geweckt werden und publizistische Gefahren abgewendet werden, die der Branche, dem Unternehmen, der Einrichtung oder den Mitarbeitern drohen. Die Stelle wird neben den eigenen Mitarbeitern die Initiative und das Mitdenken aller Führungskräfte des Hauses nutzen. Alle Stellen des Hauses werden angewiesen, die Presseabteilung durch Informationen zu unterstützen.

- *Informationen nach innen*
  (trifft nur zu, wenn andere fachlich geeignete Stelle/Abteilung mit den entsprechenden Aufgaben betraut ist)
  - Vermittlung von Nachrichten und Kenntnissen zur Information der Mitarbeiter, um Verständnis und Einsichten für ihre Aufgabe und Tätigkeit im Unternehmen zu fördern. Alle Stellen des Hauses sind angewiesen, diese Arbeit durch Information zu unterstützen.

Der Aufgabenbereich des Stelleninhabers
a) Er beantragt die Etatmittel und verantwortet ihre Verwendung
   Er entscheidet über die Auswahl seiner Mitarbeiter und regelt deren Zuständigkeiten.

b) Informationsbeschaffung

in Stabsfunktion
- Teilnahme an Sitzungen der Geschäftsleitung. Es muß sichergestellt sein, daß der Stelleninhaber über Entscheidungsgrundlagen und -vorbereitungen und Entscheidungen rechtzeitig für die publizistische Auswertung unterrichtet wird.
- Teilnahme an der Hauptversammlung und den Betriebsversammlungen und Pflege des Meinungsaustausches mit Aktionären und Mitarbeitern.
- Ständiger Kontakt zur Geschäftsleitung, zu den Werksleitungen, zum Betriebsrat und den Führungskräften.
- Teilnahme an öffentlichen Veranstaltungen einschlägiger Unternehmen, Verbände und Institutionen.

in Linienfunktion
- Entscheidungen, welche Medien als Informationsquellen herangezogen werden, Art und Umfang ihrer Nutzung und Auswertung.

c) Informationen nach außen

in Stabsfunktion
- mit den zuständigen Stellen des Hauses Informationsschwerpunkte abstimmen,
- Geschäftsleitung in Fragen der Zusammenarbeit mit Medien beraten
- Austausch von Publikationen und Erfahrungen mit anderen Journalisten in Wirtschaft und Verwaltung
- Stellungnahmen formulieren.

in Linienfunktion
- Einsatz der notwendigen Mittel und Methoden unter Beachtung journalistischer Grundsätze und der von der Geschäftsleitung vorgegebenen publizistischen Grundhaltung
- Redaktionsbesuche und Zusammenkünfte mit Publizisten
- Für vertrauliche Hintergrundgespräche (»off the record«) der Geschäftsleitung mit Journalisten sorgen
- die presserechtliche Verantwortung tragen
- die Einrichtung oder Weiterführung eines Presse-, Bild- und Tonarchivs bestimmen.

in Dienstleistungsfunktion
- Nachrichten, Berichte und Kommentare für die Medien schreiben
- Beiträge externer und interner Mitarbeiter redigieren

d) Information nach innen
(trifft nur zu, wenn kein anderer Verantwortungsbereich mit den entsprechenden Aufgaben betraut ist)

in Stabsfunktion
- Information der Geschäftsleitung und anderer Führungsgremien über alle für das Unternehmen wichtigen Publikationen
- Informationsmaßnahmen vorschlagen und innerbetrieblich abstimmen
- publizistische Erfahrungen austauschen
- Führungskräfte in Fragen ihres Informationsverhaltens und ihres öffentlichen Auftretens beraten.

in Linienfunktion
- Grundsätze der innerbetrieblichen Information mit der Geschäftsleitung abstimmen
- Art, Inhalt, Umfang, Erscheinungsweise und Empfängerkreis der innerbetrieblichen Informationsmittel festlegen
- Etats für die Informationsmittel bestimmen und Einhaltung prüfen
- Redaktionskonferenzen und Mitarbeiterbesprechungen leiten
- externe Beiträge von Berufskollegen, Agenturen, Studios u. a. m. beschaffen und über Verwendung entscheiden
- presserechtliche Verantwortung.

in Dienstleistungsfunktion
- Nachrichten, Berichte und Kommentare schreiben
- Beiträge redigieren
- Medien für evtl. Pressespiegel auswerten
- Informationspflicht nach dem Betriebsverfassungsgesetz im Rahmen seiner Möglichkeiten.

e) Sonstige Aufgaben

in Stabsfunktion
- Beratung bei offiziellen Veranstaltungen oder deren Organisation.

in Linienfunktion
- Durchführung von Veranstaltungen, die der Imagebildung dienen
- Maßnahmen zur Information über betriebliche Notwendigkeiten, wenn z. B. die Öffentlichkeit durch diese betroffen wird.

in Dienstleistungsfunktion
- Veröffentlichungen der Geschäftsleitung schreiben bzw. redigieren
- Ansprachen, Grußworte für Dritte konzipieren und redigieren
- Vorträge halten
- ggf. Aufgaben eines Protokollchefs und das Besucherwesens
- Mitwirkung bei der Abfassung des Geschäftsberichts, von institutionellen Anzeigen und sonstigen Veröffentlichungen.

f) Verwertung von kommunikationswissenschaftlichen Ergebnissen Fortbildungsverpflichtung des Stelleninhabers.

Honorarsätze der PRVA-Agenturen (Stand 1999)

Als langfristige und kontinuierliche Unternehmensaufgabe bestehen Public Relations aus einer Vielzahl kommunikativer Aktivitäten. Die in Österreich tätigen PR-Agenturen und -Berater verwenden für die Berechnung ihrer Leistungen je nach Aufgabe, eigener Organisationsstruktur oder Kundenwunsch verschiedene Honorarsysteme. Basis der Kalkulation ist in jedem Fall der für die Konzeption und Durchführung der Aktivitäten erforderliche Zeitaufwand.

PRVA-Agenturen verrechnen für ihre Dienstleistungen Honorare, die auf Empfehlungen des Public Relations Verbandes Austria sowie der Wirtschaftskammer Österreich basieren. Üblich sind dabei sowohl projektorientierte Pauschalhonorare wie auch die Abrechnung tatsächlich geleisteter Stunden, wobei für gewöhnlich zwischen Leistungen der Geschäftsführung, eines Beraters, eines Assistenten sowie des Sekretariats unterschieden wird.

Auch die Verrechnung von nicht auf Zeitaufwand basierenden Kreativ-Honoraren bei der Erarbeitung von Konzeptionen und Ideen ist üblich.

Die folgenden Honorarangaben stellen gerundete Durchschnittswerte für beispielhaft ausgewählte Standard-PR-Dienstleistungen dar und basieren auf den Ergebnissen einer jährlich vom Branchenmagazin »Bestseller« durchgeführten Umfrage unter österreichischen PR-Agenturen.

Die Honorarsätze der einzelnen Agenturen können dementsprechend jeweils nach oben oder unten abweichen, vor allem bei der Organisation von Veranstaltungen und Pressegesprächen kann es je nach konkreter Aufgabenstellung zu starken Abweichungen kommen. Alle PRVA-Agenturen stellen auf Anfrage ihre eigenen, umfassenderen Honorarlisten zur Verfügung. Alle Honorarangaben des PRVA (http://www.publicrelations.at/) exkl. 20 % MWSt.

Honorarsätze zeitbezogen:		
	ATS	Euro
Geschäftsführer/Stunde	2.100,–	151,–
Geschäftsführer/Tag	16.800,–	1.208,–
Berater/Stunde	1.800,–	129,–
Berater/Tag	14.400,–	1.035,–
Assistent/Stunde	1.100,–	79,–
Assistent/Tag	8.800,–	632,–
Sekretariat/Stunde	700,–	50,–
Sekretariat/Tag	5.600,–	402,–

Honorarsätze leistungsbezogen:		
	ATS	Euro
Grundbetreuung/Monat:		
Üblich: 2 Tage/Basis: Berater	28.200,–	2.027,–
Journalisten-Einzelgespräch	12.900,–	927,–
Journalisten-Gruppengespräch	38.900,–	2.796,–
Presseveranstaltung	72.800,–	5.233,–
Zielgruppenveranstaltung	88.000,–	6.325,–
Großveranstaltung	141.400,–	10.164,–
Presseaussendung ohne Recherchen	15.200,–	1.092,–
Presseaussendung mit Recherchen	21.000,–	1.509,–
Texterstellung (pro 40 Zeilen zu je 60 Anschlägen)	5.200,–	374,–

Kleine Einführung ins »Fachchinesisch« von Typographie, Satz- und Drucktechnik

(Der Autor dankt Herrn Ing. Michael Knaus, Fa. Plakativ, für die inhaltliche Beratung)

GRUNDFORMEN DER DRUCKSCHRIFTEN:

GROTESK normal *kursiv* **halbfett** mager **fett**
Antiqua normal *kursiv* **fett** ***fett kursiv*** etc.
Egyptienne normal **halbfett schmalfett**
Schreibschrift schattiert **Rounded** Jugendstil

Im Englischen heißt normal *medium,* kursiv *italic,* mager *light,* fett *bold* und halbfett *semibold.*
Alle Kursivschriften sind eigenständige Formen, eine elektronisch *schräggestellte* Schrift ist keine Kursiv.

DIE SCHRIFTGRÖSSE oder der SCHRIFTGRAD:

Die beste Meßgröße ist die Versalhöhe: 2,5 mm. Angaben wie »Diese Zeile 185 mm lang« bereiten heute keine Mühe mehr. Noch sehr gebräuchlich sind Angaben in typographischen Punkten (1 Punkt ca. 0,4 mm):

6 Punkt Schriftgröße: Fürs »Kleingedruckte«, Fußnoten und dgl.
8 Punkt Schriftgröße: Für Bücher und Zeitschriften zu klein.
9 Punkt Schriftgröße: Je nach Schriftart gut lesbar.
10 Punkt Schriftgröße: Gut lesbar, Versalhöhe 2,5 mm.

Vorsicht bei Punktgrößen: Sie sind nicht genormt, es gibt ein altes und ein neues deutsches und ein amerikanisches Größensystem, dazu herstellerbedingte Abweichungen und Abrundungen.

DER ZEILENABSTAND oder DURCHSCHUSS

Man mißt von der *Schriftlinie* (das ist die Unterkante der Buchstaben ohne *Unterlängen)* bis zur nächsten Schriftlinie, am besten gleich zehn Zeilen, und dividiert das Ergebnis durch zehn: dieser Text hat zum Beispiel einen *Zeilenabstand* von 12 Punkt.

Der *Durchschuß* kann auch in Punkt angegeben werden: 9 auf 11 Punkt. Die 9-Punkt-Schrift hat den erweiterten Standard-Zeilenabstand einer 11-Punkt-Schrift. *Kompreß* ist so eng wie möglich – die Lesbarkeit ist bereits beeinträchtigt.

MANUSKRIPT UND SATZ

Klassische Manuskripte, etwa auf Schreibmaschinen geschrieben, gehören der Vergangenheit an und werden nur mehr von EDV-Verweigerern, wie etwa Woody Allen, angefertigt. Der übliche Weg geht über die Text-Datei, der Setzer (Operator) kann mit Umbruchprogrammen den fertig gelesenen und korrigierten Text konvertieren bzw. importieren.

Es gibt mehrere Satzarten: Dieses Buch ist in Blocksatz gesetzt.

Flattersatz linksbündig:
wie bei der normalen
Schreibmaschine ergibt
sich rechts ein Flattern
des Satzes, links dagegen
ist er *bündig.*

Flattersatz rechtsbündig:
genau seitenverkehrt zum
linksbündigen Flattersatz.
Die unruhige Kante ist
links, rechts ist der
Satz *bündig.*

Der Satz auf Mittelachse
eignet sich nur für kürzere und stark gegliederte Texte,
seine Lesbarkeit ist etwas beschränkt,
aber seine Schönheit besticht.

Das ist ein *Einzug:* Der freie Raum am Zeilenanfang kann beliebig breit gehalten werden. Hier ist er ein *Geviert* breit. Die letzte Zeile eines *Absatzes* ist eine *Ausgangszeile.* Absätze braucht ein Text zur Gliederung.

DER KORREKTURABZUG

Entweder es wird eine Fotokopie oder eine *Blaupause* (Lichtpause) vorgelegt, die Satz, Schmuckelemente und Bilder mehr oder weniger gut zeigt. Der Korrekturabzug wird gerne auch *Bürstenabzug* genannt, ein Ausdruck allerdings aus dem vorigen Jahrhundert. Oder es wird, mit moderner Technologie, ein Laserausdruck angefertigt.

DIE REPRODUKTION

Die Technologie ist so fortgeschritten, daß fast jeder Hersteller, Autor, Graphiker und jede Werbeagentur die Möglichkeit hat, Scanns und Schmuckelemente selbst digital herzustellen. Die Programme werden immer besser, die Computer immer schneller. Die perfekte Reproduktion von Durchsichtsvorlagen (Dia) oder Aufsichtsvorlagen (Papierfoto) ist aber noch immer die Arbeit der Lithoanstalt.

Die Scanns müssen aber nicht mehr die 100 % genaue Größe haben, sondern werden digital zwischengelagert (abgespeichert), um dann vergrößert oder verkleinert in der Reinzeichnung eingesetzt zu werden.

Auch Fotos werden immer öfter nicht mehr herkömmlich geschossen, sondern digital aufgenommen, d. h. Die Aufnahmen werden nicht auf ein Fotomaterial belichtet, sondern unter Einhaltung der gewöhnlichen Fotographieparameter (Gestaltung, Perspektive, Blende, Belichtungszeit) digital gescannt, d. h. die Lichtdaten werden in elektronische Impulse umgerechnet und digital im RGB-Modus zwischengespeichert.

Im Vierfarbdruck sind fast alle Farben unseres Umfeldes erzielbar bzw. simulierbar, außer Metallikfarben und Leuchtfarben.

Die sogenannte Euroskala-CMYK benötigt das Papierweiß, um die Farben kräftig wiedergeben zu können.

Reinzeichnungen werden heute nur mehr elektronisch hergestellt, abgelegt (gespeichert), weitergesendet (ISDN) und dann vom Lithographen bearbeitet. Die Reinzeichnungen sind von der Farbigkeit (1, 2, 4 oder 4 + Schmuckfarben) fix fertig auf dem Datenträger abgespeichert. Zur Kontrolle der Reinzeichnung dient ein Farblaserausdruck. Der Lithograph hat dann die Aufgabe, die gescannten und zwischengespeicherten Bilddaten stellungsrichtig einzusetzen.

Als Lithokontrolle dienen 4 Systeme:
- Farblaserausdruck der Einzelseiten
- Digitalproof: Druckfilmloser Ausdruck. Meist nicht farbverbindlich.
- Chemischer Andruck: chemisches Andruckverfahren mit seitenglatten Druckfilmen
- Klassischer Skalenandruck: Auf einer Flachdruckpresse werden Cyan, Magenta, Yellow & Black einzeln auf dem Originalpapier angedruckt (Druckfilme und Plattenstellung notwendig).

DER DRUCK

Hochdruck
Direkter Druck
Druckbild: erhaben und seitenverkehrt
Unterlagen: seitenrichtige Druckfilme
Druckform: flach oder zylindrisch, Eisenformen
Raster: bis # 34, meistens 1-3fbg.
Anwendung: Flachform: geringe Auflagenhöhe, Schmuckfarben
Merkantildrucksachen, (Geschäfts- und Bürodrucksachen)
Ein- und Aufdrucke in Prospekte, Taschen, Kuverts ...
Stauchen, Perforieren, Stanzen, Numerieren
Blindprägen, Heißfolienprägen
Rotation: Zeitung bis zu 4fbg. (kaum mehr in Verwendung)
Merkmale: starker Quetschrand, grober Raster, prägeähnlicher Durchdruck

Flexodruck (Sonderform des Hochdrucks)
Direkter Druck
Druckbild: erhaben und seitenverkehrt
Unterlagen: seitenrichtige Druckfilme
Druckform: Gummi zylindrisch
Raster: #34, 4-6 c
Anwendung: Wellpappe POS
Cellophan
Kreppapier
Metall
Tapeten, Servietten, Wickelpapier
Merkmale: Quetschrand, grober Raster, Verläufe unansehnlich

Siebdruck
Direkter Druck, Durch-Schablondruck
Druckbild: beschichtetes Nylonsieb, Druckbild wird ausgewaschen,
Unterlagen: seitenrichtige Filme
Druckform: Sieb 60-er bis 200-er, Nylon oder Perlon
Raster: #24-34
Anwendung: Flächen, Raster, Schmuckfarben
Textil, Folien, ...
Geformte Gegenstände, Glas, Metall, Kunststoffe
Merkmale: starker Farbauftrag, intensive Farben

Offsetdruck
Indirekter Druck
Druckbild: eben, Fett/Wasser,
Unterlagen: seitenverkehrt Positivfilme
Druckform: Metall-Aluminiumplatten
Raster: - #60 und mehr bis #120
1 - 6 - 8 fbg., Lack
Anwendung: Drucken, Stanzen, Perforieren
Bogenoffset: Maschinen von A4-Format bis 100 x 140 cm
Bis zu 12.000 Bogen/Std.
Rollenoffset: von 8-Seiten-Rolle (8 A4-Seiten passen auf das Format)
bis 48-Seiten-Rolle möglich
bis zu 100.000 Abschnitte/Std.

Tiefdruck
Direkter Druck
Druckbild: Metall-Zylinder mit ausgewaschenen Näpfchen
Halbtöne werden durch verschiedene Tiefen erzeugt.
Unterlagen: seitenrichtige Negative
Druckform: Zylinder, Stahl + Kupfer + galvanisierendes Kupfer
Raster: # - 70 gleichmäßiges Druckbild, Farbkorrektur nur schwer möglich
1 - 6 - 8 fbg., Lack
Anwendung: Hochauflagen: Kataloge, Verpackungsindustrie, Textil, Folien, ...
Merkmale: Schrift und Linien gezahnt = Rasteroberfläche des Zylinders
Einfärbige Flächen »Perlen«

Digitaldruck
Direkter Druck ohne Verwendung von belichteten Filmen
Druckbild: eben, elektromagnetisch
Unterlagen: Datenträger (Diskette, Jazz, Zipp-Band, CD, ...)
Druckform: Photo Image-Platte PIP-Folie
Raster: # – 60 und mehr bis # 120
meistens nur CMYK-Scala
Anwendung: Nur Einzel- oder Kleinstauflagen

Kleindigitaldruck: für Formate bis A3
Großdigitaldruck: von A2 bis 1000 m^2

Die Korrekturzeichen

Vor der Drucklegung seiner Arbeit erhält der Verfasser durch seinen Verlag oder von dessen Druckerei Prüf- oder Korrekturabzüge. Er kann, indem er diese sorgfältig durchsieht, wesentlich dazu beitragen, daß im Druck etwa noch vorhandene Satzfehler oder -mängel vermieden werden.

Zu diesem Zweck merkt er die von ihm festgestellten Satzfehler oder -mängel **im Text** mit einem Zeichen an, das er **am rechten Rand** des Bogens wiederholt.

Falsche Buchstaben streicht er durch und vermerkt am rechten Rand rechts neben dem Strich den richtigen Buchstaben.

Finden sich in einer Zeile **mehrere** falsche Buchstaben, so erhält jedes sein besonderes Zeichen.

Mehr als zwei nebeneinanderstehende falsch gesetzte Buchstaben werden mit einem Klammerstrich ausgestrichen.

Beschädigte oder unleserliche Buchstaben kennzeichnet man auf dem Rande durch einfache Unterstreichung.

Eine **Hochzeit** (d. h. die fälschliche Wiederholung von Buchstaben oder oder Wörtern) wird durch das Tilgungszeichen (l. deleatur = tilgen!) angemerkt.

Umgestellte Wörter bringt das Stellzeichen in die richtige Ordnung.

Ist die Reihenfolge **mehrerer** nebeneinanderstehender Wörter geraten Unordnung in, hilft eine Bezifferung.

Hat der Setzer, der ein Wort der Druckvorlage nicht entziffern konnte, eine **Blockade** in den Text gesetzt, so wird mit einem Klammerstrich getilgt und das fragliche Wort an den Rand gesetzt.

Zeigt der Text eine **Leiche** (d. h. ist ein Wort ausgelassen), so wird die Lücke/einen Strich gekennzeichnet / *durch* und das fehlende Wort am Rand vermerkt.

Fehlt am Beginn eines Absatzes der **Einzug,** wird dies mit dem Zeichen ⌐ angemerkt. Ein Einzug an falscher Stelle wird durch das Zeichen ⊢ berichtigt.

Fehlt zwischen Wörtern oder innerhalb eines gesperrt gedruckten Wortes ein Zwischenraum (S p a t i u m), benutzt man das Zeichen ℓ

S p e r r u n g („Spationierung") eines Wortes wird durch Unterstreichung erreicht; an den Rand wird dann ein Vielkreuzstrich gesetzt. Sperrung an falscher Stelle wird durch eine U-Bogen-Linie a̬n̬g̬e̬m̬e̬r̬k̬t̬.

Verschobener Durchschuß wird durch einen Parallelstrich gekennzeichnet.

Fehlender Durchschuß wird durch einen langen Gabelstrich angemerkt.

Zu großer Durchschuß wird durch einen langen Häkchenstrich berichtigt.

Wird ein **Absatz** verlangt, so setzt man das Absatzzeichen ∫ vor seinen Beginn. Soll ein Absatz getilgt („angehängt") werden, verbindet man ihn durch eine Schleife ⌒ mit dem laufenden Text. ⌐Sei sparsam mit diesen Korrekturen; sie sind kostspielig!

Wird für ein Wort oder mehrere Wörter eine andere Schriftart gewünscht, wird der umzusetzende Satzteil unterstrichen und die gewünschte Schriftart am Rand vermerkt. ——— *kursiv*

Zu großer Zwischenraum wird durch einen senkrechten Klammerstrich [bereinigt.

Eine versehentlich angebrachte Korrektur /wird/ im Text unterpunktet und am Rand gestrichen. ⊢—*soll*

PR-Fachzeitschriften (Stand 1999)

ÖSTERREICH

BestSeller
PR-Magazin (Österreich-Redaktion)
APA-Medien
ExtraDienst
Insider
Intern
W & V (Österreich-Redaktion)
Werbung aktuell
PRVA-Newsletter
A3-Boom
Der österreichische Journalist
Horizont

DEUTSCHLAND
Public Relations Report; wöchentlicher Informationsbrief
PR-magazin; erscheint monatlich. Remagen-Rolandseck: Verlag Rommerskirchen & Co
Public Relations Forum für Wissenschaft und Praxis; Erma-Verlag, Nürnberg

Basisliteratur

APITZ, Klaus: Konflikte – Krisen – Katastrophen. Präventivmaßnahmen gegen Imageverlust. Wiesbaden: Gabler 1987.

BIRKIGT, Klaus/STADLER, Marinus M. (Hg.): Corporate Identity. Grundlagen, Funktionen, Fallbeispiele. 3. Auflage. München: Verlag Moderne Industrie 1986 (1980).

BURKART; Roland: Public Relations als Konfliktmanagement: Ein Konzept für verständigungsorientierte Öffentlichkeitsarbeit. Untersucht am Beispiel der Planung von Sonderabfalldeponien in Niederösterreich. Wien: Braumüller 1993.

CAPRA, Fritjof: Das neue Denken. Aufbruch zum neuen Bewußtsein. Bern, München, Wien: Verlag Scherz 1987.

CUTLIP, Scott M./CENTER, Allen H./BROOM, Glen M.: Effective Public Relations. 6. Auflage. Englewood Cliffs New Jersey: Prentice-Hall 1994.

DORER, Johanna/LOJKA, Klaus (Hg.): Öffentlichkeitsarbeit. Theoretische Ansätze, empirische Befunde und Berufspraxis der Public Relations. Wien: Braumüller 1991.

GÖRG, Bernhard: Zukunft des Managers – Manager der Zukunft. Wien: Ueberreuter 1988.

HAEDRICH, Günther/BARTHENHEIER, Günter/KLEINERT, Horst: Öffentlichkeitsarbeit. Dialog zwischen Institutionen und Gesellschaft. Ein Handbuch. Berlin/New York: Walter de Gruyter 1982.

KATH, Joachim: Infogaps. Bessere Kommunikation als Erfolgsrezept. München: Wirtschaftsverlag Langen-Müller/Herbig 1984.

KUNCZIK, Michael: Public Relations. Theorien und Konzepte. Köln, Weimar, Wien: Böhlau 1993.

LAMBECK, Alfred: Zwischen Tabu und Toleranz. Handbuch der Pressearbeit. Würzburg: Vogel Verlag 1981.

NESKE, Fritz: PR-Management. Wien: Orac-Verlag 1977.

NEUBURGER, Oswald/KOMPA, Ain: Wir, die Firma. Der Kult um die Unternehmenskultur. Weinheim/Basel: Belz Verlag 1987.

OECKL, Albert: PR-Praxis. Der Schlüssel zur Öffentlichkeitsarbeit. Düsseldorf/Wien: Econ 1976.

ÖSTERREICHISCHE GESELLSCHAFFT FÜR KOMMUNIKATIONSFRAGEN (Hg.): Non Profit PR. Medienjournal 11. Jahrgang 2/1987.

PARKINSON, Northcote C./NIGEL, Rowe: Schweigen ist Schwäche. Unternehmer und Öffentlichkeit. Düsseldorf/Wien: Econ Verlag 1981.

PR-ALMANACH 1999: Wien: Manstein Zeitschriftenverlagsges.m.b.H. 1999.

RONNEBERGER, Franz (Hg.): Public Relations zur Zukunftssicherung. Hinweise zur Überlebensstrategie der technisch-wissenschaftlichen Zivilisation. Düsseldorf: Verl. dt. Wirtschaftsbiographien 1982 (= Studien zur Theorie und Praxis der Public Relations, Bd. 10).

THEIS, Anna M.: Organisationskommunikation. Theoretische Grundlagen und empirische Forschungen. Opladen: Westdeutscher Verlag 1994.

VESTER, Frederic: Leitmotiv vernetztes Denken. Für einen besseren Umgang mit der Welt. 5. Auflage. München: Wilhelm Heyne Verlag GmbH & Co. KG 1995.

Literaturnachweis

AHRENS, Rupert/SCHERER, Helmut/ZERFASS Ansgar: Integriertes Kommunikationsmanagement. Ein Handbuch für Öffentlichkeitsarbeit, Marketing, Personal- und Organisationsentwicklung. Frankfurt am Main: Verlagsgruppe Frankfurter Allgemeine Zeitung GmbH 1995.

ANTONOFF, Roman: Die Identität des Unternehmens. Frankfurt/M.: Frankfurter Allgemeine 1986.

ARMBRECHT, Wolfgang: Innerbetriebliche Public Relations. Grundlagen eines situativen Gestaltungskonzeptes. Opladen: Westdeutscher Verlag 1992.

ARMBRECHT, Wolfgang/AVENARIUS, Horst/ZABEL, Ulf (Hg.): Image und PR. Kann Image Gegenstand einer Public Relations-Wissenschaft sein? Opladen: Westdeutscher Verlag 1993.

ARMBRECHT, Wolfgang/ZABEL, Ulf (Hg.): Normative Aspekte der Public Relations. Grundlagen und Perspektiven. Eine Einführung. Opladen: Westdeutscher Verlag 1994.

ARONOFF, Craig E./BASKIN, Otis, W.: Public Relations. The profession and the practice. St. Paul, Minnesota: West publishing 1983.

ARBEITSKREIS EVALUATION DER GPRA: Evaluation von Public Relations. Dokumentation einer Fachtagung, Frankfurt am Main: Verlag IMK, 1997.

AUER, Manfred/KALWEIT, Udo/NUSSLER, Peter: Product Placement. Die neue Kunst der geheimen Verführung. Düsseldorf/Wien: Econ 1988.

AVENARIUS, Horst: Public Relations. Die Grundform der gesellschaftlichen Kommunikation. Darmstadt: Wissenschaftliche Buchgesellschaft 1995.

AVENARIUS, Horst/ARMBRECHT, Wolfgang (Hg.): Ist Public Relations eine Wissenschaft? Eine Einführung. Opladen: Westdeutscher Verlag 1992.

BAERNS, Barbara: Öffentlichkeitsarbeit oder Journalismus? Zum Einfluß im Mediensystem. Köln: Verlag Wissenschaft und Politik 1985.

BAERNS, Barbara: PR-Erfolgskontrolle. Messen und Bewerten in der Öffentlichkeitsarbeit. Verfahren, Strategien, Beispiele. Frankfurt am Main: Inst. für Medienentwicklung und Kommunikation 1995.

BALFANZ, Detlev: Öffentlichkeitsarbeit öffentlicher Betriebe. Regensburg, Walhalla und Praetoria 1983.

BAUER, Gernot: Wege in die Öffentlichkeitsarbeit. Einstieg, Einordnung, Einkommen in PR-Berufen. Konstanz: UVK-Medien 1996.

BEGER, Rudolf/GÄRTNER, Hans-Dieter/MATHES, Rainer: Unternehmenskommunikation. Grundlagen, Strategien, Instrumente. Wiesbaden: Gabler; Frankfurt (Main): Frankfurter Allgemeine, 1989.

BENTELE, Günter/HALLER, Michael (Hg.): Aktuelle Entstehung von Öffentlichkeit. Akteure – Strukturen – Veränderungen. Konstanz: UVK Medien 1997.

BENTELE, Günter/ROLKE, Lothar (Hg.): Konflikte, Krisen und Kommunikationschancen in der Mediengesellschaft, Casestudies aus der PR-Praxis. Berlin: Vistas 1999.

BENTELE, Günter/STEINMANN, Horst/ZERFASS Ansgar (Hg.): Dialogorientierte Unternehmenskommunikations Grundlagen – Praxiserfahrungen – Perspektiven. Berlin: Vistas Verlag 1996.

BENTELE, Günter/LIEBERT Tobias (Hg.): Verständigungsorientierte Öffentlichkeitsarbeit. Darstellung und Diskussion des Ansatzes von Roland Burkart. Leipziger Skripten für Public Relations und Kommunikationsmanagement Nr. 1/1995.

BENTELE, Günter/SZYSZKA, Peter (Hg.): PR-Ausbildung in Deutschland. Entwicklung, Bestandsaufnahme und Perspektiven. Opladen: Westdeutscher Verlag 1995.

BERKA, Walter: Das Recht der Massenmedien. Wien: Böhlau 1989.

BERNAYS, Edward L.: Crystallizing Public Opinion. New York: Boni and Liveright 1923 (1951 und 1961).

BERNAYS, Edward L.: Public Relations. Norman: University of Oklahoma Press 1952.

BERNAYS, Edward L.: Biographie einer Idee. Düsseldorf/Wien: Econ Verlag 1967.

BISCHOFF, Dorit: Öffentlichkeitsarbeit der Gemeindeverwaltung. Münster: Verlag Regensburg 1978.

BLAKE, Robert R./MOUTON, Jane S.: Verhaltenspsychologie im Betrieb. Der Schlüssel zur Spitzenleistung. Düsseldorf/Wien: Econ Verlag 1986.

BÖCKELMANN, Frank/NAHR, Günter: Staatliche Öffentlichkeitsarbeit im Wandel der politischen Kommunikation. Berlin: Volker Spiess 1979.

BORMANN, Ernest/HOWELL, William/NICHOLS, Ralph/SHAPIRO, George: Erfolgreicher überzeugen und führen durch bessere Kommunikation. Wien: Verlag Moderne Industrie 1988.

BONO de, Edward: Konflikte. Neue Lösungsmodelle und Strategien. Düsseldorf/Wien/New York: Econ Verlag 1987.

BRAUER, Gernot: Das ECON-Handbuch Öffentlichkeitsarbeit. Düsseldorf: Econ 1993.

BREMMER, Gerhard: Public Relations für Architekten und Architektur. Eine zweifache Ausgabe. Wiesbaden: Verl. dt. Wirtschaftsbiographien 1987.

BRUHN, Manfred: Sponsoring. Unternehmen als Mäzene und Sponsoren. Frankfurt/M.: Gabler 1987.

BRUHN, Manfred: Integrierte Unternehmenskommunikation. Ansatzpunkte für eine strategische und operative Umsetzung integrierter Kommunikationsarbeit. 2. Aufl., Stuttgart: Schäffer 1995.

BRUNHOFER, Rainer: Evaluation von Public Relations. Eine theoretische Analyse von Begriff, Wesen, Methoden und Anwendung der Evaluationsforschung in der Öffentlichkeitsarbeit. (Diplomarbeit) Salzburg 1993.

BÜRGER, Joachim H.: Arbeitshandbuch »Presse und PR«. Tips und Tricks eines PR-Profis. 2. erw. Auflage. Essen: Stamm Verlag 1983.

BÜRGER, Joachim H./JOLIET, Hans (Hg.): Die besten Kampagnen: Öffentlichkeitsarbeit. Wien: Verlag Moderne Industrie 1987.

BÜRGER, Joachim H.: Public Promotions. Product Placement, Sport-Marketing, Character Licensing, Werbung mit VIPs. Essen: Stamm Verlag 1986.

BÜRGER, Joachim H.: Wie sage ich's der Pesse? Landsberg/Lech: Verlag Moderne Industrie 1986.

BÜRGER, Joachim H.: PR-Gebrauchsanleitungen für praxisorientierte Öffentlichkeitsarbeit. Landsberg/Lech: Verlag Moderne Industrie 1993.

CUTLIP, Scott M.: The Unseen Power: Public Relations. A History. Hillsdale: Erlbaum 1994.

DAHNLOFF, Dieter (Hg.): Sponsoring. Chancen für die Kommunikationsarbeit. Bonn: BDW Service- und Verlagsgesellschaft 1986.

DEUTSCHER JOURNALISTEN-VERBAND e. V.: Journalismus in Wirtschaft und Verwaltung. Ein Leitfaden. Schriftenreihe Nr. 23. Bonn: 1997.

DICHTER, Ernest: Überzeugen, nicht verführen. Düsseldorf: Econ Verlag 1971.

DÖRRBECKER, Klaus/FISSENEWERT-GOSSMANN, René: Wie Profis PR-Konzeptionen entwickeln. Das Buch zur Konzeptionstechnik. Frankfurt/M.: Institut für Medienentwicklung und Kommunikation GmbH 1996.

DOMIZZLAFF, Hans: Die Gewinnung des öffentlichen Vertrauens. Ein Lehrbuch der Markentechnik. Mit acht pers. Empfehlungen, diesen Klassiker zu lesen, von Klaus Brandmeyer (u. a.). Hamburg: Marketing Journal 1982.

DONSBACH, Wolfgang (Hg): Public Relations in Theorie und Praxis. Grundlagen und Arbeitsweise der Öffentlichkeitsarbeit in verschiedenen Funktionen. München: Verlag Reinhard Fischer 1997.

DRUCK, Kalman/FIUR, Merton/BATES, Don (Hg.): New Technology and Public Relations. A Guide for Public Relations and Public Affairs Practitioners. New York: Foundation for Public Relations Research and Education 1986.

DUNKL, Martin: Corporate Design Praxis. Das Handbuch der visuellen Identität von Unternehmen. Wien: Orac 1997.

FAULSTICH, Werner: Grundwissen Öffentlichkeitsarbeit. Kritische Einführung in Problemfelder der Public Relations. Bardowick: Wissenschaftlicher Verlag 1992.

FENKHART, Peter/WIDMER, Hansruedi: C. I. Corporate Identity. Leitbild, Erscheinungsbild, Kommunikation. Zürich/Wiesbaden: Orell Füssli 1987.

FLIEGER, Heinz: Public Relations – Theorie und Praxis. Bibliographie der deutschsprachigen PR-Literatur mit Annotationen. Düsseldorf: Verl. dt. Wirtschaftsbiographien 1983 (= Studien zur Theorie und Praxis der Public Relations, Bd. 13).

FLIEGER, Heinz: Public Relations – Theorie und Praxis. Bibliographie der deutschsprachigen PR-Literatur mit Annotationen, Ergänzungsband 1. Wiesbaden: Verl. dt. Wirtschaftsbiographien 1985 (= Studien zu Theorie und Praxis der Public Relations, Bd. 31).

FLIEGER, Heinz: Public Relations Berater. Curriculum für eine akademische Ausbildung. Wiesbaden: Verl. dt. Wirtschaftsbiographien 1988 (= Studien zu Theorie und Praxis der Public Relations, Bd. 42).

FLIEGER, Heinz: Public Relations als Profession. Wiesbaden: Verl. dt. Wirtschaftsbiographien 1988 (= Studien zur Theorie und Praxis der Public Relations, Bd 44).

FÖRSTER, Hans-Peter (Hg.): Handbuch Pressearbeit. Kreative und erfolgreiche PR. München: Heyne Verlag 1991.

FOREGGER, Egmont: Medien Gesetz. Wien: Manz Verlag 1981.

FRANK, Norbert: Schreiben wie ein Profi. Artikel, Berichte, Briefe, Pressemeldungen, Protokolle, Referate und andere Texte. Köln: Bund-Verlag 1990.

FRIEDRICH, Gerhard/DITZ, Katharina: Wer nicht auffällt, fällt durch. Die neuen Spielregeln für die Piktogramm-Gesellschaft. Wien: Deuticke 1997.

FUCHS, Peter/MÖHRLE, Hartwin/SCHMIDT-MARWEDE, Ulrich: PR im Netz. Online Relations für Kommunikationsprofis. Frankfurt/Main: IMK/F.A.Z. Verlagsgruppe 1998.

GERHARDS, Jürgen: Konfliktlinien in der Mobilisierung öffentlicher Meinung. Eine Fallstudie. Opladen: Westdeutscher Verlag 1993.

GOEUDEVERT, Daniel: Die Zukunft ruft. Management, Märkte, Motoren. Herford: Verlag Busse + Seewald GmbH, 1990.

GROSZ, Herbert: Moderne Meinungspflege. Düsseldorf: Droste 1951.

GRUNIG, James/HUNT, Todd: Managing Public Relations. New York, Chicago: Holt/Rinehart and Winston 1984.

HABERMAS, Jürgen: Theorie des kommunikativen Handelns. Handlungsrationalität und gesellschaftliche Rationalisierung. Band 1, 4. Auflage. Frankfurt/M.: Suhrkamp 1987 (1981).

HABERMAS, Jürgen: Theorie kommunikativen Handelns. Zur Kritik der funktionalistischen Vernunft. Band 2, 4. Auflage. Frankfurt/M.: Suhrkamp 1987 (1981).

HAEDRICH, Günther/KREILKAMP, Edgar/KUSS, Alfred/STIEFEL, Richard: Das Berufsfeld Öffentlichkeitsarbeit in der Wirtschaft. Organisatorische Einordnung, Mitarbeitersituation, PR-Ziele und Tätigkeiten, Ausbildungsbedürfnisse. Ergebnisse einer schriftlichen Befragung. Wiesbaden: Verl. dt. Wirtschaftsbiographien 1982 (= Studien zur Theorie und Praxis der Public Relations, Bd. 8).

HAEDRICH, Günther/BARTHENHEIER, Günter/KLEINERT, Horst (Hrsg.): Öffentlichkeitsarbeit. Dialog zwischen Institutionen und Gesellschaft. Berlin, New York: de Gruyter 1982.

HÄUSERMANN, Jürg/KÄPPELI, Heiner: Rhetorik für Radio und Fernsehen. Regeln und Beispiele für mediengerechtes Schreiben, Sprechen, Kommentieren, Informieren, Interviewen, Moderieren. Frankfurt/M.: Verlag Sauerländer 1986.

HARTMANN, Rudolf/RIEDER, Sepp: Kommentar zum Mediengesetz. Wien: Manz Verlag 1985.

HASITSCHKA, Werner/HRUSCHKA, Harald: Nonprofit-Marketing. München: Vahlen 1982.

HEATH, Robert L./NELSON, Richard A.: Issues Management. Corporate Public Policymaking in an Information Society. Beverly Hills u. a.: Sage Publications 1986.

HEINEN, Edmund: Unternehmenskultur. Perspektiven für Wissenschaft und Praxis. München/Wien: Oldenburg Verlag 1987.

HERBST, Dieter: Public Relations. Berlin: Cornelsen Verlag 1997.

HINTERMEIER, Josef: Public Relations im journalistischen Entscheidungsprozeß, dargestellt am Beispiel einer Wirtschaftsredaktion. Wiesbaden: Verl. dt. Wirtschaftsbiographien 1982 (= Studien zur Theorie und Praxis der Public Relations Bd. 5).

HÖMBERG, Walter/HACKEL-de LATOUR, Renate (Hrg.): Studienführer Journalismus, Medien, Kommunikation. Konstanz: UVK Medien Verlag 1996.

HOWARD, Wilfried: The Practice of Public Relations. London: Heinemann, 1982.

HUNDHAUSEN, Carl: Public Relations. Theorie und Systematik. Berlin: de Gruyter & Co. 1969.

HUNDHAUSEN, Carl: Werbung um öffentliches Vertrauen. Essen: 1951.

HUNT, Todd/GRUNIG, James E.: Public Relations Techniques. Fort Worth: Harcourt Brace College Publishers 1994.

INSTITUT FÜR PUBLIZISTIK- und Kommunikationswissenschafi der Universität Salzburg (Hg.): Massenmedien in Österreich. Medienbericht III. Salzburg/Wien: Internat. Publikationen Ges.m.b.H. 1985.

JESSEN, Joachim/LERCH, Detlef: PR für Manager. Das Bild des Unternehmens. München: Wirtschaftsverlag Langen-Müller/Herbig 1978.

KALMUS, Michael: Produktionsfaktor Kommunikation. Zielgruppe unbekannt? Göttingen: Verlag Otto Schwartz & Co. 1995.

KARMASIN, Fritz/KARMASIN, Helene: Einführung in die Methoden und Probleme der Umfrageforschung. Wien: Böhlau 1977.

KHADEM, Riaz/LORBER, Robert: Das Memo-Management. Erfolg durch richtige Informationsarbeit. Hamburg: Rowohlt Verlag GmbH 1988.

KLÖFER, Franz (Hg.): Erfolgreich durch interne Kommunikation. Mitarbeiter besser informieren, motivieren, aktivieren. Neuwied, Kriftel: Luchterhand 1999.

KLOSE, Alfred: Unternehmensethik. Heute gefragt? Linz: Veritas 1988.

KNEIP, Klaus: Corporate Identity. Bonn: BDW Service- und Verlagsgesellschaft 1997.

KNOBLOCH, Sylvia: PR-Erfolgskontrolle durch Zeitreihenanalyse. Eine Methode zur Bewertung von Public Relations-Maßnahmen. Berlin: Vistas 1997.

KNORR, Rangwolf H.: Public Relations als System-Umwelt-Interaktion. Wiesbaden: Verl. dt. Wirtschaftsbiographien 1984 (= Studien zur Theorie und Praxis der Public Relations, Bd. 19).

KOCH, Albrecht: Presse- und PR-Arbeit mit Bildschirmtext. Rolandshof: Verlag Rommerskirchen 1981 (= Journalismus und Praxis, Bd. 7).

KRONHUBER, Hans: Public Relations. Einführung in die Öffentlichkeitsarbeit. Wien: Böhlau 1972.

KRYSTEK, Ulrich: Unternehmenskrisen. Beschreibung, Vermeidung und Bewältigung überlebenskritischer Prozesse in Unternehmen. Wiesbaden: Gabler, Betriebswirtschaftl. Verlag 1987.

KRZEMINSKI, Michael/ZERFASS, Ansgar (Hg.): Interaktive Unternehmenskommunikation. Internet, Datenbanken, Online-Dienste und Business-TV als Bausteine erfolgreicher Öffentlichkeitsarbeit. Frankfurt/Main: IMK/F.A.Z. Verlagsgruppe 1998.

KUNCZIK, Michael: Public Relations. Konzepte und Theorien. Köln: Böhlau 1993.

KUNCZIK, Michael: Geschichte der Öffentlicheitsarbeit in Deutschland. Köln: Böhlau 1997.

KUNCZIK, Michael/HEINTZEL, Alexander/ZIPFEL, Astrid: Krisen-PR. Unternehmensstrategien im umweltsensiblen Bereich. Köln: Böhlau 1995.

LAMBECK, Alfred: Die Krise bewältigen. Management und Öffentlichkeitsarbeit im Ernstfall. Ein praxisorientiertes Handbuch. Frankfurt/M.: Institut für Medienentwicklung und Kommunikation GmbH 1992.

LANGE, Rainer/OHMANN, Marianne (Hg.): Fachlexikon Öffentlichkeitsarbeit. Frankfurt/M.: GEP 1997.

LAY, Rupert: Philosophie für Manager. 2. Auflage. Düsseldorf/Wien/New York: Econ Verlag 1988.

LEITNER, Gerhard: Die pädagogische Dimension der Öffentlichkeitsarbeit. Klagenfurt: Universitätsverlag Carinthia 1985.

LENTZ, Ingo: Die Öffentlichkeitsarbeit der Spitzenverbände. Analyse und Möglichkeiten. Düsseldorf/Wien: Econ 1978.

LOEBL, Roman: Die Verantwortungsgesellschaft. Der Ausweg aus der Krise. München: Wirtschaftsverlag Langen-Müller/Herbig 1983.

MALETZKE, Gerhard: Kommunikationswissenschaft im Überblick. Grundlagen, Probleme, Perspektiven. Opladen/Wiesbaden: Westdeutscher Verlag 1998.

MANN, Rudolf: Das ganzheitliche Unternehmen. Die Umsetzung des neuen Denkens in der Praxis zur Sicherung von Gewinn und Lebensfähigkeit. Bern/München/Wien: Scherz 1988.

MEFFERT, Heribert/WAGNER, Helmut (Hg.): Neuere Entwicklungen in Public Relations. Münster: Selbstverlag d. Wiss. Ges. f. Marketing und Unternehmensführung 1986.

MEISERT, Hansjürgen: Mitarbeiter besser informieren. Theorie und Praxis der Unternehmenspublizistik. Ein Handbuch für die redaktionelle Arbeit. 2. Aufl., Frankfurt/M.: Institut für Medienentwicklung und Kommunikation GmbH 1997.

MERTEN, Klaus/ZIMMERMANN, Rainer (Hg.): Das Handbuch der Unternehmenskommunikation. Köln: Deutscher Wirtschaftsdienst 1998.

MÜNCH, Richard: Dialektik der Kommunikationsgesellschaft. Frankfurt/Main: Suhrkamp 1991.

MURPHY, Kevin: Besser zuhören – mehr Erfolg. Das einfache und wirksame Führungskonzept. Freiburg: Haufe Verlag 1987.

MUZIK, Peter: Die Zeitungsmacher. Österreichs Presse. Macht, Meinungen und Milliarden. Wien: Orac Verlag 1984.

NEIDHART, Friedhelm: Öffentlichkeit, öffentliche Meinung, soziale Bewegungen. Opladen: Westdeutscher Verlag 1994.

NICKEL, Volker: Informieren muß man können. Erfolgreiche Öffentlichkeitsarbeit der Unternehmen. Düsseldorf/Wien: Econ 1980.

NITSCH, Harry: Dynamische Public Relations. Unternehmerische Öffentlichkeitsarbeit – Strategie für die Zukunft. Stuttgart: Taylorix-Fachverlag 1975.

NOELLE-NEUMANN, Elisabeth: Die Schweigespirale. Öffentliche Meinung – unsere soziale Haut. Frankfurt/M.: Ullstein 1982.

OECHSLER, Walter: Konfliktmanagement. Theorie und Praxis industrieller Arbeitskonflikte. Wiesbaden: Gabler 1979.

OLINS, Wally: The corporate personality. An inquiry into the nature of corporate identity. London: Heinemann Educational Books Ltd 1978.

PAPE, Martin: Wörterbuch der Kommunikation. Geschichte – Technik – Medien – Sprache – Gesellschaft – Kultur. Neuwied u. a.: Luchterhand 1997.

PETER, Armin: Für den Redner schreiben. Ghostwriter's Guide für die redselige Gesellschaft. Düsseldorf: Erb Verlag 1984.

PFLAUM, Dieter/Linxweiler, Richard: Public Relations der Unternehmung. Landsberg/Lech: Verlag Moderne Industrie 1998.

PIEROTH, Elmar (Hg.): Sozialbilanzen in der Bundesrepublik Deutschland. Ansätze – Entwicklungen – Beispiele. Düsseldorf/Wien: Econ 1978.

PÜRER, Heinz: Einführung in die Publizistikwissenschaft. 3. überarb. Auflage. München: Öhlschläger 1982.

REINEKE, Wolfgang/SACHS, Günther: Praxis der Öffentlichkeitsarbeit. Projektbezogene Public Relations. Heidelberg: Sauer Verlag 1975.

REINEKE, Wolfgang/GOLLUB, Wolfgang/SCHUNK, Claudia: Gesamtkommunikation. Konzeption und Fallbeispiele. Heidelberg: Sauer Verlag 1997.

REINEKE, Wolfgang/PFEFFER, Gerhard A. (Hg.): Krisenmanagement. Richtiger Umgang mit den Medien in Krisensituationen. Essen: Stamm Verlag 1997.

RONNEBERGER, Franz/RÜHL, Manfred (Hg.): Public Relations der Non-Profit-Organisationen. Theoretische Ansätze, Forschungsergebnisse und praktische Erfahrungen aus einem PR-Seminar. Düsseldorf: Verl. dt. Wirtschaftsbiographien 1982.

(= Studien zur Theorie und Praxis der Public Relations, Bd. 7).

RONNEBERGER, Franz/RÜHL, Manfred: Theorie der Public Relations. Ein Entwurf. Opladen: Westdeutscher Verlag 1992.

RÜTTINGER, Rolf: Unternehmenskultur. Erfolge durch Vision und Wandel. Düsseldorf/Wien: Econ 1986.

von SCHLIPPE, Bettina: PR-Kompaß Aus- und Weiterbildung. Ein Führer durch den Dschungel der PR-Bildung. Neuwied, Kriftel, Berlin: Hermann Luchterhand Verlag GmbH 1997.

von SCHLIPPE, Bettina/MARTINI, Bernd-Jürgen/SCHULZE-FÜRSTENOW, Günther (Hg.): Arbeitsplatz PR: Einstieg, Berufsbilder, Perspektiven. Mit einer Dokumentation der aktuellen PR-Bildungsangebote. Neuwied, Kriftel: Luchterhand Verlag 1998.

SCHOTT, Barbara/ZICKELDRAHT, Veronika: Erfolg mit Stil. Der persönliche Beitrag zur Corporate Identity. München: Langen-Müller 1988.

SCHWARZ, Gerhard: Konflikt-Management. Sechs Grundmodelle der Konfliktlösung. Wiesbaden: Gabler 1990.

SCHULZE-FÜRSTENOW, Günther/MARTINE, Bernd-Jürgen (Hg.): Handbuch PR. Öffentlichkeitsarbeit und Kommunikations-Management. Berlin: Hermann Luchterhand Verlag GmbH 1994.

SEIFERT, Josef W.: Visualisieren, Präsentieren, Moderieren. 9. Aufl. Offenbach: Gabal Verlag 1996.

SIGNITZER, Benno (Hg.): Public Relations. Praxis in Österreich. Wien: Orac Verlag 1984.

SIGNITZER, Benno: Professionalisierungstheoretische Ansätze und Public Relations. In: Armbrecht, W./Zabel, U. (Hg.): Normative Aspekte der Public Relations. Opladen: Westdeutscher Verlag 1994.

SIGNITZER; Benno: Theorie der Public Relations. In: BURKART, Roland/ HÖMBERG, Walter (Hg.), Kommunikationstheorien. Ein Textbuch zur Einführung. Studienbücher zur Publizistik- und Kommunikationswissenschaft (Hg. W. R. LANGENBUCHER); Bd. 8. Wien: Braumüller 1995.

SPINDLER, Gert: Das Unternehmen in kritischer Umwelt. Öffentlichkeitsarbeit zwischen Macht und Menschen. Frankfurt/M., Wiesbaden: Frankfurter Allgemeine 1987.

SZYSZKA, Peter (Hg.): Auf der Suche nach Identität. PR-Geschichte als Theoriebaustein. Berlin: Vistas Verlag 1997.

THOMMEN, Andreas: Innerbetriebliche Information: Kompendium der betrieblichen Kommunikation. Bern/Stuttgart: Paul Haupt 1981.

TONDEUR, Edmond/LERF, Rolf; Public Relations ohne Schlagworte. Zürich: Verlag Organisator AG 1968.

TRÄGER, Gunther/LAHMANN, Wolf-Dieter/MEHLER, H. A.: Macht und Magie der Public Relations. Insider-Informationen, Erfolgsformeln, Spitzenleistungen. Landsberg/Lech: Verlag Moderne Industrie 1989.

VEREINIGUNG ÖSTERREICHISCHER INDUSTRIELLER (Hg.): Information im Unternehmen. 4. neubearb. Auflage. Wien: ALWA Ges.m.b.H. 1988.

WANGEN, Edgar: Polit-Marketing. Das Marketing-Management der politischen Parteien. Opladen: Westdeutscher Verlag 1983 (= Beiträge zur Sozialwissenschaftlichen Forschung, Bd. 48).

ZANDER, Ernst: Mitarbeiter informieren. Information als Führungsaufgabe. 3. Auflage, Heidelberg: Sauer Verlag 1982.

ZEDWITZ-ARNIM, Georg Volkmar: Tu Gutes und rede darüber. Public Relations für die Wirtschaft. Köln: Deutscher Instituts-Verlag 1978.

ZERFASS, Anspar: Unternehmensführung und Öffentlichkeitsarbeit. Grundlegung einer Theorie der Unternehmenskommunikation und Public Relations. Opladen: Westdeutscher Verlag 1996.

ZURN, Peter: Vom Geist und Stil des Hauses. Unternehmenskultur in Deutschland. 2. Auflage. Landsberg: Verlag Moderne Industrie 1986.

STUDIENBÜCHER ZUR PUBLIZISTIK- UND KOMMUNIKATIONSWISSENSCHAFT. Wien: Braumüller 1986 f.

Bd. 1: Wolfgang R. Langenbucher (Hg.):
PUBLIZISTIK- und KOMMUNIKATIONSWISSENSCHAFT
Ein Textbuch zur Einführung in ihre Teildisziplinen. Wien 1986.

Bd. 2: Wolfgang R. Langenbucher (Hg.):
POLITISCHE KOMMUNIKATION
Grundlagen, Strukturen, Prozesse. Wien 1986.

Bd. 3: Hannes Haas (Hg.):
MEDIENSYSTEME
Struktur und Organisation der Massenmedien in deutschsprachigen Demokratien.
Wien 1986.

Bd. 4: Maximilian Gottschlich (Hg.):
MASSENKOMMUNIKATIONSFORSCHUNG
Theorieentwicklung und Problemperspektiven. Wien 1987.

Bd. 5: Roland Burkart (Hg.):
WIRKUNGEN DER MASSENKOMMUNIKATION
Theoretische Ansätze und empirische Ergebnisse. Wien 1987.

Stichwortverzeichnis

Absatzmarkt 24
Aktionismus 275, 284
Analysephase 122
Asymmetrische Kommuni-
  kation 53
Athener Kodex 387
Aufhänger 189, 191, 234
Aufmacher 190
Aus- und Weiterbildung 81
Ausgangszeile 443
Austria Presse Agentur
  (APA) 173

Bericht 189
Beschlagnahme 186
Beschwerdebriefkasten 160
Betriebsausflug 159
Betriebsklima 324
Betriebsversammlung 159
Bewirtung 216, 217
Beziehungs-Marketing 23
Bildtext 238
Blaupause 444
Blitz-Info 221
Blockade 448
Blocksatz 443
Body 189
Briefing 115, 139, 221
Bürstenabzug 444

CD-i 150, 170
CD-ROM 150, 170
Clipping-Dienst 218
Code 18
Comics 244
Community Relations 275
Corporate Affairs 274
Corporate Behaviour 34
Corporate Communications
  22, 34, 35, 58, 274
Corporate Culture 22, 35,
  274
Corporate Design 34, 35

Corporate Identity 32–34,
  55, 130, 274

Deckblatt 231
Detailanalyse 321
Dialoggruppe 25, 126, 127,
  129
Dialogisches Modell 54
Dienstleistungs-PR 274
Digitaldruck 447
Direct mailings 278
Dokumentation 189, 218
Druckkostenbeitrag 251
Druckschriften 442
Drucktechnik 442
Durchschuß 443
DVD 150, 170

e-mail 148, 167, 195, 233,
  235, 419
»Earls of Sandwich« 207, 209
Effizienzkontrolle 318
Ehrenkodex (PRVA) 100
Ehrung 257
Eigenimage 134
Einladung 211–213
Einzelgespräch 224
Einzug 443, 449
Emergency list 297
Entgegnung 186
Entwicklungsstufen der PR
  51, 52, 53
Environment Relations 275
Essay 190
Ethische Richtlinien 387
Event-PR 284
Extranet 150
»Exzellente PR« 54

Fach-Stammtisch 239
Fachhochschul-Studien-
  gang 91
Fact sheet 215

Feature 189
feed-back 17, 123, 152,
  162, 167
Feuilleton 190
Financial Relations 22
Finanz-PR 274, 282
Firmenlogo 35
Flattersatz 443
Flexodruck 443
Formale Kommunikations-
  wege 154
Fotodienst 169
Fremdbeitrag 190
Fremdimage 134
Fringe benefits 160
Full-Service 107

Ganzheitliche Kommunika-
  tion 35
Gebaute Geschichte 189
Gesamthafte Kommunika-
  tion 58
Gesellschaftsbezogene Aus-
  gabenrechnung 260
Gesellschaftsbezogene Be-
  richterstattung 259
Geviert 443
Ghostwriting 275
Global PR 275, 405
Glosse 189
Going-public PR 283
Governmental Relations 22,
  275
Graphik 190
Graphikdienst 169, 241
Groupware 161

Hard news 189
Herausgeber 264
Hochdruck 445
Homepage 194, 195
Honorarrichtlinien 318
Honorarsätze 318, 440, 441

Horizontale Kommunikation 155
Human Relations 22, 152

Image 129
Imageanalyse 129, 135
Imagefaktoren 130
Imagepolitik 131
Impressum 263
Incentives 160
Industrial Relations 22, 275
Info-Pyramide 233
Infomercials 147, 171
Informale Kommunikationswege 154
Information 17, 51
Informationstafel 162
Inhaltsanalyse 323
Inner relations 152
Institutionelle Kommunikation 21, 35, 55, 58
Integrierte Kommunikation 35, 58
Intermediate Writing (Interwriting) 295
Internal PR 152
Internal Relations 22
Interne Kommunikation 151, 155, 158
Internet-Pressekonferenz 203
Interview 190, 224
Intranet 161
Investor Relations 282
Issue Management 275, 304
Ist-Image 134
Item 129

Jahresetat 110
Job satisfaction 151
Job-rotation 160
Journalismus 188
Journalisten-Datenbank 244
Jubiläum 257

Kabel-TV 171
Kamingespräch 224
Karikatur 190, 244
Kennzeichnungsbestimmungen 264
KISS-Formel 191, 229
Kommentar 189
Kommunikation 17
Kommunikationsmanagement 58
Kommunikationspolitik 23
Kommunikationspyramide 154, 155
Kommunikationsstile 153
Kommunikationstafel 166
Kommunikationsziele 70
Kommunikator 18
Kompreß 443
Konfliktmanagement 53, 63
Körperschafts-PR 274
Korrekturabzug 444
Korrekturzeichen 448
Kreative Medienarbeit 238
Kreativität 181, 182
Krisen-PR 275, 296
Krisenplan 297
Krisenversicherung 324
Kritik (journalistische Darstellungsform) 190
Kultur-PR 274
Kursiv 442
Kurzmeldung 189

Leiche 449
Leitartikel 190
Leserbrief 190, 244
Lichtpause 444
Linienfuntion 75, 438, 439
Lithokontrolle 445
Lobbying 22, 275
Lokalsender 171

Mailing list 195
Manipulation 51
Manuskript 443
Marketing 22, 23, 25, 55, 59

Marketing-Mix 23, 24
Markt 23
Massenmedium 18, 169
Matrixorganisation 75, 76
Mediaanalyse 172
Medienanfrage 186
Medienarbeit 169, 192
Mediendienst 237, 264
Mediendokumentation 219
Medienfoto 237
Mediengesetz 186, 251, 263
Medieninhaber 264
Medienlandschaft, österreichische 170
Medienreferat 194
Medienresonanzanalyse 323
Medienverteiler 196, 244
Medienwerk 263
Meinungsforschung 136
Meldung 189
Messe 257
Meta-Marketing 23
Mitarbeiterzeitung 162
Mittelachse 443

Nachfassen 219
Nachricht 189
Nachrichtenagentur 173
Netzplan 199, 422
Neue Medien 147
Neues PR-Denken 333
Non-profit-PR 275, 311
Nutzerverhalten 324
Nutzungsrecht 116, 238, 263

Off the records 197, 227
Offenlegung 263
Öffentliche Meinung 17, 124
Öffentlichkeit 124
Offsetdruck 446
Öko-Marketing 23
Öko-PR 275, 286
Omnibusumfrage 138

Online worker 148
Online-Medienarbeit 195
Online-Mitarbeiterkommunikation 161
Online-PR 147
Online-Relations 299
Organisationskommunikation 35, 55, 58
Originalbild-Service 174
Originaltext-Service 173
Overflow 170

Periodical 215
Personalbericht 434
Personen-PR 275, 291
Polaritätsprofil 137, 141
Portrait 190
pr group austria 98, 102
PR-Abteilung 104
PR-Agentur 104
PR-Aktion 260
PR-Artikel 251
PR-Ausgaben 315
PR-Beratung 106, 317
PR-Event 260
PR-Kampagne 260
PR-Konzeption 119, 122
PR-Modelle 53
PR-Seite 251
PR-Tag 389
PR-Theorie 49
PR-Vereinigungen 102
PR-Ziele 70
Präsenzliste 215
Presseaussendung 228
Pressedienst 237
Pressefahrt 196
Pressefoto 194, 237
Pressefrühstück 204
Pressegeschenk 182, 215
Pressegespräch 197, 418
Pressegraphik 241
Presseklub 203
Pressekonferenz 197, 418
Pressemappe 214
Printmedium 169, 176

Product Placement 22, 290
Produkt-PR 274, 287
Produkt-Promotions 288
Produktionsfaktoren 17
Promotions 22
Public Affairs 22
Public Relations Verband Austria (PRVA) 98, 100-102, 440, 441
Public surfer 148
Publizistische Kampagne 261
Pull-Funktion 161
Punktgröße 442
Pyramidenregel 234

Qualitatives Verfahren 136
Qualitätsmanagement 321
Quantitatives Verfahren 136
Querschnittfunktion 75
Quittung 228

Raumgestaltung 216
Redaktion 176, 177
Redaktionsstatut 163
Reinzeichnung 444
Reportage 189
Reproduktion 444
Rezipient 18
Roadshow 257
Rollenspiele 160

»Sager« 227
Sample 136
Satelliten-TV 171
Satz 443
Satztechnik 442
Schleichwerbung 250
Schlußabrechnung 222
Schlußbericht 222
Schriftgrad 442
Schriftlinie 443
Search Engines 270
Semantisches Differential 137, 141

Sensible Branchen 66
Show-PR 284
Siebdruck 446
Signal 18
Situatives Modell 54
Social Communications 311
Social PR (Sozial-PR) 274, 311
Soft news 189
Soll-Image 134
Sozialbericht 259, 434
Sozialbilanz 259
Soziales Marketing 311
Sozialrechnung 259
Sperrfrist 218
Sponsoring 275, 279
Sport-PR 274
Stab-Linien-Organisation 75, 76, 154
Stabsfunktion 75, 438, 439
Stärken-Schwächen-Analyse 140
Statement 190
Stellenbeschreibung 436
Stereotype 130, 132, 133
Symmetrische Kommunikation 53
Symmetrisches Kommunikationsmodell 54
Symposium 257

Tag der offenen Tür 257
Teilöffentlichkeit 25, 125, 126
Teletext 170
Terminvorschau 206
Tiefdruck 446
Titel 234
Typographie 442

Umsetzungsphase 122
Umweltintegration (Entwicklungsstufe der PR) 53
Universitätslehrgang 87, 89
Unterlänge 443

Unternehmenskommunika-
  tion 35, 58
Unternehmenskultur 35
Unternehmensziele 70
Untertitel 234
Urban Affairs 275
Urheberrecht 261
Urhebervermerk 238
Ursachenanalyse 142

Verbands-PR 274, 308

Verleger 264
Vernetzte Kommunikation
  35, 58
Veröffentlichte Meinung
  125
Verteiler 244
Vertikale Kommunikation
  155
Videokonferenz 203
Virtuelle Pressestelle 194
Vorurteile 130

Waschzettel 215, 224
Werknutzungsrecht 262
Wertschöpfungsrechnung
  259
Wissenschafts-PR 274
Zeichenvorrat 18
Zeilenabstand 443
Zielgruppen 124